世界秩序、大國競合與周邊外交

鄭永年　楊麗君　郭海　等著

商務印書館

責任編輯　楊賀其
裝幀設計　麥梓淇
責任校對　趙會明
排　　版　高向明
印　　務　龍寶祺

世界秩序、大國競合與周邊外交

作　　者　鄭永年　楊麗君　郭海　朱雲漢　莫道明　李江　劉伯健
出　　版　商務印書館（香港）有限公司
　　　　　香港筲箕灣耀興道 3 號東滙廣場 8 樓
　　　　　http://www.commercialpress.com.hk
發　　行　香港聯合書刊物流有限公司
　　　　　香港新界荃灣德士古道 220-248 號荃灣工業中心 16 樓
印　　刷　美雅印刷製本有限公司
　　　　　九龍觀塘榮業街 6 號海濱工業大廈 4 樓 A 室
版　　次　2023 年 5 月第 1 版第 1 次印刷

　　　　　ISBN 978 962 07 5958 1
　　　　　Printed in Hong Kong

目　錄

下篇 周邊外交

序

寫序不是件容易的事情，特別是對一本有着如此宏大主題的書而言。自 2019 年加入華南理工大學公共政策研究院以來，我一直在鄭永年教授的指導下進行外交政策研究方面的工作。在加入研究院前，我已拜讀過鄭教授多本著作。鄭教授主要的學術成就在政治經濟學和中國研究。但他對於國際關係和中國外交政策的視野與分析同樣令人感到震撼。在接受鄭教授指導的過程中，我明顯感覺到了他身上那種與學究型專家不一樣的家國情懷和思考維度。鄭教授汲取了國際關係學的思想，但沒有受到主流學術體系的束縛。他始終思考着對中國的外交政策而言最前沿和最宏大的問題，並在一篇又一篇的文章和一本又一本的著作中展現了令讀者信服的回答。

華南理工大學公共政策研究院在 2012 年成立。中國外交乃至整個世界秩序也是在 2012 年之後進入新篇章。可以説，這本書不僅記錄了鄭教授和其研究團隊的學者對中國外交政策的觀察，更是公共政策研究院與這個時代的對話記錄。我們始終思考的問題是：中國怎樣有效地參與世界秩序的重塑，並在此過程中實現現代化？回答這一問題是編纂此書的主要目的。我們希望把我們的思維過程整理出來，為讀者提供參考。

本書收錄了華南理工大學公共政策研究院自 2012 年以來出版的一部分與中國外交政策相關的文章，並按照「世界秩序」、「大國競合」和「周邊外交」這三個主題分類。

第一，在「世界秩序」部分中，我們將着重探討中國如何為國際社會提供公共品。我們的着眼點是世界秩序，但落腳點是亞洲。第二，在「大國競合」部分中，我們將討論中美雙邊關係，包括地緣政治和地緣經濟等議題。在此部分中，鄭教授的文章特別強調了中國對外開放的重要性，以及中國需要警惕中美競爭滑向美蘇式的冷戰。在某些領域，如科技競爭和台灣地區問題上，中美已經展開了實際上的冷戰。但中國與美國的冷戰不同於美蘇冷戰。冷戰以何種形態展開很大程度上取決於中國的態度的做法。第三，在「周邊外交」中，我們着重分析中國與亞洲國家之間的關係。中國依然是、也永遠是一個亞洲國家。對於中國而言，中美關係固然重要，但維持和平穩定的周邊環境是重中之重。如何處理好中日關係和中國東盟關係是我們思考的焦點。日本是亞洲區域最重要的政治力量，而東盟是未來世界經濟轉移的重點。中國未來三十年的地緣政治利益將取決於對這兩對關係的處理。我們認為，中國周邊地區的和平穩定建立在全球化下各國經濟相互依存的基礎上。這也解釋了，為甚麼亞洲國家雖然彼此之間存在地緣政治矛盾，但始終保持了和平與發展。

本書覆蓋的時間是 2012 年至 2021 年。在這十年間，世界秩序在逐步走向重構。中國的外交也經歷了一場接着一場的挑戰與危機。我們認為，世界秩序在這一過程中出現了三個既獨特又相互關聯的重要變化。

第一，國際集體安全秩序的崩塌。聯合國在 1945 年被建立之後，很少真正發揮防止國家間戰爭的功能。在朝鮮戰爭和海灣戰爭中，聯合國被當成美國的工具，用於正當化美國的軍事行動。冷戰後，由於失去了蘇聯的制約，美國在實際行動上已經完全繞開了聯合國。在美國成為世界唯一超級大國的情況下，聯合國對美國而言更多是一個包袱，而不是一個工具。美國在「9·11」事件後以「摧毀大範圍殺傷武器」的理由單方面對伊拉克和阿富汗發起戰爭。這預示着，作為國際集體安全秩序的聯合國已名存實亡。2014年和2022年俄羅斯對烏克蘭發動戰爭則進一步印證了這一點。當聯合國五大常任理事國中的兩個大國發動戰爭而無需遭到任何規範和懲罰時，國際社會也失去了對聯合國的信任。愈來愈多的區域性大國，如印度和土耳其，更希望以自身而非聯合國為中心建立新的區域性集體安全保障體系。

第二，逆全球化和國際貿易秩序的解體。2016年特朗普上台擔任美國總統之後，對中國展開貿易戰。拜登上台後對中國進行了更加嚴厲的科技封鎖，在2022年簽署頒佈了《芯片法案》。該法案實際上違背了世貿組織的非歧視原則。與此同時，美國組成了芯片四方聯盟（CHIP4），力圖延緩中國產業升級，特別是在芯片領域和相關的高科技領域。世界貿易組織的框架已經無法有效地規制中美貿易。美國2016年以來在貿易上的種種做法很大程度上是推動了世界市場的分裂。正如美國財政部長耶倫在訪問韓國時指出，美國要阻止中國利用全球化貿易壯大自己；美國要改變過去的「離岸外包」，轉而推動「友岸外包」。

第三，國際社會共同價值認同的缺失。人們對進步和開放的認同感，是全球化經濟快速擴張的價值基礎。人們曾普遍相信，更開放和包容的國際秩序會給更多國家和地區帶來經濟繁榮和社會進步。但近十多年來，經濟民族主義開始逐漸取代這一價值認同。這場價值認同危機最先發生在全球化的中心，美國。自1980

年代，美國開始進行新自由主義改革。美國的國民經濟開始走向去工業化和金融化。隨之而來的是大規模的產業轉移，大量的中產階級流失和逐漸加劇的貧富差距。人們對新自由主義的幻滅在2008 年的全球金融危機後特別明顯。奧巴馬政府為了保護美國的金融體系，挽救了「大而不能倒」的美國金融機構。美國避免了金融體系崩塌，但卻帶來了一場前所未有的道德危機—金融機構依靠投機倒把賺得盆滿缽滿，但債務卻被轉移到了普通民眾身上。在一次又一次的危機中，佔人口大多數的工薪和中產階級為金融資本承擔了風險。「華盛頓共識」—削減福利開支、金融自由化和貿易自由化—遭到了前所未有的質疑。

上述三個變化構成了一個大趨勢，即國際社會正在進入失序狀態。這一失序狀態狀態不是局部的，而是全局性的、系統性的。當筆者寫下這一段話時，世界秩序依然處於前所未有的亂局中：俄烏衝突仍在繼續，而且戰爭的長期化不可避免；美聯儲為了對抗通脹不斷加息，導致多個國家債務違約，全球有超過 54 個國家在 2022 年面臨債務危機；在 2023 年，世界經濟將進入大範圍、長時間的衰退階段；極端天氣不斷增多，對發展中國家造成的經濟損失愈發顯著。中國也面臨着前所未有的變局：中國與美國在台海問題上劍拔弩張，始終沒有找到解決方案；由於外貿需求疲軟和疫情等原因，中國經濟陷入下行趨勢；中國的經濟同時面臨着房地產泡沫、地方政府債務危機和居民債務危機，但仍未找到新的增長點。

宏觀而言，中國在外交領域目前面臨着兩個主要危機，一個是主權危機，另一個是公共品短缺危機。隨着美國在台灣地區問題上逐漸「擰緊螺絲」，加大對中國的地緣政治鬥爭投入，台海問題的解決變得愈發迫切。在美國的庇護下，「台獨」勢力企圖實現法理台獨。此外，中美大國競爭造成了安全、自由貿易和全球流動性等國際公共品的供應不足。中國的政治影響力主要是通過估計貿易和國際組織傳導，公共品供應短缺的危機直接削弱了中國的外交能力，延緩了中國的現代化進程。

美國政治學家喬治·莫德爾斯基（George Modelski）指出，世界秩序存在明顯的「長周期」，即一種類似中國古代王朝更迭的治亂循環。每當世界秩序的混亂周期來臨時，世界各大國將進入「競選期」，通過為系統性危機提供解決方案，向國際社會展示自身擔當世界體系領導者的能力。中小國家則在這個過程中選邊站，通過結盟等方式進行「投票」。荷蘭曾經為歐洲提供了國際法和自由航行等制度，保全了歐洲各國與哈布斯堡王朝之間的均勢。英國則通過市場、外交、全球商貿和海軍力量，保持了歐陸大國之間的均勢與和平；此外，英國央行（英倫銀行，Bank of England）在全球經濟方面也擔任了「最後借款者」的角色，穩定了全球自由貿易的開放性。美國繼承了接過英國的地位，通過聯合國、國際貨幣基金組織、世界銀行和世界貿易組織等機制，進一步擴展了國際集體安全和全球化貿易。可見，給國際社會提供系統危機解決方案，是一個大國走向世界秩序權力中心的前提條件。

那麼，中國是不是現在也進入了「競選期」？答案是肯定的。中國強調自己不當老大、不出頭，但國際社會始終對中國有所要求。中國在經濟發展和扶貧方面的成就廣為認受，成為了備受關注的大國。中國領導層在二十大之後，提出了「共同富裕」和「中國式現代化」的政治願景。即使中國不主動提出危機的解決方案，國際社會也會把中國的行動作為參照。隨著世界秩序失序，中國必須展現出更多的領導力，承擔大國責任，為國際社會補充必要的公共品。

中國學術界和政界一度流行「東升西降」的說法。從經濟總量等硬指標看來，中國是世界第二大經濟體，而且有追趕美國的勢頭。美國相對於世界其他的國家的總體經濟和軍事實力在上升，而唯獨中國是個例外。中國具有十四億人的龐大市場，而且是世界上唯一的全要素全產業鏈工業國家。一些國際調研機構預測，中國的經濟體量最早可能在2035年超過美國，最遲也會在2050年達到這一目標。毛澤東時代曾在1950年代提出過「東風壓倒西風」的說法，但那更多是強調社會主義在意識形態上的優勢。今天所謂的「東升西降」主要強調的是中美之間的國家實力對比和世界權力轉移的趨勢。

但許多人並不認同這樣的說法。新加坡總理李顯龍在2021年8月3日的阿斯彭安全會議上就告誡中國，「東升西降」的說法是錯的：「我告訴他們，你看看所有的華裔諾貝爾科學獎獲得者和醫學獎獲得者，除了一個是中國公民外，他們要麼是美國公民，要麼變成了美國公民。這裏就告訴你一個道理，美國能夠吸引來自世界各地的人才。他們才華橫溢，充滿活力。」新加坡素來是連接中西方的橋樑。李顯龍的話對中國有一定借鑑意義。我們可以通過李顯龍的話反思兩個問題：第一，西方真的在沒落嗎？第二，東方真的在上升嗎？

西方確實正在遭遇一場危機，但還不至於沒落。西方國家靠舉債度日的做法沒有可持續性。日本和英國的負債已經達到了國內生產總值的兩倍以上。然而，西方的政治領袖和知識分子還沒有尋找出一個切實有效的解決方案。儘管如此，我們依然不能下定論認為「西方已經沒落」。西方國家在經濟發展、社會治理和教育科研上的優勢依然是其他國家難以比擬的。世界秩序依然是建立在西方文明的思想之上。世界上大部分國家所追求的現代化，很大程度上是物質意義上的西方化。儘管美國作為一個全球霸權在衰落，但是美國作為一個國家的實力仍然在不斷上升。

其次，東方未必在上升。如果我們把「升」定義為給國際社會提供系統性問題解決方案能力的提升—即政治領導力的提升，而不僅僅是經濟發展的提升—那麼我們將看到一個更加複雜的圖景。中國確實在經濟發展上一枝獨秀，但中國還沒有把自己的經驗總結成對其他國家有參考價值的知識體系。大英帝國的全球性擴張以亞當·史密斯的古典經濟學為知識基礎；美國的霸權則以凱恩斯、哈耶克等人為代表的現代經濟學為知識基礎。相對地，中國目前還沒發展出自己的政治經濟學知識體系。中國有全世界最多的馬克思主義研究院系，但並沒有任何顯著的知識創新。在許多國際問題的解決和應對上，比如全球流動性危機、老齡化危機和環境危機，中國還沒有真正的拿出自己的方案。葛蘭西(Antonio Francesco Gramsci)是霸權概念的提出者，他認為「霸權」(hegemony)和「統治力」(dominance)不是同一個概念。霸權除了指一個政治團體在經濟和政治上的統治力外，還意味着他們在道德和文化上的統治力。然而，許多國際關係學者在討論霸權從美國轉移到中國的時候，並沒有跟隨葛蘭西的思路。如約翰·米爾斯海默(John Mearsheimer)等現實主義者所說的霸權，更多指的是一個國家在軍事和經濟上的統治力，而不是文化和道德上的領導力。中國的實力在上升，但還沒有上升到可以替代美國霸權的地步。世界上大部分國家依然把美國而非中國當做自身社會發展的標杆。

而且，覆巢之下安有完卵。如果說「西降」是全球系統崩潰的前兆，那麼「西降」反而最終會導致「東降」，而非「東升」。人們習慣於把世界秩序和國際關係看作一場零和遊戲。他們認為，一個國家或集團的所得必然意味着另一個國家或集團的失利。在國家彼此之間相對獨立的狀況下，這種思維可能是有效的，但它不符合全球化下各國深度相互依賴的經濟現實，也不符合中國過去獲得快速發展的歷史。現代國家是全球系統的產物，其興衰與全球系統的興衰息息相關。中國在過去四十年來取得快速發展，除了自身的因素外，也依賴於開放的全球化貿易。中國在改革開放後，通過深度利用外資和外貿，積累了經濟發展過程中所需要的資本，並通過廉價優質的勞動力和技術擴散，把自己打造成了「世界工廠」。這個過程的展開離不開中國對各種國際組織的深度參與。在全球化的貿易網絡中，中國旺盛的生產能力與歐美發達國家旺盛的消費能力連接了起來，促成了中國製造業快速發展以及中國高科技產業的迅速崛起。雖然中國被美國視作「唯一的競爭對手」，甚至被逐漸推到了西方社會的對立面，但由於中美兩國在貿易和金融秩序上的高度互嵌，雙方幾乎不可能展開如同美蘇那樣的冷戰，更別說打響如同美德、美日那樣的全面戰爭。從中國與全球系統相互依賴的角度而言，「西降」不一定意味着「東升」。西方整體實力的下降未必意味着中國全球領導力的提升。

總之，當今世界秩序的發展趨勢很難用「東升西降」加以簡單概括。我們有很多的問題需要系統、批判性的思考與回答。世界秩序在近數十年來的變化趨勢是甚麼？中國與世界秩序的關係是怎樣的？中國如何管理中美競爭？中國應該建立怎樣的周邊秩序？在世界秩序進入重塑階段的新時期中，中國應該提出怎樣的應對策略？學術工作者負有冷靜思考、客觀分析公共問題的社會責任。面對主流話語，我們更需要時刻保持清醒。

海德格在 1951 年出版的《甚麼叫思想》一書曾經寫道：在這個發人深省的年代，最發人深省的事實，是我們依然不在思考。七十年過去了，海德格的話似乎依然成立。中國正處於現代化進程中，面臨着許多現代化帶來的問題。大眾民主參與是現代化的標誌。雖然中國和西方的民主制度不一樣，但一個毋庸置疑的事實是，民眾的政治參與被網絡和社交媒體前所未有地激活了。在有關外交政策的公共討論中，一種矛盾狀態顯而易見：一方面，公共教育的普及和網絡等媒介的擴張使得愈來愈多的人可以參與公共討論，對國家大事發表自己的意見；但另一方面，大眾化的政治參與給公共輿論帶來的更多是民族主義、反智主義，而不是理性。這並非是中國的特殊之處。美國等西方國家沒有在民粹、反智主義和社交媒體的浪潮下倖免於難。哈貝馬斯筆下勾勒的交往理性尚未成為現實。人們參與公共事務討論的機會在變多，但討論事務的能力和質量不斷卻在下降。

學術工作者始終在公共討論中是少數派。但我們依然希望通過出版本書發出我們的聲音。我們的結論未必是正確的，但我們相信，越是在混亂的時代，我們的思考問題方式就越需要回歸最基本的事實和邏輯。

郭海，2022 年 12 月 26 日序於廣州

作者列表

鄭永年：香港中文大學（深圳）校長講座教授、全球與當代中國高等研究院院長，華南理工大學公共政策研究院學術委員會主席。1962 年生，浙江省余姚縣人。1985 年畢業於北京大學國際政治系，1988 年獲北京大學法學碩士學位，同年留校任教。1995 年獲普林斯頓大學政治學博士學位。同年獲取美國社會科學研究會—麥克阿瑟博士後研究基金，前往哈佛大學做博士後研究。曾任新加坡國立大學東亞研究所所長，英國諾丁漢大學終身教授，《國際中國研究雜誌》共同主編，羅特里奇出版社「中國政策叢書」主編和世界科技書局「當代中國研究叢書」共同主編等。先後出版專著十餘部，在《比較政治研究》、《政治科學季刊》和《第三世界季刊》等國際學術刊物上發表學術論文數十篇。主要從事中國內部轉型及其外部關係研究，主要興趣或研究領域為民族主義與國際關係；東亞國際和地區安全；中國的外交政策；全球化、國家轉型和社會正義；技術變革與政治轉型；社會運動與民主化；比較中央地方關係；中國政治。

朱雲漢：朱雲漢為中央研究院政治學所特聘研究員，台灣大學政治系合聘教授，並兼任蔣經國國際學術交流基金會執行長。他曾擔任美國哥倫比亞大學客座副教授，新加坡教育部社會科學學門評審委員，北京大學「大學堂」頂尖學者，復旦大學社會科學高等研究院學術顧問委員會委員，香港中文大學中國文化研究所諮詢委員，香港浸會大學研究發展諮詢委員，新竹清華大學校務發展諮詢委員。他也曾任中國（台灣地區）政治學會理事長(2003-2005)，2009-2012 年出任為美國政治學會理事，於 2012 年當選中央研究院院士，2015 年獲得母校美國明尼蘇達大學傑出成就獎，並於 2016 當選世界科學院院士。朱教授主要研究領域為社會科學方法論、民主化、東亞政治經濟、以及國際政治經濟學，他曾出版過 17 本相關主題的英文專書與論文集，最新的著作為 Democracy in East Asia: The New Century (Co-edited with Larry Diamond and Marc Plattner, Johns Hopkins University Press, 2013)。Handbook of Democratization in East Asia (Co-edited with Tun-jen Cheng, Routledge, 2017)。長期擔任 Asian Barometer Survey 總主持人，定期在亞洲 18 個國家進行政治價值、政治參與與民主品質等議題的調查研究，目前也擔任 Global Barometer Surveys 執行委員會共同主席，此一全球最大社會科學調查研究網絡覆蓋 95 個國家與地區。他於 2018 年當選國際政治學會比較民意研究委員會主席，也曾擔任 Journal of Contemporary China、Pacific Affairs、China Review、Journal of Democracy、International Studies Quarterly, International Studies Perspective 等國際學術刊物的編輯委員，共同創辦 Journal of East Asian Studies。

莫道明：華南理工大學公共政策研究院聯合創始人、首任理事長、教授。廣州昊源集團有限公司董事長、廣東實驗中學附屬天河學校董事長、廣東省政協常委、廣東省社會創新諮詢委員會委員、廣東治理創新智庫專家、廣東省知識界人士聯誼會副會長、廣州市委市政府管理優秀專家。1989 年畢業於華南理工大學，獲工商管理碩士學位。

楊麗君：華南理工大學公共政策研究院教授，日本一橋大學社會學博士。曾在日本一橋大學、早稻田大學、新加坡國立大學任職。專注於社會變革與社會運動研究，其日文著作《文化大革命と中国の社会构造》獲得2005年度大平正芳紀念學術獎。

李江：致公黨中央留學委委員，先後任職於鳳凰網、碧桂園集團、網易公司，長期從事國際政策風險分析、數字產業研究。

劉伯健：新加坡國立大學東亞研究所研究助理。理論興趣包括國際政治新現實主義（Neorealism）、「法政治經濟學（Law and Political Economy）」、國際政治心理學等；在理論探索的基礎上，政策研究關注網絡空間的國內國際制度、數字資產與國際貨幣體系、分佈式互聯網（如區塊鏈）的治理、國際安全與多邊合作視角下的技術與創新等。

郭海：華南理工大學公共政策研究院外交政策研究中心中心主任，副研究員。利茲大學研究博士。專注於研究中日關係、日本外交史和世界系統理論。撰寫政策報告超過60篇，學術期刊文章發表於Critical Asian Studies等國際學術期刊，並以子課題負責人身份完成國家級課題項目，並在《聯合早報》、《IPP評論》、《時代周報》上發表評論文章。著有《世界秩序下的中國外交：分析過程與歷史轉變》（合著者：鄭永年；商務印書館2022年版）。

上篇

世界秩序

第一章

絲綢之路：
實現中國文明自信和復興的方法

一、前言

任何一個大國的外部崛起都需要一種德國哲學家黑格爾所說的「時代精神」的東西，如果不是自覺地去順應這種時代精神，就是主動創造這樣一種時代精神。對十八、十九世紀的大英帝國來說，這個時代精神是自由貿易；對十九世紀末和二十世紀的美國來說，這個時代精神是自由民主。那麼對二十一世紀的中國來說，這個時代精神是甚麼呢？我們可以說，這是中國文明的自信和復興。絲綢之路既是中國古老文明的一部分，也是當代中國文明在國際政治舞台上自信和復興的有效方法。

今天我們說絲綢之路，並不是要對古老文明的簡單重複，更不是要去步大英帝國和美國的後塵；相反，我們必須既超越自己的傳統，更超越英、美早期帝國主義式的崛起模式。

大英帝國是基於自由貿易這個「時代精神」之上的。之所以是「時代精神」，是因為自由貿易符合當時的世界經濟發展大趨勢。英國靠自由貿易立國，也通過自由貿易建立了全球性的帝國。不過，在建立大英帝國過程中，自由貿易的話語背後往往是赤裸裸的大炮和武力政策。東印度公司、鴉片戰爭、殖民地等等也是「自由貿易」的內在一部分。

在大英帝國衰落之後，崛起的美國取代了英國成為世界霸主。在自由貿易方面，美國遠不如英國。英國是經濟自由主義的故鄉，其根深蒂固的經濟自由意識形態使得人們相信自由貿易是一場雙贏遊戲，因此英國往往奉行主動的單邊開放政策，就是說，即使另一個國家不對英國開放，英國也可以向那個國家開放。但美國在自由貿易上實行的是對等政策，就是說，只有另一個國家向美國開放的時候，美國才向那個國家開放。美國的「時代精神」不是自由貿易，而是「自由民主」。自由民主曾經使得美國具有無限的吸引力，「美國夢」不僅僅是美國人的夢，也是很多落後國家的夢。不過，和大英帝國一樣，在美國向世界各國推行自由民主的背後也是大炮和暴力，制裁他國、用武力解決國與國之間的矛盾、佔領他國等也都是美國「自由民主」的一部分。

大英帝國和美國的興衰説明了「時代精神」能夠成為一個國家崛起的基礎，也可以為這個國家帶來莫大的利益，不過，一旦當這個國家在向外推廣其「時代精神」的過程中，如果方法使用不當，甚至訴諸於武力，造成「己所不欲而加於人」的局面，那麼就很難可持續發展，避免不了最終的衰落。

中國要從自己悠久的文明中尋找「時代精神」並使之現代化以符合時代的需要，同時又要避免大英帝國和美國的崛起方法，更必須避免德國、日本和前蘇聯那樣的崛起方法。

中國文明是世界上唯一的世俗文明，其文化的開放性和包容性非其他基於宗教之上的排他性文明所能比擬的。從秦始皇統一國家到漢唐盛世，中國是世界上最開放的帝國。直到明清才開始變得封閉起來。中國開放傳統的寶貴經驗需要總結。在開放的狀態下，中國如何組織自己的外部關係呢？主要是兩部分組成：就其他國家和中華帝國的關係來説，就是「朝貢體系」；就中國「走出去」來説，就是「絲綢之路」。

朝貢體系存在了數千年，直到西方帝國主義入侵中國之後才衰落。近代以來，朝貢體系被「妖魔化」，被中國自己，也被其他國家「妖魔化」。一般地説，這個體系被視為中華帝國主義和中國大國沙文主義的體現。但這些看法都是非歷史的，是用今天的眼光來看過去，或者從西方的文化來看待中國文化。朝貢體系當然有其封建不平等的一面，例如包含其中的叩頭儀式很難為崇尚平等理念的西方所接受。但基本上，朝貢體系是中國「禮尚往來」文化的體現。就其實質來説，朝貢體系是一種貿易體系，貿易是實的一面，而朝貢只是形式。朝貢國定期地送「禮物」給天朝，向中國皇帝叩幾個頭。但通過朝貢這一形式，朝貢國不僅從中國皇帝那裏得到了比其送的禮物要大得多的禮物，而且更是取得了和中國的通商貿易的權利。歷史地看，這是一種低成本的自由貿易模式。西方國家要依靠大炮武力來打開中國的貿易大門，但朝貢國則需要叩幾個頭就可以和中國通商了。當然，這不是説，我們今天還需要這個傳統，而是説，這種儀式在當時是無可非議的，是符合當時的做法的，為所有朝貢國所接受，是中國和朝貢國之間的外交均衡，否則很難解釋為甚麼這個體制能夠生存數千年。唯一可以加以質疑的就是，在西方強權來到中國之後，中國還是守舊，跟不上「時代精神」罷了。

和朝貢體系相比較，人們對絲綢之路並沒有甚麼大的異議。今天我們提出海上絲綢之路，但實際上，中國的絲綢之路從來就是由陸地絲綢之路和海上絲綢之路共同組成的。陸地絲綢之路就是中國向西，通過中亞、中東的廣大地區和歐洲連接起來。提到海上絲綢之路，大多數人能夠想起的就是明朝鄭和下西洋。實際上則不然。中國從秦漢開始就進行海上貿易，尤其是和東南亞國家的貿易，並且這種貿易從來就沒有中斷過。秦漢、唐宋開放時期，海上貿易是合法的。尤其在宋朝，中國和東南亞國家的貿易非常興盛。反而在鄭和下西洋中斷之後，明朝實行海禁，海上貿易變成了民間的貿易，並且是非法的。我們這裏要討論的重點不是要考察陸地或者海洋絲綢之路，在這方面已經有很多歷史著作，並且今天有很多學者都在研究這個課題。

這裏要強調的一點就是，通過朝貢體系和絲綢之路，中國形成了一個自然的區域國際秩序。中國是大國，這是一個事實，不管人們喜歡與否。如何組織區域國際關係？這裏體現了中國的和平文化精神。中國只有在北方少數民族征服中國並且自己變成這些少數民族的「殖民地」之後，才出現擴張政策。應當強調的是，這些殖民者最終被中國文化所「殖民」，不僅接受了中華文化，而且成為中華文化的內在一部分，這是中國開放和包容型文化的魅力之所在。這裏所說的自然區域國際關係秩序區別於人為的、通過國家力量尤其是武力來組織的國際關係秩序。歷史地看，無論是帝國時代的國際關係還是帝國解體之後所形成的基於民族國家之上的近現代國際關係都是基於暴力之上的。大英帝國、蘇聯、美國在確立以自身為中心的區域國際關係的時候，往往是用武力開路的，武力也是這個秩序的基礎。中國所確立的這個自然區域國家秩序體系在西方基於民族國家之上的國際體系產生之後才解體的。

歷史地看，作為大國的中國，並沒有像西方國家那樣有計劃地去打造以自己為中心的國際關係。中國國際關係的形成是中國和周邊國家根據互相需要而打交道的互動過程中形成的一個自然秩序。中國所考量的只是如何治理這個自然形成的秩序。從這個角度來說，中國可以說始終是「韜光養晦」，外交的核心始終是貿易，很少用得上國家武力和征服。朝貢體系的核心是貿易，絲綢之路的核心也是貿易，或者說，中國國際關係的核心是經濟貿易。而經濟貿易，用今天的話說，是一種雙贏和互惠的關係。

二、絲綢之路要考慮地緣政治因素

今天，我們所面臨的問題是，如何延續我們傳統的絲綢之路精神來建設現代化的絲綢之路？

我們必須是現實主義者。在今天建設絲綢之路過程中，我們面臨較之先人更嚴峻的挑戰。傳統上，中國是亞洲強國，因此沒有必要通過國家和政府的努力來建設絲綢之路，而是可以通過自下而上的貿易行為來進行。但今天的地緣政治已經大不相同。近代以來西方強國一直主宰世界，也主宰着中國的周邊國家。中國自近代衰落之後，沒有能力來保護自己的地緣政治利益，今天我們所看到的諸多問題都是西方強權犧牲中國地緣政治利益的結局。在改革開放之後三十多年的今天，中國逐漸成為強國。中國今天所面臨的地緣政治和國際形勢，既要求我們「走出去」，追求國家利益，同時也要求我們必須承擔起作為大國的國際責任。無論是「走出去」和承擔國際責任都不是簡單的事情，中國面臨諸多挑戰。分析中國周邊所面臨的挑戰，就可以幫助人們理解建設現代絲綢之路的重要性、建設絲綢之路要做些甚麼、怎麼做和所要關注的問題。

很顯然，中國要「走出去」。只有「走出去」才會成為大國，也只有「走出去」，才能履行作為大國的責任。但這不是一個「應當怎樣」的規範性問題，而是一個實際問題，就是中國能走到哪裏去？

在中國的東邊，存在着美日聯盟。近年來，中日之間因為釣魚台的爭端，兩國關係每況愈下。而作為日本盟友的美國則公開站在日本這一邊。中國當然不可以放棄釣魚台的主權，但是人們必須提出這樣一個問題，那就是，太平洋對中國如此重要嗎？太平洋的確很重要，但走出太平洋要做甚麼呢？中國並沒有想挑戰美國，稱霸全球，中國走到太平洋不是為了和美國較勁。儘管中國和拉丁美洲國家也發展着緊密的貿易關係，但中國並沒有任何軍事戰略企圖。無論從中國的文化精神還是實際能力來看，中國很難像美國那樣，把世界的每一個角落都視為自己的地緣政治利益。也就是說，中國不會跨越太平洋去到美洲去影響美國的地緣政治利益。

中國的北邊有另一個大國俄羅斯。俄羅斯和中國都有自己的地緣政治利益。歷史上，俄羅斯侵犯中國的地緣政治利益。今天中國和俄羅斯已經解決了邊界問題。但這並不是說兩國之間沒有地緣政治的潛在衝突了。作為鄰居，中國的周邊和近鄰國家也是俄羅斯的周邊和近鄰國家，搞不好，就會造成地緣政治利益的衝突。不過，這也説明了雙方擁有巨大的合作空間，把潛在的地緣政治衝突轉化成為合作。和中國一樣，俄羅斯也面臨來自美國為首的西方地緣政治壓力。中俄兩國如果能夠互相照顧各自的地緣政治利益，兩者的關係具有很大的發展前途。

總體上說，在東邊和北邊，中國儘管可以和美國、日本以及俄國等發展關係，但處於防守的地位，底線就是保衛住自己的地緣政治利益。地緣政治的這個客觀形勢正好説明了陸地絲綢之路（就是中國所説的「一帶」）和海上絲綢之路（就是中國所説的「一路」）的重要性。儘管中國已經成為貿易大國，但要維持貿易大國的地位和輔助國內的可持續發展，必須尋找新的經濟貿易空間。這些新空間可以從「一帶」（中亞和中東的廣大地區）和「一路」（從東南亞到印度洋和非洲的廣大地區）找到。而中國和東盟國家的關係尤其重要。必須強調指出，南中國海不僅僅是中國的核心利益，更是中國的國民經濟生命線。道理很簡單。作為貿易大國，中國的大部分貿易都經過東南亞。一旦南海和東南亞出現了大問題，那麼整個國民經濟就會出現大問題。

也就是説，絲綢之路對中國來説不是一個小項目。我們必須把絲綢之路放在中國的地緣政治環境的架構中，從國家的長遠利益的架構中，才能認識到其重要性。在確定這個概念的架構之後，我們才可以問絲綢之路要做甚麼、如何做等問題。

三、絲綢之路需要回答的幾個大問題

要回答「絲綢之路做甚麼」的問題，首先就要明瞭一些應該注意的大戰略問題。沒有一個大戰略概念，很難去實施有效的絲綢之路。要把絲綢之路做成一個大戰略，至少必須考慮如下幾個大方面的問題。

話語權建設

要確立絲綢之路的話語權。話語權很重要，因為它是國際政治中的軟實力。任何國家都需要軟實力，大國更是如此。大英帝國和美國都確立了反映其核心價值觀的軟實力，對英國來說，是自由貿易，對美國來說，是民主自由。蘇聯在建立之初也試圖確立其軟實力，即共產主義。不過，後來蘇聯共產主義不僅在本國沒有成功，向外推行更是一個失敗的例子。中國自改革開放以來的逐漸崛起過程中，實際上也注意到了話語權的建設問題。在九十年代，中國先後圍繞着「和平崛起」和「和平發展」建設國家話語。先是使用「和平崛起」的概念，但後來覺得這個概念還是過於敏感，就使用不太敏感的「和平發展」。在一段時間裏，「和平發展」的話語的確對中國的國際關係產生了非常正面的影響，至少是向世界傳達出中國崛起的主觀意向。不過，進入新世紀之後，隨着中國的進一步崛起，西方和中國周邊國家愈來愈擔憂中國力量。後來中國提出的「和諧世界」就沒有對外在世界產生足夠的正面積極的影響。無論是「和平發展」還是「和諧世界」，中國要向世界展示自己崛起的和平性質。但是，問題在於，中國要使用甚麼樣的方式來保證和平呢？中國歷來強調中國文化和文明的和平性質，這無可非議。不過，對外在世界來說，強調文化和文明的和平性質，即使是事實，也顯得過於抽象。人們還是想進一步知道，中國文化和文明何以是和平的？就是說，我們仍然需要說明傳統上中國到底使用怎樣的方法而成為一個和平大國？現在又可以使用甚麼樣的方法而成為一個和平大國？從這個角度看，絲綢之路可以幫助確立國家和平崛起的話語。

或者說，絲綢之路既具有物質的一面，也具有精神的一面，貿易不僅僅是物質上的交易，更是文化上的互動和交流。我們在前面已經討論過，無論是朝貢體系還是絲綢之路都是歷史上中國用來組織自己的國際關係的方法，這個方法體現了中國文化的和平性質。今天，我們重返絲綢之路，首先必須強調絲綢之路的和平性質，作為中國和平崛起的方法。絲綢之路可以成為中國軟實力的一個重要組成部分。前些年，我們的學者和政策研究者在這方面很不小心，經常把經濟活動戰略化，就是用戰略甚至是軍事戰略的概念來描述中國的對外經貿策略。這些概念包括「西南戰略大通道」、「橋頭堡」、「西進」等等。明明是地方政府或者企業想要做些經濟上的生意（例如貿易和投資），但把它們上升到了軍事戰略高度。把本來可以成為軟實力的東西轉化成為硬實力了。其實，如果人們對歷史有足夠的注意，那麼就不會這樣做，因為類似的概念日本人在二戰前和二戰期間就使用過。也很容易理解，這些概念對中國周邊國家所產生的負面影響。例如印度對「西南戰略大通道」就很警覺，擔憂中國會損害印度的地緣政治利益。東盟國家對「橋頭堡」也很警覺，因為這個概念包含有過多的軍事性質。而俄羅斯則對中國的「西進」非常擔憂。從歷史上看，絲綢之路的核心是經貿投資，其性質是和平的。這一點為我們今天重返絲綢之路奠定了歷史和文化基礎。因此，我們的學者和官員再也不要把絲綢之路的話語「戰略化」。

處理好與俄羅斯的地緣政治關係

在陸地絲綢之路方面，要處理好和俄國的地緣政治利益關係。陸地絲綢之路也就是「一帶」涉及到通過中亞、中東的廣大地區而與歐洲連接。這一帶經常是俄羅斯地緣政治利益的核心。一百多年以前，英國地理學家麥金德把中亞視為世界地緣政治的核心，認為誰要控制世界，就首先要控制中亞。大英帝國把自己視為是全球性的帝國，美國後來居上，也想稱霸全球，因此，它們都非常相信麥金德的理論。美國人直到今天仍然相信這一點，因為其仍然想維持全球霸主的地位。在前蘇聯解體之後，美國很快就和其歐洲盟友合作，收編了原來蘇聯位於中亞的幾個共和國，把美國和西方的地緣政治利益延伸到了俄國的後院，這就大大觸犯了俄國的地緣政治利益。俄國在蘇聯解體之後，很長一段時間萎靡不振，美國和西方任意擴張其貪婪的戰略，但一旦俄羅斯國力恢復正常，其必然要拿回其失去的地緣政治利益。今天在烏克蘭所發生的事情本來就是美國和歐盟戰略貪婪的結局。很顯然，中國在規劃和實施陸地絲綢之路的過程中，必須首先要考量到這裏複雜的地緣政治大格局。中國必須在和中亞國家合作的同時和俄羅斯合作。或者說，無論是和俄羅斯的合作還是和中亞國家的合作，都必須考慮到這些國家的地緣政治利益格局。中國在這方面已經有了一個相當有效的機制，即上海合作組織。上海合作組織是針對有關國家所共同面臨的問題的，例如恐怖主義，而不是針對第三方的。中國在規劃和實施陸地絲綢之路的過程中，實際上是可以借力於上海合作組織的。當然，陸地絲綢之路不能僅僅局限於中亞國家，而是可以向西延伸到歐洲。但至少在中亞這一段，上海合作組織是相關的。

關切穆斯林世界的極端主義

在處理陸地絲綢之路時也必須意識到傳統絲綢之路和現代絲綢之路所面臨的不同文化環境。傳統上，絲綢之路是中國與阿拉伯世界的商業交往。阿拉伯文化基本上是一種商業文化。當時的阿拉伯世界也是以穆斯林人口為主，不過穆斯林人口商業文化很濃厚。但現在中國面臨的是穆斯林化了的世界。自近代以來，穆斯林世界本身沒有調適好自己來適應大規模的商業文化和工業文明，並且受西方世界的壓力，一部分人逐漸激進化。同樣，今天的穆斯林世界不能適應全球化環境，出現很多激進分子，更不乏極端的宗教文化。正如世界上其他大的文化和文明，穆斯林文化的主體是和平的文化，但穆斯林一些人口中的激進化也已經成為現實。這使得中國的向西開放或者絲綢之路面臨極端主義和恐怖主義的威脅。在中國的新疆，恐怖主義已經成為國家安全和穩定的最大威脅。這裏的因素很複雜，說明了陸地絲綢之路的困難性。如果在規劃和實施絲綢之路的過程中，忽視了恐怖主義存在的事實，那就會犯巨大的策略錯誤。

處理好南海問題

海上絲綢之路也同樣面臨着地緣政治的挑戰。首先是南海問題。前面說過，南海是中國的生命線。隨着中國的崛起，東南亞一些國家尤其是那些和中國存在着海上主權衝突的國家對中國感到巨大的不確定性，甚至把中國視為是威脅，因此開始「邀請」美國的「介入」。同時，美國也把南中國海視為是其地緣政治的一部分。很難論證南中國海與美國的地緣政治的關聯，美國的這種認知主要是基於其作為世界警察這一角色之上的。只要美國還有能力作為世界警察，美國的這種認知不會有很大的改變。但正是因為美國的南中國海地緣政治利益主要是認知上的，並不是真實的，這種地緣政治利益會隨着美國實力的變化而變化。因此，在南海問題上，中國主要要處理和東盟國家的關係。在這方面，中國必須有足夠的理性和耐心。東南亞國家都是小國，天生恐懼大國。中國必須從小國的立場看問題才能處理好和這些國家的關係。進而，海上絲綢之路還會涉及到印度的地緣政治。中國要通過東南亞，走向印度洋和非洲，印度是關鍵。作為大國，印度也把其地緣政治利益放在首要地位。中國的崛起和「走出去」已經引起了印度的高度關注。同時，中國和印度之間還存在着陸地主權糾紛。不過，如果處理得好，中國和印度不僅能夠克服地緣政治利益的糾紛，而且能夠找到更多、更大的合作空間。中國和印度相處數千年，並且都是很大的經濟體，歷史上沒有大的衝突。今天兩國所面臨的問題都是西方帝國主義遺留下來的問題。中國的海上絲綢之路要走向非洲，如果能夠照顧到印度的地緣政治利益，就可以找到巨大的合作空間。無論在中東還是非洲，印度已經成為一個舉足輕重的角色。

四、絲綢之路做甚麼？怎麼做？

商貿投資領先

那麼，中國的絲綢之路要做甚麼？這裏很簡單，那就是前面討論過的，要回歸絲綢之路的本色，那就是通過絲綢之路把中國建設成為經濟貿易和投資的大國，也就是當代商貿大國。對中國來說，如果要回答「做甚麼」的問題，那麼，就要首先回答絲綢之路有關的國家「需要甚麼」的問題。如果中國要做的也是有關國家所需要的，那麼雙方就具有了巨大的共同利益，絲綢之路也就有很大的希望獲得成功。但如果中國要做的並不是有關國家所需要的，那麼就意味着雙方沒有共同的利益，絲綢之路也很難會成功。就是說，有關國家所需要的就是中國規劃絲綢之路的前提。

而這種需要是顯然的。不難看到，無論是「一帶」還是「一路」，大多數還都是經濟發展水平不高，甚至是很窮的國家，都需要發展和建設。並且就目前和今後相當長的一段時期的世界經濟局勢來看，沒有其他國家能夠有像中國那樣的條件來做如此宏大的區域項目。也可以確定地說，一旦中國開始絲綢之路，其他國家例如日本和美國，也必然會來參與競爭。不過，從經濟發展趨勢來看，這種競爭儘管可能會給中國帶來一些壓力，但無損於中國的絲綢之路建設。從國際經濟的大環境和大趨勢來說，中國現在所擁有的優勢即貿易和投資正是絲綢之路國家所需要的。

下一步，對中國來說，關鍵的問題是，怎麼做？

超越新、老殖民主義的方式

中國規劃絲綢之路表明中國要在這個過程中起主導作用，扮演主要角色。這裏所需要確定的是中國行為模式問題。中國既不能走老殖民主義路線，也不能走新殖民主義路線。西方老殖民主義從來就沒有解決好非西方國家的發展問題。絲綢之路很多相關國家歷史上都曾經成為西方的殖民地，但除了少數幾個國家以外(例如新加坡)，無論是殖民地期間和殖民地之後，都沒有解決好發展問題。從經濟上說，老殖民主義者所關心的只是為國內商品開拓新的市場，為國內的經濟發展提供原材料。而幫助被它們所殖民的國家從來不是殖民者所考慮的問題。中國更不能走日本二戰之前和期間在「東亞共榮圈」的漂亮口號下的侵略路線。日本到今天為止仍然不承認其罪行；相反，日本試圖用「幫助亞洲國家抵禦西方」的話語來論證其侵略亞洲國家的正當性。不過，東亞國家從來不會忘記日本所犯下的反人類罪行。在日本不能反省歷史的前提下，很難成為一個真正的大國。

中國也不能走西方新殖民主義路線。二戰之後，非西方國家發生了反西方殖民主義的運動，原來被淪為殖民地的國家紛紛獨立。但是，西方殖民主義通過各種變換方式生存下來了，仍然主導着非西方國家的發展。也就是説，儘管非西方國家在政治上贏得了獨立，但經濟上仍然高度依靠西方國家。為了通過經濟方式控制這些國家，西方對這些國家的經濟交往（投資和貿易等）附加了各種苛刻的先決條件，往往是後發展中國家根本沒有條件滿足的政治條件（例如人權、政治開放等等）。如果不能滿足西方所提出的條件，那麼就不能得到西方的「幫助」。但是，這麼多年下來，這種新殖民主義的發展已經被證明是虛偽的，因為這種方式實際上有效地制約着發展中國家的發展，使得他們始終處於貧窮的狀態。

中國要跳出新、老殖民主義的思路。在規劃和執行絲綢之路過程中，中國可以從美國二戰後所實行的意在復興歐洲的「馬歇爾計劃」學到很多東西，既要學其成功的經驗，也要超越其狹義的地緣政治概念。在幫助復興歐洲經濟過程中，馬歇爾計劃做出了巨大的貢獻，也使得美國成為歐洲國家的領袖。不過，同時這一計劃也是針對前蘇聯的，是和蘇聯競爭的一部分，在客觀上加劇了歐洲國家（主要西歐和東歐之間）的分化。前一部分，中國需要學，而後一部分，中國需要避免。

設立絲綢之路開發基金（或銀行）

在絲綢之路規劃和執行方面，中國的強勢在於其所擁有的金融資本和其龐大的基礎設施建設能力。中國現在是一個資本過剩國家，其資本（無論是民間資本還是國家資本）走向世界的規模愈來愈大，速度愈來愈快。隨着中國經濟的可持續發展，今後很長一段歷史時期裏，這種勢頭不會有很大的變化。同時，今天的中國已經成為具有強大的從事基礎設施建設能力的國家，沒有一個國傢具備像中國那樣的能力。在過去三十多年裏，配合大規模的工業化和城市化，中國國內進行了可說是人類經濟史上最大規模的基礎設施建設。今天，中國的人均 GDP 仍然處於中等收入階段，但在很多方面，中國的基礎設施遠遠領先世界。基礎設施建設是中國過去三十多年經濟成就的一部分，也為可持續的經濟發展奠定了物質基礎。在一定程度上說，中國也已經把這個經驗整合到其「走出去」的計劃中，例如在非洲、拉丁美洲、亞洲等地區，中國也在幫助那裏的一些國家進行大規模的基礎設施建設。

在規劃和實施絲綢之路方面，中國可以有效整合其金融能力和基礎設施建設能力。目前，中國方面正在積極建設「亞洲基礎設施投資銀行」。實際上，中國可以在此基礎上設立一個非常龐大的「絲綢之路開發基金」或者「絲綢之路開發銀行」，通過大規模的金融動員方法來為絲綢之路做好堅實的金融準備。「亞洲基礎設施投資銀行」本意是好的，但仍然有諸多改進的空間。它過於聚焦於亞洲，過於聚焦於基礎設施建設。再者，它也經常引出人們的地緣政治競爭的想像，例如和日本主導的亞洲開發銀行進行競爭，和美國在亞洲競爭戰略空間等等。而絲綢之路開發基金或者開發銀行更具地域和發展領域的開放性，符合中國長遠的國際發展目標。

中國是亞洲國家，強調亞洲的開發和發展非常重要。不過，亞洲的開發和發展不能和其他地區的開發和發展割裂開來。絲綢之路開發基金或者開發銀行可以整合中國的亞洲、非洲和拉丁美洲政策。現在中國對這些地區的政策都是分割的，甚至是衝突的，效率並不佳。早些時候中國也提出要建設「金磚國家開發銀行」。不過，實行起來比較困難。如果根據不同的需要設立不同的開發基金，那麼就會演變成一個又一個互相不連貫的小項目，不僅可能造成資金的大量浪費，而且管理起來也非常困難。絲綢之路開發基金或者開發銀行可以把這些項目整合起來，形成一個大國際開發計劃。實際上，中國可以以絲綢之路為契機，成立一個國際開發機構，來協調經濟的「走出去」和海外的經貿投資活動。在現行體制下，這方面的權力分散在不同的政府機構，沒有很好的協調性，效率不高，經常出問題。歷史地看，其他國家在國家上升成為大國之列的時候，都會設立類似的機構，促成國家的外部崛起。中國設立這樣一個機構是時候了。

基礎設施建設和工業園區建設的結合

從投資領域來說，在現階段中國的投資對象是基礎設施方面。例如中國和東盟之間在過去很多年裏開展互聯互通方面的基礎設施規劃和建設，取得了不小的成就。在這方面，仍然有巨大的空間。總體上看，絲綢之路沿邊和沿岸國家的基礎設施仍然非常落後，中國可以幫助建設公路、港口等大規模的基礎設施。不過，開放不能僅僅局限在基礎設施方面，而應當覆蓋更廣泛的領域，例如工業、製造業、農業等等。這些國家的開發和發展不僅需要基礎設施建設，更需要經濟平台（產業等）建設。在經濟平台建設方面，中國是有巨大能力做的，因為中國本身的崛起就是通過大規模的工業化途徑實現的。

從戰略上看，建設開放式的絲綢之路有助於減輕其他國家的地緣政治擔憂。中國傳統的絲綢之路具有很大的開放性，今天必須保持開放這個優勢。中國建設絲綢之路並非要和其他國家競爭地緣政治利益，而是要促進絲綢之路沿邊和沿岸國家的經濟發展。這既有助於中國本身的可持續經濟發展，也有助於其他國家的經濟發展，同時不會被其他國家視為戰略上的威脅。

絲綢之路的開放性也應當反映在執行方面，那就是絲綢之路的開發應當是參與式的。這裏至少有兩層含義。首先應當是地方的參與，讓當地社會和老百姓分享發展成果。這方面非常重要。如果把絲綢之路視為中國推動的經濟全球化，那麼中國必須考慮經濟全球化所能帶來的消極後果。經濟全球化已經造成主權國家內部收入分配的高度不公和社會分化。也就是說，經濟全球化的好處流向了那些有能力參與全球化的社會羣體和成員，而廣大的老百姓不僅沒有享受到足夠的好處，而且更經常成為輸者。這已經造成了當地社會的緊張關係，甚至政治的激進化。前些年，中國在非洲、拉丁美洲等地的一些做法已經引起了當地人的不滿甚至抗議，例如中國公司樂意僱傭中國工人而非當地人，中國公司沒有對當地的環保給予足夠的考量等等。如果能夠考慮到這一點，那麼中國就可以尋求一種更具參與式的開發方式。上面所討論的單純的基礎設施建設就顯得不夠了。儘管中國也為當地社會做了不少事情，例如建立醫院、學校、體育館和社區等，但這些並不能使當地社會滿意。要意識到，這些建設具有福利性質，中國並不能獲利。所以，中國必須考慮互惠的建設，就是當地社會和中國本身都能獲利的建設。那麼，如何使得中國本身和更多的當地社會成員獲利於中國參與的基礎設施建設呢？根據中國自己的經驗，可以在基礎設施的周邊建設產業園區等，既能解決當地的就業，也能促進當地的經濟發展，是當地社會和政府都希望的一種方式。同時，在做絲綢之路的當地規劃時，也可以開放給當地社會，儘量吸收當地政府、社會、非政府組織的意見。儘管各方面達成共識需要花些時間，但在此基礎上的開發更具合理性，也更具可持續發展能力。

在第二個層面，開放式的發展指的是向其他國家開放。中國在絲綢之路建設方面佔據主導地位並不是說中國也應當壟斷所有的項目。作為世界大國，中國應當持更加開放的態度，讓那些有能力的外國公司都能參與到這個大計劃中來，共同把這個計劃做好。中國具有開放的文化精神，有能力在自己主導的計劃中容納不同的利益並且有能力協調不同的利益。

財富和資本不同，只有當財富進入市場領域的時候，財富才轉變成為資本，財富才可以繼續增加和擴大。中國已經具備了龐大的資本積累，尤其是國家資本，而現在這麼龐大的資本大都存在銀行。這就是說，不僅財富沒有擴張，反而面臨縮小的威脅。在國內投資仍然有很大的空間，中國也不會中斷國內投資。同時，中國的資本也會加快「走出去」，這不僅僅是資本的本質所決定的，即資本會流向任何可以贏利的地方，也是中國國內可持續的發展所決定的，即中國需要進口大量的能源和原材料。這就需要和其他國家進行經濟交換。也同樣重要的是，作為大國，中國也要承擔國際責任，在自己發展的同時幫助其他國家的開發和發展，走共同發展、共同富裕的道路。絲綢之路的理念已經提出來了。如果中國能夠在上述概念架構中來規劃絲綢之路，那麼中國離實現文明復興和大國崛起之夢就不遠了。

鄭永年　2014 年 5 月 6 日

第二章

絲綢之路與全球經濟增量再平衡戰略

摘要

中國正面臨千載難逢的歷史機遇，正在崛起成為真正的世界強國。今天的中國已經成為世界上第二大經濟大國。儘管經濟高增長期已經過去，但今後相當長的一段歷史時期裏，仍然可以取得百分之六到七的年增長率。今後的十多年是中國崛起的關鍵。從以往大國崛起的歷史經驗看，如果在經濟較高增長期不能成為世界強國，等到經濟進入低增長階段，就會失去崛起的歷史機會。現實地看，無論是內部的可持續發展還是外部的國際責任，都迫切要求中國制定大國戰略。

這一大國戰略應至少包括如下幾個互相關聯的部分：1、國內可持續的發展；2、和其他大國建立「新型大國關係」；3、通過促進發展中國家的發展而承擔國際責任；4、在國際社會發展中國的「軟實力」。其中，核心就是第一項，即內部的可持續發展，第二、第三項不僅要為國內發展提供和平的外部條件，也是中國在國際社會崛起的必要手段，第四項則是中國作為大國經驗的外部延伸。這些可以說是中國大國戰略的幾根支柱。

從 2008 年開始的全球性金融危機和中國自身的發展已經為中國提供了一個機遇來整合這些方面的戰略支撐，形成一個總體崛起戰略。在今後相當長的一段時間裏，絲綢之路可以成為這些方面發展的主要推動力，或者說是大國戰略的一個重要而可行的「抓手」。中國可以在統籌亞洲基礎設施建設戰略、金磚國家發展戰略、中亞地區發展戰略等局部性發展規劃的基礎上，全面啟動「全球經濟增量再平衡戰略」，形成一個綜合性絲綢之路開發基金（銀行），由「中央全面深化改革領導小組」（深改小組）直接主導。這個戰略設計的出發點是同時追求三個短期目標與兩個長期目標：

短期戰略目標

一、作為世界上最大的發展中國家，全面帶領發展中國家走出全球經濟結構性失衡的困局，在避免和西方主導的世界體系發生直接衝突的同時，通過激發增量的過程，實現全球經濟平穩過渡到結構再平衡。

二、為中國轉換經濟增長模式、實現長期的內部可持續經濟發展、跳出中等收入陷阱並把國家提升成為發達經濟體創造更有利的國際經濟和戰略環境。

三、為突破每況愈下的東亞區域安全困境創造新的條件，為啟動升級版區域經濟合作帶來新的動力，在有效瓦解以美國為首的西方對中國的新一輪戰略圍堵的同時有效推進「新型大國關係」建設。

長期戰略目標

一、逐步擺脱對美國主導的全球多邊體制及金融貨幣秩序的依賴，為建構一個更加公正、包容、有序與可持續的國際經濟新秩序奠定基礎，從而履行中國作為新興大國的國際責任。

二、逐步削弱西方國家在社會政治發展模式選擇上的話語權，讓中國發展模式激發許多第三世界發展中國家重新思考如何在社會公正、可持續性發展以及市場競爭效率之間取得平衡，從而實現國家的真正崛起和民族的復興。

主要策略

一、以絲綢之路為契機，全面發掘中國與廣大新興市場國家之間潛在的互補互利機會，全面深化與新興市場國家及區域經濟體之間經濟貿易、基礎設施等方面的合作關係。

二、有效運用中國在資金、市場、技術、產能等方面的獨特優勢，全面分享中國在改革開放實踐過程中所積累的市場與政府兩手並用的獨特發展經驗，為協助發展中國家克服在推進經濟發展以及區域經濟整合過程中面臨的結構性難題，提供完整的解決方案。

三、全面提高中國企業的跨國營運能力，全面打造中國企業的海外經貿據點與生產基地，針對嚴重產能過剩與不具經濟效益的產業進行有秩序的「走出去」，實現對外移轉。

四、在全面推進綠能產業、整治環保污染、建設低碳城市與智慧型城市的過程中，積極引導擁有先進技術的歐、美、日跨國企業參與投資與提供設備，讓這些跨國企業有機會分享中國城鎮建設及經濟增長的紅利，也刺激國內企業進行產業升級。

五、在「和平發展」概念的基礎上，進一步提出「尊重與發展」的新政策概念，系統整合中國傳統的「和而不同」和「己所不欲，勿施於人」、當代的「不干預政策」和西方的文化多元主義等理念，形成中國特有的普遍價值觀，有別於大英帝國的「自由貿易」和美國的「自由民主」政策概念，為中華民族的復興和國家的崛起塑造國際文化軟實力。

背景分析

從世界經濟歷史的發展和現狀來看，今天的中國正面臨千載難逢的歷史機遇。放眼全球，唯有中國有能力全面帶領發展中國家走出全球經濟結構性失衡的困局，讓全球經濟在激發增量的過程中平穩達到結構再平衡；長期而言，也唯有中國可以帶領所有非西方國家，針對全球治理與國際合作體制失靈的問題進行改革，以建構一個更加公正、包容、有序與可持續的國際經濟新秩序。這兩方面的內容都是中國作為最大的發展中國家的國際責任。也只有在國際責任的架構內，中國才能夠避開西方和美國對中國的潛在圍堵，正面構建「新型大國關係」，從而實現長期的和平發展、民族復興的目標。

西方經濟的失衡

現有國際經濟秩序存在着嚴重的結構性失衡。2008 年的全球性金融危機既是這些失衡的必然結果，也使得這些缺陷暴露無遺。西方國家過度消費，政府舉債度日；美國濫用其鑄幣權，導致國際貨幣體系動搖；全球金融體系系統性風險不斷增高，熱錢到處流竄導致全球資產泡沫；國際自由貿易秩序正被區域自貿板塊逐步侵蝕。

西方的結構性經濟失衡和新自由主義經濟學的崛起有關。新自由主義於上世紀八十年代開始流行於英美國家的首相戴卓爾夫人和列根總統時代。開始時焦點在於私有化和政府退出經濟領域。九十年代初冷戰結束之後，新自由主義很快就發展到世界經濟領域，主要是對經濟全球化的理想化，錯誤地認為全球化會形成一種完美的國際勞動分工，各國可以借其「比較優勢」來促進無限的經濟發展和財富的積累。「看不見的手」和「比較優勢」是古典經濟學的核心。不過，這兩者都促成了 2008 年的全球金融危機。

在新自由主義意識形態主導下，西方各國在不同程度上走上了經濟結構失衡的道路。主要表現在如下幾個關鍵的領域：

國內產業格局的失衡

產業轉移所造成的不同產業之間的失衡。冷戰結束後，很多西方國家加快了產業的轉移，把大量的被視為是低附加值的產業轉移到包括中國在內的發展中國家。這一方面加快了經濟全球化的步伐，同時也使得很多本來很封閉的發展中國家加入到全球化浪潮中來。一些西方國家（尤其是英國）甚至大膽地放棄了大部分製造業，全面轉向高附加值的服務業。這就導致了製造業和服務業之間失衡。在服務業領域，西方又過分側重於金融領域。金融業是在過去的很多年裏西方獲得財富最主要的領域，也是國內經濟最為繁榮的產業。產業轉移的目標是產業升級，但升級既可以在同一產業鏈上升級，即通過增加技術含量來增加附加值，也可以通過把附加值低的產業轉移到其他國家而發展新產業來追求附加值。這兩種途徑都是可以的，但一些西方國家在沒有找到新興產業的時候，就把已有的產業轉移了出去。產業轉移必然影響到就業，而就業又轉而影響消費和政府財政等方面。2008 年的金融危機表明，凡是製造業仍然領先的國家（如德國），受危機的影響就小；凡是金融業發達的國家（如英美），不僅製造了危機，而且也影響到本國的製造業。

社會性投資與生產性投資的失衡

與產業失衡相關的是社會性投資和生產性投資之間的失衡。社會性投資在西方不可或缺，尤其在歐洲福利社會。在大眾民主的政治壓力下，社會性投資即使政府不樂意也很難減少。英國戴卓爾夫人政府期間曾經想把社會部門包括醫療和教育私有化，但遇到民主政治的有效抵制。同時，西方各國生產性投資顯得不足。因為很多產業轉移了出去，實體經濟空間大大減少，生產性投資缺少了目標。西方的很多生產性投資是通過 FDI 的形式投資到海外企業。企業的大量出走，加上人口結構的變化，導致了政府税基的縮小。人口老齡化還意味着政府需要愈來愈大的社會投入，但國內的税基縮小卻限制了政府支出。那麼，政府的錢從哪裏來？政府只有搞債務財政。大多數西方政府的債務財政節節升高，在背後有很多因素，但社會投入的負擔是很重要的一個因素。

金融創新與投機的失衡

創新與投機冒險之間也存在着不平衡。創新無論是技術的創新和其他經濟方面（如管理方式）的創新是企業可持續發展的關鍵。傳統上，大多技術創新都發生在實體經濟，尤其是製造業。實體經濟的技術創新或者組織管理方面的創新才是可持續的，有利於社會和經濟的總體發展。因為製造業被轉移出去，或者製造業空間縮小，技術創新顯得不足。因此，西方國家的企業把大部分財力用來搞金融創新。儘管金融創新也很重要，但這往往和投機或者冒險聯繫在一起。在很多情況下，金融工程和投機工程沒有甚麼本質性的區別。各種金融投機又反過來弱化實體經濟。2008 年的金融危機就是因為美國的金融資本把美國的實體經濟(房地產)過分貨幣化的結果。

在工具層面來説，風險的金融衍生工具複雜的運作方式和數學原理掩蓋了巨大的系統風險，日積月累就會導致系統性危機。當金融創新成為純粹投機行為的理性化工具，金融體系就會走向畸形發展，進而拖累實體經濟。

政府與市場的失衡

政府與市場之間或者説在「看不見的手」和「看得見的手」之間也存在着失衡。政府的作用在不同的經濟發展階段是不同的。工業化最先在西方開始，工業化早期也出現很多監管問題，但經過很長時間的演化，西方諸國在產業方面建立起了比較有效的監管制度。現在的監管問題主要出在金融活動的全球化和全球性監管制度之間的失衡。冷戰後，金融產業尤其是全球性的金融產業得到了飛速的發展，各國的金融創新眼花繚亂。西方本來發展出了一套金融監管體系，但經歷了上世紀 80 年代中期以來的自由化和金融市場的複雜化，監管也就與實踐嚴重脱鈎。全球化更加重了全球金融管制的難度，因為市場網絡向全球範圍蔓延，而監管權力卻受到主權國家的限制。不過，事實上，如果過分強調金融創新而非實體經濟方面的技術和管理的創新，監管一直會處於落後狀態。不管在怎樣的情況下，投機者總要比監管者聰明，監管總要比投機來得遲。

無論是西方內部經濟結構再平衡問題還是與之有關的世界經濟結構再平衡問題都不是在短期內能夠解決的。在今後相當長的時間裏，西方各國除了預防可能的新危機和應付已出現的新危機之外，還必須增加生產性投資、加強監管、減少進口和增加出口，只有這樣，才能從長遠看把內部經濟和世界經濟拉到一個新的平衡點。問題在於西方各國能否實現這樣一個新平衡點。歷史地看，經濟結構失衡的情況很難由企業界自身來重新實現平衡，而政府必須扮演一個主要角色。但從目前西方的政治來看，要建設一個強有力的政府已經變得非常困難。因此，在分析西方經濟結構失衡的時候，也必須注意到西方民主的轉型。

一個可以明顯觀察到的現象就是，在這一波全球化到來之後，在世界範圍內出現弱政府現象，西方尤其典型。全球化在西方首先發生，其出現的問題具有標誌性。從上世紀八十年代開始，西方就有很多學者開始觀察到，經濟全球化對主權國家的挑戰。經濟主權的消失已經弱化了主權政府，例如經濟道德的消失、就業的困難、稅收的減少等等都在弱化着主權政府。如果這些是經濟面的因素，那麼西方民主的轉型更是弱化着主權政府。

歷史地看，西方的民主已經經歷了三個大的階段，或者說經歷了三次大的轉型，而每一次轉型都不是強化政府，而是使得政府更加弱化。

在西方史上，第一波民主化可以說是資產階級的民主化。在民主化之前，西方大多是君主貴族政權。資產階級是第一個有能力和君主貴族分享權力的社會羣體。第一波民主就是馬克思所說的資產階級民主，即精英民主。在資產階級民主階段，民主和資本主義經濟制度配合得非常好，即政府和資本之間的關係很融洽。誠如馬克思所指出的，政權本身是資產階級所產生，前者是後者的代表。從經濟形式看，這個相當長的階段屬於原始資本主義階段。政府和資本往往站在一起，對僱用工人（勞動者）進行剝削。這種「人吃人」的資本主義可以從馬克思、狄更斯、雨果等作家的描述中看得非常清楚。

第二波西方民主化的動力是工人階級。資產階級為了利潤，大力發展產業，到處拓展市場。結果，不僅創造了大量的財富，而且也培養出一個龐大的工人階級或者無產階級隊伍。這個階級早期受資產階級的剝削，但隨着其組織化程度的提高，其「人口」力量愈來愈強大。他們開始要和資產階級分享權力，要求改善勞動條件，提高工資等等。工人階級運動開始發揮政治影響力。工人階級運動對西方民主的影響怎麼說都不會過分。

第三波西方民主就是大眾民主。資產階級創造了工人階級，工人階級進入政治過程，這使得西方民主大眾化變得不可避免。之後，各種社會羣體包括婦女、少數種族等也通過各種社會運動（例如美國的黑人民權運動）進入政治過程，至此，民主的大眾化過程至少從理論上說已經完成。現在人們把很多權利和民主化聯繫起來，並不是很確切。歷史地看，的確很多權利尤其是公民的政治權利是隨着民主化而產生的。不過，要注意兩點。第一，很多方面的權利，尤其是經濟和社會權利，在大眾民主化之前就已經開始實現。西方很多方面的社會制度建設發生在大眾民主化之前，甚至在專制主義階段。最明顯的就是法國的教育制度是在拿破崙時代建立的，德國的社會保障制度是在「鐵血宰相」俾斯麥時代建立的。可以說，西方大多數基本國家制度和大眾民主化沒有甚麼緊密的關聯。理想地說，國家建設的次序應當是，國家制度建設在先，民主化在後。大部分基本國家制度必須在大眾民主化之前得到建立。如果不能得到建立，那麼在大眾民主化之後很可能再也沒有機會。大眾民主化可以產生巨大的政治能量。這種政治能量可以有效地摧毀現有的制度，但不能同樣有效地建設新制度。歷史地看，民主政治對國家制度建設的貢獻並不很大。我們可以舉美國為例。美國是典型的民主國家，其大部分制度都是建國那一代政治領袖建立的，後來只是修修補補。只有在上世紀三十年代大蕭條的時候，當社會經濟的動盪威脅到政權生存的情況下，才利用危機確立了社會保障制度。2008 年金融危機之後，美國政府也試圖為窮人建立醫療保障制度，但遇到了極大的困難。在危機沒有對政權產生足夠威脅的情況下，各方面的力量很難妥協，重大的改革很難成功。實際上，民主制度是一種極其保守的制度。在民主政治下，各方面的利益都可以得到表達，但要它們之間作重大的妥協則非常困難。

大眾民主對西方的經濟和政治產生了巨大的影響。在精英（資產階級）民主階段，政治和經濟體系互相配合，沒有重大的衝突；在大眾民主化的早期，政府開始和資本脱離，向社會傾斜，但政府還是可以超越資本和社會，在兩者之間充當協調人。但在大眾民主時代，政府很快向社會傾斜。大眾民主説到底就是一人一票的選舉民主。對政治人物來説，要得到政治權力，首先就要得到足夠的選票。從選票數來講，社會遠較資本來得重要。這使得今天的大眾民主愈來愈帶有民粹主義的色彩。在福利國家，大眾民主對經濟的負面影響愈來愈顯著。民主在很大程度上演變成為福利政策的「拍賣會」。問題是，誰來買單？西方的政治人物不顧自己國家的經濟體已經不能承擔福利負擔的現實，為了選票還得繼續承諾高福利。而大多社會羣體則看不到自己的長遠利益，他們也不願放棄任何利益。高福利的錢從哪裏來？向老百姓借錢，向外國借錢，向未來借錢，這些都是西方的方法。高福利是目前歐洲危機的根源。

不過，大眾民主很難建立一個強政府，尤其在全球化時代。在全球化時代，政府的稅收政策成為問題。一方面是本國資本全球化，政府沒有有效的稅收機制對流向海外的資本收稅。不僅如此，政府也很難對仍然處於本國的資本者（富人）徵稅，因為一旦稅收過高，會迫使這些資本者流向海外。政府所能做的就是繼續向中產階級徵稅。而中產階級在製造業和金融業全球化的影響下，其生活已經相當艱難。政府向中產階級徵稅就很難得到中產階級的支持。更進一步，西方民主發展到今天，已經變成一種互相否決的制度。這和民主的保守性有關。因為各種利益都可以被動員，如果在各種利益比較平衡的情況下，誰也成為不了多數，就造成了互相否決的局面。

全球化、資本外流、就業不足、過度福利、弱政府等等，所有這些問題是西方經濟結構失衡、經濟和政治失衡的結果。這表明西方的經濟和政治制度又到了一個改革和轉型的新階段。最近，人們開始討論資本主義危機。在很大程度上，這更是政治權力危機和國家政權危機。對西方來說，問題的核心是如何重建國家權力？西方花了很長的時間確立了對產業資本主義的監管體制。那麼，現在需要多少年來確立對全球化背景下的金融資本主義和製造業資本主義的監管體制呢？建立政府對企業的規制首先需要一個強大的政府，但是在大眾民主下又如何建立這樣一個強大的政府呢？如果沒有一個強大的政府，由誰來監管強大的資本力量呢？又有誰來制約民粹主義式的民主政治呢？

發展中國家的困局

西方沒有能力實現世界經濟的再平衡，那麼非西方尤其是發展中國家是否能夠實現這個目標呢？對西方的失望使得很多人把目光轉向發展中國家，包括「金磚國家」(巴西、俄國、印度、南非和中國)。但是，對發展中國家的經濟能力，需要有客觀、冷靜和理性的認識。

以「金磚國家」為主體的非西方國家的崛起的確是上世紀 90 年代以來的新一波全球化過程中一個最顯著的國際經濟現象。在過去的二十多年時間裏，這些國家的經濟取得了高速的發展，在世界經濟的版圖裏佔據愈來愈重要的位置。自 2008 年全球性金融危機爆發以來，這些國家也已經成為世界經濟的新增長點。不難理解，人們開始把世界經濟再平衡的希望放到了這些國家。

不過，回到現實面，人們不難發現，這些國家還遠遠沒有能力來平衡世界經濟。可以從如下幾個方面來看這個問題。我們主要集中在除中國之外的金磚國家。

首先，和西方相比，這些國家的經濟規模和總量還是比較小。儘管在快速增長，但要平衡世界經濟的實際能力必然受到其客觀經濟規模的制約。除了中國，其他國家的經濟規模遠遠小於西方主要國家。金磚國家中，其他四國的經濟總量相加還沒有中國一國大。金磚國家的總體經濟規模在擴大，也在產生一些外部影響力，但這並不自然轉化成為平衡世界經濟的能力。要平衡世界經濟，必須回到用甚麼方式來平衡這個主要問題上來。在這方面，所有發展中國家的問題都一樣：即使有實際能力，也缺失有效的工具來拯救世界經濟（也正因為如此，絲綢之路變得極其重要。這一點，我們在後面會詳細討論）。

其次，這些國家都是在全球化背景下成長起來的，它們各自的經濟本身也同樣避免不了世界經濟危機的影響。和中國的「開放」和「接軌」政策一樣，所有這些國家都接受了西方主導的世界經濟體系，加入各種西方主導的國際經濟組織。主動進入世界經濟體系使得所有這些國家在較短的歷史時期裏取得了很大的經濟成就。但同時，這種情況也説明：這些國家都必須在這個充滿危機但又沒有能力應付危機的現存體制內發生作用。例如，這些國家沒有自己主導的「貨幣基金」、「世界銀行」、「美元」或者「歐元」。因此，西方的衰落並不表明非西方國家的自動崛起，因為它們還沒有獨立運作的體制能力和權力。

再次，這些國家儘管開始意識到在西方主導的國際經濟體系內運作的局限性，並且也開始協調它們之間的政策，但是它們還遠遠沒有能力成為一個類似目前西方主導的全球經濟體系。很難想像，這些國家很快能夠發展出有效的協調機制，更不用説是建立類似西方所確立的體制了。不管它們怎樣不滿意現存的世界經濟體系，它們還是要在體制內發生作用，而不可能另起爐灶。歷史地看，世界經濟體系的形成並不僅僅是因為經濟因素或者市場因素。經濟因素只是個重要基礎，政治和戰略的考量更為重要。經濟體系的制度化和法律化是主權國家之間的事情，沒有政府的介入，制度化和法律化就無從談起。而任何政府要考量的不僅僅是經濟，而且也是政治和戰略。金磚國家之間儘管開始出現共同的經濟利益，但並沒有直接的和共同的地緣政治利益和戰略利益。這表明，不管這些國家的經濟意願有多大，都很難形成類似西方所確立的世界經濟體系。

即使在未來它們有了這樣的意願，但西方又會如何做呢？西方不可能眼睜睜地看着一個和自己構成競爭關係的新經濟體系的出現。西方必然盡力來阻止發展中國家這樣做。西方的阻撓會使得所有這些國家退出現存國際經濟體系的成本無限地高。更何況這些新興國家之間還有各種非經濟的矛盾。實際上，因為這些非經濟矛盾既存在於中國和印度之間，也存在於中國和俄羅斯之間，西方很容易插手這些國家之間的關係。

同樣重要的是，因為這些國家還都是發展中國家，在今後相當長的歷史時間裏，它們最關注的還是它們內部的發展。隨着工業化和城市化，這些國家的內部轉型正在為各國政府產生愈來愈大的壓力。在這樣的情況下，要承擔起國際責任還有待時日。它們可以承擔國際責任，但途徑必須是通過幫助西方確立體制或者幫助西方從而來承擔國際責任。

那麼，亞洲國家能否承擔起世界經濟再平衡的角色呢？很多人把希望寄予亞洲國家。的確，在很多方面，寄希望於亞洲國家要比金磚國家現實一些。首先，世界經濟的重心已經從歐美轉移到了亞洲。在大國中間，中國和日本是世界上第二、第三大經濟體。印度經濟正在崛起。隨着亞洲的發展，俄羅斯也愈來愈成為亞洲國家。同時，除了已經成為發達經濟體的亞洲「四小龍」(即韓國、新加坡、台灣地區和中國香港)，亞洲也有很多發展中國家處於快速發展過程之中，例如東盟的印度尼西亞等。隨着東盟的進一步整合，整個區域的發展前景看好。

其次，在這一波全球化和區域化過程中，亞洲國家已經形成了一個事實上的投資貿易鏈條或者說區域經濟。中國很多年來一直是裝配中心，其他亞洲國家根據它們的比較優勢生產不同的零件，然後出口中國，在中國組裝之後再出口歐美西方國家。這種情況從前沒有發生過，它增加了亞洲國家經濟體之間基於勞動分工原則之上的相互依賴性。

再次，亞洲國家之間有關投資貿易的法律架構也正在改善。如果以法律化為標準，與北美和歐洲相比，亞洲區域主義的制度性程度比較低。尤其是東北亞，因為多種歷史和現實的因素，中國、日本和韓國三國之間儘管實際上的貿易投資程度已經相當高，但制度化程度幾乎不存在。在冷戰時代發展起來的東盟可以說是唯一一個重要的區域組織。在過去的十多年間，這種情況正在改變。中國和東盟的自由貿易區已經開始運作，即 10+1 。中國的這一舉動也帶動了其他兩國和東盟的 10+1 關係，東盟和東北亞三國的 10+3 機制已經形成。在這個基礎上，東北亞三國也在努力達成自由貿易區協定。

不過，這些努力至少在今後相當長的時間裏不足以克服亞洲經濟一體化所面臨的障礙。主要表現在三個方面：首先，亞洲各國各自的經濟體在很長時間裏仍然會高度依賴於西方經濟體。在冷戰期間，中國被孤立，亞洲主要經濟體包括日本、韓國和東盟的主要貿易投資關係在西方，尤其是美國。儘管美國經濟相對衰落，但這個過程會是很長的。尤其要考慮到，美國和亞洲同盟國的經貿關係是高度制度化的，這有利於美國對亞洲國家施加壓力。當然，面對崛起中的中國，亞洲和美國也在努力發展新形式的自由貿易制度，這尤其表現在正在進行中的跨太平洋夥伴關係（TPP）。

其次，亞洲很多國家並非完全意義上的主權國家，它們在戰略上不能獨立，而是被高度整合進美國的安全體系，例如美日、美韓安全關係等。在冷戰之後，這種戰略關係不僅沒有鬆懈，反而在近年來因為中國崛起等因素有了強化。戰略關係必然影響經濟關係。日本民主黨執政之後，鳩山政府曾經一度強調「亞洲共同體」建設，想追求和美國較為平等的關係，卻以失敗告終。今天的日本政府更是在強化美日同盟關係。只要這種戰略關係的存在，一個較為獨立於美國的亞洲經濟體很難成為現實。

再次，亞洲國家之間本身也存在着戰略競爭關係。在一些方面，今天亞洲國家之間的關係和一戰前歐洲各國之間的關係類似。一方面，亞洲國家之間的經濟關係日益緊密，相互依賴關係很高。但另一方面，亞洲國家都是崛起中的國家，都不可避免地出現戰略競爭關係。這種競爭關係尤其表現在大國之間，尤其是中國和日本、中國和印度之間。這些大國和周邊小國之間也存在着很大的戰略上的不確定性。例如中國和周邊國家之間、印度和周邊國家之間、日本和周邊國家之間等等。這種戰略競爭關係也勢必影響它們之間的經濟關係。如果考慮到很多國家的戰略都是依賴於美國的這個事實，情況變得更加複雜。從戰略競爭的角度來看，亞洲國家尤其要注意避免衝突。一戰前歐洲各國之間的經濟區域化和全球化進程致使當時的一些政治家盲目樂觀，並不認為歐洲國家之間會產生真正的衝突和戰爭，但日後的歷史並不是這樣。貿易自由、經濟利益並沒有使得歐洲國家間避免戰爭。當經濟危機來臨的時候，具有戰略競爭性關係的國家間的關係就會變得異常脆弱。很多人一直很擔心亞洲國家之間的衝突，並非一點道理都沒有。如何在經濟危機之際管理好它們之間的戰略競爭，這仍然是亞洲國家面臨的一項艱巨任務。

所有這些因素的存在表明，亞洲不可能形成一個統一的經濟體來平衡世界經濟。不過，儘管亞洲國家不能獨立平衡世界經濟，但可以幫助西方緩解危機，甚至把西方從危機的泥潭中拖出來。亞洲不可能建立一個獨立於美國的經濟體，但可以建立一個包括美國在內的經濟體。實際上，亞洲國家也是這麼做的。不管人們喜歡與否，美國實際上已經是亞洲經濟體的內在一部分。美國的經濟復甦對亞洲有好處；而美國經濟倒下了，亞洲會同樣受害。因此，亞洲國家一直在幫助美國經濟的穩定和復甦，例如中國和日本一直在購買美國國債。同時，亞洲國家努力把自己的經濟治理好，這也是對世界經濟的貢獻。

西方經濟危機是其內部結構失衡的結果。西方如果要脫離危機，還是要依靠自己的力量。很簡單，沒有一個外在的力量可以幫助西方解決前面所討論的各種結構性矛盾。當然，這從另一個側面説明，亞洲國家如果要應付危機，也必須依靠自己。西方已經沒有能力來幫助亞洲。即使有，西方也不可能解決亞洲國家內部的結構性問題。不管亞洲一些國家和美國各方面的關係如何緊密，要想依靠美國來解決國內問題至多只是天真的幻想而已。

很顯然，世界經濟不確定性在遽然增加。一方面，西方仍然主導着世界經濟秩序，但這個秩序已經無能力應付危機。另一方面，進入這個秩序的發展中國家或者亞洲在無能力掌握這個秩序的領導權的同時很難脫離這個秩序而去建立新的秩序。在這樣的情況下，平衡世界經濟的集體行動愈來愈困難，各國都必然轉向內部行為，把重點放在內部建設。這表明，世界經濟正在進入一個相對無序的狀態。這種狀態會在今後相當長的歷史時期裏存在。當各國把重點放在內部建設的時候，經濟的全球化進程可能會受到負面的影響。但這未必是件壞事情。1997-1998 年的亞洲金融危機、2008 年以來的全球性金融危機和各國無能力面對並消化高速全球化所帶來的衝擊是有關聯的。如果區域經濟危機或者全球性經濟危機是各國內部經濟結構失衡的產物，那麼各國政府把重點放在內部經濟結構調整，從長遠來說，是世界經濟重新回歸平衡的前提條件。

中國在世界經濟中的形勢和任務

中國經濟格局不可避免受外部經濟環境的影響。自改革開放以來，中國經濟是在開放狀態下發展起來的，並且早已經成為世界經濟體的有機部分。這至少説明兩點。其一，即使世界經濟出現了問題，中國不可能減輕對這個體系的依賴，更不用説從這個體系裏脱身。從理論上説，中國有可能減輕對這個體系的依賴，但實際上做起來很難。中國已經超越美國，成為世界上最大的貿易國家。建設內需社會並不表明中國的國際貿易不重要了。相反，國際貿易始終會是中國經濟的內在部分，是支撐中國經濟的一壁江山，不應當把國際貿易和內需對立起來。一旦中國成為內需社會的時候，國際貿易會變得更加重要。在內需方面，在大規模的反腐敗運動之前，公共消費(即政府部門和準政府部門例如國有企業的消費)快速增加，民間部門的消費並沒有顯著的增加。反腐敗運動以來，政府部門的消費快速下降，但民間消費有所增加。不過，消費社會的建設需要很長時間，中國不可能在短時間內建設一個能夠支撐中國經濟的消費社會。原因很簡單，中國缺乏一個消費社會所需要的一整套社會制度，包括社會保障、醫療、教育和公共住房。在這樣一套制度建立起來之前，不太可能成為消費社會。

其二，世界經濟出現了問題，中國不僅不能脱身，反而要為世界經濟的復甦負起責任。中國現在已經是世界第二大經濟體，國際社會對中國的期望也愈來愈高。連歐洲這樣的發達社會，一旦遇到經濟危機，也都希望得到中國的大力幫助。對中國來説，負起這樣的責任可能力不從心，但也經常不得不負。原因也很簡單，中國是世界體系的一部分，西方經濟危機必然危及中國，西方倒下去了並不意味着中國會站立起來。在經濟互相高度依賴的時代，西方在倒下去的時候，也會拉倒中國。但矛盾的是，西方針對中國的貿易保護主義、對人民幣施加壓力等從來就沒有間斷過。中國的最大出口市場美國和歐洲仍然沒有承認中國的完全市場地位。中國經濟的「走出去」更是面臨西方強大的政治阻力。這些都對中國承擔國際責任非常不利。

在這樣一個複雜的世界經濟環境中，中國如何在求得自身的可持續發展的前提下承擔國際責任呢？自身的可持續發展是根本，如果自己的事情做不好，承擔國際責任無從談起。這需要我們首先考慮如何實現內部的可持續發展。從 2008 年全球金融危機以來，中國有很多積極的經驗，但也有慘痛的教訓，需要對兩方面作理性的總結，才能清楚看到可持續發展所面臨的內部經濟結構失衡問題。

儘管中國面臨愈來愈大的外在壓力，在今後相當長的歷史時期裏也會維持較快的發展水平，但很難也不應該扮演西方世界經濟的救世主。2008 年金融危機發生之後，中國政府馬上推出了數量極大的 4 萬億人民幣的配套來應付危機。較之西方政府，中國政府的舉措更加有效。在西方，政府可以動用的兩方面主要舉措即財政政策和貨幣政策的效用已經趨於零。財政政策因為政府過高的債務而受到限制；同樣，貨幣政策也很難奏效，因為各國的利率已經很低，甚至趨近於零。在政府債務過大、利率趨向於零的情況下，這兩個槓桿如何再繼續發生作用呢？無論是財政上的增加債務還是貨幣方面的增加貨幣發行量，最終的結局是一樣的，即大量的錢流通到金融領域，導致金融領域「流動性」的過剩。而金融領域的復甦不僅沒有促成政府和社會所需要的實體經濟的復甦，反而促使着金融領域走向政府和社會目標的反面，即進行更大規模的投機炒作或者「金融工程」。

中國則不一樣。中國政府是世界上少數幾個財政能力最強的國家。過去數十年，國家税收增長很快。儘管一些地方政府現在負債過度，但中央政府財政狀況很好。中國的貨幣政策也較之西方的有效。隨着金融制度建設的推進，政府在使用貨幣政策來調節宏觀經濟方面已經積累了相當豐富的經驗。

更為重要的是，與西方各國政府不同，中國政府擁有一個龐大的國有經濟部門，控制着中國這個世界經濟第二大國的實體經濟命脈。就是説，除了財政和貨幣槓桿，中國政府還具有經濟（企業）槓桿。這個經濟槓桿是所有西方政府所沒有的。西方也有公營事業，即公共部門，主要是社會政策領域，不是實體經濟部門。中國應對金融危機的有效性主要是因為這個實體經濟槓桿。政府出台的 4 萬億主要是通過國有部門（主要是國有企業和地方政府）來執行的。從這個角度來看，在應付危機方面，中國經濟模式比美國和西方模式更為有效。這也是這些年來一些人對中國模式抱過度樂觀的根源。

不過，必須清醒地意識到，中國政府對經濟（企業）杠杆的過度使用也在導致幾乎具有同樣性質的惡果。現在看來，2008 年金融危機之後中國的應對舉措是在對經濟危機懷有過度恐懼感的情況下出台的。當時中國本身並沒有危機，而是受西方危機的影響。可以說，政府當時的任務只是防止西方的危機擴散到中國。政府當時為甚麼會出台如此龐大的計劃來防止危機波及到自身呢？這樣做的主觀意圖當然不是為了拯救西方經濟，儘管在客觀層面產生了這樣的效果。正如當時中國的領導層所強調的，把自己的事情管理好，就是中國對世界最大的經濟貢獻。除了對危機的恐懼感而產生的非理性因素之外，國有部門既得利益的追求是這個計劃背後的最大推動力，而國有企業正是這個過程中的最大獲益者。

正如日後所發生的，政府龐大的計劃是通過國有部門來執行的，大量的財力流向了這些部門。如果說美國的問題是華爾街的問題，那麼中國的問題就是國有企業部門。不難觀察到一系列經濟結構失衡和國有企業有關。

首先，正如美國的華爾街，中國的一些國有企業也呈現出了「過大而不能倒」的現象。政府要通過國有企業來應付危機，來賺錢，甚至來實現其他一些非經濟目標（例如社會穩定），必然要為國有企業提供無窮的支持。但是國有企業所追求的目標並不必然和政府的相一致。相反，一些國有企業所追求的目標離政府目標愈來愈遠。這主要是因為，隨着大型國有企業的財力增加和對市場的壟斷，它們相對於政府的自主性也日益擴大，無論是從財政稅收還是經濟資源方面。同時，政府對大型國企尤其是央企的依賴性愈來愈強，控制力反而愈來愈弱。在一定程度上，正如華爾街綁架了美國政府，國有企業也可以綁架中國政府。從這次國有企業反腐敗所發現的情況看，一些國有企業部門已經成為「獨立王國」，中央需要花費九牛二虎之力才能應付其所帶來的嚴重問題。

在經濟層面，國有企業已經促使中國內部經濟結構失衡。在很多年裏，平衡內部經濟結構一直是中國政府的目標，但今天的中國經濟結構仍然非常不平衡，甚至有變得愈來愈不平衡的趨勢。其中，國有企業的作為是一個重要因素，主要表現在以下三個方面。

第一是國有企業和民營企業之間的失衡。2008 年金融危機之後，國有企業因為 4 萬億的進入而大舉擴張，把觸角伸入到中國經濟的各個領域。根據上世紀 90 年代中期以後國有企業的改革計劃，國有企業會存在於國家戰略部門、自然壟斷和社會服務等部門。但是 2008 年之後的國有企業已經大量侵佔了原來屬於民營企業的空間。4 萬億的方案本身不是甚麼大問題，但在實施中在兩個方面出現了大問題。一是這麼龐大的資源幾乎全部流向了國有企業和地方政府，而沒有流向民營部門。如果把一部分資源置於民營部門，也不至於出現那麼大的結構失衡。二是當時中央有關部門，沒有規定國有企業可以去哪裏，不可以去哪裏。結果，哪裏可以賺錢，哪裏就有國有企業，比如說國內最大的泡沫產業，房地產。所以也就造成了人們所說「國進民退」的現象。

第二是大型企業和中小企業之間的失衡。在中國，大型企業全都是控制着大多數資源產業和上游產業的國有企業。國有部門的擴張是以提高要素價格，特別是以資本和資源價格為代價的，因此國有部門擴張必然導致中小企業的萎縮。一句話，中小型民營企業的生存空間愈來愈小，生存環境也愈來愈惡劣。這導致了中國的民營企業家紛紛出走其他國家。發展中小企業和民營企業一直是政府的目標，但這個目標很輕易地被國有部門所改變。國有企業的大擴張直到十八屆三中全會之後才得到有效遏制。不過，要國有企業退出已經佔領的應當屬於民營企業的空間並非容易，仍然需要具有實質性的改革。

這些現象已經明確指向了第三個失衡，並且是更為嚴重的失衡，即政府和市場作用的失衡。世界經濟的混亂現象在本質上是「市場失靈，政府也失靈」的結果。如果市場有能力，或者政府有能力，世界經濟可以出現相對穩定的秩序。但今天，人們不得不承認，市場和政府都失靈了。在西方，這是因為華爾街經濟；在中國，這是因為國有企業。在西方，華爾街主導的金融經濟綁架了政府，華爾街可以影響政府，但政府影響不了華爾街。同時，華爾街經濟又在極大程度上破壞着傳統意義上建立在實體資本主義之上的市場。華爾街並不在任何市場意義上進行運作；相反，華爾街不僅破壞了傳統意義上的市場，而且創造着以其自身為中心的市場，把世界上的所有事物都納入其「交易」體系（即市場）。在中國，國有企業其實也有類似的功能。國有企業綁架着政府政策。例如中小型民營企業問題，從憲法和其他法律上中國已經合法化了民營企業，同時在政策上，政府也制定了諸多意在促進民營中小企業發展的政策。不過，無論是憲法、法律還是政策，都往往停留在字面上，很難執行下去。為甚麼？國有企業在作怪。大型國有企業和中小型民營企業競爭政府資源？很顯然，很難說這是競爭，誰輸誰贏是明擺着的。更重要的是，中國的銀行是國有的，在大型國有企業和中小型民營企業，國有銀行會選擇貸款給誰？這也是明擺着的。政府左右不了國有企業，相反使國有企業能夠左右政府的政策，這就是政府失敗。

另一方面，國有企業也不代表市場，而是在最大限度上操控着市場，破壞着市場。國有企業並不是通過市場競爭而佔據優勢，而是通過政治和行政權力，通過對經濟空間、資源和人才的壟斷。在所有這些資源隨手可得的情況下，國有企業怎麼會走非常辛苦的市場路線呢！在全球化的情況下，在非國有部門存在的情況下，市場已經在中國變成一種現實。但國有企業可以通過國家的財政、金融等舉措就能很輕易地操控市場。對國企來說，市場僅僅是一種工具。市場要服從國有企業的利益，而不是相反。這和西方剛好相反。在西方，政府力量再強大，也必須服從市場；而在中國，市場力量再強大，也要服從政府。西方政府可以通過反壟斷來限制企業操縱市場。西方通過很長歷史時間建立起了對市場的規制，現在西方面臨的是如何對金融市場進行規制。這個問題已經提出來，只是因為金融業的巨大政治影響力，到現在為止規制還沒有建立起來。不過，至少在理論上是可能的，例如通過政治力量之間的再平衡，立法對金融業的暴利交易徵收重税，使其利潤不多於實體產業。與之相比，中國政府則可能無能力對國企實行反壟斷，因為國企已經是國家財政經濟體系重要部分，「左手規制右手」不會在任何意義上獲得成功。因此，至少在理論上説，中國所面臨的市場和政府雙失效要比西方嚴峻。十八屆三中全會《決定》所確定的主題，即市場化，就是要解決這個問題。

與國有企業有關的另一個問題就是金融危機之後中國產生了巨大的地方債務危機。除了中央所屬企業，地方政府也是中央所推出的龐大救市計劃的實施者。再者，地方政府也是通過地方國有企業來實施。不僅如此，在一段時間裏，中央政府也放鬆了對地方的控制和監管。地方政府不擁有貨幣發行權，但為了融資，就搭建了形式繁多的地方融資平台，這些平台本身就是一種特殊的地方國有企業。地方政府大舉借債，地方借債出現了競爭性行為，各地方不管自己是否有還債的能力，拼命借債。這是一種典型的「搭順風車」行為。地方借債越多，對地方越有利。地方政府不能破產，地方債務最終必須由中央政府來承擔。這一點，各地方從一開始就是有意識的。實際上，地方債務也是一種變相的財富轉移形式，即財富從借債少的省份轉移到借債多的省份。中央政府最後承擔地方債務，債務必然在各省之間平分，不管以何種方式進行。因此，可以相信，如果不加以控制，地方債務危機必然導致中國特色的金融危機。地方債務危機也是在十八大之後才被遏制住的。

國有企業還有一個嚴重的問題，即內部私有化問題。經過九十年代的改制，尤其是法人化，今天中國的國有企業不再是計劃經濟時代的國有企業了。現在很難說國有企業就是國家的。從國有企業的實際運作方式來看，它們實際上是國家或者政府代理人的企業，即國有企業管理者的企業。從管理層構成來看，一些國有企業實際上已經演變成高官子弟的「家族」企業。國有企業賺錢了，企業主管可以決定內部分配。國有企業的工資在中國社會各類企業中是最高的，甚至高於外資企業。但如果國有企業虧損了，就會伸手向政府和國家要幫助。同時，政府對國有企業的運作還缺少有效的管治和監督。再者，國有企業也愈來愈不開放，而更像一個封閉的體系。從利益分配到國有企業員工的招聘等方方面面，國有企業和中國社會並沒有實質上的關聯。國有企業因此被視為是社會愈來愈不公平和社會階層愈來愈封閉的一個重要根源。國有企業因此也一直是中國社會所抱怨的一大對象。最近出台的國企改革方案明顯是針對這些問題的。

中國成功地避免了西方危機波及自身。在過去的幾年，不僅自己維持了高速經濟增長，而且在客觀上也為世界經濟發展作出了巨大貢獻。但也不可否認，正如這裏所討論的，這一過程也導致了一系列的經濟結構失衡。可以相信，中國需要很長一段歷史時間來重新實現經濟結構的再平衡。

現在的問題是，西方也是需要中國的，尤其是在中國政府掌握了巨大財富（例如龐大的外匯）的情況下，西方政府都在盯着中國政府手中的錢。中國要去平衡西方經濟嗎？的確，2008 年危機發生之後，無論是西方還是中國，有人就提出要推行中國版的「馬歇爾計劃」，對西方經濟實行拯救。不過，這種沒有多大理性的設想並沒有引起多少人的興趣。且不説中國是否有能力拯救西方，即使有，要中國來拯救西方毫無道理。二戰後，美國推出了龐大的馬歇爾計劃幫助歐洲，主要是出於其地緣政治考量，主要是和當時的蘇聯搞競爭。這個計劃從來就不是單純的經濟項目，更多的是戰略項目。相比之下，無論和歐洲還是和美國，中國並沒有直接的地緣政治關聯，也不存在共同的敵人，中國和西方美國之間的政治制度和意識形態又有很大的不同。中國可以到西方做生意，但要推行大規模的拯救計劃的可能性趨於零。中國拯救西方，即使有可能，也會是最大的戰略失誤。對西方實行馬歇爾計劃只是那些對殘酷的國際政治現實不了解的人們天真無邪的想法。儘管西方需要中國，但是只要西方內心消除不了對中國崛起的恐懼，西方所需要的只是中國的支票。自從前蘇聯解體之後，中國愈來愈成為西方所認定的「競爭者」，甚至「敵人」。雖然近年來俄國不斷挑動西方的神經，但很難威脅到西方。隨着俄國的復興，它會收復一些在前蘇聯解體之後所失掉的地緣政治利益，但很難像前蘇聯時代那樣對西方構成真正的威脅。美國的估計是，俄國至少在半個世紀之內不會威脅到西方。最近，美國總統奧巴馬在和《經濟學人》的訪談中就公然表示，俄國不生產甚麼，對西方構不成真正的威脅，而真正的挑戰來自一個迅速崛起的中國。在今後很長歷史時間裏，隨着中國的繼續崛起，西方的這種認知不僅不會減弱，而且會愈來愈高。中國所面臨的來自西方的挑戰是前所未有的。

中國所面臨的國際環境極其複雜。中國經濟和西方經濟一體化程度已經不低，西方經濟形勢不可避免要影響到中國。再者，國際和平仍然是中國內部可持續發展的前提，能夠對中國構成真正戰略威脅的也是以美國為中心的西方，而非其他國家。從這個角度説，中國在戰略上要和西方尤其是美國建立新型大國關係，來維持和平的架構；在經濟方面，中國也要儘可能幫助西方。不過，中國要清醒地意識到中國不能依靠西方而崛起成為大國；相反，在世界經濟體系中，中國要「自力更生」，努力打拼自己的大國地位。歷史地看，大國地位既不會從天上掉下來，更不會是人家送給你的，而是鬥爭出來的。中國需要實行自己版本的「馬歇爾計劃」，但這個計劃絕對不是針對西方的，而是針對廣大的發展中國家。這就是我們討論絲綢之路的戰略意義，因為它就是中國版本的「馬歇爾計劃」。

絲綢之路的戰略目標

絲綢之路的戰略目標是甚麼？簡單地說，就是實現民族復興和國家的「和平崛起」，成為一個真正的大國，也就是「中國夢」。中國是否可以實現和平崛起，取決於是否能夠滿足至少如下三個條件，即：第一，實現內部的可持續發展；第二，有效遏制發達的西方尤其是美國對中國有可能的圍堵；第三，在發展中國家扮演領導角色。而這三個條件是需要爭取的，絲綢之路的戰略意義也可以從這三方面來闡述。

絲綢之路最重要的戰略目標就是實現國內可持續的經濟發展。通過絲綢之路，中國可以全面發掘與廣大新興市場國家之間潛在的互補互利機會。無論是陸地絲綢之路（即「一帶」）還是海上絲綢之路（即「一路」），除了少數幾個國家（例如新加坡）已經是發達經濟體之外，其他的都是發展中國家，很多還是低度發展國家，都需要發展。絲綢之路通過資本和技術等外部經濟要素的引入，並且和這些國家的內部要素如廉價勞動力和資源的整合，可以大大激發這些國家的潛在經濟發展動力。

這樣做也可以為中國帶來直接的經濟與戰略效益。我們在前面已經討論了中國經濟各方面的失衡，經濟結構調整舉步維艱。內部的繼續改革對經濟結構調整很重要，但也可以引入外部經濟要素，一方面促進內部的改革，另一方面減輕內部改革的一些壓力。發達的西方國家在走向經濟大國（從低收入到高收入經濟體）的過程中，無一不使用外部經濟要素。例如西方的經濟發展過程往往伴隨着對外殖民地主義和帝國主義經濟政策。中國不能走西方的老路，但必須尋求一條和發展中國家尊重與發展、合作與共贏的道路。尊重與發展、合作與共贏應當是絲綢之路的主題。

可以從兩方面來看這個問題。一方面，絲綢之路有助於中國內部的產業結構調整，將嚴重產能過剩與不具經濟效益的產業有秩序地對外移轉。就是說，通過絲綢之路將中國內部過剩的產能轉化成為發展中國家經濟發展的要素。另一方面，這種產能轉移更有助於中國的產業升級。中國產業面臨的最主要的問題是產業升級。在東亞，先前的日本和後來的「四小龍」在經濟起飛後的很長時間裏，差不多每十年就能實現一次產業升級。快速的產業升級促成了這些經濟體在不到三十年的時間裏，避免了今天人們所說的「中等收入陷阱」，把自己提升為發達的經濟體。從產業升級的角度看，中國落後於東亞其他經濟體。儘管中國的經濟情況和這些東亞經濟體不同，但中國如果要避免中等收入陷阱，實現高收入社會，必須實現不斷的產業升級。絲綢之路通過產能轉移，將騰出的土地與勞動力投入更高階的生產活動。中國的沿海地區（珠江三角洲和長江三角洲）是中國乃至世界製造業中心，現在面臨的問題是土地資源的短缺和勞動力緊張，而同時這些地區製造業的附加值仍然不高。珠三角尤其明顯。土地資源是固定的，而勞動力也是有限的，要實現產業升級，必須轉移附加值低的產業。儘管中國那麼大，產業轉移的很大一部分在相當長的一段時間裏可以在國內不同地區進行，但向外轉移也不可避免。這一過程在很多地區已經開始了。而廉價勞動力差不多已經耗盡，要產業升級，就必須對勞動力再培訓。產業轉移和勞動力再培訓是相輔相成的。一旦新的高附加值產生了，就會需要高技能的勞動力。低技能的勞動力要不被淘汰，要不接受再培訓。同時，高技能勞動力的存在也會促成高附加值產業的產生。2008 年金融危機之後，一些地區試圖開始搞產業轉移和升級，但速度不快，效果也不好，在很大程度上繼續依賴廉價的勞動力和土地資源。這種情況的繼續主要是缺失產業轉移和升級的總體方向，最終可能會面臨更大的產業危機。如果國家能夠在總體上確定絲綢之路規劃，那麼各級政府就可以根據這個規劃引導企業進行產業轉移和升級。

也就是説，絲綢之路可以為中國企業的成熟中階產品找到廣大的海外新興市場，為中國大量產能過剩的產業找到新的出路；同時，它也可以將中國的龐大外匯儲蓄與豐沛國內游資轉化為推動發展中國家經濟發展的動力機制，從而突破全球經濟結構性失衡的困局，實現全球經濟增量基礎之上的再平衡（這一點，我們下面也會詳細論述）。

中國可持續和平發展的第二個條件就是遏制和化解西方美國對中國的潛在圍堵。前面討論過，不管西方各國對中國的認知是否正確，它們的認知不會輕易改變，那就是，「中國是西方的威脅」。既然是威脅，那麼，西方就會不時地想方設法來圍堵中國。當然，它們是否有能力來圍堵中國、中國是否可以被圍堵，則是另外的問題。對中國來説，要崛起成為大國，必須正視這個問題。中國也面臨嚴峻的亞洲地緣政治問題，主要是和周邊較小國家的關係問題，但這些問題不會對中國構成致命的威脅。能夠對中國構成致命威脅的仍然是發達的西方，尤其是美國和日本。

作為大國，中國必須清醒地意識到，大國的崛起從來就不是一件簡單的事情。在歷史上，大國的崛起經常造成西方學者所説的「大國的悲劇」，即現存的大國總是恐懼於新興的大國，而新興的大國也總要挑戰現存的大國，從而構成了爭霸戰爭。如何有效遏制發達的西方對中國可能的圍堵？在冷戰期間，美蘇兩大陣營之間構成核武器的對峙，除此之外，沒有任何關聯。儘管核武的對立構成有效的互相威懾，即雙方都不能對對方進行軍事攻擊，但以美國為首的西方最終還是對蘇聯構成了有效的圍堵，通過和蘇聯集團進行軍事競爭的手段，促成了蘇聯集團的解體。中國至少到今天為止沒有被以美國為首的西方所圍堵，這並不是說西方不想圍堵中國，而是西方沒有能力圍堵中國。為甚麼沒有能力？這裏有幾個主要因素。和蘇聯一樣，中國也是一個核武大國。這一點不能忽視。如果沒有核武器，西方就很容易動用軍事手段迫使中國順從西方。有了核武器，西方就要尋求其他方式。其次是中國的戰略選擇。中國沒有步蘇聯的後塵，搞自己獨立的戰略聯盟，而是選擇和西方主導的世界經濟體系「接軌」。這種選擇造就了中國和西方主導的世界經濟體互相依賴的局面，也就是「我中有你、你中有我」的局面，使得西方很難像圍堵蘇聯那樣對付中國。再次就是中國通過和世界「接軌」積累了龐大的經濟資源，最主要的表現就是外匯儲備（這一點，我們會在下面討論）。所有這些方面促成中國有能力對美國構成「威懾」，使得美國圍堵中國的企圖不可能輕易實現。

不過，儘管這些方法到今天為止使得中國有效地抵制了西方對中國的圍堵，但並不是說這些要素會永遠存在下去，也會永遠有效。世界局勢變化無常。對中國來說，繼續如何有效化解西方對中國可能的圍堵仍然是今後相當長的時間裏中國的一件艱巨任務。

中國需要加快軍事現代化。強大的軍事力量可以對西方的圍堵構成最有效的威懾。不過，中國軍事的發展可以對西方產生最直接的影響，西方也必然會加快在軍事上對中國的圍堵。從國際關係的邏輯來看，無論中國還是西方，都存在着強大的推動力，驅動着中國和西方之間的軍事競爭。一旦造成冷戰期間前蘇聯和西方之間那樣的軍事競爭，那麼對中國就會大大不利。中國因此必須竭力避免類似的軍事競爭。和西方的關係也因此必須超越軍事層面。

要避免前蘇聯和西方之間那樣的軍事競爭，中國和西方的經濟關係變得極為重要。前面已經討論過，鑑於中國和西方經濟的高度依賴性，西方一旦發生經濟危機，必然要影響到中國。因此，即使西方對中國實行形式不同的貿易保護主義，中國在一定程度上還必須幫助西方恢復經濟。儘管中國幫助西方經濟改變不了西方的「中國威脅」認知和其圍堵中國的企圖，中國也必須繼續和西方保持這種經濟相關性。兩者的經濟相關性越大，西方就越沒有能力實現其圍堵中國的企圖。這些也是中國在和美國構建「新型大國關係」的時候所需要考慮的。

但是，無論是軍事現代化，還是繼續保持和擴展與西方的經濟關係，這裏最重要的還是國內經濟的可持續發展。2008 年全球金融危機以來，新興經濟體尤其是中國一直在支撐着世界經濟的發展。不過，如果中國國內經濟出現重大問題，沒有其他國家會來幫助中國。對這一點，中國應當有非常清醒的認識。中國的政治制度和意識形態與西方不同，西方一直在尋找機會來「懲罰」中國。中國如果有危機，很難想像哪一個西方國家會來幫助中國。中國必須通過自力更生的方式來實現經濟的可持續發展。要實現可持續經濟發展，中國經濟「走出去」很重要。既然中國經濟很難走向西方，那麼就要尋找出路，這個新出路就是通過絲綢之路通往廣大的發展中國家。幫助發展中國家的發展更是中國作為最大的發展中國家應當履行的國際責任。一句話，絲綢之路是中國向發展中國家履行自己的國際責任的有效途徑。

如何理解中國要在發展中國家扮演領導角色這個問題？我們至少可以從如下四個方面來理解。

第一，這樣做不是像西方一些人所說的是中國要追求國際霸權；恰恰相反，中國這樣做是為了實現中國和發展中國家之間的發展雙贏。一方面，如前面所討論的，絲綢之路可以幫助中國實現內部可持續的發展。另一方面，絲綢之路可以全面帶動中國與東南亞、南亞、中亞、黑非、阿拉伯、拉丁美洲國家的經濟夥伴關係的升級，促進當地經濟的發展。要再次強調的是，「一帶一路」的大多數國家都是發展中國家，很多甚至是低度發展國家，這些國家在今後相當長的時間裏所面臨的主要任務仍然是發展。在聯合國千年計劃幾近失敗的情況下，中國可以為這些國家的發展注入新的動力。中國可以結合這些國家本身的發展需要，比較順利地實現「走出去」的計劃。

第二，這樣做可以緩和中國與發達國家之間的經濟衝突與貿易摩擦。前面已經討論過，儘管中國和西方經濟已經高度依賴，並且這些年來中國對西方經濟多有貢獻，但歐美國家內部的貿易保護主義與激進排外思想也在增長。西方經濟越是走不出結構失衡狀態，越會把責任推到中國頭上，對中國施加諸多的壓力。更為嚴重的是，因為政治制度和意識形態的不同，也是因為西方視崛起中的中國為競爭者甚至是潛在的敵人，中國資本往往被西方國家利用「國家安全」等理由拒之門外。這種情況在今後很長時間裏不會有很大的改變。這種情況當然不是說中國要放棄西方，中國仍然要努力和西方打交道。但同時，中國更需要在發展中國家尋求新的貿易投資空間。這方面，中國已經有不少努力。絲綢之路的確立必然會從整體上大大推動這方面的努力。一旦中國在發展中國家發展出了新的投資和貿易空間，和西方的經濟貿易摩擦必然會減少。

從這個角度來看，絲綢之路的實施也可以為中國在東亞突破安全困境創造新的條件。這裏主要指的是中日關係。從目前的局勢來看，中國和日本在東亞的競爭已經發展到了一個極點，並且引發了更為複雜的問題，例如中美關係。絲綢之路必然會把中日之間的競爭延伸到發展中國家去。這種延伸性競爭可以減少中日在東亞競爭的激烈程度。在發展中國家，中國各方面具有很大的優勢。在九十年代，當中國和東盟國家開始談論自由貿易區的時候，日本也來競爭。從今天看來，日本的競爭不但沒有破壞中國和東盟之間的關係，而且使得中國顯現了其自身的獨特優勢。一般說來，一個國家在海外的競爭優勢就是其內部優勢的延續。日本國內經濟發展優勢已經用盡，很難再在國際社會扮演往日那種「領頭雁」的角色。在今後相當長的時間裏，中國的國內優勢決定了中國有能力在發展中國家扮演這種領導角色。

第三，絲綢之路通過發展和強化與發展中國家的關係，可以有效瓦解美國對中國的新一輪戰略圍堵。美國的戰略圍堵主要有三個方面，一是軍事上的，二是經濟上的，三是軟實力方面的(包括意識形態、文化等)。隨着中國經濟的可持續發展，軍事現代化也必然會加快和提升。但中國沒有美國那樣做世界警察的野心，軍事現代化的主要目標還是國防。而絲綢之路則可以從經濟上和軟實力方面瓦解美國的圍堵。從經濟上說，就是中國要「兩條腿走路」，一條腿在西方，一條腿在發展中國家。前面已經討論過，和西方的關係仍然很重要，不可放棄。一方面是繼續和西方發展經濟貿易關係，另一方面是需要在西方主導的體制內部逐漸提升自己的地位，例如聯合國、世界銀行和國際貨幣基金組織等。中國可以在繼續獲得經濟貿易利益的同時學到很多西方經驗。在西方主導的世界裏，中國可以爭取，但很難獲得領導權。而在發展中國家，中國則可以充分發揮自己的能動性和主導性。應當看到，這兩條腿並不矛盾。在全球金融危機之後，西方國家微弱的經濟復甦靠美國與歐洲央行極度寬鬆的貨幣政策支撐，發達國家也普遍無力自行解決長期失業、產業流失與時代衝突等結構性問題。新興市場國家儘管對西方不滿，但仍過度依賴歐美發達國家市場。實際上，對大多數發展中國家來說，要脱離西方市場不現實。對這些國家來說，也需要兩條腿走路，一條腿仍然留在西方，同時需要尋找另一條腿，這另一條腿就是中國。現實地說，要恢復全球經濟穩定增長動力，必須靠新興市場國家全面激發其經濟增長潛力，擴大內部需求以及同步深化新興市場國家彼此間的經濟合作，帶動跨國投資與貿易。在這個過程中，中國各個方面的優越條件決定了其必須扮演一個領導角色。

第四，絲綢之路可以把中國發展的一些寶貴經驗推廣到發展中國家去，藉此形成中國的國際軟實力。這樣做並不僅僅是需要推廣自己的經驗，在很大程度上也是要滿足發展中國家的需要。很多發展中國家的經濟到今天仍然處於低度發展水平。二戰前，大多數發展中國家成為西方的殖民地，但殖民地的統治模式儘管促成了殖民國的發展，但被殖民的國家的發展則失敗了。二戰之後，發展中國家紛紛獲得獨立。但是，獨立之後，它們仍然繼續依賴西方。這不僅是因為當時的西方仍然是最發達的經濟體，而且也是因為即使這些國家獲得獨立之後，原來的殖民國繼續通過各種方式影響着被殖民國的發展模式。很顯然，這個模式也失敗了。上世紀80年代以來，西方對發展中國家開始推行所謂的「華盛頓共識」。不過，「華盛頓共識」主要是對西方發展經驗的總結，並不適合發展中國家。西方國家現在對發展中國家的投資和金融支持附加上過分的非經濟條件，例如民主、人權等等，這些反而嚴重制約着發展中國家的發展。儘管發展中國家對此非常不滿，但也無奈。

在很大程度上說，中國的發展經驗已經開始為發展中國家提供一種可供選擇的途徑。儘管中國發展過程也是有沉痛的教訓，在一些方面甚至付出了巨大的代價，到今天仍然面臨很多問題，但畢竟已經形成了自己的發展模式。中國的發展模式並非很長一段時間以來一些西方人所炒作的「北京共識」論，也沒有多少人相信這些人所總結的「北京共識」論。中國的發展經驗，無論積極的還是消極的，仍然需要總結。但即使在這種情況下，愈來愈多的發展中國家已經對中國經驗表現出巨大的興趣。這是由多方面因素決定的。首先是中國的發展和建設成就。不管中國存在着多大的問題，在三十多年時間裏從一個那麼貧困的國家提升成為世界上第二大經濟體這一事實本身就使得廣大發展中國家對中國經驗深感興趣。其次，人們不得不承認，在很多方面，例如通過發展來減少貧困、通過融入世界來謀求發展、通過發展來解決存在的問題，中國已經是發展中國家的典範。第三，和發達國家的經驗相比，中國的經驗對發展中國傢具有更大的相關性。第四，中國實事求是的方法也要比西方的有效。這主要是因為中國對外投資和援助沒有附加的先決條件。發達的西方往往對其對外投資和援助附加很多非經濟的政治條件，這是很多發展中國家難以接受的。西方這樣做有其本身內部的因素，例如意識形態和社會的壓力，很難取消掉。中國在對發展中國家的投資和援助過程中，也已經學到很多經驗教訓，交了很多學費。在今後，中國必然會更加注意發展中國家的投資所可能面臨的各種風險，但中國不會對他們附加上像西方那樣的先決條件。

就是說，中國在發展中國家會強調以尊重為前提的發展，即尊重與發展。發展很重要，但必須尊重發展中國家的實際情況。這種有別於西方的做法使得中國的「走出去」模式更具有吸引力。西方表面上也主張文化多元主義，強調尊重其他國家，但實際上並沒有這樣做，這表現出西方虛偽的一面。中國必須避免老殖民地主義單方面地把自己的文化價值觀加於發展中國家之上，而是必須把當地的文化資源整合進合作發展模式。中國如果能夠在尊重發展中國家國情的前提下，促成了發展中國家的發展，那麼「尊重與發展」無疑會成為中國和平崛起的「時代精神」，一種整合了中國傳統文化、西方文化和發展中國家發展所需要的新普遍文化。

也就是說，可以把絲綢之路視為由中國自己創始的「軟實力」建設項目。歷史上，一個國家的崛起不僅僅是經濟和軍事的崛起，更重要的是軟實力的崛起。軟實力主要包含兩個方面，即國際事務中的實際領導權和話語權。今天，中國的軟實力建設一直是軟肋。造成這種情形主要有三個原因：一是沒有把中國本身發展經驗總結好，二是過於注重於和西方的話語之爭，三是不夠注重在廣大的發展中國家中塑造自己的軟實力。要建設軟實力，就要在這三方面努力。第一，中國要總結好自己的發展經驗，將此提升到概念和理論層面。這方面缺少動力是因為中國還沒有感覺到這方面的需要。如果要與廣大的發展中國家對話，傳播自己的經驗，那麼就要花大力氣來做。第二，中國會繼續和西方對話。實際上，把自己的經驗總結好了也有助於和西方的對話。現在和西方的對話往往借用西方的話語，用西方的話語來解釋自己，結果對西方缺少吸引力。中國應當把自己置於廣大的發展中國家來總結自己的經驗。第三，因此最為重要的是要在廣大的發展中國家確立自己的話語權。儘管中國的自我認同還是最大的發展中國家，但並沒有把自己的經驗放在這個內容中。在實踐層面，中國的經驗也並非和西方的經驗相悖。在很多方面，例如市場建設，中國也吸收了很多西方的經驗。但中國並非機械地照抄照搬西方經驗，而是根據自己的實際情況，不斷修正西方的經驗。這也是很多發展中國家所需要的。中國一方面總結自己的經驗，一方面通過絲綢之路的實踐和中國的實際政策相配套，這樣做會非常有效。

中國實施絲綢之路戰略的條件優勢

在實施絲綢之路戰略中，中國所具備的一些特殊優勢可以協助新興市場國家有效克服其經濟發展的瓶頸，激發其潛在成長動力。如前面所說，絲綢之路沿岸、沿邊國家，大多數發展中國家，急需發展。儘管這些國家多半擁有豐沛的天然資源與人力資源，但普遍面臨資金、人才、技術與基礎建設不足、市場規模過小、治理能力不佳等瓶頸。而正是在這些方面，中國具有很大的優勢。也就是說，中國和這些國家的要素呈現出很強的互補性，如果雙方的優勢得到有效的結合，那麼就可以釋放出巨大的生產力。

中國經濟規模空前龐大，在主要工業部門都擁有巨大的產能，並覆蓋不同位階的產品。因此有能力同時在五大洲近百個國家，承接水庫、電廠、超高壓電網、深水港、機場、工業區、傳統鐵路、高速公路、高速鐵路，行動通訊網的興建。中國也有能力協助整個地區架構跨國基礎建設網絡，讓各國能有效克服其國內市場規模過小的障礙，能以整個區域為腹地，發展產業專業分工以及形成跨國的產業聚集。在過去的三十多年時間裏，中國本身的發展和大規模的基礎設施建設分不開。實際上，基礎建設是任何一個國家工業化、城市化和經濟全面起飛的前提。中國在這方面已經擁有龐大的能力，已經成為世界上獨一無二的「基礎設施建設國家」。在這方面，中國也開始「走出去」，並且已經獲得很多很好的經驗。這些經驗對發展中國家至關重要。總之，中國具備獨特的條件，可以幫助大量發展中國家克服在推進經濟發展以及區域經濟整合過程中所面臨的結構性難題，並提供完整解決方案與的配套支援。

如果基礎設施建設表現為「硬件」，那麼中國在「軟件」方面也同樣存在着豐富的經驗。中國在改革開放過程中積累起來了大量的公共治理、經濟發展、城市規劃等領域的人才，並自行摸索出有效的「市場」與「政府」兩手並用的獨特經濟發展經驗。中國也應該與發展中國家分享其發展過程中的「軟件」經驗，提供知識與管理技術支援，並協助培育人才。這裏有兩點很重要。第一，中國的發展是在開放過程中進行的，因此在發展這些方面「軟件」的過程中，已經汲取了諸多國際經驗。也就是說，中國的「軟件」

建設不是閉門造車，而是具有普適性。第二，中國自己在這些方面也走過了很多彎路。不過，中國在走過彎路之後，很快就調整政策，逐漸走出自己的社會治理道路。這些教訓對很多發展中國家來説，也是經驗。今天，很多發展中國家在這些方面都面臨着巨大的挑戰，中國可以和這些國家分享這些方面的經驗。

但是光有上述優勢還不足以支撐中國的絲綢之路戰略，更為重要的是中國所擁有的金融優勢。歷史地看，任何國家的硬實力和軟實力的走出去必須配之以強大的金融力量。沒有足夠的金融力量，各方面的力量很難走出去。中國擁有龐大的外匯存底，又有豐沛的國內儲蓄，已經建立起獨立的全球支付系統，人民幣作為貿易結算貨幣也日益普及，中國有條件為發展中國家提供更多元的低成本融資平台與信貸機制。在這個過程中，對中國來説，就是要把大量的現金轉化成為資本，對廣大的發展中國家來説，就是通過中國資本促動或者加快國內建設。

在金融優勢方面，非常有必要把國家龐大外匯儲備的使用和絲綢之路戰略結合起來考量。中國的外匯儲備已經達到 4 萬多億。外匯儲備是外貿盈餘和外商直接投資淨流入，即國際收支的雙順差所致。2008 年之前，中國一直實行出口強制結售匯制度，出口企業自留的外匯較少，更多的外匯資金以中央銀行外匯儲備的形式表現出來。當央行買進外匯時，必須增發等值的國內基礎貨幣，基礎貨幣通過貨幣乘數的放大，導致流通中的貨幣供給量成倍增加，從而加劇通貨膨脹。同時，為了實現外匯儲備的保值增值，央行沒有很多的選擇，更多的是把外匯儲備投資在美國國債和房地產抵押債券上。不過，在 2008 年金融危機後，美國大量發行貨幣，導致美元貶值，加上美債利息本來就低，因此在很大程度上大量的外匯儲備成了中國的負擔。中國處於一個兩難處境：如果不囤積美元外匯儲備，就有遭到擠兑引發金融危機的風險；如果囤積美元，那麼收益率低下，造成資金的浪費。在這樣的情況下，已經有經濟學家提出應該減少中國的外匯儲備，變「藏匯於國」為「藏匯於民」。當然，如果說「藏匯於民」意味着要求央行和外匯管理局減少企業和居民持有外匯和對外投資的限制，這是可以理解的，因為從長遠來看，這也是內部金融自由化的大趨勢。但如果說是要把國家的外匯直接分給老百姓，則沒有任何科學依據，因為央行在購買這筆外匯的時候已經支付了對價，不可能再無償分配給老百姓。但不管怎樣，要把這麼龐大的外匯儲備進行保值，確實是一個艱巨的任務。這個任務不是簡單的專業主義管理所能勝任的。

對中國來說，必須從不同層面來考量外匯儲備的意義。外匯儲備是中國經濟活動的結果，但其意義遠遠超出經濟領域，而具有戰略意義。在經濟層面，最簡單的就是中國現在已經成為西方國家尤其是美國最大海外債主。無論從總體 GDP 來說還是人均 GDP 來說，中國遠較美國窮。中國成為美國的債主意味着窮國成為富國的債主，這是過去數十年來「中國生產、美國消費」的結局，也就是學術界所說的「中美國」，即兩國經濟高度依賴。這種高度依賴已經對美國和西方造成了深刻的戰略憂慮，那就是中國可以對美國構成一些美國人所說的「金融恐怖主義」。窮國能夠在金融上威脅到富國，這在歷史上為少見。但是，這對中國的和平崛起具有深刻的戰略意義。也就是說，中國成為美國的債主從經濟上為中國的「和平崛起」提供了有力的支持，外匯在中國的國際戰略上扮演着巨大的作用。

為甚麼外匯儲備和絲綢之路戰略可以結合起來？道理很簡單。對中國而言，最重要的是如何保值這筆巨額外匯儲備，並在保值的基礎上創造更多的價值（增值）。外匯儲備來之不易，是中國老百姓尤其是農民工進入國際經濟體系的結果。上世紀 80 年代開始的全球化和中國的開放政策促成了中國經濟進入西方世界主導的世界經濟體系，而中國的主體就是以農民工為主體的廉價勞動力。中國成為世界的加工廠，農民工就是加工廠的主體。儘管在過去的三十多年裏，中國的技術也有了發展，但加工業方面的技術主要是西方的技術，價值的創造主要是西方的技術加中國的農民工和土地。如果沒有農民工廉價的勞動力，很難想像中國可以成為世界加工廠。廉價勞動力在一個國家的經濟發展過程中扮演關鍵角色，而廉價勞動力並不是輕易取得的資源。發達國家已經耗盡，只有通過進口勞務獲取有限的廉價勞動力。廉價勞動力一般存在於廣大的發展中國家，不過並非所有發展中國家都擁有廉價勞動力。很多發展中國家，尤其是那些曾經是殖民地的國家，勞工往往具有較高的權利和法律意識，並且這些國家儘管窮但社會保護機制（至少從理論上説）良好，資本很難壓低勞工成本。例如印度理論上説擁有大量的廉價勞動力，但資本很難進入印度。只有中國因為各種因素，廉價勞動力成為現實。中國可以説是當代資本主義最後一個邊疆，中國之後很難出現這麼龐大規模的廉價勞動力。不過，隨着一些新因素的出現，包括人口結構的變化、勞動力成本的提高和新農民工（第二代）權利意識的提高，中國的廉價勞動力也所剩無幾。這些年來中國的一些地區開始面臨勞工荒的現象。也就是説，中國今後很難再繼續通過把廉價勞動力投入世界市場而獲取巨量的外匯儲備。

再者，如此龐大的外匯儲備的產生也是中國普通消費者在過去 30 多年間，承受了等值人民幣額外增發所帶來的通脹之苦，所積累起來的硬通貨財富。外匯儲備實際所代表的是中國大眾已擁有的、對海外實物資產隨時可以兑現的購買權，其未來的任何兑現即對海外產品或資產的購買，可以緩解中國現實的通貨膨脹水平。

龐大的外匯儲備可以通過絲綢之路戰略而轉化成龐大的資本。根據一個估算，如果用 4 萬億美元的外匯儲備作為銀行的股本，按照最新尚未全面實施的巴塞爾 III 銀行自有資金的要求，中國可以向海外發行等值於 44 萬億美金的人民幣。如果再利用槓桿，保守一點按 1:8 或 1:10 的比例，44 萬億美元意味着至少可以產生 400 萬億以上美元的功效。400 萬億美元所能產生的能量難以估計。例如，2008 年開始的全球金融危機，只是約 2 萬億美元的事情，深刻影響了西方國家經濟的方方面面，到今天也沒有回覆到危機之前的水平。

就是說，4 萬億外匯儲備可以通過轉化成資本而得到增值。可以結合前面所提出的中國和平發展的三個前提條件來設計中國的絲綢之路大戰略。目前 4 萬億的外匯儲備過分依賴西方市場和西方的政策。2014 年，歐元區央行第一次宣佈對歐元區銀行存款實施負利率，收取 0.1% 的負利息。大量硬通貨財富的擁有國，尤其是中東和俄國等資源出口國，以及積累了大量發達國家貨幣財富的中國，將面臨貨幣財富的極大縮水。實際上，西方尤其是美國的任何一項政策都可以影響到人民幣的價值，即使是那些政策並沒有明確針對中國。這就要求中國通過輸出人民幣或者人民幣的國際化來保障人民幣的增值。如前面所説，輸出人民幣可以減少國內通脹壓力，把國內積累的通貨膨脹轉移到國外。這是 4 萬億美元外匯儲備的有效保值手段。美國也是通過輸出美元轉移其國內的通貨膨脹風險的。美元在國內流通的只有三分之一，三分之二的美元都在國外。在這樣的情況下，美國可以搞量化寬鬆，即 QE。從理論上說，量化寬鬆會導致美國國內的通脹壓力，但實際上則不然，美國沒有通貨膨脹的壓力，主要是通過美元的國際化把通脹的壓力轉移到其他國家，美國市場上很多商品要比國際上包括出廠國還要便宜。

不過，中國不是美國。美國的美元輸出是因為美元的國際主導地位。中國在今後相當長的一段時間裏，還很難和美國競爭。但中國可以通過其他方法來實現人民幣的國際化。就目前來說，中國要儘可能推動國際買賣優先用人民幣來結算。也就是說，關於外匯儲備保值的討論，可以首先聚焦於如何擴大人民幣在國際範圍內的使用問題，而不是人民幣資本市場的開放問題。

一般認為，輸出人民幣的前提是中國放開資本管控。但這條道路風險很大，可以說是走不通的，因為這樣做很可能有利於西方尤其是美國擁有壓倒性優勢的金融業，促成這些國家加強對中國外匯儲備的有效掌控。之前就已經有德國和日本的例子。這兩國都是經濟強國，但金融業則高度依賴於美國，主要原因是因為這兩國被迫開放資本賬戶。美國金融業在二戰後所擁有的與美元地位相匹配的無與倫比的競爭力決定了德國和日本在金融資本市場必須依賴美國。中國過去 30 多年之所以能夠取得如此巨大的發展成就，和中國能夠有效管控自己的儲蓄、確保在基礎設施投資方面較低的資金成本有很大的關聯。

中國政府已和許多國家包括一些西方國家央行簽訂了人民幣

互換協議，為滿足海外人民幣需求創造了初步的條件。今年中俄成功達成了此前 10 年未達成的天然氣合同，中俄用盧布或者人民幣結算變得極為可能。中國也可以對所有中國政府和國企參與的國際貿易或投資項目，提出儘可能優先使用人民幣的要求，以增加海外人民幣的有效需求。

人民幣的國際化也可以通過到海外收購企業來實現。現在看來，要到發達的西方收購大企業有很大的困難。西方國家恐懼於中國的崛起，往往訴諸於各種理由例如國家安全搞貿易保護主義，製造貿易摩擦，實質上是要把中國的資本（人民幣）擋在國門之外。不過，強調這一點並不是説我們要放棄西方市場，因為西方的法律制度完善，能夠保護投資人的利益，一旦中國資本進入，基本上還是能夠受到保護的。如果大的西方企業難以被收購，那麼收購一些二、三線的企業是可以的。

更為重要的是，我們可以通過絲綢之路把人民幣輸送到廣大的亞、非、拉等地去。較之西方發達的市場，亞、非、拉市場風險比較大。在那裏，社會經濟發展水平低下、法制不完善、既得利益往往和西方有千絲萬縷的聯繫，這些因素都會增加中國資本的風險。不過，這些國家大都是發展中國家，需要大量的資本，高風險也經常隱含着高回報。對中國來説，問題已經不再是要不要走到這些國家和地區去，而是如何有效、安全地走出去。再者，正如前面所討論過的，從中國和平發展的國際戰略來説，中國也必須走到那些地方去。作為最大的發展中國家，中國必須回答這個問題：對發展中國家，中國應當如何履行自己應當履行的國際責任？可以説，絲綢之路是中國走向國際、承擔國際責任之路。

執行絲綢之路戰略的必要政策工具

第一，可考慮設置規模大於「世界銀行」資本額的「絲綢之路開發基金」或者「絲綢之路開發銀行」，以及等量規模的「絲綢之路戰略投資基金」為配套。前者是為回收期長且具有明顯外部經濟效益的大型基礎建設或跨國基礎建設網絡項目提供長期性低率融資，後者是為大型基礎建設所帶動的產業投資、自然資源開發、公用事業投資、開發區或造鎮計劃、以及其他有投資效益的產業合作項目，進行風險投資與戰略投資。戰略投資基金也同時可以為使中國企業取得關鍵技術與市場通路的國外併購進行融資，為中國企業整廠輸出與產業供應鏈整體輸出提供多元融資配套服務。戰略性投資基金要扮演政府投資基金的領頭羊作用，發揮四兩撥千金的槓桿作用，帶動民間資本與國際游資的匯合，讓市場與政府兩手都發揮作用。

第二，利用上海自由貿易區打造跨國融資中心，提供多層次、多種貨幣的跨國融資平台。建設立足於中國、面向所有發展中國家的亞洲美元拆借信貸市場與境外人民幣拆借信貸市場，可考慮建立「上海同業拆放利率」(SIBOR) 基準利率機制，自貿區的各國金融機構可從事跨國商業聯貸與跨國主權聯貸，發行國際機構債券、商業債券、金融債券、主權債券、以及進行美元期貨交易、美元利率調期合約等全套境外金融中心業務。這個境外金融中心可以讓俄羅斯、伊朗等國家安全存放其外匯存底或以合理成本取得國際融資，也可以為坐擁巨額美元外匯的產油國家與東亞國家，提供美國國債以外的流動性高、風險低的固定收益投資標的。

第三，可考慮設置中國主導的全球發展智庫，並協助各區域的領頭羊國家設置協作智庫，建立完整的智庫跨國合作網絡。這些智庫為全球多邊體制與國際經濟秩序的改革、區域多邊合作體制的構建進行頂層設計，並為加速絲綢經濟帶區域整合與雙邊經濟合作進行政策規劃與方案評估。智庫也可設置附屬諮詢顧問機構，為各國政府、融資機構或戰略投資人提供項目評估與可行性評估諮詢服務。基於國內體制內的智庫所面臨的制度制約和短時期內很難得到改變的現實，可以考慮利用和強化國內民間智庫的功能。更為重要的是，智庫也需要走出去。所有國內智庫的一個重要特點就是缺乏和國外智庫的全面交流，進入不了國際的「政策市場」。因此，可以考量在那些作為世界信息集散地和交流中心的關鍵國家（例如新加坡）設立一些能夠發揮重大國際影響力的智庫。這方面，可以學習二戰之後美國的做法。通過各種途徑，美國能夠對歐洲等國的智庫發揮重大的影響力，同時美國本身的智庫（例如蘭德公司）也走向了世界。

第四，可考慮建立一個面向所有發展中國家的「跨國人才培訓機制」，為各國訓練與培育公共治理、經濟規劃、城市規劃等領域的人才，內容包括留學培訓、海外培訓與掛職培訓等，讓各國政策精英有機會全面與深入理解中國改革開放實踐過程中所積累的「市場」與「政府」兩手並用的獨特發展經驗。培訓機構必須具備歸納與提煉中國發展模式的學術研究能力，迸發揮跨國發展經驗交流平台的作用，讓各國有實務經驗的政策精英與專家相互切磋，彼此借鑑值得推廣的政策與體制試驗經驗，在因地制宜、與時俱進、集思廣益的指導思想下，共同探索最適合各國國情的改革策略與政策選擇。這方面，包括上海浦東幹部管理學院在內的機構可以扮演主導角色。這些機構不僅應當培養國內的幹部，其功能應當擴展到培養發展中國家的官員。實際上，它們已經在履行這方面的功能，只不過需要更加系統化地擴展功能。

第五，可考慮設置以絲綢之路經濟帶中各國社會精英為對象的「新絲路傳媒集團」，以財經、旅遊、環境、城市及文化議題為主軸，為各國提供一個超越西方視野的跨國資訊與觀念傳播的分享管道。跨國傳媒總部應設置於海外(例如海上絲綢之路方面可以設在新加坡)，大量聘用跨國專業人士，同時運作多種主要語言的衛星頻道與網絡新聞平台，也可配套在海外成立跨國傳媒學院，培育具備超越西方視野的傳媒人才，擺脱西方中心主義思維與西方話語權的主宰控制。

第六，機構設置的相關考量：

1. 全球經濟增量再平衡戰略應由「中央全面深化改革領導小組」主導，在深改小組下設置直接向總書記負責的高級別「辦公室」，可考慮稱之為「國際開發機構」，負責統籌政策規劃與資源分配，協調各部委與各省市，打破現有涉外經濟部委各自為政的地盤割據現象。在過去的幾十年裏，中國的對外開發已經得到很快的發展，但機構設置過於呈現出「內部多元化」的局面，外交部、商務部、衛生部、地方政府、大型國有企業等等都承擔了不同方面的功能，但它們之間沒有協調好，造成效率低下、大量浪費和國際形象差。這種情況必須改變。也應當指出，這個機構設置在深改小組下面要比設置在「中央國家安全委員會」下面有效得多。國安會關切的是國家的安全，如果這個機構設置在國安會下面，那麼自然會突顯其安全戰略含義，其他國家就會產生戰略上的疑慮。而深改小組關切的是改革和發展的問題，更有利於中國塑造和平崛起的國際形象。

2. 處理好中央和地方之間的關係。沿邊、沿岸省份一直在爭取在絲綢之路領域扮演一個重要的作用，這不可避免，也具有必要性。但必須明確的是，這些省份是絲綢之路戰略的執行工具，而不可以有自己所謂的「絲綢之路戰略」。過去幾年，一些省份制定了自己的對外戰略，例如「橋頭堡戰略」、「西南戰略大通道戰略」、「西進戰略」等等。這些政策用語隱含過多的軍事戰略意味，往往對周邊國家產生一種「威脅感」。絲綢之路戰略必須由中央深改小組全面負責，而地方必須去除這些不恰當的戰略用語。

3. 執行「全球經濟增量再平衡戰略」需要有風險管理機制，必須動態考量全球地緣政治風險、各國主權風險、政治互信基礎，同時務實評估中國的軍力投射範圍，以及中國政府的海外護產、護僑的能力極限。在初期，經濟資源投入仍應以歐亞大陸周邊國家為起點，並以已經建立穩固經濟合作基礎的亞洲、拉丁美洲與非洲國家為重心。從現階段來説，投資方和被投資方的權利風險問題非常突出。在中國資本所及的地方，都出現了勞資、環保、人權等等方面的糾紛。儘管「一路」和「一帶」上的國家大都貧窮，但老百姓的權利意識很強。這個事實往往被中國的企業所忽視。因此，風險評估的功能可以和智庫設置結合起來，光有企業和政府本身的評估遠遠不夠，還必須依賴智庫客觀、中立的評估。

4. 可考慮把目前所確定的「金磚國家開發銀行」、尚在擬議中的「亞洲基礎設施投資銀行」和早前所提出的「中國 - 中亞國家發展銀行」等統籌到「絲綢之路開發基金」的架構內，協調它們之間的行動，以避免不必要的大量浪費。

鄭永年　朱雲漢　　2014 年 9 月 3 日

第三章

兩大力量：決定國際政治秩序及其對中國的影響

摘要

改革開放使中國在過去的三十年中迅速崛起，而崛起的中國正面對一個地緣政治利益紛爭的時代。中國崛起是當今世界地緣政治變化的一大要素，而地緣政治的變化則對開放的中國影響重大。中國必須在一個多變的地緣政治環境中捍衛國家利益。

人類大體上已經經歷了三種類型的地緣政治秩序，即基於宗教之上的，基於帝國之上的，和基於主權民族國家之上的。亨廷頓提出的「文明衝突」理論儘管飽受爭議，但也沒有人可以斷然否認宗教和文明對國際關係現實的相關性。帝國的擴張對地緣政治秩序的形成則既有消極又有積極的方面。民族國家統一了國內政治和市場，通過殖民和軍事佔領塑造了地緣政治秩序。這是當今地緣政治格局的起點。今天，影響世界地緣政治變化的是兩種力量，即正式的主權國家和非正式的國內和跨國組織。前者包括所有主權國家，但通常產生足夠巨大影響的則只是幾個大國。觸動亞太地緣政治變遷的要素主要包括美國的相對衰落、日本的正常化、俄羅斯的相對復興和中國的崛起。

非主權國家組織則包括恐怖組織、國際非政府組織和跨國公司。社交媒體時代，恐怖組織成為跨國界的國際性組織，直接影響地區性地緣政治秩序。非正式政治力量的「民主網絡」在多個國家製造「顏色革命」，對地緣政治秩序產生區域性影響。跨國公司的全球經濟活動則影響着主權國家的經濟能力，並決定着主權國家的地緣政治導向。

面對變動中的地緣政治形勢，中國應當做到四點。首先，中國要努力追求自己的地緣政治利益，並確立相應的秩序，但必須有限度。其次，中國要從西方手中拿回一部分地緣政治利益，但要避免和西方的直接衝突。再次，中國要加強內部社會治理，把外部力量對中國的負面影響減少到最低，同時也要避免本身產生的非正式力量崛起而影響到國家的內部治理和外部關係。最後，中國不能容許在自己的國土裏面產生恐怖組織，但要培養跨國公司和國際性非政府組織在國際社會的活動能力，鼓勵他們參與到國際事務中去。

前言

當代中國的快速崛起始於上世紀 70 年代的改革開放。在改革開放之初，中國面臨的是一種相對穩定的地緣政治秩序環境，即美蘇冷戰的地緣政治格局。儘管世界被分成以蘇聯為中心的東方集團和以美國為中心的西方集團，但兩大集團之間通過互相的核武威懾構成了一種學術界所稱的「恐怖的平衡」，公開的戰爭很難想像。當年鄧小平的判斷是正確的，即中國面臨着一個和平的國際政治環境，中國必須抓住這個戰略機遇，進行內部現代化建設。但在改革開放三十多年後的今天，一個崛起的中國則發現世界又開始進入一個地緣政治利益紛爭的時代，中國的崛起既是地緣政治變遷的其中一大要素，中國本身也面臨着和國際環境衝突的潛在威脅。

這個巨大的變化對中國來說意義重大。首先，儘管觸動這一波地緣政治變化的直接原因在於上世紀90年代初美蘇冷戰的結束，但中國的崛起本身也已經儼然為地緣政治的變化注入了巨大的動力。其次，中國的改革和發展是在開放狀態下進行的，一個崛起的中國已經是世界秩序的內在部分，任何重大的地緣政治變化必然要影響到中國的內外環境。再次，地緣政治的大變動必然要導致世界秩序的重建。作為一個新型的大國，中國對世界秩序的重建負有巨大的國際責任。

地緣政治變動對中國會產生怎樣的影響？如何應對變動的地緣政治環境來增進和追求國家利益？如何對重建地緣政治秩序承擔國際責任？這些都是中國所必須面臨的問題。要回答這些問題，人們首先必須回答至少如下這些問題。第一，為甚麼地緣政治對國際關係來説那麼重要？第二，是哪些力量在觸動地緣政治的變化？第三，中國與這些觸動地緣政治變化的力量的關係如何？第四，地緣政治變動為中國提供了怎樣的機遇和挑戰？

簡單地說，影響今天世界地緣政治變化的是兩種力量，即正式的主權國家和非正式的國內和跨國組織。儘管前者包括所有主權國家，但在國際層面能夠對地緣政治產生足夠巨大影響的則只是幾個大國。所謂的地緣政治秩序的變動說到底就是大國之間關係的變動。今天說地緣政治回歸主要指的是大國政治的回歸。或者說，大國政治的回歸觸動了地緣政治秩序的變動。同時，人們也必須意識到，在全球化的今天，影響地緣政治變動的不再僅僅是正式的主權國家，而且也包括非主權國家組織，無論是區域性的組織還是國際性的組織。在這方面，人們已經關注到以盈利為目的跨國公司和以提供各種服務為目的的國際非政府組織，但經常被忽視的是那些專注於破壞現存秩序的組織。這樣的組織既包括那些專門從事「顏色革命」的非政府組織，也包括像「伊斯蘭國組織」(ISIS) 那樣的「邪惡帝國」。儘管這些非正式的組織一直是存在着的，但直到他們能夠對現存秩序構成致命威脅的時候，人們才注意到他們的重要性。不過，到那個時候，往往是為時已晚。

有理由相信，在今後很長一段歷史時間裏，決定地緣政治秩序的不僅僅是主權國家尤其是大國之間的互動，而且也是主權國家和這些非正式政治力量之間的互動。各種非正式政治力量既是主權國家控制和治理能力衰落的結果，也必然反過來對主權國家的行為構成很大的制約，無論是國內行為還是國際行為。

本報告分成幾個主要部分。第一部分簡單地討論一下歷史上的地緣政治秩序變化。第二部分討論今天的大國興衰所引發的地緣政治大變動。大國變遷要素主要包括美國的相對衰落、中國的崛起、日本的正常化和俄羅斯的相對復興。儘管其他大國例如印度、巴西、印尼等也在發展和崛起，但這些次大國還不足以在短時期內影響地緣政治秩序，尤其在亞太地區。大國之間的地緣政治競爭為地緣政治變化造就了無窮的動力。第三部分主要討論能夠影響地緣政治環境的非正式政治力量，主要包括跨國企業尤其是金融資本 (既包括現存的西方企業，也包括正在「走出去」的中國企業)、專注於在各國推動「顏色革命」的「民主網絡」和人們稱之為「邪惡帝國」的組織，例如「伊斯蘭國組織」。第四部分討論中國在變動的地緣政治局面中所面臨的挑戰和機遇。

地緣政治秩序的變遷

歷史地看，國際秩序主要是由地緣政治決定的，甚至可以說，國際秩序就是地緣政治秩序。概括地說，人類大體上已經經歷了三種類型的地緣政治秩序，即基於宗教之上的，基於帝國之上的，和基於主權民族國家之上的。應當指出的是，這些並不一定是不同的歷史發展階段所出現的地緣政治秩序，它們之間經常是相互交叉的。例如，宗教也往往在基於帝國之上的地緣政治秩序中扮演重要角色，而民族國家也往往可以建立帝國。再者，不管地緣政治的基礎是甚麼，地緣政治鬥爭的本質並沒有甚麼巨大的差別。

人們可以從兩個層面來討論地緣政治秩序的動力。在國際層面，無論是宗教權力、帝國還是民族國家，都傾向於向外擴張版圖和確立自己的地緣勢力範圍。在其勢力範圍內部，它們則都要征服或者包容內部的各種地方性政治組織和力量，建立一個內部政治秩序。國際層面的地緣政治秩序和內部政治秩序互相影響。地緣政治勢力擴張越大，地域就越大，其國際影響力也越大；同時，地緣政治秩序的擴張越大，維持這個秩序的成本也就越高，而其勢力範圍內的地方性政治組織的數量也越多，統治也越難。這也就解釋了為甚麼帝國這一政治形式最終被建立在主權民族國家之上的政治形式所取代。

文化、宗教與地緣政治

歷史上，不同的宗教力量對地緣政治影響巨大。最典型的就是基督教勢力和伊斯蘭教勢力之間的地緣政治之爭了。長達兩個多世紀的十字軍東征就是天主教和伊斯蘭教之間的地緣政治競爭。不過，這種競爭和後來的帝國與主權國家之間的地緣政治之爭有所區別，因為它的關切點是宗教勢力，因此人們也可以把這種競爭稱之為地緣文化之爭。

以宗教力量為核心的地緣文化競爭對地緣政治的影響直到今天仍然持續。我們會在下面討論到的「伊斯蘭國組織」(ISIS) 在中東的崛起就是明顯的例子。實際上，上世紀 90 年代初，美國哈佛大學教授、政治學家亨廷頓在前人研究的基礎上系統地提出了「文明衝突」理論，以此來解釋文化（基本上是基於宗教之上的文化）地緣對國際政治秩序的影響。今天不同文明之間的衝突似乎愈來愈甚，亨廷頓的理論在很大程度上正在成為現實。這裏有必要再簡單討論一下亨廷頓的理論。亨廷頓把世界分成幾個大的「文明」，如下：

西方文明：包括美國和加拿大、西歐和中歐、澳洲和太平洋島國。根據亨廷頓的說法，拉丁美洲與前蘇聯加盟共和國是否會成為西方文明的一部分則需要繼續觀察。亨廷頓的這個觀察主要是因為當時俄國和前蘇聯加盟共和國的政治正處於劇烈的變動之中，變動的方向還不明朗。

拉美文明：包括中美洲、南美洲、古巴、多明尼加共和國和墨西哥。這些也可被視為是西方文明。

東正教文明：包括前蘇聯勢力範圍內的東正教國家、前南斯拉夫（不包括克羅地亞和斯洛法尼亞）、保加利亞、塞浦路斯、希臘和羅馬尼亞等。這裏不包括非東正教信徒為多數的阿塞巴疆、阿爾巴尼亞和大部分中亞國家等，但包括阿美尼亞。

東方文明：包括佛教、中國、印度和日本文明。佛教國家包括不丹、柬埔寨、老撾、蒙古、緬甸、斯里蘭卡和泰國等比較小的國家，亨廷頓認為這些小國家不構成國際關係意義上的文明。其中，中國文化圈包括朝鮮半島、新加坡、台灣地區和越南，也包括東南亞的海外華人；印度文化主要是印度，也包括不丹和尼帕爾及其海外印度僑民；日本文化則是中國文化和其他文化（西方文化）的混合物。

穆斯林文明：包括中東、西北非洲、阿爾巴尼亞、孟加拉、文萊、印尼、馬來西亞、巴基斯坦等信仰穆斯林教的國家和地區。

非洲撒哈拉以南文明：包括南部非洲、中非、東非等地區的國家。

在這些文明中，亨廷頓特別強調穆斯林文明與非穆斯林文明尤其是西方文明之間的衝突。西方文明和穆斯林文明之間的衝突可以追溯到穆斯林最初侵入歐洲的歷史。那麼，為甚麼西方基督教文明和穆斯林會發生衝突？亨廷頓認為主要有如下原因：

(1) 兩者都是使命感文化，試圖把他方轉變為自己方的信徒；

(2) 兩者都認為自己是普世性文化，一種「非此即彼」的文化，即雙方都認為自己這一方的信仰是正確的；

(3) 目的論宗教 (teleological religions)，即認為他們自己的價值觀和信仰代表着人類存在的目標和意義；

(4) 他們都把不相信自己所信仰的宗教的人們視為異教徒，因此論證他們對異教徒所使用的暴力；

(5) 再者，也有一些新的因素促成了近來兩者之間的衝突，主要是穆斯林重新崛起和信徒人口的增加，同時西方的普世主義價值觀（即所有國家都應當接受西方價值觀）的張揚招致了穆斯林的反感和憤怒。

但文明的衝突不僅僅發生在基督教文明和穆斯林文明之間。那麼，一般而言，為甚麼不同文明之間會發生衝突呢？亨廷頓舉了如下幾個方面的主要原因，包括：

(1) 文明之間的差異是最基本的衝突根源。不同文明在歷史、語言、文化、傳統和宗教各個方面都不相同。這些差異是悠久歷史的產物，它們不會很快消失。

(2) 全球化和相互依賴等因素使得世界變得愈來愈小，世界各文明之間的互動也愈來愈頻繁。這種互動的結果強化了屬於不同文明的人民的文明差異意識；同時，在同一文明中間，人們的共同文明意識得到了強化。

(3) 經濟的現代化和社會變遷引發了大規模的社會流動，從而導致人們和它們長期相處的地方認同的分離。當人們缺少了往日的地方認同感的時候，宗教就會乘虛而入，就是說，宗教為處於流動中的人們提供了一種能夠超越國家邊界的認同，從而把處於不同國家之下的文明因素統一起來。

(4) 西方所扮演的雙重角色更強化了文明意識的成長。一方面，冷戰之後西方處於權力的頂峰，另一方面，屬於其他文明的人民的「尋根熱」也在發生。當處於頂峰的西方文明遇到那些具有強烈意願和能力、試圖通過非西方的方式來重塑世界秩序的文明的時候，衝突就自然產生。

(5) 較之政治和經濟特徵和差異，文化特徵和文化差異更難互相調試和妥協。

(6) 經濟區域主義的成長也會導致衝突。成功的經濟區域主義會強化文明意識。經常的情況是，只有在基於一種共同的文明之上的時候，經濟區域主義才會取得成功。

不難看出，當亨廷頓討論文明衝突的時候，他的關注點仍然是近代以來的主權國家。這是因為文明很難成為一個單元。往往的情況就是，一個文明多個國家，一個國家內部也往往是擁有多種文化，甚至多種文明。因此，一個國家內部不同的文化和文明羣體也會發生衝突。同時，這也不是說，屬於同一文化圈或者宗教圈的國家不會發生重大衝突，恰恰相反，世界歷史上，很多戰爭都是發生在屬於同一文化和文明的國家之間。歐洲國家屬於同一文化和文明，但發生了那麼多的戰爭。東亞國家也屬於同一文化和文明，也發生了戰爭。尤其是，當亨廷頓論述文明間衝突的時候，過度考量政治文化，尤其是民主政治對國際政治的影響。西方國際政治理論有「民主和平論」一說，就是說，民主國家之間不會發生戰爭，戰爭總是發生在民主和非民主國家之間。隱含意思就是，兩個屬於不同文明和文化的國家，如果都是民主的，那麼就不會發生戰爭。如果這樣，那麼文明衝突論就站不住腳。

實際上，文明或者宗教本身並不是衝突的根源，它們之間的互動和交往也並不必然會發生衝突。衝突的產生往往是因為文明和文化被政治化，也就是說，文明和文化往往成為一種工具，被人所利用、所操縱，從而發生衝突。

儘管人們可以找出很多理由來批評亨廷頓的理論，這一理論產生之後也始終具有很大的爭議，但也沒有人可以斷然否認這一理論對國際關係現實的相關性。亨廷頓在 1996 年出版的書中實際上已經預見到伊斯蘭和西方文明之間的血腥衝突。「9•11」恐怖主義事件之後所發生的事件，尤其是近來「伊斯蘭國組織」的崛起在很大程度上印證了亨廷頓關於穆斯林和西方文明之間的衝突理論。在今天的國際關係中，以宗教為核心的文明仍然扮演着重要的角色。宗教是一種最為重要的認同。只要這種認同存在着，各種政治力量必然要去動員這種認同來達到自己的目的，這不僅僅會導致一個國家內部屬於不同宗教的羣體之間的衝突，也會導致代表不同文化（宗教）的國家之間的衝突，從而對地緣政治產生巨大的影響。近來中東的情勢和烏克蘭的情勢，都説明了這一點。

帝國與地緣政治

帝國幾乎和宗教一樣歷史悠久，往往成為地緣政治秩序的政治主體。在學術上，狹義上的帝國指的僅僅是國家元首或統治者被稱為皇帝（或女皇）的君主制國家。不過，我們這裏指的是廣義上的帝國，即領土遼闊、人口眾多，往往統治或支配多個民族或地方共同體而強盛一時的政治形式或者國家。

研究帝國的學者經常把帝國分成不同的歷史階段，例如早期帝國、古典時期、後古典時期、殖民地時期和現代等。這裏的「帝國」就是平常人們所説的「帝國主義」，這種帝國主義可以發生在任何一個歷史階段。任何國家都有擴張的衝動，帝國由擴張而形成，帝國的擴張造就地緣政治秩序，即把多於一個以上的地方政治體納入自己的統治範圍之內。我們這裏先簡單討論一下近代主權國家形成之前的帝國，近代主權國家之後形成的帝國在下一節再討論。

在近代主權國家產生之前，歷史上產生過不同種類型的帝國，主要有：公元前六至四世紀的波斯帝國；統一印度大部分地區的孔雀王朝、笈多王朝、貴霜王朝、莫臥兒王朝等；公元前三世紀至二十世紀初的中國歷代皇朝（秦至清）；公元前後至四世紀的羅馬帝國、西羅馬帝國、東羅馬帝國（拜佔庭帝國）、神聖羅馬帝國、阿拉伯帝國、阿比西尼亞帝國、蒙古帝國、奧斯曼帝國（土耳其帝國）等等。

大多數帝國通過擴張而成，並且在擴張過程中，武力征服是主導形式。在武力征服之後，往往再把自己的文化強加給不同的地方共同體和當地人民。不過，很多帝國往往是統而不治，組織能力差。帝國具有無限的擴張野心，也控制不住自己的野心，但過度的擴張往往造成統治能力不足。一旦把過多的地方共同體納入自己的版圖，那麼也經常面臨來自內部的抵抗和反叛，造成帝國的解體。

經驗地看，帝國也有積極的一面。人們可以把帝國視為是第一波全球化。帝國把眾多的地方政治共同體納入其統治範圍內，消除了各個地方政治共同體之間的邊界，有利於帝國境內的自由經濟貿易和人財物的流通。帝國也在宗教和文化的傳播和擴散方面起到了關鍵作用。實際上，前面所討論的基於宗教之上的地緣政治的組織基礎也往往是帝國，沒有國家力量的捲入，很難理解宗教和文化的傳播。帝國曾經是、現在也是、將來也會繼續是地緣政治秩序的主體，只是表現帝國精神的「帝國主義」的表達形式不同罷了。

在所有被稱為「帝國」的政治體中，中華帝國具有特殊性。中華帝國是最早形成的帝國之一，但到二十世紀初才解體，這在世界上獨一無二。儘管在漫長的歷史中，代表帝國的王朝不斷更換，但帝國形式從來沒有發生大的變化。在其他地區，不同帝國興衰不斷，沒有歷史連續性。中華帝國所表現出來的如此連續性不見於其他地區。為甚麼會有這個巨大的區別？這是個需要很多研究的課題。普遍的說法是因為中國具有「大一統」的文化。但

「大一統」的文化其形成本身便是一個迷，因為其他帝國也是想形成「大一統」文化的，尤其是那些基於宗教的帝國，本來就是想用宗教來統一國家的，但為甚麼這些帝國形成不了類似中國那樣的「大一統」文化？一個更有可能的解釋是，自秦漢形成的中華帝國已經具備了諸多近代國家的要素，表現在組織上、經濟上和文化上，即統一的官僚制度、統一的國內市場和統一的文化。另一個要素就是中華帝國的形成方式，主要是通過人口的流動和移民，表現為軟性和漸進。組織、經濟和文化的擴展過程和人口主體的流動是同一個過程。這和世界上主要通過軍事征服和武力方式而得以確立的其他帝國形成了鮮明的對照。

但不管帝國以甚麼方式形成和發展，其鬆散化和分權化的政治結構很難實現可持續的發展，最終都會解體。解體往往是因為國際層面的過度擴張。過度擴張要不導致帝國和其他帝國的衝突和戰爭，要不導致內部的獨立運動。在歐洲，在帝國解體的廢墟上，逐漸成長出來近代建立在民族主義和民族認同之上的主權國家。一旦民族主權國家出現，其統治能力不是從前所有政治形式所能比擬的。民族主權國家很快傳播和擴展到世界的各個角落，取代了所有前近代政治形式，成為國際地緣政治的主角。即使最堅韌的中華帝國，也在歐洲形式的民族主權國家面前不堪一擊而很快解體，中國本身也進入了建設近代民族主權國家的過程，而中國的地緣政治也從此發生了巨變。

民族主權國家與地緣政治

近代以來國際政治秩序的主體是主權國家。在西方，民族主權國家是帝國解體的產物。帝國往往包括一個以上的民族和地方政治共同體。在帝國解體之後，原來屬於帝國的民族和地方共同體紛紛獨立，開始了民族主權國家的歷程。民族主權國家的理想形式是「一個民族，一個國家」。但是，這僅僅是理想。除了少數幾個單一民族的主權國家外，世界上大多數國家仍然是多民族國家。多民族主權國家和帝國的區別在於兩者統治方式的不同，前者表現為高度中央集權，後者表現為權力的高度分散。民族主權對地緣政治秩序的影響也表現在各個方面。

首先是民族國家的內部統一。歐洲是民族主權國家的發源地。在國家統一過程中，通過戰爭的軍事征服是國家統一的主要手段。多數民族通過各種方式整合少數民族，無論是自願的還是被迫的，無論是和平的還是暴力的，在當時都被視為是正常的，是進步的表現。法國、意大利和德國等民族主權國家都是以這種方式形成的。

在統一的民族國家和統一的市場形成之後，西方主權國家進行了內部的經濟發展和近代化。內部力量的強大導致了大規模的對外殖民地主義。通過殖民地主義的擴張，西方造就了諸多帝國，包括大英帝國、法蘭西帝國、奧地利帝國 - 奧匈帝國、俄羅斯帝國和德意志帝國等等。日本是亞洲第一個實現近代化的國家，仿照西方，日本也通過殖民地主義建立了大日本帝國。伴隨着殖民地，近代民族國家自西方擴展到世界其他各個地區。這並不是說，西方殖民者要在其他地方建立近代民族國家。相反，在西方殖民者統治之下，沒有產生任何一個類似西方的民族主權國家。在非西方世界，西方強權變成了民族主權國家建設的最大阻力。但是，殖民地主義則把近代民族主權國家的理念帶到了非西方國家。在反殖民地運動過程之中和之後，非西方國家的政治精英們根據或者模仿西方的理念，努力想把自己的國家建設成為民族主權國家。不難發現，反殖民地之後所確立的國家都有某些西方的因素。

在殖民地之外，西方還通過軍事佔領的方式來確定其地緣政治利益。美國最為典型。二戰之後，美國對西德和日本進行了軍事佔領，把這些國家確立成為自己的戰略聯盟，和其他國家進行地緣政治競爭。

民族國家之間的地緣政治競爭在美蘇冷戰時期達到高潮。在整個冷戰期間，世界一分為二，即美國主導的西方世界和蘇聯主導的蘇聯集團。除了核武器的相互對持，這兩個集團之間並沒有任何實質性的交往。在各自的集團內部，兩者使用的統治方法頗為類似，都是意識形態、軍事和經濟方法。不過，具體操作方式則有很大的不同。蘇聯集團傾向於使用意在控制的共產主義意識形態、軍事和計劃經濟體制，而美國集團使用的則是意在分權的民主自由意識形態和市場經濟。美國也使用軍事手段，但主要針對的是蘇聯集團，而非集團內部的整合。這些方式的不同也決定了兩個集團的不同命運。蘇聯集團最終競爭不過美國集團，錯誤的戰略和策略促成了蘇聯集團的最終解體。蘇聯的解體導致了冷戰的結束，也標誌着地緣政治秩序進入了一個全新的階段，那就是，美國成為世界上唯一的霸權。

大國與當代地緣政治

今天的世界再一次面臨地緣政治大變動。如同以往所有時代的地緣政治變遷一樣，儘管小國家也能夠發揮一些作用，甚至成為觸動地緣政治變動的直接原因，但大國仍然繼續主導地緣政治秩序的確立，無論是區域性的還是國際性的。因此，要探討當代地緣政治的變遷動力，還必須回到大國政治這一主題上來。

上世紀 90 年代初，前蘇聯解體之後，主導世界地緣政治格局的是唯一的霸權，即美國。儘管也有其他大國的存在，包括俄國、中國、日本等，但所有這些國家都不足以挑戰美國。這些國家實際上也沒有任何意願挑戰美國，而都想和美國站在一起。日本是美國西方陣營的一部分。俄國自前蘇聯的後期即戈巴卓夫時代起就呈現出親西方的態勢，葉利欽的時候巴不得把俄國轉型成為西方的一部分。這一趨勢直到普京時代才告一個段落。而中國自鄧小平時代的改革開放之後，致力於通過和西方「接軌」的方式進行內部的現代化，可以說，中國的開放主要是向西方的開放。

在這樣的情況下，美國儼然成為世界的「警察」，並且確立了以美國為中心的「國際秩序」。這種地緣政治情況在人類歷史上從來沒有出現過。正如前面所討論過的，歷史上，所有的帝國都是區域性的，只在特定的區域發揮其影響力。從來就不存在一個像美國那樣能夠對全球事務發生重大影響的帝國。作為世界地緣政治秩序的構造者和維持者，美國提供全球範圍內的「公共品」，即秩序，而其他國家都或多或少地「搭美國的順風車」。這種全球地緣政治秩序的出現有效推動了經濟的全球化，而全球化在 2008 年世界金融危機之前的確造就了一個繁榮的世界。

但是美國獨霸全球的好景不長。或許是因為在「獨霸」的情況下，美國不存在任何權力的制約，就開始濫用權力，從而在國際和國內事務方面出現重大的戰略失誤。而這個失誤始於 2001 年的「9•11」恐怖主義事件。恐怖主義事件是由非政府組織即恐怖主義組織策劃和發動的。「9·11」恐怖主義事件既表明恐怖主義的崛起，更表明非政府組織足以對一個最強大的主權國家的國家安全構成最直接的威脅（這也就是為甚麼我們在這份報告裏特別要強調非正式政治力量對世界地緣政治變遷的重要性的原因）。可以說，「9·11」恐怖主義事件觸動了當代地緣政治的變遷。

今天的世界，人們把當代地緣政治變化的主要原因歸結為中國的崛起。但實際的情況並非那麼簡單。這裏，我們聚焦於亞太地區的地緣政治，同時也論述全球性地緣政治變動。我們認為，觸動這個地區地緣政治變遷的要素主要有四個，包括美國的相對衰落、日本的正常化、俄羅斯的相對復興和中國的崛起。這四個要素不僅決定了未來亞太地區的地緣政治秩序，而且也在很大程度上決定了世界範圍內的地緣政治秩序。我們的討論也從「9·11」恐怖主義事件之後美國的相對衰落開始。在這四個要素中，美國的相對衰落是最主要的因素（我們對美國的討論比較詳細，這是因為美國成為大國及其衰落過程對中國具有很特別的參照意義）。

美國的相對衰落

美國從1890年代之前的一個區域性大國發展到冷戰結束後一個政治、經濟、軍事和文化全方位大國是有其諸多國內國際前提條件的，也經歷了幾個主要的階段。這個過程，至少可以從如下幾個方面來看。

首先，最重要的就是美國國內的發展和制度建設。美國在1890年代成為世界上最大的經濟體。此前，美國基本上實行孤立政策，不願捲入國際性事務。當然，所謂的「孤立主義」只是相對的。美國的形成從根本上説也是擴張的結果。隨着國內經濟的發展，實力的增強，美國的擴張主義也在形成。1823年美國出台了所謂的「門羅主義」，和歐洲列強爭奪地緣政治利益，美洲成為美國的勢力範圍。不過，在第一次世界大戰之前，美國充其量只是個地區性大國。

第二，美國是被邀請扮演世界領導角色的。這與其他的大國截然不同。在美國之前，所有大國大都是自己打拼出來的。美國的被邀請是因為歐洲的一戰和二戰，這段時期是美國成為世界大國的關鍵時期。當時，歐洲戰爭對歐洲各國造成了巨大的創傷，不僅自身很難恢復，更不用說是領導世界了。歐洲列強就邀請美國扮演世界領導角色。文化上，歐洲和美國基本上同屬一種文化，美國人大都是歐洲移民的後代。政治和意識形態上，美國和歐洲大多數國家的政治制度和意識形態相似，即民主政治。在地理位置上，美國不屬於歐洲，是歐洲地緣政治之外的大國，沒有和任何歐洲國家構成地緣政治競爭，容易被歐洲國家所接受。同時，美國本身的地緣政治比較簡單，周邊只有兩個鄰國，即北邊的加拿大和南邊的墨西哥，這兩個國家既無力和美國競爭，也高度依賴美國。當然，更為重要的是美國國內的實力。即使美國沒有被邀請，美國也有條件成為國際大國。被邀請只是使得美國輕鬆地取得了領導權。

第三，可持續的內部發展和有效的外部策略。這兩方面都和美國式的市場資本主義有關。資本主義為美國內部發展提供了無窮的動力。不過，政府也起到了非常重要的作用，主要表現在規制資本主義的活動，使得資本主義可以持續發展。政府的作用在危機期間尤其明顯，例如在上世紀30年代的大蕭條時代。外部崛起的有效策略是先成為地區性大國，然後成為世界性大國。二戰之後，美國成為西方世界的領導者。但在整個冷戰期間，美國充其量也只是領導半個世界，即西方世界，美國對蘇聯集團沒有任何影響。在冷戰期間，美國的外部有效策略主要表現在其和蘇聯的競爭方面。而美國的策略和美國所實行的自由市場經濟制度有關。蘇聯實行的是計劃經濟。為了和美國進行軍事競爭，蘇聯的計劃經濟體制很快把整個國民經濟軍事化。而美國所實行的市場經濟，在和蘇聯競爭中，政府也投入了大量的資源，不過是投向私營部門。美國很快在和蘇聯的競爭中贏得了勝利。在蘇聯解體之後，美國領導的西方很快把其地緣政治秩序擴展到前蘇聯的領域。蘇聯東歐共產主義一解體，美國各方面都沒有了競爭對手。整個世界似乎都在美國的掌控之下了。可以說，這是人類地緣政治歷史上的一個奇跡。

但是，為甚麼在冷戰結束之後短短的二十多年時間裏，美國衰落了呢？

在討論美國的衰落之前首先應當指出幾點。第一，美國的衰落是相對的。較之其他所有國家，美國還是最強大的。第二，美國的衰落不是全方位的。今天的美國在軍事上仍然是世界上最強大的。美國軍事力量的強大在今後很長一段歷史時間裏不會有真正的競爭者。但在政治和經濟方面表現為相對的衰落。第三，美國的衰落不會表現為突然，而是要經過很長一段歷史時間。在衰落的過程中，如果美國能夠做有效的政策調整，仍然有復興的機會。

美國相對衰落可以從如下幾個方面來理解其原因。

美國的相對衰落既有內部的因素，也有外部的因素，就像美國成為大國所具備的內外部要素一樣。內部因素涉及到方方面面，但主要是美國經濟上的金融資本主義所導致的經濟結構失衡和政治上所出現的兩黨互相否決政治。內部因素很重要，但不是本報告所要討論的主要問題。這裏所要討論的是外部地緣政治，聚焦於觸動美國地緣政治變動的主要幾個問題。

首先，冷戰結束之後，美國開始實行外交上尤其是軍事上的單邊主義。單邊主義曾經在美國崛起過程中扮演過重要角色。如上所說，二戰之後，美國各方面都很強大，而歐洲各國受戰爭之苦再也沒有能力扮演領導角色，因此邀請美國擔任領導角色。美國也的確有能力承擔起這個責任。可以說，是美國重振了歐洲。在馬歇爾計劃和北約等事務上，美國可以說是「單邊主義」，即起到了主導作用，沒有美國，很難想像像歐洲這麼快就可以復興。當然，這裏的單邊主義是正面意義上的。之後，美國轉向多邊主義，和歐洲盟友建立了諸多國際組織，例如聯合國、世界銀行、國際貨幣基金組織等等。今天我們所看到的整個國際體系就是美國和其歐洲同盟建立起來的。同時，這些多邊主義也是開放的，包容了眾多的發展中國家。美國和西方起主導作用，因為這種主導作用對這個體制的正常運作來說是必須的。尤其是美國，其所起到的領導作用和其對國際公共服務（public goods）的巨大貢獻是成正比的。當然，美國和其盟國在瓦解前蘇聯集團過程中也是合作的。

但是，「9·11」恐怖主義事件之後，在反恐的方式問題上，美國因為得不到其主要歐洲盟國例如德國和法國的大力支持，美國開始走上單邊主義路線。儘管這裏的因素也很複雜，但主要是美國對其力量的錯誤估計和判斷。作為獨一無二的大國，美國相信本身能夠應付恐怖主義。美國組成了所謂的「意願聯盟」，進行了多年的反恐戰爭。正如人們今天所看到的，這場單邊主義主導下的反恐戰爭直接促成了美國開始走向衰落。直到今天，美國的單邊主義以各種形式仍然繼續。近年的所謂「重返亞洲」就有這種味道。儘管美國「重返亞洲」強調其和亞洲盟國的關係，但在對自身能力的估計上，美國仍然是「單邊主義」。因為單邊主義最致命的地方就是對自身能力的高估，脫離了美國一貫的現實主義路線。這種脫離美國實際能力的單邊主義，如果得不到糾正，仍然會促成美國的繼續衰落。

其次是美國「世界警察的包袱」。美國人的世界觀實際上和中國傳統的「天下觀」有很多共同之處。中國的「天下觀」就是把自己視為是世界的中心，而美國人的世界觀更為直觀，那就是「美國就是世界」。但在維護自己為中心的國際秩序方面，兩國則非常不同。中國是世俗文化，沒有像美國那樣的使命感文化。中國強調「中國」這個中心的建設和發展，而對外部事務的涉及則量力而行，「中國」這個中心強大的時候，外部影響力就大一些，而中心弱的時候，外部影響力就縮小。對中國來說，這是常態，無可非議。根據客觀形勢來調整自己的地緣政治利益是中心地帶生存和發展的前提條件。但美國不一樣，具有使命感文化，要改變其他國家，試圖把整個世界納入自己的勢力範圍。美國「世界警察」的角色的形成是具有其深厚的文化基礎的。

但問題是，當「世界警察」是有巨大成本的。從前美國本身強大的時候，能夠支撐其「世界警察」的角色。並且美國也的確是「稅收國家」，通過各種形式向其他國家「收稅」來支付美國所提供的「警察」服務。但現在的情況很不相同了。美國國內經濟不如從前，不僅其經濟對外影響力減小，而且很多時候是負面的影響，例如 2008 年從美國開始的世界性金融危機。同時，美國不像從前那樣容易向其他國家收取「稅收」了。在整個冷戰期間，因為存在着共同的敵人「蘇聯集團」，很多國家願意向美國「賦稅」以求得保護。但今天美國和其他國家已經不存在象「蘇聯」那樣的敵人。儘管美國和一些國家也想把中國視為新的「敵人」，但中國畢竟不是蘇聯（中國因素在後面論述）。也即是說，美國國內國際的「稅基」都在縮小。在這樣的情況下，美國「世界警察」的角色難以為繼。這對美國的地緣政治秩序有巨大的負面影響。一旦做不了「世界警察」，美國建立起來的世界地緣政治秩序就很難維持。近來美國開始大聲叫嚷批評中國「搭美國的順風車」，不提供世界「公共品」，不承擔國際責任。從美國的角度來說，這不難理解。

再次是美國的「民主包袱」。前面我們討論過西方擴張和帝國形成的不同歷史階段。這個擴張過程的主角有兩個，一個是資本，一個是國家，兩者互相支持與依賴。支撐這兩個角色擴張的是西方的信仰和理論。為資本擴張服務的是經濟自由主義，為國家擴張服務的是政治民主主義。經濟擴張理論即自由主義理論非常深厚，從早期的「比較優勢」理論到今天的「全球村」（即全球化）理論既體現了西方經濟擴張的需要，也是對擴張的論證。西方政治擴張，也就是地緣政治的政治形式或者帝國的擴張，其背後的理論就是民主秩序。民主的擴張造就了民主帝國，但過度擴張，則造就了「民主負擔」。在當代，美國領導着民主在全球範圍內的擴張，其所背負的「民主負擔」也最重。今天我們所看到的諸多危機就是西方式民主擴張的結果，而這些危機又在嚴重損害美國和西方自己確立起來的地緣政治利益。

在經驗層面，不難發現，隨着西方民主的擴散，不僅民主的形式在不斷變化，而且民主的質量也在轉變。也就是說，這是一個過程的兩個方面，一方面是擴散，另一方面是擴散過程中所包含的危機。近代形式的民主或者「一人一票」的選舉制度起源於西方，逐漸向非西方國家傳播。在西方，有大量的著作描述西方民主發生和擴散的過程，但近來最著名的還是哈佛大學教授亨廷頓生前所著的《第三波：二十世紀後期的民主化》一書。在這本書中，作者不僅論述了民主從西方向非西方傳播的過程，而且也花了很多的篇幅來討論民主發生和傳播的條件。

根據亨廷頓的說法，第一波民主發生在十九世紀早期，主要是民主在西方文化圈內的擴張，其標誌是普選權擴展到了白人男性。在其頂峰，第一波民主國家產生了 29 個民主國家。直到 1922 年，意大利的墨索里尼上台，第一波民主出現倒退，低潮的時候只剩下 12 個民主國家。第二波民主浪潮發生在二戰之後，以美國為首的西方同盟獲得了戰爭的勝利，民主也隨之擴張。到 1962 年為高潮，當時有 36 個國家被視為是民主國家。但第二波民主也同樣出現回潮，在 1962 年至 1970 年代中期，民主國家減少到 30 個。

當然，人們對這兩波民主浪潮所產生的民主國家的統計數字也具有很大的爭議。白人男性的普選權在很長歷史時間裏是有各種財產限制的，而女性和少數族羣的的投票權更沒有考慮進去。如果把這些因素考慮進去，民主國家的數量就要大打折扣。例如瑞典一直被視為是第一波民主化的國家，但這個國家直到 1971 年才把普選權給於女性。實際上，前面兩波所產生的民主也就是人們一般所說的精英民主，而非今天所看到的「一人一票」的大眾民主。

第三波民主化始於 1974 年葡萄牙的內部變革，類似的政治變革在 1980 年代擴展到拉丁美洲，在 1986 年和 1988 間擴展到亞洲（菲律賓、韓國和台灣地區等），然後是 1990 年代初前蘇聯集團解體之後的東歐國家。從數量上看，這一波成就最大，在這一波之後，有 100 多個國家被視為是民主國家。也不難看到，第三波的民主大都是非西方國家。

不過，這個民主擴張的過程也隱含着西方民主的危機。西方學術界和政策界花了大量的人、財、物力來研究如何擴張民主，但往往對這個過程中所包含的危機注意不夠。很顯然，在擴張過程中，民主出現各種不同的變種。總體説來，從西方到非西方，民主愈來愈不具備社會文化基礎，在民主內容愈來愈微弱的同時愈來愈形式化，也就是西方所普遍定義的多黨制和選舉。在很多國家，除了多黨制和選舉，就根本不存在民主的其他內容。

也就是説，在西方民主的擴張過程中，其形式遠遠多於內容。這種現象其實亨廷頓早就觀察到。作為一個現實主義者，亨廷頓一直強調西方式民主是西方文化的特有產物，儘管能夠傳播到其他國家，但並非具有普世性。但其他學者尤其是把西方民主視為一種意識形態和價值觀的學者，並非這樣看，他們把西方民主簡單地視為「放之四海而皆準」的普世性政治制度。

西方式民主既然是西方地緣政治秩序擴張的產物，那麼隨着地緣政治環境的變化，西方民主形式也必然會發生變化。從這個角度來看，未來西方式民主的發展和變化並不能使人樂觀；相反，有很多理由促成人們對西方式民主的擔憂。這可以從西方民主本身和非西方世界的政治秩序所面臨的挑戰來加以討論。

首先，西方民主的核心在發生變化。這幾乎表現在方方面面。從國家層面看，民主很難成為多民族國家的整合力量。二戰以來，西方一直為民主能夠整合國內各民族而感到自豪。西方一些國家經常批評包括中國在內的其他國家的民族政策，但忽視自己國內的民族矛盾。實際上，這個問題一直是存在的。加拿大的魁北克法語人口曾經公投要從加拿大獨立出去，但沒有成功。現在是英國的蘇格蘭。蘇格蘭成為英國的一部分已經幾個世紀，但今天的局面表明，英國並沒有真正成為人們所説的民族國家。類似的現象也存在於西方其他很多國家，一旦條件出現，獨立運動會自然回歸。

當然，也會有人説，西方這些國家都能通過民主的手段，以和平的方式來解決問題。但問題是，民主如果意味着出現愈來愈多的小國家，但人們並不能確信諸多小國家的並存是否就是西方的常態。從歷史上看，西方曾經出現幾波帝國的融合和解體的過程。近代歐洲國家的形成既是帝國解體的產物，也是統一民族國家形成的過程。無論是帝國的解體還是民族國家的形成都充滿了暴力和戰爭。如果眾多的小國家之間發生衝突，那麼融和便會成為必然，而融合的過程往往不是民主的、和平的，往往是通過暴力和戰爭的。這一點幾乎是歷史的鐵律，很難改變。

從理論上説，民主能夠促成民族國家的整合。但從經驗上看，並沒有足夠的證據來説明這一點。西方近代民族國家的形成絕非是一個和平的過程，而是一個暴力和戰爭的過程。確切地説，民族國家的形成大都是通過戰爭而完成的。在民族國家形成之後，民主的過程的確有助於緩解各民族之間的矛盾。但即使是這樣，也是有條件的，最主要的是經濟因素。民族國家的形成有利於資本主義統一市場的形成，有利於經濟發展，而民主又有利於經濟發展的好處擴散到不同社會階層。在經濟發展好的時候，不僅不同的民族可以得到整合，而且不同社會階層也可以得到整合。但一旦發生經濟危機，民族分化的力量和階級分化的力量就會崛起，從而挑戰現存民主國家。這個道理很簡單。馬克思還是對的，經濟基礎的變化會導致政治上層建築的變化。

今天的西方民族國家就面臨這種局面。就民族問題來說，無論是蘇格蘭還是其他地方，都是受經濟因素的影響。就蘇格蘭來說，這一波獨立運動固然有其歷史因素，但主要還是起源於戴卓爾夫人當政期間的新自由主義經濟學。在私有化運動之後，蘇格蘭人的經濟狀況受到很負面的影響，在政治精英和民眾中產生了獨立的概念。而英國政府長期以來並沒有嚴肅看待這件事情，在很大程度上說，忽視了它。長期以來，蘇格蘭地方政府一直為蘇格蘭人的福利而努力，在有限的自治權力下，實行和英國「不一般」的政策。這種努力強化着地方居民的地方意識或者政治認同。

更為重要的是，歷史地看，民族問題是永恆的，不會因為民主政治的出現而消失。民主意識永遠替代不了民族意識。在不同民族之間，任何一個問題的出現，都有可能轉化成為民族問題。美國在經歷了上世紀 60、70 年代的種族問題之後，人們過分樂觀地以為種族融合了，種族問題解決了，於是出現了美國是種族「大熔爐」的民族理論。但這一次佛格森槍擊事件再次説明了表面上的種族融合是如何脆弱。儘管美國已經產生了黑人總統，但民族問題依然照舊。在美國白人中間並不乏痛恨黑人總統的政治人物和普通老百姓。

經濟狀況的變遷也影響着西方國家國內不同社會階層之間

的關係。經濟好的時候，福利政策沒有問題；但一旦經濟轉壞，福利就會惡化。在全球化的今天，西方各國經濟都面臨結構性調整，但福利社會有效制約着這種調整。同時，國內收入差異加大，往日的中產階級受到擠壓。今天西方頻繁發生的街頭運動，就是這種經濟狀況的反映。實際上，佛格森的槍擊事件所導致的種族衝突也具有深刻的經濟背景。問題不在於白人警察槍殺了黑人，而在於為甚麼這個事件導致了黑人迅速動員起來。這背後還是種族之間的經濟問題。

西方國家本身面臨着眾多的問題，沒有人有非常充足的信心，相信民主能夠解決這些問題。但更為嚴重的是，西方尤其是美國的相對衰落本身必然對非西方的民主和政治秩序產生極其負面的影響。負面的影響來自內外兩個層面。就外在因素來説，就是我們這裏所説的西方和美國所背負的「民主包袱」的東西。從內部因素來説，主要是非民主國家社會中所存在的對西方和美國愈來愈高漲的不滿情緒。

這種現象在中東表現得非常明顯。在中東，西方和美國可以説是在推翻着自己參與建立起來的政權。近代以來中東主權國家的形成和政府的確立和西方有密切的關聯。但現在西方和美國的認知變化了。從前西方信仰主權高於一切，但現在信仰的是人權高於主權。而如何實現和保護西方所認為的人權呢？西方的回答很簡單，那就是政權更換 (regime change)、多黨政治和選舉，也就是西方式民主。但是問題在於，在現存主權國家和政府被推翻之後，所出現的往往不是西方所希望的民主政權，而是其他。儘管一些國家也出現了貌似的民主，但並非真實的民主，更多的國家演變成為西方所説的「失敗國家」。在現存國家失敗之後，更導致了極端政治力量的崛起，例如「伊斯蘭國家組織」(ISIS)。

當然，西方衰落對非西方國家的影響絕非局限在中東，從長遠來看，更廣大的地區包括非洲、拉丁美洲和亞洲都會受到一定的影響。這些地區的民主產生和發展離不開西方和美國基於地緣政治利益之上的干預，主要是對這些地區親西方力量的支持。一旦西方的支持減弱甚至不再繼續，那麼這些地區的民主政治的未來就會產生很大的不確定性。

美國堅定地相信，民主是其軟實力的核心，要維持美國的霸權，就要把民主的核心價值推廣到世界上其他地區。但美國不切實際的做法，使得這種軟實力實際上已經變成美國的沉重負擔，反而在加速美國自己建立起來的地緣政治秩序的解體，從而是其地緣政治利益的收縮。

第四，「聯盟包袱」。聯盟政治一直是西方和美國國際關係的重要一環。這是一個有關國家安全的古老問題。經驗地看，聯盟政治是世界無序狀態本身的產物，起源於一個國家對自身感到不安全的擔憂，尤其是當一個小國或者弱國面臨一個大國和強國的時候。對安全的擔憂促使一個國家和另外一個或者一些國家結盟以應付所面臨的實際上的或者概念上的威脅。一旦一個聯盟產生，那麼這個聯盟針對的對象也必然產生恐懼感，從而促使其產生結盟的動力。中國的戰國時代有結盟政治，古希臘的雅典和斯巴達也有結盟政治。歐洲進入帝國時代之後，結盟政治減少。儘管帝國本身類似於一種結盟，但帝國之內結盟現象大大減少。中國也如此。秦始皇帝統一中國之後，結盟政治消失。但到了國家分裂的時候(例如三國時代)，結盟政治又產生。歐洲進入近代以來結盟政治更是成為常見現象。

一般說來，結盟政治最終往往會導致如下三種結局中的一種。第一，同盟之間的衝突。很多同盟的產生本身就是為了戰爭，就是要把概念中的敵人打敗。戰國時代的中國、古希臘時代的雅典和斯巴達同盟都是這種類型。歐洲近代的各種同盟也是如此。同盟之間的衝突的結局往往有兩種情形。一種是一方打敗另一方。例如戰國時代的中國。一種是雙方同歸於盡，例如雅典和斯巴達之間。第二，不同同盟之間產生一種平衡狀態。如果各個同盟之間力量不相上下，誰也不能把另一方打敗，那麼就會出現同盟間的互相制約狀態，維持和平。近代歐洲在一些時候就是通過這種方式來維持和平。冷戰時代的美蘇之間也是如此。不過，應當指出的是，同盟之間的平衡現象並不是永恆的，而是暫時性的，隨着同盟間力量對比的變化，這種平衡很容易被打破。第三，同盟之間的競爭最終導致一個同盟的解體和另一個同盟的自我失敗。這種情形最重要的特點就是為了「和平」的競爭。典型的就是冷戰時代的美蘇集團之間的競爭。當時雙方核武器對峙，誰也不敢首先發動戰爭，因為雙方都知道，戰爭必然是同歸於盡。在對失敗甚至死亡恐懼的情況下，同盟克制自己做出非理性的戰爭選擇。但同時，對於死亡的恐懼也迫使同盟之間的激烈競爭。這種競爭的本質就是競爭哪一方更能可持續發展。如前面所討論的，在美蘇兩大同盟的競爭過程中，因為蘇聯集團的錯誤策略，最終導致了自我擊敗的局面。

冷戰的結束表明一個歷史性的轉型，即從原來的世界「一分為二」轉型成為「一個世界」，即美國成為世界唯一的霸權。「一個世界」局面的形成本來就不再需要冷戰時代所形成的針對「敵人」的聯盟了。但美國的戰略失誤使其失去了一個寶貴的機會來調整其聯盟政策。美國不僅沒有調整，反而強化了其聯盟政策。但是，沒有免費的午餐，結盟是有巨大成本的。對美國來說，結盟似乎強化了自己的力量。在明顯存在着一個敵人的時候，的確如此。但如果在不存在一個明顯的敵人的情況下，同盟便會產生兩種成本。第一，有可能把被視為是「競爭對手」的國家轉型成為真正的敵人。例如美國把中國視為潛在的敵人。如果中國也把美國作為直接的敵人，那麼中國很有可能成為美國的真正敵人。第二，美國必須在一定程度上滿足結盟的要求，來增進它們各自的利益，在一定情況下，甚至被同盟所綁架。美國和同盟儘管有共同利益，但兩者的利益不能等同起來。在很多時候，同盟國為了增進自身的利益而把美國捲入在內，給美國造成巨大困境。現在的日本和菲律賓就是處於這樣一種局面。日本和菲律賓為了各自的利益，利用和美國的同盟關係，分別在東海和南中國海不斷挑戰美國。美國如果不能滿足他們的要求，也就是在他們和中國發生衝突的時候，不提供幫助，那麼美國作為「盟主」的信用就會失去，導致同盟的解體。這也就是為甚麼美國現在陷入了「我的盟友的敵人就是我的敵人」的聯盟邏輯的原因。很顯然，如果美國滿足聯盟的要求，那麼美國就要犧牲掉他和中國的關係，儘管中國本身並不是美國的敵人。

第五，美國已經從一個建設型國家轉型到一個「摧毀型」國家。美國從一個自我孤立的國家上升成為國際領袖，這和美國對世界的建設性作用分不開。美國的建設性作用表現在幾個方面。第一，雙邊關係上，無論從早期的殖民地主義還是後來對西德和日本的佔領，美國還是想搞建設的，至少從美國的主管願望來說。美國的殖民地政策並不是很成功，美國人走了之後，並沒有留下健全的制度體系。對西德和日本的佔領則為兩地民主政治的發展做出了很大的貢獻。第二，多邊主義，這尤其是馬歇爾計劃和北約建設方面。這些為區域發展也做出了巨大的貢獻。第三，對國際組織例如聯合國、世界銀行、國際貨幣基金組織等建設的貢獻。這方面前面已經有論述。

但是，美國的這種建設性作用已經不再；相反，美國近年來正在很快地轉型成為一個「摧毀型」國家。在反恐戰爭中，美國再次實行軍事佔領政策，但幾乎以失敗告終。現在美國的軍事戰略就是「摧毀」敵方對美國和其盟友利益所能構成的威脅，而放棄了往日的「建設」角色。今天對中東的政策就是這樣，尤其是表現在對「伊斯蘭國家組織」的戰略上。美國主要採用軍事打擊手段，打了就走。這種「摧毀」性作用一方面解決不了問題，另一方面，反而導致對方愈來愈強大，與美國為敵。美國的這種「摧毀性」戰略不僅體現在其中東政策，也體現在其亞太政策上。美國及其盟友在亞太的戰略部署也是「摧毀性」，設想幾個假想敵，然後設定幾個軍事點，這樣在受到「假想敵」直接威脅的時候，用軍事手段「摧毀」「假想敵」。儘管從表面上看，美國可以做到「先發制人」，但是這也在損害着美國的地緣政治利益。這種戰略過分強調軍事武力手段，而毫無建設性。

第六，美國的大國衰落「恐懼症」。任何霸權的最高政策議程就是維持霸權地位，這是權力的本質，無可非議。但是，霸權國家對自己的霸權地位要隨着客觀情況的變化而調整。例如，曾經輝煌一時的大英帝國在衰落之時能夠「光榮體面地退出」就是最好的例子。美國相對衰落了，但還是想充當世界領袖「一百年」（誠如前總統奧巴馬所強調的）。這個雄心也是可以理解的，但問題是美國的實力已經不容許。在這樣的情況下，美國已經犯上了大國衰落的恐懼症。在中美關係上，中國力圖和美國建設「新型大國關係」，說得清楚一些，就是中國承認美國是老大，並且不會挑戰老大的地位，但是美國必須能夠照顧中國有限的「核心利益」。中國和往日的大國不同，無論是大英帝國，還是後來的德國和日本或者蘇聯，都有稱霸的國家計劃，但中國沒有任何挑戰美國的國家戰略。中美兩國之間現在面臨的問題並不在一個崛起中的大國即中國來挑戰美國，而在於一個衰落中的大國即美國恐懼於中國。這種恐懼感使得美國很難「借力」中國來維持其霸權地位。一旦美國失去中國，那麼世界就有可能回到美蘇冷戰時代那樣。如果那樣，美國的地緣政治利益就必然受到巨大的損害，也就是說，美國屆時至多領導半個世界。

日本的正常化

日本的國家正常化也在影響着至少是亞太地區的地緣政治格局。二戰之後，美國佔領日本，日本成為一個「非正常國家」，也就是並非享受完全主權的國家。日本的外交和國防的發展受制於美國。而後來當日本成為世界上第二大經濟體的時候，美國也通過打壓日元的方法，再次使得日本「臣服」美國。從日本的角度來看，追求國家正常化並不難理解。實際上，在八十年代，日本右派已經有了向美國「說不」的呼聲。前些年，在民主黨的鳩山執政期間，日本提出了「東亞共同體」的設想，意在追求和美國比較平等的地位，但以失敗告終。鳩山的「東亞共同體」概念被視為過分傾向於中國，美國人當然不高興，也不能同意。現在，代表右派利益的安培政權再次開始了追求國家正常化的努力。這次，安培採用的是「反中」的方式進行的，美國不但沒有「意見」，反而要全力支持。原因不外乎兩個。第一，如前面所說，美國恐懼於中國的崛起，把中國視為潛在的或者實在的霸權競爭者和敵人。第二，日本是美國在亞太地區最重要的聯盟，如果美國對日本挑戰中國不支持，那麼，這種同盟關係就會受到非常負面的影響。一旦美國沒有了信用，說不定同盟就會解體。但美國和日本的這種做法正在為亞太地區的地緣政治引入巨大的變化動力。我們可以從如下幾個方面來看。

第一，如前面所說，日本是想通過合法化和美化戰爭歷史的方式來追求國家正常化的，這使得日本和鄰居國家的關係惡化。日本追求國家正常化並不難理解，不僅在國內得到支持，而且也可以得到鄰國的理解。原因在於日本政治人物的政治智慧急劇衰落。日本國家正常化的主要阻力在於美國，因為沒有其他國家而是美國使得日本成為不正常國家，並且也只有美國能夠制約或者容許日本的行為。但如上所說，要從美國手中脫離出來，談何容易！鳩山政權失敗了，安培政府也會如此。因此，日本轉向了被美國視為競爭者和敵人的中國。修改和平憲法和軍隊正常化等內容都需要有一個敵人。這個方便的敵人就是中國。從釣魚台事件開始，日本一步步開始了塑造這個「敵人」的過程。但問題在於，不僅中日之間存在着領土糾紛，日本和韓國之間也存在着領土糾紛。再者，論證戰爭歷史的合法性，不僅中國和韓國等受害國不可以接受，其他國家都難以接受。東南亞國家儘管「原諒」了日本，但這並不是說，他們能夠接受日本美化歷史的做法。西方國家甚至整個國際社會都是如此。很顯然，日本的做法已經導致了其和鄰國中國和韓國關係的惡化。

第二，伴隨着其國家正常化的努力，日本也在開始追求自身的地緣政治利益。日本的地緣政治利益在哪裏？一方面是在美日聯盟的名義下和美國分享地緣政治利益，另一方面便是尋找自身的、不同於美國的地緣政治利益。日本在形成自己的聯盟，日本的盟國和美國的聯盟，從現階段來看，有很多的重合，但從長遠看，美國和日本的利益衝突在所難免。更為重要的，日本要和中國競爭地緣政治利益。這些潛在的地緣政治利益包括東北亞的台灣。在東北亞的朝鮮半島和中國，日本已經沒有了任何希望，但台灣仍然有希望。儘管中國大陸和台灣地區的經濟整合已經到了不可分離的程度，但政治上的分歧仍然存在。一旦台灣民進黨掌權，無論民進黨和日本都有很大的願望增進「不一般」的關係，甚至不能排除冒險的動作。在東南亞，日本已經下大力氣和越南、菲律賓等和中國存在領土、領海主權爭議的國家結盟。同時，日本也在轉向中國的鄰國，尤其是緬甸，增加其地緣政治的影響力。此外，日本也在做所謂的「民主價值同盟」的努力。「民主價值同盟」的概念是美國提出來的，美國本身近來並不再強調這個難以操作的政策概念。但日本接過去了。在這方面，日本正在和菲律賓、澳洲和印度等「民主國家」結盟。不管日本的結盟努力是否最終會成功，但其國家正常化的地緣政治「版圖」已經相當明朗化了。

從總體上說，日本成為一流大國，為時已晚，因為其力量的高峰期已經過去，但在今後相當長的一段時間裏，日本對其地緣政治利益的追求對美國和中國仍然可以產生巨大的影響。對中國的影響非常明朗，因為日本所追求的這些地緣政治利益也是中國的地緣政治利益，尤其表現在台灣。作為中國主權的一部分，中國是不會容許台灣地區和日本結盟的。台灣一旦有獨立的訴求，中國更不會無動於衷。而如果日本結盟的努力成功，無論是和中國有領土、領海糾紛的國家，中國周邊國家，還是所謂的「民主同盟」，都將對中國的地緣政治利益構成挑戰，甚至威脅。

日本的地緣政治努力對美國也有影響，這種影響並不亞於對中國的影響。至少有幾方面的影響。首先，日本可以挾持美國來追求自己的利益，這就是我們前面討論過的美國所面臨的「聯盟負擔」。其次，對美、日、韓三國關係產生影響。為了應付中國，美國一直試圖整合已經存在的美日聯盟和美韓聯盟。但現在這種情況繼續下去，這種整合便毫無可能性。再次，日本美化歷史的做法給美國造就了一種「道德困境」。如果日本像德國那樣追求正常化，那麼美國不會面對這種困境。但要通過美化戰爭歷史來追求正常化，那麼美國支持日本的行為不但難以得到美國國內人民的支持，更會得到國際社會的質疑。第四，也是更為重要的是，日本一旦正常化，美國在日本的軍事存在便成為問題。在亞洲，沒有國家損害和傷害過日本的利益，相反，多數亞洲國家是日本的戰爭受害者。對日本構成「傷害」的只有美國。打敗日本的是美國，扔原子彈的也是美國。實際上，日本右派痛恨美國的大有人在。如果説美國使得日本成為半主權國家，那麼日本正常化之後，受影響最大的也會是美國。今天美國是亞洲地緣政治的一部分，一旦日本正常化，美國在亞洲的地緣政治利益就面臨流失的威脅。

俄羅斯的相對復興

和其他大國一樣，俄羅斯作為一個文明型大國，歷史上都在努力追求自己的地緣政治利益，但其地緣政治的影響範圍，起起伏伏。我們不用回到久遠的過去，前蘇聯的地緣政治勢力範圍就足以說明這個問題。

二戰結束以後，前蘇聯很快確立了自己的地緣政治利益，主要由兩部分組成，一是其加盟共和國，二是東歐國家。這兩部分組成了當時西方所說的「蘇聯東歐集團」。這個集團在冷戰期間不僅統治東歐，而且也努力把自己的地緣政治利益擴展到世界其他各個地方，和以美國為中心的西方集團分享對世界的統治權。蘇聯東歐集團和西方集團都是大多數國際組織的一部分，包括聯合國、世界銀行和國際貨幣基金組織等等，構成了世界政治的主體。這兩個集團之間也不存在具有實質性的互動平台，以核武器對峙為主體的軍事對抗造就了西方所說的結構性權力平衡和這種平衡之下的「和平」，就是說雙方互相恐懼對方，誰也不想發動核戰爭。

同樣重要的是，前蘇聯也在其地緣政治利益範圍內部的各個國家形成了與自己相似的政權類型，即共產主義政權。這類政權的形成及其擴張至少具有三個條件。首先，西方民主的危機。一戰和二戰都發生在西方近代形成的主權國家之間。儘管民主作為西方意識形態已經被廣泛接受，成為西方的主流，但這並不是說，民主可以解決西方所面臨的問題了。相反，一戰和二戰的發生導致了人們對民主的懷疑。實際上，無論是意大利和德國極權政權的興起在很大程度上是西方民主失敗的產物。西方民主的這種失敗促成人們對另外的政治形式的思考和選擇。第二，蘇聯共產主義意識形態和政治形式起源於革命，但是這種意識形態的擴張主要是因為西方民主的危機。這種意識形態贏得了當時西方的知識分子尤其是左派知識分子羣體的理解和支持。第三，建立在這種意識形態之上的政治形式在東歐的擴張主要歸功於蘇聯的強力推行。這主要是地緣政治因素所致。東歐國家作為蘇聯集團的一部分，其政體自然要受蘇聯的影響。即使蘇聯沒有權力推行，這些國家的政權也會和蘇聯的發展呈現出相當的相似性。這種政權的產生也體現在中國、越南、古巴等非蘇聯、東歐國家的發展過程中。一是這些國家對意識形態的信仰，二是蘇聯的政治輸出。當然，在以蘇聯為中心的東方集團中，並不是所有政治形式都是一模一樣的。例如南斯拉夫、中國等國家儘管在結構上和蘇聯政治形式類似，但在很多其他方面都具有實質性的差異。

在前蘇聯解體之後，其地緣政治秩序隨之解體。在前蘇聯時代，也有很多蘇聯人尤其是自由派知識分子（包括持政治異見者）相信，蘇聯一旦民主化，就可以得到西方的支持，加入發達西方集團。戈巴卓夫搞民主化運動，在意識形態上是相信西方的。但實際上並不如此。蘇聯解體之後，西方對其地緣政治利益的考量遠遠超過對民主的考量。（當然，這不僅僅表現在西方和俄羅斯的關係，而且也表現在西方和其他東歐國家的關係上。）儘管在葉利欽時代，俄羅斯也進行民主化，並且努力向西方靠攏，但西方並沒有多大興趣。相反，以美國為首的西方乘俄羅斯的積弱侵入俄羅斯的地緣政治利益，俄羅斯失去了大部分往日的地緣政治利益。

俄羅斯在進入普京時代以後，逐漸地復甦。如同俄羅斯從前的各類政體，相對復興的俄羅斯也必然要重建其地緣政治利益，甚至從西方奪回原來屬於自己的地緣政治利益。在前蘇聯解體之後，俄羅斯逐漸和其中一些原來的加盟共和國確立了獨立國家聯合體，即「獨聯體」。現在俄羅斯和其中一些獨聯體國家的各方面關係密切化。近來，烏克蘭的發展更是說明了俄羅斯決心要從西方收回自己的地緣政治利益的決心和不擇手段。儘管俄羅斯現在也有多黨制和選舉，但西方並不認同俄羅斯的民主。西方國際關係理論認為，只要兩個國家都民主了，就不會發生衝突，即「民主和平論」。但俄羅斯的發展表明，這個理論很難成立。這不僅因為民主的定義權掌握在西方手裏，更重要的是因為西方的地緣政治利益，遠遠大於其對民主的關切和民主的利益。當然，俄羅斯在和西方的地緣政治競爭中是否能夠贏得勝利，這是另外一個問題。

俄羅斯在地緣政治方面的作為至少明確地說明了兩點。第一，俄羅斯爭取其地緣政治利益的努力永遠不會停止。道理很簡單，俄羅斯國家甚至其文明的發展需要地緣政治利益。或者說，地緣政治秩序是其文明的載體。這具有普世性，因為西方等其他文明也是如此。第二，第一秩序（地緣政治秩序）高於一切。如果俄羅斯贏得了勝利，在俄羅斯地緣政治範圍之內的其他國家的政治形式也必然要受制於俄羅斯本身的政治形式。反之，如果俄羅斯失敗了，那麼其地緣政治秩序也必然解體，原來在其地緣政治利益範圍內的其他國家的政治形式就會轉向西方形式。

中國的崛起

和俄羅斯一樣，中國也是一個基於文明之上的國家，但中國的地緣政治利益和其文明的特徵密切相關。中國文明是世界上唯一個世俗文明，其文化的開放性和包容性非其他基於宗教之上的排他性文明所可以比擬的。從秦始皇統一國家到漢唐盛世，中國是世界上最開放的帝國。直到明清才開始變得封閉起來。那麼，在開放的狀態下，中國如何組織自己的外部地緣政治利益呢？簡單地說，地緣政治秩序主要是兩部分組成：就其他國家和中華帝國的關係來說，就是「朝貢體系」；就中國「走出去」來說，就是「絲綢之路」。

朝貢體系存在了數千年，直到西方帝國主義入侵中國才衰落。近代以來，朝貢體系被「妖魔化」，被中國自己，也被其他國家。一般地說，這個體系被視為中華帝國主義和中國大國沙文主義的體現。但這些看法都是非歷史的，是用今天的眼光來看過去，或者從西方的文化來看待中國文化。朝貢體系當然有其封建的一面，例如包含其中的叩頭儀式很難為西方所接受。但基本上，朝貢體系是中國「禮尚往來」文化的體現。基本上，朝貢體系是一種貿易體系，貿易是實的一面，而朝貢只是形式。朝貢國周期性地送「禮物」給天朝，向皇帝叩幾個頭。但通過朝貢這一形式，朝貢國不僅從中國皇帝那裏得到了比其所送之物要大得多的禮物，而且更是取得了和中國的貿易權利。歷史地看，這是一種低成本的自由貿易模式。西方國家要依靠大炮武力來打開中國的貿易大門，但朝貢國則需要叩幾個頭就可以和中國通商了。當然，這不是說，中國今天還需要這個傳統，而是說，這種儀式在當時無可非議，是符合當時做法的，為所有朝貢國所接受，是中國和朝貢國之間的外交均衡，否則很難解釋為甚麼這個體制能夠生存數千年。唯一可以加以質疑的是，在西方強權來到中國之後，中國還是守舊，跟不上時代的發展罷了。

中國的絲綢之路從來就是由陸地絲綢之路和海上絲綢之路組成。陸地就是中國向西，通過中亞、中東的廣大地區和歐洲連接起來。提到海上絲綢之路，人們大概能夠想起的就是明朝鄭和下西洋。不過，實際上則不然，中國從秦漢開始就進行海上貿易，尤其是和東南亞國家的貿易，並且這種貿易從來就沒有中斷過。秦漢、唐宋開放時期，海上貿易是合法的。反而在鄭和下西洋中斷之後，明朝實行海禁，海上貿易變成民間的貿易，並且是非法的。

這裏要強調的一點就是，從地緣政治的角度來看，通過朝貢體系和絲綢之路，中國形成了一個自然的區域地緣政治秩序。中國是大國，這是一個事實，不管人們喜歡是否。如何組織區域地緣政治秩序？這裏體現了中國的和平文化。中國只有在北方少數民族征服中國和自己變成這些少數民族的「殖民地」之後，才出現擴張政策。應當強調的是，這些殖民者最終被中國文化所「殖民」，不僅接受中華文化，而且成為中華文化的內在一部分，這是中國文化的特質。這裏所說的自然的區域地緣政治秩序區別於人為的、通過國家力量尤其是武力來組織的地緣政治秩序。正如前面所討論過的，歷史地看，無論是帝國時代的地緣政治秩序還是帝國解體之後所形成的基於民族國家之上的地緣政治秩序都是基本暴力之上的。大英帝國、蘇聯、美國在確立其以自身為中心的區域地緣政治秩序和國際關係的時候，往往是用武力開路的，武力也是這個秩序的基礎之一。中國自然形成的地緣政治秩序體系在西方基於民族國家之上的國際體系產生之後才解體。

自近代以來，中國被西方打敗，失去了其大部分地緣政治利益。現在隨着中國的再次崛起，中國也必然要重建其地緣政治利益。國家的統一是恢復中國地緣政治利益的第一步。在香港和澳門和平回歸之後，中國也在尋找和台灣統一的方法。不管怎樣，中國是不會容許香港、澳門、台灣、西藏和新疆等其地緣政治以任何方式從中國獨立出去。正因為在這個意義上，中國把這些界定為核心利益。和所有其他大國一樣，一旦這些核心利益受到損害，中國會不惜一切來保護。

同時，中國重新崛起也必然會導致其地緣政治利益環境的變化，不僅對自己內部發展有影響，而且對周邊地區的發展也會產生或多或少的影響。顯然，中國也不會容許其他大國在中國周邊造成對中國的不安全。美國不容許前蘇聯在古巴佈置導彈。中國一旦具備了這個能力，也會防止或者阻止其他大國在中國的周邊這麼做。今天，中美兩國出現的很多問題就是由兩國之間的地緣政治之爭引起的。儘管中美兩國並沒有直接的地緣政治利益衝突，但美國要把其地緣政治利益擴展和深入到中國的周邊國家，這就導致了和中國的間接衝突。

中國地緣政治利益關切也會影響到這個地區的政治形式。今天在香港泛民主派和中國有關香港特區民主化的爭論就是這方面的反映。儘管中國並不反對香港的民主化，但不會容許香港的政治發展超出自己的管理範圍。而香港的泛民主派僅僅是從民主化的角度來看問題，而忽視了中國作為一個大國對其地緣政治的考量。如果這個情況繼續下去，兩者之間的衝突便不可避免。

再者，中國的崛起也會對周邊國家和地區的政治形式產生影響。這不是說中國要干預其他國家和地區。歷史地看，中國從來沒有干預過其他國家所發展起來的政治形式。即使在中國內部，不同民族所採用的政治形式也是不相同的，例如西藏和新疆有自己的政治形式，南部各個少數民族都有自己不同版本的土司制度。今天，中國一直強調不會把自己的制度強加給其他國家的政策，這便是中國文化傳統精神的反映。但中國崛起之後對周邊國家和地區政治形式的影響和中國主觀的願望不是那麼相關，這更多的是因為周邊國家和地區會逐步地向中國調適。傳統上形成的儒家文化圈的政治形式便是如此。

也很顯然，中國本身的政治秩序的變化更為重要。自改革開放以來，中國也逐漸地摸索出自己的政治模式或者政治道路。這種模式儘管也受西方影響，但絕對不會發展成為西方那樣的模式。可以相信，中國模式不會取代西方模式，但會成為除西方之外的另一種選擇。這種選擇的存在會通過不同途徑影響到周邊的國家和地區，甚至更遠。

總之，今天的世界面臨着自冷戰結束之後地緣政治的大變局。地緣政治在重組，除了這裏所討論的美國、中國、日本和俄國等大國，其他國家包括印度、巴西、印尼等等也在崛起，並且在不同的區域發揮作用。不過，這些國家在今後很長一段時間裏，都會是局部性的力量，不會產生全球性影響。主導本區域地緣政治利益的仍然會是美國、中國、日本和俄羅斯。

同時，隨着地緣政治的變化，地緣政治秩序也必須得到重建，而這種重建也必然會影響到各國內部政治形式的變化。可以相信，在可預見的將來，這個世界所面臨的不僅僅是地緣政治利益之爭，而且也是政治秩序之爭。人類已經進入一個國際政治秩序和內部政治秩序大變動的時代。

非正式政治力量

正如前面所討論，近代以來，主導國際關係的一直是主權國家。這並不難理解。在近代之前人們強調的是帝國，因為帝國是當時的國際關係主體。而近代主權國家產生以來，替代了帝國，成為國際關係的主角。也可以理解，無論是國際關係理論還是外交政策都強調正式的力量，即帝國或者主權國家。不過，除了帝國和主權國家，其他能夠影響國際關係的力量也是存在的。我們可以把這些力量統稱為「非正式力量」。在帝國時代，這些力量包括宗教、文化和各種地方性的力量，它們或者局限於一個帝國之內，或者橫跨多個帝國的範圍。研究帝國的歷史學家們都注意到，帝國的生存和發展有兩條戰線，即在國際層面的向外擴張和在國內層面的容納和整合各種異質政體、經濟和文化等要素。同樣，近代以來主權國家成為國際關係的主體並不是說不存在能夠影響國際關係的其他非正式力量。實際上，和帝國時代一樣，大多數主權國家的生存和發展也取決於國際層面和國內層面的因素。在國際層面，主權國家必須保證自己是一個「主權國家」，免受他國的威脅和侵略；在國內層面，多數主權國家同樣是多民族、多種族和多文化甚至多文明國家，面臨着國家的整合問題。更為重要的是，在當今世界，隨着全方位的全球化深入，已經產生出愈來愈多的非正式力量，它們能夠跨越國界，在全球範圍內活動。即使它們不能主導國際地緣政治秩序，但能夠影響甚至左右主權國家，促進或者牽制主權國家，從而直接或者間接地影響到地緣政治秩序。並且，也是因為全球化，很多從前僅僅是一個國家內部的非正式力量，很容易走出國界，形成全球性網絡，確立其自身版本的地緣政治秩序。我們在這裏界定了三種這樣的跨國界非正式力量，包括像伊斯蘭國組織那樣的極端宗教力量（人們稱之為「邪惡的力量」或者「黑暗帝國」）、跨國公司和跨國民主網絡。

「邪惡的力量」

這裏所説的「邪惡的力量」通常指的是「恐怖組織」。恐怖主義一直以不同形式存在着，但直到「9•11」恐怖主義事件之後，西方對此才極為重視起來，把此視為對美國構成了國家威脅。此前，美國和西方從來就是把另一個主權國家或者主權國家集團視為是「敵人」和「威脅」。這個事件是轉折點。事件發生之後，包括美國在內的西方國家都認為，對國家安全的威脅主要來自非主權國家的非政府組織，即恐怖組織。西方也花費大量的人財物來研究恐怖主義和反恐戰爭。在這一過程中，西方也動用了大量的武力來應付恐怖組織。但多年反恐的結果並不理想，恐怖主義還是大行其道。在這樣的情況下，西方國家觀念開始發生轉變，認為恐怖主義是常態，需要與之共存。等反恐告一段落之後，西方國家又轉向尋找以主權國家為代表的「敵人」，對國家安全的關切面重新從恐怖主義轉移到主權國家。不過，近來崛起的「伊斯蘭國組織」再次迫使美國和西方把注意力轉向極端組織。不管如何，對今天的西方來説，對國家安全的威脅既來自以主權國家為代表的正式力量也來自類似伊斯蘭國組織那樣的非正式力量。

當然，不僅美國和西方面臨來自恐怖主義的威脅，包括中國在內的所有國家都面臨這種威脅。儘管這些恐怖組織大都基於或者起源於中東地區，但這個地區大多數政府和普通人民也同樣面臨極端宗教力量的威脅。這一點很重要，因為並不是所有的伊斯蘭信徒都是極端主義者。

恐怖主義組織多種多樣，我們這裏可以以「伊斯蘭國組織」為例來加以討論。儘管各類非正式的政治力量，歷史上從來就有，但近代以來的這類力量既是當地文化和宗教的產物，更是和西方力量互動的產物。以中東為例。前面我們已經討論過，近代以來，中東所形成的主權國家形式和區域地緣政治秩序和西方力量密不可分，先是歐洲的殖民者，後來是美國。簡單地說，中東的國內和區域秩序是在和西方互動下建立起來的。但是，西方國家尤其是美國背負「民主」的負擔，要在那裏引入西方式選舉民主，結果有效地破壞了那裏被西方稱之為權威主義的國家形式。結果，不僅出現不了美國所希望的民主政權，反而出現了失敗國家，即現存政治體系沒有能力來治理國家。國家失敗意味着正式政治力量無法統治社會。很顯然，一旦失敗國家出現，各種極端宗教組織就會崛起。「伊斯蘭國組織」就是其中一個這樣的極端宗教組織。

儘管這類非正式組織歷來就存在着，但在社交媒體時代，這類組織幾乎都可以成為跨國界的國際性組織。人們往往注重社交媒體的巨大動員能力。動員能力表現為影響和吸收成員。社交媒體已經成為恐怖組織領袖傳播其激進「理念」，影響人們尤其是年輕人的最有效的工具。同時，社交媒體也是恐怖組織「錄用」成員的有效工具。「伊斯蘭國組織」從全世界範圍內錄用成員，其中很多成員來自西方各國、俄羅斯、東南亞國家，甚至中國。從這個意義上說，它是名副其實的「聯軍」。

但更為重要的是，社交媒體也是人們尤其是年輕人「自我激進化」的有效工具。在互聯網出現之後，人們總以為互聯網使得人們趨於理性和平，因為互聯網可以突破各個主權國家政府對信息的封鎖和過濾，無限地獲取信息。當人們接觸到各種不同類型的信息之後，最後對事物做出綜合的判斷，這個判斷會是理性的。然後，經驗表明，這只是一個理論假設。實際上，互聯網尤其是社交媒體正在使得愈來愈多人的世界觀或者對事物的看法變得愈來愈狹隘。在信息爆炸時代，人們對信息愈來愈具有選擇性。不難發現，在互聯網和社交媒體上，人們只選擇自己感興趣的事物，而對其他的毫無興趣。自我選擇的信息很容易導致自我激進化。從這個角度來看，社交媒體時代也是極端主義的時代。當然，極端主義不僅僅表現為像「伊斯蘭國組織」那樣的組織，而且也表現為各種政治激進主義。就激進化政治來說，沒有一個國家可以逃避。

西方國家現在試圖聯合組織起來，結成統一戰線以有效打擊伊斯蘭國組織。但歷史地看，這種方式不會解決任何問題。從前，西方也這樣做過，並且在地面轟炸之後，通常會派軍隊駐紮當地甚至佔領當地社會，一方面全面清剿恐怖主義組織，另一方面幫助當地政府建立秩序。但即使這樣，都沒有能夠解決恐怖主義的問題，反而是問題的惡化。如前面所討論過的，現在美國已經轉型成為「摧毀性」力量，就是說光摧毀恐怖組織的「硬件」。這種戰略的結果反而使得恐怖主義者和美國西方結成世代仇恨。鑑於其能力的衰落，美國和西方沒有力量再推行通過「佔領」的方式來消滅極端宗教力量，但「摧毀」戰略往往適得其反。但除了「摧毀」的方法，美國和西方還能做甚麼呢？這是美國和西方今天所面臨的困境之一。

類似「伊斯蘭國組織」的非正式政治力量能夠通過各種方式影響地緣政治秩序。它們可以直接影響地區性地緣政治秩序。例如「伊斯蘭國組織」已經成為不可忽視的跨國組織。如果不被摧毀，它本身就可以建立一個新的「帝國」。其次，它們可以破壞甚至摧毀當地的主權國家，使得主權國家趨於失敗，而主權國家的失敗意味着無政府狀態的出現。這種無政府無疑影響區域地緣政治秩序。再次，它們的出現和存在對西方國家構成地緣政治壓力。這是很顯然的。例如，在「9•11」恐怖主義事件之前，美國新保守主義試圖把美國的地緣政治戰略重心轉移到亞洲，把中國作為其地緣政治戰略的新目標。但「9•11」恐怖主義事件延遲了這個計劃。同樣，近年來，美國再次試圖在「重返亞洲」的口號下重新調整其地緣政治戰略，「伊斯蘭國組織」的出現再次對美國產生壓力，至少是分散精力。當然，今後這類組織也會給其他國家構成壓力，這就取決於這類組織的「敵人」是誰了。更為重要的是，隨着全球化，這類組織的參與者愈來愈國際化，這可以對西方構成直接的威脅。如前面所提到的，今天有大量的西方公民（激進分子）參加「伊斯蘭國組織」，使得這個組織成為名副其實的國際組織。這些西方公民可以隨着返回「祖國」（即西方國家）在那裏直接行使對當地主權國家的破壞甚至毀滅性恐怖主義行動。也正因為如此，「伊斯蘭國組織」現在已經演變成西方最直接的「敵人」。也是這種最直接的威脅促成了西方國家的聯合行動來對付這個組織。

「民主網絡」

「民主網絡」也是能夠影響主權國家和地緣政治秩序的非正式力量。這裏所説的「民主網絡」並非是主權民主國家之間的聯盟，而是專門從事推行其他國家民主化的非政府力量，其中，「顏色革命」力量是典型的例子。

這裏先要討論一下，主權國家之間的民主聯盟。民主聯盟的概念出現在西方，主要是美國。在冷戰結束之後，美國成為唯一的霸權，當時盛行所謂的「歷史終結論」，即西方式的民主是人類社會最終的政治形式。美國的國際戰略目標也應當是在全世界推行民主。為了在全世界推行民主，美國就必須聯合其他民主國家，把此作為民主國家一項共同的事業。在國際政治中，支撐這一概念的是「民主和平論」，即認為民主國家之間不會發生戰爭。因此，只要全世界的國家實現了民主，那麼世界和平就有了保障。2008 年全球性金融危機之後，西方國家因為內部問題，至少在表面上不再強調用「民主聯盟」來應付非民主國家。發展中世界的新興經濟現在在世界經濟中扮演着愈來愈重要的角色。很顯然，包括中國在內的很多發展中國家並非西方所界定的「民主」。不過，這並不表明其他國家就不提這個概念了。近年來，日本（安培）政府一直在強調以「民主聯盟」的方式來應付中國。

在一些西方國家「淡化」「民主聯盟」的同時，非正式政治力量的「民主網絡」則在繼續蓬勃崛起，在多個國家製造各種不同形式的「顏色革命」。上世紀 90 年代以來，這個「民主網絡」已經非常成功地在全世界各地製造了各種形式的顏色革命。一般地說，顏色革命往往是幾個要素的組合。

首先是西方民主國家政府的支持。西方國家尤其是美國在推行民主方面投入了大量的財力。有時候政府自己做，有時候政府依靠非政府組織來做更有效。政府在背後，非政府組織在前面，互相配合。用非政府組織來推行民主可以說是西方政府向社會收購服務。實際上，沒有西方政府在財政上的大力支持，西方非政府組織很難國際化。

第二是國際非政府組織。到目前為止，國際非政府組織大都在西方發達國家產生和發展。參與這些非政府組織的成員則來自世界各國。非政府組織也是全球化的一部分和主要角色，很多國際非政府組織已經在全世界各國發展分部，他們的成員「周遊列國」，努力推行西方式的民主，「顏色革命」只是其中一種方式而已。

第三是顏色革命的理論。顏色革命的理論很重要，因為任何革命或者運動，都需要理論的指導。經過那麼多年的努力，西方搞顏色革命的理論已經比較成熟，已經形成了顏色革命的「手冊」，即「顏色革命」的標準程序。顏色革命的實踐者大多遵循這個程序。

第四，當地國家流落或者被流放到海外（主要是西方國家）的政治力量。這些政治力量在本國的時候往往對政府不滿，成為反對派或者政治異見者，他們被當地政府流放到海外，或者自我出走，留在西方，但他們仍然對本國政治深感興趣。他們經常借用一切機會從事反對或者推翻本國政府的活動。他們也往往成為「顏色革命」力量的一部分。

第五，最主要的是當地社會存在的不滿。當地社會的不滿是主要的。如果不存在不滿的力量，西方顏色革命的「民主網絡」很難動員足夠的力量在當地發起顏色革命。往往的情況是，當地一些社會成員儘管不滿，但既無組織能力也無足夠的財政資源來組織和發動「顏色革命」。但一旦這些對政府不滿的當地成員和具有組織與財政能力的「民主網絡」結合起來的時候，對社會的不滿就具有了巨大的能量。

這些因素單個的行動無論對主權國家或者區域地緣政治或許不會產生巨大的影響，但一旦它們結合起來就可以產生巨大的力量來製造一場「顏色革命」。近年來各地所發生的「顏色革命」已經充分證明了這一點。

儘管「顏色革命」改變不了國際政治的總體結構，但能夠對地緣政治秩序產生區域性影響。至少表現在兩個方面。第一，在「顏色革命」之後，當地社會確立了親西方的政權，成為西方地緣政治的內在一部分或者外延。就是說，「顏色革命」擴展了西方的地緣政治勢力範圍。第二，在一些地區，「顏色革命」可以保證推翻現政權，但保證不了可以推廣西方式民主政治。往往的情況是，在現政權被「顏色革命」推翻之後，建立不起任何政權，而使得當地社會陷於無政府狀態，甚至演變成為失敗國家。在這樣的情況下，「顏色革命」會損害西方的地緣政治利益，因為它導致西方原本不想要的結果。也就是說，「顏色革命」的結果並不是發動者可以隨意控制的。

國際經濟力量

國際經濟力量主要表現為跨國公司的經濟活動。跨國公司是正式組織，但它們畢竟不是主權國家的政府。他們的活動往往是弱化主權國家能力的。實際上，自這一波全球化以來，跨國公司對主權國家能力的負面影響是學術界和政策研究界一直所關切的一個大問題。

對主權國家能力的負面影響至少表現在如下三個方面：

第一，促成主權國家稅收的減少和稅基的縮小。跨國公司表明經濟活動的全球化，也就是說，跨國公司的經濟活動往往表現為「去國家化」。在這個意義上說，主權國家已經失去了經濟主權。對很多跨國公司來說，把經濟活動轉移到其他國家不僅僅是因為尋找傳統意義上的「投資機會」，更是為了逃避本國政府的稅收。這對西方高福利國家的企業來說更是如此。西方高福利國家，稅收一般較高，對企業構成負擔。這樣，企業可以通過「跨國」的形式來逃避本國的高稅收。在這樣的情況下，企業經濟活動的國際化意味着本國政府稅基在縮小。

第二，減少就業機會。這個比較容易理解，就業是和企業的經濟活動聯繫在一起的，企業經濟活動走向海外就意味着就業機會的流失。這裏更重要的是，在全球化狀態下，技術往往產生不了就業。傳統上，有了一種技術，那麼就意味着一種產業，意味着新的就業機會。但在全球化時代則不然。例如，假定美國企業發明了一種新的技術，但這種技術未必可以造就一個美國的企業，增加美國的就業，因為這個企業可以把這個技術放到海外，造就不屬於美國的海外企業，產生不屬於美國的就業機會。

第三，製造跨國金融危機。今天的金融經濟已經和傳統的很不相同。傳統上，金融經濟基本上為實體經濟服務，即為企業融資。但今天的金融資本不僅早已經脱離了實體經濟，更是綁架了實體經濟，構成了獨立的金融資本主義。跨國金融公司積聚了大量的資本，進行金融工程，往往是金融投機。在沒有被監管或者被監管不足的情況下，金融資本就會不定期地製造着金融危機。2008 年的金融危機是典型的例子。也同樣嚴重的是，一些金融投機家專門攻擊主權國家金融體系的薄弱環節。他們時刻都在尋找一些主權國家金融體系的弱點，一旦找到便以所掌握的大量資本破壞甚至摧毀主權國家的金融體系。

跨國公司的全球經濟活動對地緣政治也可以產生深刻的影響，至少可以從兩方面來看：

第一，就是這裏所討論的，跨國公司影響着主權國家的經濟能力。如果說主權國家是地緣政治的主體，但地緣政治利益的擴張或者維持需要大量的經濟資源。跨國公司掌握的經濟資源如何使用直接影響到主權國家的經濟能力。

第二，地緣經濟決定着主權國家的地緣政治導向。經驗地看，地緣政治利益和地緣經濟密切相關。在一個特定的歷史時期，地緣經濟重心在哪裏，主權國家的地緣政治關切也會走向哪裏。例如，在冷戰期間，地緣經濟的核心是美國和歐洲，西方的地緣政治秩序的核心就在那裏。同時，非西方國家也努力和西方的地緣政治秩序發生關聯，從中獲得利益。今天，當地緣經濟的重心轉向亞洲地區的時候，西方尤其是美國的地緣政治關切也轉向了亞洲。西方美國對中東的關切也和那裏大量的石油資源相關。沒有那裏豐富的石油資源，很難想像西方會投入如此龐大的戰略資源。因此，一旦美國成為能源國家，那麼其對中東的戰略資源的投入自然就會減少。一旦如此，中東的地緣政治格局就不可避免發生變化。

對中國的影響和啟示

正如前面所討論的，中國的崛起也是當代地緣政治秩序變動的一個巨大推動力。不過，地緣政治的變動又反過來會對中國的地緣政治產生各方面的影響。如果中國的崛起為中國的地緣政治利益擴張提供了動力和能力，那麼外在地緣政治的變化對中國也構成了挑戰。我們至少可以從如下幾個方面來討論地緣政治變化對中國的影響。

地緣政治利益與秩序

前面討論過，中國傳統也有地緣政治利益和建立在這些利益之上的地緣政治秩序。地緣政治利益是自然擴展的結果，而非人為（政府）造就的。就是説，中國傳統地緣政治利益是通過其經濟活動（主要是貿易）而擴張的，而這種經濟活動並非國家組織的。不過，擴張也會產生問題；問題產生了，就得想辦法解決。解決這些問題的體制就是地緣政治秩序，主要表現為朝貢體系的形成。這一體系延續了數千年，直到近代才解體。現在隨着國家的再次崛起，地緣政治秩序需要重建。當然，中國不再可能回到傳統的朝貢體系。今天，在主權國家時代，政府必然要扮演一個更為重要的角色，無論在地緣政治利益的擴展還是地緣政治秩序的確立方面。這裏，傳統精神仍然可以發揚，那就是，政府必須扮演角色，但政府要量力而行，不能過度超越經濟力的擴張水平，否則很難實現地緣政治利益和秩序的可持續性。也就是説，中國要努力追求自己的地緣政治利益，並確立相應的秩序，但必須有限度。

新型地緣政治關係

建立新型大國關係是為了避免和其他同樣具有地緣政治利益的大國發生衝突。實際上，今天中國所面臨的地緣政治遠較傳統的複雜和嚴峻。在數千年裏，中國是亞洲最強大的國家，近代之前，沒有強大的競爭者。但現在的情況則不同。很多大國都在和中國競爭地緣政治利益，包括美國、俄國、日本和印度等國家。在這樣的情況下，中國必須小心處理和其他大國的關係，避免和這些大國的地緣政治利益發生公開的衝突。前面強調過，自近代以來，中國被西方所打敗，已經失去大部分傳統地緣政治利益。現在隨着崛起，中國必然要從西方手中拿回來一部分地緣政治利益。這必然會和西方發生衝突。除了香港、澳門已經和平回歸中國之外，台灣仍然沒有統一到中國。即使香港和澳門，西方國家仍然在那裏具有舉足輕重的影響，仍然繼續干預那裏的政治。此外，西方在中國的周邊擁有龐大的地緣政治利益，中國周邊很多國家甚至仍然屬於西方的地緣政治秩序。這種情況，隨着中國的繼續崛起，必然會得到逐步改變。在這個過程中，如何避免和西方的直接衝突便是中國的難題。

內部的社會治理

內部社會治理也是中國地緣政治利益和秩序的重要內容。很顯然，無論是正式政治力量（主權國家）還是非正式政治力量（非政府組織、跨國公司和「邪惡力量」）都在意圖影響中國的內部治理。社會治理關乎如何把外部力量對中國的負面影響減少到最低，同時中國也要避免本身產生的非正式力量的崛起而影響到國家的內部治理和外部關係。

非政府組織

當代地緣政治的參與者多元化，不僅僅是主權國家，而且也是跨國公司和國際非政府組織。中國首先不能容許在自己的國土裏面產生任何「邪惡的組織」，這種組織對中國本身和國際社會都會是威脅。不過，中國必須積極培養非政府組織和跨國公司，並讓它們在國際舞台上發揮作用。中國現在還沒有西方那樣的跨國公司和國際性非政府組織，但是隨着進一步的發展，這類組織必然會產生。對政府來説，必須有所作為，培養這類組織在國際社會的活動能力，鼓勵他們參與到國際事務中去。很難想像，如果沒有跨國公司和國際性非政府組織，西方國家的政府能夠持續地組織、主導和維持西方的地緣政治利益和秩序。中國亦然。如果沒有跨國公司和跨國非政府組織等非正式政治力量的配合和支持，就難以創始、組織自己的地緣政治秩序，更不用説去主導了。

鄭永年　楊麗君　　2015 年 5 月 28 日

第四章

中國必須避免的「顛覆性錯誤」，外交篇

摘要

中共十八大以來，新一代領導人在內政方面形成了新的改革和發展模式。通過十八大三中全會和四中全會，中國的改革和發展方向已經表述得非常清楚。兩個全會通過了 500 多項改革方案，這些方案如果得到落實，未來將出現一個嶄新的中國。很顯然，這些發展規劃不僅着眼於這一代領導人兩個任期之內的事情，更關乎中國未來 30 至 35 年發展的長遠規劃。中國領導層所提出的中華人民共和國建國 100 周年計劃，現在已經過去了 65 年。未來 35 年怎麼走？這個問題，不僅中國人民關心，世界各國也非常關注。在本報告的上篇部分，我們已經討論了在十大內政領域，中國必須避免犯「顛覆性錯誤」的可能性。

那麼，在外交方面，中國未來又會如何呢？如同內部改革和發展，避免外交領域的「顛覆性錯誤」的可能性對中國和世界也同樣重要。對中國來說，這個問題關乎中國是否有能力塑造一個可持續的和平的外部環境，這將有利於自己的可持續崛起，而且也關乎作為大國的中國是否有能力承擔維護國際和平的責任。對外部世界來說，則關乎一個崛起的中國會對世界帶來怎樣的影響，人們不僅希望中國的崛起不會顛覆現存世界秩序，而且更希望可以從中國的崛起過程中分享到利益。

的確，經過三十多年的改革開放，中國已經從一個極其貧困的國家發展成為世界第二大經濟體。儘管近年來經濟發展速度已經放緩，進入習近平所說的「新常態」，但較之其他國家，中國的發展勢頭仍然是最強勁的。那麼，今天的中國是否還會繼續鄧小平八十年代所提出的「韜光養晦」戰略呢？中國是否會像從前的大國那樣在崛起之後其外交政策變得具有進攻性？中國是否會挑戰現存大國和國際秩序？中國是否會拋棄現存體系而建立自己的國際體系？諸如此類的問題一直是國際社會高度關注的。這些年來，中國外交，無論是大國外交還是周邊外交，都在發生巨大的變化，從「韜光養晦」轉向了「有所作為」。儘管對中國來說，這種變化不僅不可避免，而且具有必然性，不過，在國際社會看來，中國外交開始具有了「(過度的) 自信性」，甚至「進攻性」，很多國家尤其是那些和中國存在領土和領海糾紛的國家把中國視為直接的威脅。崛起的中國和外部世界的這種互動也使得中國本身的外交環境發生着很大的變化，不時表現出對抗的形式。這些新現象的發生表明中國迫切需要一個明確的大外交戰略。

實際上，十八大以來外交領域的諸多變化就是為了適應新外交環境的需要。今天，無論從中國外交的實際行為還是外交話語來看，中國的大外交戰略基本上已經形成。簡單地說，新領導層的外交思路可以概括成「兩條腿、一個圈」的大外交。第一是「兩條腿走路」，一方面是與美、歐、俄等大國或者區域集團建立新型大國關係，另一方面則是面向廣大發展中國家的「一帶一路」的新絲綢之路戰略。第二，連接這兩個方面外交的則是「一個圈」，即中國的「周邊外交」。這個大外交戰略的核心話語就是和平與發展，在維持和平的基礎上求發展，在發展的基礎上爭取和平。

這一大外交思路和戰略與鄧小平以來中國過去的外交是一脈相承的，很多具體內容過去已經開始做了，但是並沒有在外交戰略上加以明確，現在則開始明確了。對中國這樣的大國來説，有一個明確的大外交戰略，其重要性怎麼説都不為過。中國改革開放的早期，在八十年代實行的是「請進來」的政策，即把自己的大門向外對世界開放；在九十年代是「接軌」，即改革自己的內部制度體系來和國際秩序（世界貿易組織等）接軌。在這些情況下，中國的確可以做到「韜光養晦」，因為無論是「請進來」還是「接軌」，都不會和外在世界發生根本性的衝突。但是發展到今天，中國的開放政策已經進入了「走出去」的新階段，並且已經成為世界政治經濟舞台的一個主角，這必然和這個舞台上的「既得利益」發生頻繁的互動，衝突的機會也大大增加。在這樣的情況下，中國必須回答自己需要甚麼和如何行為等等外交問題。只有外交戰略明確了，其他國家才能來理解你，並且通過調整來和你相處。在以往的很多年裏，儘管客觀上中國需要形成自己的大外交戰略，但實際上並不能拿出這樣一個戰略，因此外交的很多方面既缺方向，更缺行動力，在一定程度上導致了「大國小外交」的難堪局面。

在習近平的大外交戰略中，新型大國關係佔據關鍵位置。在與美國總統奧巴馬從 2013 年以來的幾次長談中，習近平非常明確地提出了建設中美新型大國關係並且付諸於實踐。可以相信，「新型大國關係」是一個開放式的概念，也適用於與歐洲、俄羅斯、印度等大國的關係。新型大國關係既是國內發展的需要，更是國際和平的需要。中國是世界貿易大國，與各個國家在經濟、技術、環境等各方面有很多交往和合作。中國過去三十多年的發展成就和加入西方主導的國際政治經濟體系密切相關。中國今後的可持續發展仍然需要向西方國家尤其是美國開放。

不過，中國與這些大國交往，要解決的不僅僅是經濟貿易問題，更重要的是戰爭與和平的問題。歷史地看，一個崛起中的大國經常挑戰現存大國，而現存大國則往往恐懼於崛起中的大國，這已經導致了無窮的戰爭和衝突。要避免戰爭和衝突，維持世界和平，中國必須尋找一條新的道路。現實地說，能對中國構成致命的外在威脅的也是這些大國。只要中國和這些大國（尤其是美國）不發生戰爭，這個世界基本上會是和平的。一些地區的小衝突不會造成天下大亂的局面。可以預見，在今後很長的時間裏，隨着中國的繼續崛起，這些大國會愈來愈把中國視為競爭者，甚至敵人。這不難理解，既得利益總是不喜歡有新的利益崛起。因此，如何和現存既得利益和平共處便是中國尋求建立新型大國關係的主要意義，也是中國作為一個大國應當承擔的國際責任。

在第二個層面，中國也開始形成以廣大發展中國家為目標的「絲綢之路」戰略。儘管「絲綢之路」也連接中國和發達國家（例如歐洲國家），但主要目標是發展中國家。作為最大的發展中國家，中國能為發展中國家做甚麼？從戰略上說，中國光有「新型大國關係」並不足以立足於國際政治舞台，發展與發展中國家的關係可以說是開闢中國國際戰略的一個「大後方」。這個「大後方」做實了，才會具備更大的力量來實施「新型大國關係」。中國提出的「一帶一路」的「絲綢之路」發展藍圖就回答了這些問題。

「絲綢之路」首先是要促進發展中國家的經濟社會發展。「一帶一路」沿途國家多是發展中國家甚至是很不發達的國家，需要發展基礎設施建設和發展經濟。而中國擁有豐厚的資本、過剩的產能、基礎設施建設能力和技術，這些都是很多發展中國家在經濟發展過程中所需要的。同時，中國本身也極其需要拓展新的市場。從供求關係來說，這是一個雙贏的發展戰略。通過絲綢之路，中國將可以避免走西方老殖民主義的老路。老殖民地主義的做法是剝削發展中國家的初級原料、傾銷自己的商品。中國的道路，是讓發展中國家也發展起來，中國提供的是他們需要的資金和技術。只有其他國家也富裕起來了，中國本身的發展才是可持續的。今天的西方儘管很發達，但面臨着高發展的瓶頸。大多數西方國家內部發展缺乏動力，更不用說要去幫助廣大的發展中國家了。即使那些具備能力的西方國家，也往往因為意識形態因素（如民主、人權、宗教自由等等）的制約，為自己的資本和援助的「走出去」設置了諸多「政治性條件」，很難幫助不發展的國家。中國則不一樣。中國自身面臨中等收入陷阱，要逃避這個陷阱，中國有巨大的動力走向發展中國家。而西方對中國的恐懼和與之而來的貿易保護主義更促使中國走向發展中國家，拓展更大的國際空間。

無論是建設新型大國關係還是實施「一帶一路」的「絲綢之路」戰略，中國外交戰略的核心便是周邊外交，這主要是由中國特殊的地緣政治環境所決定的。中國的大國外交不能學從前的大國，例如英國和美國。英國是海洋國家，而美國周邊只有兩個國家，即北邊的加拿大和南邊的墨西哥。中國既是陸地國家也是海洋國家，並且周邊有幾十個國家，需要根據自己所面臨的地緣政治環境制訂有效的國際發展戰略。中國外交的前沿是周邊國家，北邊有俄羅斯，東邊有發達的日本、韓國等，西面和西北面、南面和西南面都是發展中國家。大國外交包括美國、俄羅斯和印度，但在今後很長的一段時期裏，主要的地緣政治壓力來自東邊的美國和美日聯盟。不過，也應當意識到，中美之間沒有直接的地緣政治衝突。就中美兩國的雙邊關係來説，已經形成了高度的互相依賴性。再者，中國也沒有任何企圖把美國趕出亞洲地區，中國所希望的只是美國扮演一個有助於本區域和平的積極角色。中美之間的衝突主要是中國和美國的盟友也就是中國周邊一些國家之間的衝突。這種情況決定了建設新型大國關係和周邊外交密不可分。同時，「絲綢之路」的起點也是周邊國家，從這個角度説，「絲綢之路」也是周邊外交的內在部分。

新形成的大外交戰略之所以可以促成中國的可持續崛起是因為其符合這個時代所需要的「時代精神」。每一個時代需要有符合時代精神的東西。英國崛起，主張自由貿易；美國崛起，主張自由民主。中國的時代精神，是和平、開放、包容式的發展。這是新的時代精神。中國不會也不能重複從前英國、美國的崛起模式，更不會重複德國、日本式的崛起，而是要追求新型的崛起。中國歡迎周邊國家「搭中國崛起的順風車」，表現在中國已經提出的「一帶一路」、建立亞投行倡議、成立絲路基金、金磚國家銀行等動議上，並且以後還會有更多的動議。亞投行、絲路基金等都是區域和國際經濟發展的工具，具有開放性，這符合中國歷來提倡的開放的區域主義（open regionalism）精神。發展的開放性極其重要，只有開放才具有包容性。實際上，開放性發展也是從前英國和美國成功的最關鍵因素。在今天全球化背景下，國家之間的競爭力，不在於誰更民族主義，而是在於哪個國家更加開放。一個國家越開放就越發展，因為開放條件下可以調動國際生產要素的流通和有效配置。西方國家已經從從前的開放主義走到了今天的貿易保護主義，如果不能加以改變，就不可能實現可持續發展。現在中國是世界上最開放的國家之一，是最大的貿易國，這要求中國更大的開放。

同樣重要的是，開放不僅僅有利於經濟發展，也有利於區域甚至國際經濟秩序的重建。現存國際經濟體系由西方所建立，曾經在推進國際發展過程中起了不可或缺的作用。但是今天這些國際經濟體系變得愈來愈具有排他性，既不能反映變化了的國際經濟狀況，也不能體現發展中國家尤其是新興大國的需要。中國的「一帶一路」儘管主要是要推動經濟發展，但也必然會對區域甚至全球治理產生巨大的影響。一方面可以對現存國際經濟秩序產生壓力，從而推動改革，另一方面也給予中國一次機會來嘗試建立新型的、開放型的區域和國際經濟秩序。

所有這些客觀條件迎來了中國的大外交時代，而新領導層也抓住了這個機遇確立了大外交戰略。這是中國可持續崛起所必需的。不過，中國的大外交既為中國本身和外在世界的發展創造了新的機遇，但也不可避免的包含着不確定性，對中國本身來說，甚至包含危險性。在實施大外交戰略過程中，犯些小錯誤在所難免，但必須避免犯顛覆性錯誤。如果犯顛覆性錯誤，不僅促成不了中國的最終崛起，反而會導致中國在沒有真正崛起之前就開始衰落。

在這個報告裏，我們主要討論中國在哪些外交方面有可能犯顛覆性錯誤和如何避免這種錯誤。我們也界定了十個主要的領域，包括：

一、民族主義演變成排他主義

二、執政黨失去對軍隊的有效控制、軍隊對外交決策影響過度

三、對美國衰落的錯誤判斷，「新型大國關係」被中斷

四、中日發生嚴重衝突，中斷現代化進程
五、南海問題衝突升級，超出中國的控制
六、與崛起的印度和印度民族主義發生衝突
七、「西進運動」不當而深度陷入中東衝突
八、過分輕信或者過分恐懼西方而造成受制於西方的局面
九、沒有有效的機制來防範國際「資本帝國」製造重大經濟危機
十、台灣和香港「獨立運動」失控，演變成國際化問題

我們會看到，這十個領域不僅僅是外交領域，有很多領域都是和內政聯繫在一起的。這並不難理解，因為從古至今，外交經常就是內政的延續。有效的外交戰略需要國內資源、制度等因素的支撐。這裏我們把內政和外交放在一起來討論，更能看到問題的複雜性。

一、民族主義演變成排他主義

自近代民族國家形成以來，可以說，民族主義是國際關係的決定性力量。民族主義既是民族國家形成的意識形態基礎，也始終主導着主權國家的外交政策。不管人們喜歡與否，民族主義無處不在。從內政來看，民族主義精神始終反映在一個國家的思想、文化、經濟、社會和政治等方面。在一定程度上，民族主義，尤其是強化國家認同感的愛國主義，也已經成為人們的一種公民生活美德。但在很多多民族國家，無論是民主國家還是非民主國家，內部各種民族主義的興起則往往是致命的，經常導致多民族國家的解體，前蘇聯和一些東歐國家就是如此。英國和西班牙等國家也面臨內部民族主義的挑戰。從外部看，民族主義更不時地

給人類社會帶來巨大的災難。近代以來各國之間的戰爭無一不和民族主義有關，尤其是德國和日本的民族主義。在所有這些案例裏，民族主義不僅為其他國家的人民帶來災難，也給本國的人民帶來災難。正因為如此，自從其產生的第一天起，民族主義便是一個人們爭論不休的話題。有人歌頌，有人詛咒。今天，隨着地緣政治的變遷，民族主義重新抬頭和復興，對國際和平和民族國家的統一構成了巨大的挑戰，民族主義也再一次成為人們不得不關心的一個重大議題。中國也不例外。

民族主義不可避免。只要這個世界仍然是由主權國家組成的，民族主義就不會離開人們而遠去。因此，一個現實的選擇是構造一種比較理性的民族主義，而避免各種非理性的民族主義，尤其是那些建立在情緒之上的民族主義。而這也正是今天的中國所面臨的一個巨大政治挑戰。這種挑戰既發生在國家意識形態的宏觀層面，也發生在社會心理的微觀層面。

改革開放以來，中國的民族主義走過了一個複雜的歷程。在毛澤東時代，受當時地緣政治的制約，中國基本上孤立於國際體系之外，無論是被動的還是主動的。長期的「孤立狀態」最終導致了中國式「貧窮社會主義」。在人民普遍貧窮的情況下，國家很難強大起來。八十年代剛剛開始改革開放的時候，從上到下，人們最擔心的是中國會不會被「開除球籍」。

因此改革開放之後，中國民族主義的主要精神就是通過把自己融合進世界而崛起和強大。當鄧小平説「我是中國人民的兒子」的時候，他表達了其強烈的民族主義精神，這種民族主義精神就是要通過改革開放來追求國家的強大。鄧小平實現了他的民族主義精神，因為正是他的改革開放政策引導中國走到了今天，在短短三十多年的時間裏，從一個貧窮的國家轉型成為世界上第二大經濟體，即使以人均國民所得來衡量，中國也已經跨入中等收入國家水平。

在鄧小平時代，中國通過80年代的「請進來」政策和90年代之後的「接軌」政策兩個階段，成功地把自己融入了國際社會。到本世紀初，中國已經開始「走出去」。鄧小平的「韜光養晦」路線和隨後政府提倡的「和平發展」路線一直貫徹在整個過程之中。

但近年來，無論官方還是民間，民族主義作為一種意識形態發生了很大的變化。2008年從西方開始的全球性金融危機可以說是一個重要的轉折點。2008年以來，西方長期處於危機之中。中國本身沒有危機，也有效地防範了金融危機擴展到中國。在很多年裏，中國成為世界經濟增長的一個主要來源。不過，在同一個過程中，西方和中國之間的各種衝撞也表現出來。從前西方經濟好的時候，信心十足，並沒有感覺到一個崛起中的中國能夠真正「威脅」到西方。但是今天仍然深陷經濟危機的西方開始對自己信心不足，認為中國的崛起已經對西方構成了實實在在的威脅。這種被中國「威脅」的感覺促使西方做出各種有悖於中國利益的事情。西方對中國實行貿易保護主義，美國「重返亞洲」來平衡中國的崛起，同時進行排斥中國的TPP經濟談判。再者，中國周邊一些國家包括日本、越南、菲律賓等國家，因為和中國存在着各種糾紛，其針對中國的民族主義也處於高漲階段。同樣重要的是，中國周邊其他一些新興國家例如印度也往往隨着國家的崛起，其民族主義經常高漲，並且也往往是針對中國的。類似的外在環境的變化無疑為中國新一波民族主義的崛起提供了強勁的動力。此外，很多內部因素例如社會所出現的各種不穩定因素、傳統意識形態的衰落、民族精神的萎靡不振等等，也是民族主義的內部驅動力。

從現狀看，中國的民族主義主要表現為幾種力量：

傳統比較左的力量

傳統左派對西方的批評或者憎恨主要是出於意識形態的考量，他們強調傳統意識形態的「純潔性」，一旦涉及到西方的東西，便恐懼起來，很害怕西方會改變中國的一切。改革開放以來，傳統左派一直對改革抱懷疑態度，經常在意識形態層面對改革開放發難。儘管中國通過和世界體系的融合變得更強大了，但這個事實並沒有改變他們對西方的看法和敵視。人們可以把這一力量稱之為原教旨主義者。也很顯然，在任何國家，都會存在這種敵視其他國家的力量。

保守主義力量

無論在任何情況下，保守主義力量都強調「國家利益」，他們並不相信任何超越「國家利益」的東西存在。中國的「國家利益」既包括硬實力如經濟力量，也包括軟實力如文明和文化。對保守主義來說，民族主義代表的是中國國家利益的軟實力，因此只要是民族的，也就是產生在中國的，就是好的。很自然，他們很抵制西方文化的「侵入」，提倡用「民族的」來對抗「西方的」。

青年民族主義力量

這種民族主義情緒主要表現在改革開放後成長起來的幾代年輕人中間，很多是人們所說的「憤青」。他們成長在富裕時代，沒有經歷過改革開放前的一個貧窮落後的中國。更為重要的是，他們的成長過程也剛好是國家變得強大的過程。在他們的認知裏面，一個國家要成強大並非難事。他們為國家的發展而驕傲的同時，也目睹了近年來西方的衰落。因此，他們有一種不切實際的感覺，甚至是自我欺騙的感覺，那就是，「西方衰落了，這個世界就是我們的了」。

民族主義的利益相關者

這個羣體非常龐大，出現在方方面面，包括意識形態、戰略、文化、文學（包括網絡文學）等等。「利益相關者」意味着通過使用民族主義，他們可以獲得具體的利益，例如得到更高的地位或者更多的經濟利益。對這個羣體來說，民族主義不是一種信仰、意識形態和文化，而只是一種獲取其他利益的工具。簡單地說，就是用「國家利益」的名義來追求個人的利益。對這個羣體來說，他們需要一個外部的「敵人」，即使沒有，也要把之塑造出來，因為通過這個「敵人」，可以追求到自己的利益。例如，他們往往通過誇大來自西方的威脅，包括軍事戰略、意識形態、文化等等。他們在把社會嚇住了的同時也獲得了自己的利益。

所有這些民族主義力量有一個重要的特點，那就是過分「自信」。對一些人來說，是自然的自信，對另一些人來說，「自信」只是「自卑」的另一種表達。很顯然，自信很重要，但如果過分自信，或者假裝自信，那麼就會出現「義和團式」的自信，認為自己真能「刀槍不入」。如果這樣，那麼民族主義就會走向愚昧，甚至是自我毀滅。

在知識羣體中，公共知識分子所呈現出來的民族主義，既是對國內自由派的回應，也是對西方那些同樣愚昧的、專事攻擊中國的人的回應。這主要由兩種錯誤的邏輯所致。中國自由派一向傾心於西方的民主自由。對他們來說，中國病了，西方沒有病；中國要醫治好自己的病，必須用西方的藥方。他們中的有些人甚至相信中國可以成為西方那樣的國家。這一羣體的思維從近代到當代從來就沒有缺失過。這羣人的邏輯是沒有邏輯，因為他們的這些觀念充其量也只是假設，很難在實踐中加以檢驗。儘管西方民主在非西方世界已經有太多失敗的例子，但這羣人不以為然。只要中國沒有試過，他們選擇相信中國會成功。（儘管近代的中國已經試過了，但他們並不相信。）更為重要的是，對這些人來說，西方的民主自由已經上升為道德和價值，而道德和價值是沒有邏輯的。

民族主義者的邏輯剛好和自由主義的相反。在他們看來，西方病了，中國沒有病。這個羣體的公共知識分子因此列舉了西方的種種病症。當然，他們所列的有些病症西方的確是存在的，而有些病症卻是他們自己想像出來的，並不符合西方的實際。

客觀地說，這兩個羣體都有問題。自由派的民主自由觀往往來自西方的教科書，他們中的很多人並沒有在西方生活的實際經驗，他們總覺得別人比自己好，對國家、民族和人民沒有任何信心。當然，這個羣體中的很多人選擇相信西方只是因為他們在中國生活得不如意、不自由。這個羣體中也包括那些生活在海外或者有過海外生活經驗的人。這部分人也很分化。一些人即使生活在西方，和西方的主流並無關聯，對西方體制的實際運作也並不感興趣，他們對西方的了解仍然是來自媒體或者教科書。而另一些人因為在西方的生活並不好，就成為西方的激進批評者，成為民族主義者。

民族主義者的邏輯並不能成立。很顯然，一個人不能通過論證別人生病的方式來證明自己的身體是健康的。別人的確生病了，但這不能證明你自己沒有病；別人生病了，你自己也可能有病，甚至是更嚴重的病。用證明別人生病的方式來證明自己的健康，那只是愚昧，最後會害了自己。例如，一些人想像美國的全面衰落。相對於中國的崛起而言，美國的確相對衰落了，但如果認為美國馬上就衰落了，中國可以取而代之，那麼便是最大的愚蠢。因為實際情況並非如此。美國的衰落，有些是美國政治體制的逐步衰落所致，有些是政治人物所做錯誤政策所致，而非體制的全面衰落。美國的很多基本制度尤其是企業制度仍然健全。在不同的歷史階段，各種制度也面臨挑戰，甚至是嚴峻的挑戰，制度也必須通過改變自身才能得到生存和發展。不過，美國總體制度消解挑戰和自我糾正的能力仍然存在。比如，美國是 2008 年全球金融危機的中心。在經歷了這場危機之後，儘管美國仍然面臨很多困難，但其經濟已經走上了復甦的道路。因此，如果把美國體制的一些弊端和政策錯誤誤以為是制度的全面解體，並且繼而認為中國很快可以取代美國，那麼最終就會走向「愛國主義」的反面，就是「害國主義」。

一個更為嚴重的問題是，在一些民族主義羣體中，存在着一種「泛道德化」的不正常傾向。一些人總以為自己是愛國的，而愛國的就是道德的；只要是愛國的，甚麼樣的手段都不重要，包括欺騙人民。一些人相信，為了愛國的欺騙也是道德的。因此，一些人儘管並不了解西方，但他們任意曲解西方，希望激起人們對西方的憎恨。一些廣受歡迎的所謂的民族主義公共知識分子實際上並沒有資格充當公共知識分子，因為他們並沒有足夠的有關西方的知識。在沒有成為一個好的知識分子之前是很難成為一個公共知識分子的。

這種情緒性民族主義最終不可避免會走向衰落。這個世界上，從來就不存在任何一種孤立而純潔的文化。即使是傳統文化也是在與不同文化溝通過程中成長起來的，在今天的全球化時代更是如此。

現代主權國家並不是封閉國家。強大的國家都是要善於學習外國經驗的，同時也不能盲目地學。所以，各國需要批判性地學習外國經驗。不存在一個不變的制度，任何制度都是在演進過程之中得以生存和發展的，歷史從來就不會有終結點。學習他國的最優實踐，同時避免他國的沉痛教訓，這是進步的動力，也是塑造一個更好的制度的前提。總而言之，人們可以批評他國，但不可拒絕學習他國，無論是成功的經驗還是失敗的教訓。

無論是世界歷史還是中國本身的歷史經驗，都證明盲目的民族主義都會走向封閉，封閉會走向落後，走向衰落。中國明朝歷史很能説明這一點。當然，這絕對不是説明朝已經有了民族主義，而只是想説明，封閉會導致落後的道理。明朝時代，世界海洋世紀剛剛開始。無論從政府能力還是社會能力，明朝是當時世界海洋力量最強大的國家。鄭和數次下西洋表明的是政府主導的海洋能力，而崛起在東南沿海的「倭寇」則表明民間海商的力量。鄭和下西洋所表現的政府能力，包括中國的造船能力和航海技術水平。當時的「倭寇」實際上大多是福建和浙江一帶的民間海商，他們主導了沿海的貿易。只是後來他們受朝廷的制約甚至鎮壓的情況下，才和日本商人結合起來。可惜的是，因為明朝的保守主義意識形態、既得利益反對、航海成本高昂等因素，朝廷不僅終止了官方主導的航海，銷毀了所有航海資料，而且也高壓鎮壓民間海商。這使得中國失去了航海時代。如果當時中國能夠繼續，就會完全改寫以後數個世紀的世界地緣政治版圖。直到二十一世紀的今天，中國再一次崛起要成為海洋國家。

明朝的海禁或許有不同的理由，但恐懼開放是主要因素。今天我們又面臨這樣一種情形。這裏僅舉互聯網和「自主創新」的例子來說明。無疑，今天人類社會已經進入一個互聯網的時代，各大國無一不在努力地爭取在互聯網世界佔據主導地位。在這個領域，儘管中國起步較西方晚，但經過多年的努力也取得了長足的進步。但互聯網也給中國帶來了巨大的挑戰，尤其是對社會和政治的穩定方面。正因為如此，在互聯網領域，中國正在興起一股強烈的排他性的民族主義並且也開始影響政府的政策。互聯網領域的國家安全尤為重要，為了國家安全的政策無可非議，例如重要政府部門的採購政策（採購中國產品而非西方產品）。但這並不表明中國要在這個領域實行今天這樣的排他性政策。實際上，在「國家利益」概念背後的大都是既得利益，他們為了增進自身的利益而排斥外國公司的利益。谷歌是一個很好的例子。中國完全有權利要求谷歌服從中國的法律，中國也可以對谷歌的一些可以深刻影響到中國國家安全的技術或者內容進行審查。不過，現在谷歌作為一個平台完全在中國消失了。中國儘管也有類似的平台例如百度，但誰都知道，百度和谷歌完全是兩個不同的概念。把谷歌排斥在外，儘管從短期來說實現了中國的民族主義目標，但從長遠來說則會損害國家利益。

「自主創新」可以說是又一項重大政策。就其本意來說，這個政策概念非常重要。任何國家，都不能完全依賴於外國技術，而需要自主創新。作為大國的中國更是如此。上世紀 80 年代改革開放政策開始之後，中國在一些重大重要領域放棄了自主創新，而過度依賴於進口。但在過去的數十年裏，西方國家動不動就對中國實行高科技的貿易保護主義，即禁止向中國出口高科技產品，更不用說高科技本身了。這表明中國必須自主創新。但在實踐領域，自主創新的概念又經常被既得利益「轉化」成為「自己創新」。他們堂皇地打着民族主義的旗號，拼命擠壓外國企業在中國的空間。如果是通過經濟技術的革新和在中國的外國企業競爭，那是完全正常，也是應當提倡的。但通過民族主義旗號來排擠外國企業，那麼最終就會走向落後。自主創新絕對不是關起門來，自己創新，而應當是開放政策之下的、通過和外國企業競爭的創新。這方面，中國已經有比較成功的例子。例如高鐵。高鐵不是自己創新，而是自主創新，即把外國先進的技術整合起來，為我所用，形成自己獨特的高鐵系統。如果關起門來，很難想像高鐵會有今天的成就。如果開放政策下的自主創新成為關起門來的自己創新，那麼最終的結果必然是落後。

中國的改革開放已經進入一個新的時代，這個時代既需要人們對民族的自信，也需要保持虛心的學習態度。這就要求塑造一種新型的理性民族主義精神。從這個視角看，人們應當花大力氣糾正目前日漸盛行的情緒性民族主義。要達到這個目標，就需要發動新一輪向其他國家學習的浪潮。文明的進步都是在開放狀態下取得的。今天的中國已經開始進行大規模的制度建設，這需要更大的開放，向其他國家學習他們的制度細節，尤其是技術層面的制度細節。這裏沒有那麼高調的意識形態，而只有人類發展出來的、用於解決人類各種問題的制度技術。而這些正是中國的制度建設所需要的。

二、執政黨失去對軍隊的有效控制、軍隊對外交決策影響過度

整治軍隊無疑是習近平主政以後所實施的其中一個主要議程。自其擔任中共中央軍委主席以來，已經先後出台了一系列舉措來整治軍隊，包括「打勝仗」、禁酒令、「下連當兵」、禁用豪車、糾正治理軍隊住房的「不正之風」，包括高級將領超標佔用豪宅、非法轉售軍地牟利等。所有這些舉措都是指向在軍隊中呈現泛濫之勢的一個令人擔憂的現象，那就是形式多樣的腐敗。

很多年來，軍隊的腐敗越演越烈，表現為以下幾個主要特點。第一，腐敗的數量愈來愈大，腐敗少則數百萬，多則數千萬，甚至以億計數。第二，腐敗的層級高。第三，所捲入的人愈來愈多。軍隊中的腐敗往往並不是作為軍人的個體，更多的是集體性腐敗，也就是說，一個腐敗案可以牽涉到很多軍隊人事。

在中國，最重要的政治原則就是黨指揮槍。在制度層面，新領導層更是設立了以習近平總書記為組長的「中央軍委深化國防和軍隊改革領導小組」。可以相信，在所有這些努力背後，新領導層對整治軍隊應當具有更高層次的考量，不僅僅是要整治軍隊的腐敗和不正之風問題，更為重要的是軍隊體制和國防的現代化問題。無論是世界歷史還是中國歷史本身都說明了，沒有一支強健的軍隊，無論是一個國家的崛起還是維持持久和平都是不可能的。

軍隊在中國政治中的重要性是不言而喻的。中國在轉型成為

近（現）代國家過程中，軍隊所扮演的角色如何估計也不為過。孫中山先生在其政治生涯中得出「以黨建國」、「以黨治國」的結論。也就是說，中國傳統基於王權之上的國家衰落了，新的國家要通過政黨制度來確立，也要通過政黨制度來治理。進而，也毫無疑問，軍隊又是執政黨最重要的基石，所以毛澤東總結說，「槍桿子裏面出政權」。沒有軍隊，政黨如何可以建立新政權？在新政權成立之後，軍隊仍然是國家暴力機器的最終制度體現。即使在像文化大革命那樣的「天下大亂」的時代，毛澤東也努力維持軍隊的穩定；相反，他最終需要依靠軍隊來恢復文革所導致混亂的社會政治秩序。

改革開放以來，中國的軍隊發生了諸多巨大的變化。在八十年代改革開放的早期，中共領導層實行經濟發展優先的政策，試圖為一個貧窮的中國開拓一條走向富裕的道路。縮減軍費從而把更多的資源導向經濟建設，這條道路選擇應當說非常正確和有效。很多發展中國家，比如前蘇聯，把大部分經濟資源置於軍隊，國家沒有資本來搞經濟建設，社會長期處於貧窮狀態，由於整個國民經濟軍事化，最終走向了失敗。

不過，八十年代經濟發展優先的策略選擇也對軍隊產生了諸多負面的影響。最主要的就是軍隊開始走向經濟領域。因為國家沒有足夠的軍事開支，就變相容許甚至鼓勵軍隊去從事經濟活動。起初的規模並不大，但在八十年代其弊端已經開始暴露出來。到九十年代，軍隊的商業化走向了一個極端。軍隊的商業化使得軍隊成為中國市場經濟的其中一個主要角色。但和其他經濟角色不同，軍隊這個特殊的角色不受政府部門的管理，因為軍隊屬於黨，不屬於政府，軍隊的經濟活動流離於國家法律之外，很自然就產生了嚴重的腐敗。當時，很多地方經濟領域的腐敗大都看得到軍隊的影子。

軍隊的腐敗不僅僅是因為商業因素。軍隊本身的商業衝動僅僅是其中一個原因，這種衝動沒有被遏止住，主要是由於當時的政治考量。政治需要軍隊的支持，為了政治利益，就給予軍隊過多的商業權力。有一段時間裏，國際社會開始懷疑中國的軍隊到底是一個軍事組織還是經濟商業組織，中國的軍隊經濟一直是國際社會關切的一個熱點問題。

軍隊經商導致了大面積的腐敗。因此，1998 年，中國開始了一場軍商分離運動，試圖遏止軍隊的腐敗。這一運動當時很有效，在短時期裏的確遏制住了這個趨勢。同時，人們也從理論上搞清楚了，養軍需要依靠的是國家財政，而不是軍隊本身的經濟活動。

但是，很遺憾的是，軍商分離政策實施得並不徹底，直到現在還是沒有從制度上解決這個問題。例如土地問題。軍隊均有不同程度利用軍事用地，與地方機構及房地產商合作，用軍地建商業或住宅樓宇，或出租作商舖，獲利後再分成。歷史上，各大城市都有軍事用地。現在隨着城市的擴張，軍地就成為高附加值產品。根據《中國人民解放軍房地產管理條例》，所有軍事房產的產權都屬於中央軍委，由總後勤部管理，各級軍區設有房管局，如要租售，相關單位和發展商都要找總後勤部獲批後才可操作。那麼大的權力很自然會導致軍隊經濟利益的自主擴張。在中國各大城市，到處可見軍隊的房地產。可以相信，只要軍隊繼續擁有自主的經濟資源，不管怎樣的反腐敗舉措都無助於建設一個清廉的軍隊，更不用說是一支具有高度專業主義精神的軍隊了。

軍隊的腐敗不僅僅表現在軍隊的經濟活動方面，更表現在軍隊的買官賣官方面。從現在所披露的很多案例來看，買官賣官在很長時間裏，已經成為軍隊內部的一個常態。

嚴重的腐敗既是軍隊制度建設缺失的結果，腐敗又反過來影響軍隊的制度建設。實際上，軍隊制度建設的缺失已經成為軍隊現代化的阻力。軍隊的現代化是任何國家現代化最為關鍵的要素之一。沒有軍隊的現代化，就沒有國家的現代化，中國亦然。很多年來，隨着國家財力的增加，中國的軍費也在迅速增加。但中國軍隊的現代化似乎非常單向面，主要是裝備的現代化，或者硬件的現代化。不過，軍隊的現代化更重要的是制度的現代化，或者軟件的現代化。沒有制度和軟件的現代化，就不可能有一支現代化的軍隊。沒有制度和軟件的現代化，再多的軍費和財力，再現代化的裝備也無助於建設一支強大的軍隊。在缺失有效制度的情況下，投入越多，腐敗越甚，軍隊的戰鬥力就越弱。在很大程度上，今天中國軍隊的腐敗現象就是在投入增多的情況下沒有做制度改革的結果。

從制度建設的角度來看，軍隊的現代化至少表現在如下三個領域。

第一是軍人認同的建設。這裏指軍人對自己的認同，對軍隊這一體制的認同。認同主要是個體層面，但這種認同極其重要。軍人如果對自己的職業和軍隊體制沒有高度的認同，那麼軍隊與社會上的其他組織不會有任何重大的區分。軍人就是軍人，不是政治人物，不是商人。一些中國軍人尤其是高級將領既要在軍隊居顯要位置和發揮政治影響力，又要發財。這是認同混亂的表現。這種認同就驅使一些軍人去干預政治（或者不服從政治）或者去經商發財。結果，腐敗變得不可避免。

第二是軍隊本身的制度建設。制度建設涵蓋方方面面，但在眾多制度方面，最主要的是那些能夠促成軍隊的職業化和專業化的制度。軍事現代化最主要的標誌就是軍隊的職業化和專業化。專業化和職業化當然不是説，軍隊的唯一職能是戰爭。戰爭當然是軍人的主要職能，但不是唯一的職能。軍隊必須能夠打仗，不能打仗的就不能算是軍隊。不過，在大多數國家，軍隊除了承擔國防職能，也承擔着內部國家安全和穩定的職能。軍隊的特點就是用其獨有的、區別於其他組織的專業精神和方式來處理其他組織所不能處理的問題。低水平的專業主義是中國軍隊的又一大弱點。中國軍隊的起源及其發展經驗表明，軍隊的「人民性」仍然多於專業性。「人民性」指的是軍人和普通老百姓沒有多大的區別。「人民性」當然也有其自身的優勢，主要是能夠和普通老百姓處理好關係，但如何在保持「人民性」的基礎之上，發展出高度的專業主義精神呢？這是一大挑戰。

第三，最重要的制度建設就是處理好軍隊和執政黨之間的關係。這個問題，中國社會有不同看法，爭議也很大。傳統上，兩者之間的關係就是「黨指揮槍」。但在很多年裏，人們一直在討論中國「軍隊國家化」的問題，軍隊的國家化被視為是軍隊現代化的標誌。不過，在中國的制度環境中，人們對「軍隊國家化」的理解至少在現階段不可以過於西方化。這至少可以從如下幾方面來討論。

首先，從歷史上看，軍隊為黨所建立，也就是「共產黨的軍隊」。只要共產黨繼續是唯一的執政黨，軍隊的這一本質不可能被改變，不管人們喜歡也好，不喜歡也好。在西方，軍隊的「國家化」主要是考量到多黨制的存在。西方軍隊原先屬於君主或者國王控制，因此稱為「皇家軍」。但在民主化過程中，出現多黨制現象，為了避免軍隊為任何一個政黨所利用，因此就演變成為「國家軍隊」，以實現政治公正和穩定。在中國，在共產黨是唯一執政黨的條件下，「軍隊的黨化」和「軍隊的國家化」似乎並沒有甚麼矛盾。

其次，更為重要的是，「軍隊的國家化」只是一種制度體現的表像，而其本質就是實現文人政府對軍隊的控制，避免軍人政權的產生。從這個本質層面來看，中國「黨指揮槍」的原則顯然是非常成功的。近代以來，很多發展中國家一直飽受頻繁的軍事政變之苦，政權在文人和軍人之間輪流轉。亞洲、拉丁美洲和非洲，都頻繁發生軍人政變和軍人政權。但在中國，這種情況並沒有發生過，這和黨對軍隊的絕對控制有關。如果人們承認黨這個組織是文人組織，那麼人們也得承認黨對軍隊的控制就是文人對軍隊的控制。不管以後如何變化，在現階段，「黨指揮槍」這一原則仍然適用中國，而且非常有效。

其三，「軍隊國家化」並不是說軍隊就沒有政治性質，並非軍隊的「非政治化」。對軍隊的政治化應當作正確的理解，軍隊的政治化主要表現在軍隊受政治的控制，而不是軍隊本身的政治化。軍事現代化要求軍隊的專業化和職業化，而不是軍隊的政治化。軍隊的政治化必然對專業化產生負面的影響。在中國，如前面所討論的，軍隊的專業化和職業化水平仍然有待於提高和改進。但同時，政治對軍隊的控制不是太多，而是太少。軍隊很多腐敗現象的產生和執政黨缺少對軍隊的有效政治控制有關。現在的控制主要表現在人事上，制度上的控制仍然過少、過弱。也就是說，軍隊作為一種組織，其制度的自主性過強。在執政黨缺少對軍隊的制度性控制的情況下，軍隊的自主行為必然導致軍隊的非正常行為。腐敗只是諸多非正常行為的表現形式之一。軍隊人員在對中國國際關係和外交關係上的隨意言論也是不正常行為的表現。

除了這些軍隊內部領域的改革，同樣重要的是要改革軍隊在中國外交事務方面的角色。軍隊的要務是國防，是建立在暴力機器上的國防。外交則不同，外交主要是政治。這就要求軍隊和政治之間存在邊界。在任何國家，軍隊作為國防力量，需要一個外在敵人的存在。如果沒有外在的敵人，那麼軍隊就會失去其所存在的依據。因此，即使沒有真正的敵人，也需要有假想敵。這種情況表明，軍隊往往在「塑造敵人」方面有巨大的動機和動力。但「塑造敵人」的過程往往是一個政治過程。軍隊如果捲入這個過程，那麼軍隊必然過度政治化。一旦軍隊過度捲入政治，那麼政治就會被軍隊所操縱。一旦這樣，國家就會處於一種危險的境地。前蘇聯的例子就是如此。在前蘇聯，軍隊成為一個強有力的既得利益集團，往往捲入國家政治，甚至主宰國家的外交政策。蘇聯是在和以美國為首的西方集團的軍事競爭中敗下陣來的。但蘇聯和美國之間的軍事競爭，蘇聯軍隊是要負很大責任的。沒有蘇聯軍隊的推波助瀾，前蘇聯是不會和美國進行一場導致埋葬自己的軍事競爭的。中國必須密切注意這方面的發展。

同樣需要注意的是軍隊也開始對外交政策產生重要影響。這表現在正式和非正式兩個層面。從正式層面看，軍隊正在扮演一個愈來愈重要的外交角色。外交需要軍隊的支持，因此軍隊需要參與外交。隨着中國的崛起，軍隊在外交事務上必然會也必須扮演愈來愈重要的作用。這裏面臨的問題就是如何協調外交系統和軍隊之間的關係。相信，新成立的國家安全委員會就是要履行這個協調功能的。當然，軍隊如何專業地參與外交事務，這是另外一個問題。軍隊必須了解自己在外交領域應當起一個甚麼樣的作用，一方面要支持外交系統，另一方面不能「越俎代庖」，和外交系統產生嚴重的衝突。在非正式層面，軍隊對外交事務的「干預」問題比較突出，表現在多個方面。例如，一些在職軍人研究者的研究根本沒有任何專業知識可言，往往用「報告文學」形式對極其嚴肅的軍事問題進行討論，主觀想像的成分遠遠超於客觀分析的成分，很多研究甚至根本就是主觀想像。儘管很受民眾歡迎，但在外交領域產生了非常消極的影響。再如，一些軍人尤其是退居二線的軍官似乎扮演着「公共知識分子」的角色，對中國的外交事務進行評論，並且很多評論根本沒有底線和邊界，目的並不在於對外交事務進行理性討論，而在於贏得民眾的喝彩，從而嚴重影響到理性的外交決策。

無論是內政還是外交行為上的表現，愈來愈多的人已經認識到，應當對中國的軍隊進行整頓了。不過，人們還是希望，整頓僅僅只是第一步。改革開放以來，在中國各方面的體制改革進行了三十多年之後，現在也的確應當把軍隊體制改革提高到議事日程上來了。沒有軍隊的體制改革，就沒有一支強健的軍隊。沒有一支強健的軍隊，中國的崛起很難實現和持續，更難實現持久的和平。可以說，十八大之後成立了中央軍委深化國防和軍隊改革領導小組，正是迎合軍隊迫切改革的需要。而軍隊所存在的問題和所面臨的挑戰也表明，改革任重而道遠。

三、對美國衰落的錯誤判斷，「新型大國關係」被中斷

在當今國際關係中，再也沒有比中美關係更為重要的關係了。這對關係不僅僅是一般意義上的雙邊關係，而是在很大程度上決定世界和平與戰爭問題的關係。只要中美關係維持在一個穩定的狀態，兩國之間沒有重大的衝突，那麼其他區域性衝突很難改變世界權力格局。可以說，中美關係是當今國際關係的一對結構，任何一方出現問題就會導致整個國際體系出現問題。

但是，中美關係也是很脆弱的一對關係，因為一個是現存的大國，另一個是崛起中的大國，或者說，一個是既得利益，另一個是新利益。歷史地看，一個新崛起的大國必然要挑戰現存大國，而現存大國也必然來回應這種威脅，這樣戰爭變得不可避免。在西方，這幾乎已經被視為國際關係的「鐵律」。人們發現，自 1500 年以來，一個新崛起的大國挑戰現存大國的案例一共有 15 例，其中發生戰爭的就有 11 例。最顯著的就是德國。德國統一之後取代了英國成為歐洲最大的經濟體。在 1914 年和 1939 年，德國的侵略行為和英國的反應導致了兩次世界大戰。在亞洲也有類似的經歷。日本崛起之後，就想挑戰歐洲殖民地在亞洲建立起來的或者正在建立的秩序，重新確立以日本為中心的亞洲秩序，最終爆發了日本以反對西方列強為名而侵略亞洲其他國家的戰爭。

也就是說，歷史經驗告訴我們，競爭霸權是世界政治的「常態」，而合作是「非常態」；兩個大國之間的戰爭是「常態」，而和平是「非常態」。的確，今天國際上流行的各種國際關係理論都在指向着中美不可避免的衝突，包括霸權爭奪理論（中美爭奪霸

權）、霸權衰落理論（中國挑戰衰落的美國）、權力轉移理論（世界權力從美國轉移到中國）、民主和平理論（中國不是民主國家）等等。這些理論不僅誤導着人們對中美關係的預期，而且也深刻影響着美國方面的政策。相反，十八大以來，中國高層提出要和美國建立「新型大國關係」，即雙方通過加強合作，避免衝突和戰爭，維持世界和平。用新加坡李光耀學院院長馬凱碩（Kishore Mahbubani）的話就是，中美關係要跳出「兩個大國必然會發生衝突」的常態，而維持和平的「非常態」（新加坡《聯合早報》，2015 年 4 月 12 日）。

針對美國，中國專門提出要建立「新型大國關係」。這表明中國視中美關係為中國國際關係中的重中之重。如果中國不能逃避「霸權之爭」的「常態」，那麼中國就很難和平崛起於世界。對中國來說，如何理性地和美國打交道會是一個永恆的問題。在很多問題中，最主要的是要理性估計美國力量，尤其不能對美國的衰落有錯誤的估計。錯誤的估計會導向錯誤的決策和外交行為，從而造就顛覆性錯誤。

要正確認識美國的衰落情況，就要研究有哪些因素促成了美國的崛起，又是哪些因素促使其開始衰落。美國從 1890 年代之前的一個區域性大國發展到冷戰結束後一個政治、經濟、軍事和文化全方位大國是有其諸多國內國際前提條件的，也經歷了幾個主要的階段。這個過程，至少可以從如下幾個方面來看。

最重要的就是美國國內的發展和制度建設。美國在 1890 年代成為世界上最大的經濟體。此前，美國基本上實行孤立政策，不願捲入國際性事務。當然，所謂的「孤立主義」只是相對的。美國的形成從根本上説也是擴張的結果。隨着國內經濟的發展，實力的增強，美國的擴張主義也在形成。1823 年美國出台了所謂的「門羅主義」，和歐洲列強爭奪地緣政治利益，美洲成為美國的勢力範圍。不過，在第一次世界大戰之前，美國充其量只是個地區性大國。

第二，美國是被邀請扮演世界領導角色的。這與其他的大國截然不同。在美國之前，所有大國大都是自己打拼出來的。美國被邀請是因為歐洲的一戰和二戰，這段時期是美國成為世界大國的關鍵時期。當時，歐洲戰爭對歐洲各國造成了巨大的創傷，不僅自身很難恢復，更不用說是領導世界了。歐洲列強就邀請美國扮演世界領導角色。文化上，歐洲和美國基本上同屬一種文化，美國人大都是歐洲移民的後代。政治和意識形態上，美國和歐洲大多數國家的政治制度和意識形態相似，即民主政治。在地理位置上，美國不屬於歐洲，是歐洲地緣政治之外的大國，沒有和任何歐洲國家構成地緣政治競爭，容易被歐洲國家所接受。同時，美國本身的地緣政治比較簡單，周邊只有兩個鄰國，即北邊的加拿大和南邊的墨西哥，這兩個國家既無力和美國競爭，也高度依賴美國。當然，更為重要的是美國國內的實力。即使美國沒有被邀請，美國也有條件成為國際大國。被邀請只是使得美國輕鬆地取得了領導權。

第三，可持續的內部發展和有效的外部策略。這兩方面都和美國式的市場資本主義有關。資本主義為美國內部發展提供了無窮的動力。不過，政府也起到了非常重要的作用，主要表現在規制資本主義的活動，使得資本主義可以持續發展。政府的作用在危機期間尤其明顯，例如在上世紀 30 年代的大蕭條時代。外部崛起的有效策略是先成為地區性大國，然後成為世界性大國。二戰之後，美國成為西方世界的領導者。但在整個冷戰期間，美國充其量也只是領導半個世界，即西方世界，美國對蘇聯集團沒有任何影響。在冷戰期間，美國的外部有效策略主要表現在其和蘇聯的競爭方面。而美國的策略和美國所實行的自由市場經濟制度有關。蘇聯實行的是計劃經濟。為了和美國進行軍事競爭，蘇聯的計劃經濟體制很快把整個國民經濟軍事化。而美國所實行的市場經濟，在和蘇聯競爭中，政府也投入了大量的資源，不過是投向私營部門。美國很快在和蘇聯的競爭中贏得了勝利。在蘇聯解體之後，美國領導的西方很快把其地緣政治秩序擴展到前蘇聯的領域。蘇聯東歐共產主義解體以後，美國各方面都沒有了競爭對手。整個世界似乎都在美國的掌控之下了。可以說，這是人類地緣政治歷史上的一個奇跡。

但是，為甚麼在冷戰結束之後短短的二十多年時間裏，美國開始衰落了呢？從外部政策看，人們可以從如下幾個方面來理解美國的相對衰落。

首先，冷戰結束之後，美國開始實行外交上尤其是軍事上的單邊主義。單邊主義曾經在美國崛起過程中扮演過重要角色。二戰之後，美國各方面都很強大，而歐洲各國受戰爭之苦再也沒有能力扮演領導角色，因此邀請美國擔任領導角色。美國也的確有能力承擔起這個責任。可以說，是美國重振了歐洲。在馬歇爾計劃和北約等事務上，美國起到了主導作用，可以說是「單邊主義」。，沒有美國，很想想像歐洲這麼快就可以復興。當然，這裏的單邊主義是正面意義上的。之後，美國轉向多邊主義，和歐洲盟友建立了諸多國際組織，例如聯合國、世界銀行、國際貨幣基金組織等等。今天我們所看到的整個國際體系就是美國和其歐洲同盟建立起來的。同時，這些多邊主義也是開放的，包容了眾多的發展中國家。美國和西方起主導作用，因為這種主導作用對這個體制的正常運作來説是必須的。尤其是美國，其所起到的領導作用和其對國際公共服務（public goods）的巨大貢獻是成正比的。當然，美國和其盟國在瓦解前蘇聯集團過程中也是合作的。

但是，「9·11」恐怖主義事件之後，在反恐的方式問題上，美國因為得不到其主要歐洲盟國例如德國和法國的大力支持，美國開始走上單邊主義路線。儘管這裏的因素也很複雜，但主要是美國對其力量的錯誤估計和判斷。作為獨一無二的大國，美國相信本身能夠應付恐怖主義。美國組成了所謂的「意願聯盟」，進行了多年的反恐戰爭。正如人們今天所看到的，這場單邊主義主導下的反恐戰爭直接促成了美國開始走向衰落。直到今天，美國的單邊主義以各種形式仍然繼續。近年所謂「重返亞洲」就有這種味道。儘管美國「重返亞洲」強調其和亞洲盟國的關係，但在對自身能力的估計上，美國仍然是「單邊主義」。因為單邊主義最致命的地方就是對自身能力的高估，脱離了美國一貫的現實主義路線。這種脱離美國實際能力的單邊主義，如果得不到糾正，仍然會促成美國的繼續衰落。

其次是美國的「世界警察包袱」。美國人的世界觀實際上和中國傳統的「天下觀」有很多共同之處。中國的「天下觀」就是把自己視為世界的中心，而美國人的世界觀更為直觀，那就是，「美國就是世界」。但在維護自己為中心的國際秩序方面，兩國則非常不同。中國是世俗文化，沒有像美國那樣的使命感文化。中國強調「中國」這個中心的建設和發展，而對外部事務的涉及則量力而行，「中國」這個中心強大的時候，外部影響力就大一些，而中心弱的時候，外部影響力就縮小。對中國來説，這是常態，無可非議。根據客觀形勢來調整自己的地緣政治利益是中心地帶生存和發展的前提條件。但美國不一樣，具有使命感文化，要改變其他國家，試圖把整個世界納入自己的勢力範圍。美國「世界警察」的角色的形成是具有其深厚的文化基礎的。

但問題是，當「世界警察」是有巨大成本的。從前美國強大的時候，能夠支撐其「世界警察」的角色。並且美國也的確是「税收國家」，通過各種形式向其他國家「收税」來支付美國所提供的「警察」服務。但現在的情況大不相同了。美國國內經濟不如從前，不僅其經濟對外影響力減小，而且很多時候是負面的影響，例如2008年從美國開始的世界性金融危機。同時，美國不像從前那樣容易向其他國家收取「税收」了。在整個冷戰期間，因為存在着共同的敵人「蘇聯集團」，很多國家願意向美國「賦税」以求得保護。但今天美國和其他國家已經不存在像「蘇聯」那樣的敵人。儘管美國和一些國家也想把中國視為新的「敵人」，但中國畢竟不是蘇聯。也就是説，美國國內國際的「税基」都在縮小。在這樣的情況下，美國「世界警察」的角色難以為繼。這對美國的地緣政治秩序有不可估量的負面影響。一旦做不了「世界警察」，美國建立起來的世界地緣政治秩序就很難維持。近來美國開始大聲叫嚷批評中國「搭美國的順風車」，不提供世界「公共品」，不承擔國際責任。如果從美國的角度來考慮，這並不難理解。

再次是美國的「民主包袱」。西方擴張過程的主角有兩個，一個是資本，一個是國家，兩者互相支持與依賴。支撐這兩個角色擴張的是西方的信仰和理論。為資本擴張服務的是經濟自由主義，為國家擴張服務的是政治民主主義。經濟擴張理論即自由主義理論非常深厚，從早期的「比較優勢」理論到今天的「全球村」(即全球化) 理論既體現了西方經濟擴張的需要，也是對擴張的論證。西方政治擴張，也就是地緣政治的政治形式或者帝國的擴張，其背後的理論就是民主秩序。民主的擴張造就了民主帝國，但過度擴張，則造就了「民主負擔」。在當代，美國領導着民主在全球範圍內的擴張，其所背負的「民主負擔」也最重。「民主負擔」意味着美國要在世界範圍內推行西方式民主，即使是不符合自己的利益也在所不惜。

這種現象在中東表現得非常明顯。在中東，西方和美國可以說是在推翻着自己參與建立起來的政權。近代以來中東主權國家的形成和政府的確立和西方有密切的關聯。但現在西方和美國的認知變化了。從前西方信仰主權高於一切，但現在信仰的是人權高於主權。而如何實現和保護西方所認為的人權呢？西方的回答很簡單，那就是政權更換 (regime change)、多黨政治和選舉，也就是西方式民主。但是問題在於，在現存主權國家和政府被推翻之後，所出現的往往不是西方所希望的民主政權，而是其他。儘管一些國家也出現了貌似的民主，但並非真實的民主，更多的國家演變成為西方所說的「失敗國家」。在現存國家失敗之後，更導致了極端政治力量的崛起，例如「伊斯蘭國組織」(ISIS)。

當然，西方衰落對非西方國家的影響絕非局限在中東，從長遠來看，更廣大的地區包括非洲、拉丁美洲和亞洲都會受到一定的影響。這些地區的民主產生和發展離不開西方和美國基於地緣政治利益之上的干預，主要是對這些地區親西方力量的支持。一旦西方的支持減弱甚至不再繼續，那麼這些地區的民主政治的未來就會產生很大的不確定性。

美國堅定地相信，民主是其軟實力的核心，要維持美國的霸權，就要把民主的核心價值推廣到世界上其他地區。但美國不切實際的做法，使得這種軟實力實際上已經變成美國的沉重負擔，反而在加速美國自己建立起來的地緣政治秩序的解體，從而使其地緣政治利益收縮。

第四，「聯盟包袱」。聯盟政治一直是西方和美國國際關係的重要一環。這是一個有關國家安全的古老問題。經驗地看，聯盟政治是世界無序狀態本身的產物，起源於一個國家對自身感到不安全的擔憂，尤其是當一個小國或者弱國面臨一個大國和強國的時候。對安全的擔憂促使一個國家和另外一個或者一些國家結盟以應付所面臨的實際上的或者概念上的威脅。一旦一個聯盟產生，那麼這個聯盟針對的對象也必然產生恐懼感，從而促使其產生結盟的動力。中國的戰國時代有結盟政治，古希臘的雅典和斯巴達也有結盟政治。歐洲進入帝國時代之後，結盟政治減少。儘管帝國本身類似於一種結盟，但帝國之內結盟現象大大減少。中國也如此。秦始皇帝統一中國之後，結盟政治消失。但到了國家分裂的時候（例如三國時代），結盟政治又產生。歐洲進入近代以來結盟政治更是成為常見現象。

一般說來，結盟政治最終往往會導致如下三種結局中的一種。第一，同盟之間的衝突。很多同盟的產生本身就是為了戰爭，就是要把概念中的敵人打敗。戰國時代的中國、古希臘時代的雅典和斯巴達同盟都是這種類型。歐洲近代的各種同盟也是如此。同盟之間的衝突的結局往往有兩種情形。一種是一方打敗另一方。例如戰國時代的中國。一種是雙方同歸於盡，例如雅典和斯巴達之間。第二，不同同盟之間產生一種平衡狀態。如果各個同盟之間力量不相上下，誰也不能把另一方打敗，那麼就會出現同盟間的互相制約狀態，維持和平。近代歐洲在一些時候就是通過這種方式來維持和平。冷戰時代的美蘇之間也是如此。不過，應當指出的是，同盟之間的平衡現象並不是永恆的，而是暫時性的，隨着同盟間力量對比的變化，這種平衡很容易被打破。第三，同盟之間的競爭最終導致一個同盟的解體和另一個同盟的自我失敗。這種情形最重要的特點就是為了「和平」的競爭。最典型的事例就是冷戰時代的美蘇集團之間的競爭。當時雙方核武器對峙，誰也不敢首先發動戰爭，因為雙方都知道，戰爭必然是同歸於盡。在對失敗甚至死亡的恐懼的情況下，同盟克制自己做出非理性的戰爭選擇。但同時，對於死亡的恐懼也迫使同盟之間激烈競爭。這種競爭的本質就是競爭哪一方更能可持續發展。如前面所討論的，在美蘇兩大同盟的競爭過程中，因為蘇聯集團的錯誤的策略，最終導致了自我擊敗的局面。

冷戰的結束表明一個歷史性的轉型，即從原來的世界「一分為二」轉型成為「一個世界」，即美國成為世界唯一的霸權。「一個世界」局面的形成本來就不再需要冷戰時代所形成的針對「敵人」的聯盟了。但美國的戰略失誤使其失去了一個寶貴的機會來調整其聯盟政策。美國不僅沒有調整，反而強化了其聯盟政策。但是，沒有免費的午餐，結盟是有巨大的成本的。對美國來說，結盟似乎強化了自己的力量。在明顯存在着一個敵人的時候，的確如此。但如果在不存在一個明顯的敵人的情況下，同盟便會產生兩種成本。第一，有可能把被視為是「競爭對手」的國家轉型成為真正的敵人。例如美國把中國視為是潛在的敵人。如果中國也把美國作為直接的敵人，那麼中國很有可能成為美國的真正敵人。第二，美國必須在一定程度上滿足結盟的要求，來增進它們各自的利益，並在一定情況下，甚至被同盟所綁架。美國和同盟儘管有共同利益，但兩者的利益不能等同起來。在很多時候，同盟國為了增進自身的利益而把美國捲入在內，給美國造成很大困境。現在的日本和菲律賓就是處於這樣一種局面。日本和菲律賓為了各自的利益，利用和美國的同盟關係，分別在東海和南海不斷挑戰中國。美國如果不能滿足他們的要求，也就是在他們和中國發生衝突的時候，不提供幫助，那麼美國作為「盟主」的信用就會失去，導致同盟的解體。這也就是為甚麼美國現在陷入了「我的盟友的敵人就是我的敵人」的聯盟邏輯的原因。很顯然，如果美國滿足聯盟的要求，那麼美國就要犧牲和中國的關係，儘管中國本身並不是美國的敵人。

第五，美國已經從一個建設性國家轉型到一個「摧毀型」國家。美國從一個自我孤立的國家上升成為國際領袖，這和美國對世界的建設性作用分不開。美國的建設性作用表現在幾個方面。第一，雙邊關係上，無論從早期的殖民地主義還是後來對西德和日本的佔領，美國還是想搞建設的，至少從美國的主觀願望來說。美國的殖民地政策並不是很成功，美國人走了之後，大多數情況下並沒有能夠留下健全的制度體系。當然，美國對西德和日本的佔領則為兩地民主政治的發展做出了很大的貢獻。第二，多邊主義，這尤其是馬歇爾計劃和北約建設方面。這些為區域發展做出了巨大的貢獻。第三，對國際組織例如聯合國、世界銀行、國際貨幣基金組織等建設的貢獻。

但是，美國的這種建設性作用已經不再；相反，美國近年來正在很快地轉型成為一個「摧毀型」國家。在反恐戰爭中，美國再次實行軍事佔領政策，但幾乎以失敗告終。現在美國的軍事戰略就是「摧毀」敵方對美國和其盟友利益所能構成的威脅，而放棄了往日的「建設」角色。今天對中東的政策就是這樣，尤其是表現在對「伊斯蘭國組織」的戰略上。美國主要採用軍事打擊手段，打了就走。這種「摧毀」性作用一方面解決不了問題，另一方面，反而導致對方愈來愈強大，與美國的敵對性更強。美國的這種「摧毀性」戰略不僅體現在其中東政策，也體現在其亞太政策上。美國及其盟友在亞太的戰略部署也是「摧毀性」，設想幾個假想敵，然後設定幾個軍事點，這樣在受到「假想敵」直接威脅的時候，用軍事手段「摧毀」「假想敵」。儘管從表面上看，美國可以做到「先發制人」，但是這也在損害着美國的地緣政治利益。這種戰略過分強調軍事武力手段，而毫無建設性。

第六，美國的大國衰落「恐懼症」。任何霸權的最高政策議程就是維持霸權地位，這是權力的本質，無可非議。但是，霸權國家對自己的霸權地位要隨着客觀情況的變化而調整。例如，曾經輝煌一時的大英帝國在衰落之時能夠「光榮體面地退出」就是最好的例子。美國相對衰落了，但還是想充當世界領袖「一百年」(誠如總統奧巴馬所強調的)。這個雄心也是可以理解的，但問題是美國的實力已經不容許。在這樣的情況下，美國已經犯上了大國衰落的恐懼症。在中美關係上，中國力圖和美國建設「新型大國關係」，說得清楚一些，就是中國承認美國是老大，並且不會挑戰老大的地位，但是美國必須能夠照顧中國有限的「核心利益」。中國和往日的大國不同，無論是大英帝國，還是後來的德國和日本或者蘇聯，都有稱霸的國家計劃，但中國沒有任何挑戰美國的國家戰略。中美兩國之間現在面臨的問題並不在一個崛起中的大國即中國來挑戰美國，而在於一個衰落中的大國即美國恐懼於中國。這種恐懼感使得美國很難「借力」中國來維持其霸權地位。一旦美國失去中國，那麼世界就有可能回到美蘇冷戰時代那樣。如果那樣，美國的地緣政治利益就必然受到巨大的損害，也就是說，美國屆時至多領導半個世界。

所有這些因素在促成美國的衰落。不過，我們必須清楚地認識到幾點。第一，美國的衰落是相對的。較之其他所有國家，美國還是最強大的。第二，美國的衰落不是全方位的。今天的美國在軍事上仍然是世界上最強大的。美國軍事力量的強大在今後很長一段時間裏不會有真正的競爭者。經濟上，美國的企業制度和創新能力仍然是世界上領先的。只是在政治方面美國表現為相對的衰落，主要是黨派政治經常損害美國的國家整體利益。並且人們也不能排除這樣一種可能性的出現，即當美國真正出現一個外在的「敵人」的時候，就會對國內的黨派政治產生影響，黨派紛爭減少，而團結成分增多。第三，美國的衰落不會表現為很突然，而是要經過很長一段時間。冷戰結束以來，美國的衰落主要是因為政治和政策所致，而不是其基本制度體系所致。如果政治和政策能夠得到及時的調整，那麼衰落的趨勢也可得到糾正。同時因為衰落的過程是漫長的，如果美國能夠做有效的政策調整，仍然有復興的機會。

美國的相對衰落表明，儘管美國不如從前那麼強大了，但在今後很長一段時期裏，美國仍然是一個最強大的國家。對中國來說，就是要在這樣一種複雜的情況下來定義中美關係，建立「新型國際關係」。可想而知，這不是一件容易的事情。

要建立這樣一種新型大國關係，最重要的就是要意識到前面已經提出來的中美兩國所結成的結構關係。冷戰之後，美國成為唯一的霸權，世界權力結構呈現一霸結構。而中國的崛起又再次促使這個結構發生變化。那麼，發生的變化是甚麼？對此我們必須有清醒的認識。有人説這個變化是一霸多強，或者國際權力的多極化。但實際上並不是這樣。在全球化狀態下，世界只有一個，也就是説世界只有一個權力體系，一個霸權。如果説是權力多極化或者多強，也只是説是一種「內部多元主義」(internal pluralism)，即一個權力極內部的多個權力中心，並且多個權力中心都是圍繞着唯一的霸權即美國而運作的。如果中國在今後不選擇前蘇聯的道路，那麼只有一個權力極的局面不會發生很大變化。到現在為止的情況看，我們可以説，中國不僅在過去沒有選擇前蘇聯的道路，今後即使要選擇這條道路也很難。

這種情況呈現形式就是近年來人們所談論的「G2」結構。儘管人們對 G2 結構有不同的理解，但這個結構的形成是國際政治客觀權力結構變化的產物。G2 結構不是法理上的，而是事實上的。這一結構的產生不僅僅是因為中國的高速發展，而且也是中國戰略選擇的結果。改革開放以來，中國選擇加入美國西方為主導的國際體系，這是中國「和平崛起」或者「和平發展」的結構性保障。儘管這個體系存在着很多缺陷，但中國並不是要在體系外挑戰它，而是力圖在內部改變它。中國已經在這個體系內發揮愈來愈大的作用。進而，中國內部的高速發展表明中國在體系內的地位上升，幾乎在所有中國已經加入的國際組織裏面，包括聯合國、世界銀行、國際貨幣基金組織、世界貿易組織等等，中國都在扮演一個愈來愈重要的角色。今天人們所看到的 G2 結構是中國地位上升的結果。

在美蘇冷戰期間，大國外交是為了競爭國際空間，即美國陣營和蘇聯陣營。但現在則不同，因為中美兩國同處一個體系。儘管中國離美國力量的距離還非常之遠，但目前中國和美國是最接近的。日本在美國的（軍事）體系內部，只是一個半主權國家，而歐盟畢竟不是一個主權國家。這就增加了中國大國外交的複雜性。作為一個負責任的大國，中國應當向整個體系負責，但站在這個體系頂峰的則是美國。因此，一些人就分不開對體系負責和對美國負責這兩者之間的區別。這兩類責任之間有重合，無論是美國還是中國，因為處於體系的高端，都必須為這個體系的穩定負責。但這兩類責任並不是同一件事情，因為體系利益和國家利益之間並不是完全一致的。體系利益和美國的國家利益的一致性要遠遠大於體系利益和中國國家利益的一致性。很簡單，這個體系是在美國領導下建立的。同處於一個體系之內，但同時又有不同的國家利益，這就決定了中美兩國之間有合作，又有衝突；既有需要共同的行動，也需要有單獨的行動。

在 G2 結構內部，就雙邊關係來說，中美兩國已經高度相互依賴，尤其是在經濟關係上。這種相互依賴關係非常重要。例如這使得美國要把中國作為「敵人」來對付就非常困難。如果沒有這種相互依賴性，美國就很容易把中國作為「敵人」來應付，因為這不會對美國的利益構成直接的損害。但有了這種相互依賴性，美國如果要把中國作為「敵人」來打擊，就會直接損害到其自身的利益。再者，這種依賴性也有助於美國在制訂其中國政策時平衡其各方面的國家利益。例如，美國在處理和日本關係時，必須在一定程度上平衡經濟上的「中美國」（相互依賴關係）和戰略上的「美日聯盟」。如果兩者失衡，美國的國家利益必然遭受嚴重損害。

也很重要的是，在 G2 結構內部，中美兩國的雙邊關係愈來愈具有國際性（外在性），就是說，中美兩國處理雙邊關係的方式會對整個國際社會產生很大的影響。投資、貿易、匯率、軍事和外交等方面的雙邊關係都會產生巨大的外在影響。這就要求兩國把這些問題放置於整個國際關係的格局中來處理，而不僅僅是雙邊關係。對中國來說，這種局面實際上有利於中國拓展國際空間，也就是說，中國可以在全球舞台上和美國互動。儘管美國仍然是世界上唯一的霸權，但因為中國處於 G2 這一結構的「老二」位置，在和美國的互動過程中，中國的影響力很自然達到世界的各個地方。這和中國的主觀意願沒有多大關係。很顯然，中美雙邊關係的國際性不僅表明瞭這對雙邊關係會影響到整個國際關係，也表明這對關係必然受到整個國際關係的制約，就是說，無論是美國還是中國，在處理與對方的關係時也必須考量到雙邊關係之外的因素。不管如何，處理雙邊關係考慮其外部性，這也是中美兩大國的各自的國際責任。

要在同一個體系下處理共同面臨的問題，這就需要中美兩國擁有最低限度的共同價值觀和對處理問題的方法的共識。如果這個層面沒有一點點共識，那麼不僅共同的問題很難解決，更嚴重的是會加劇衝突，甚至中美關係變得比冷戰時期的美蘇關係還要壞。在冷戰時期，美蘇各有自己的陣營，雙方之間除了核武器互相威懾之外，沒有其他實質性的關係。這種關係當然很危險，但美蘇雙方的互動並不多，日常衝突也因此很少。而目前中美共處一個結構，互動是日常事務。一旦遇到要處理具有全球性的問題，就需要兩國具有一定的共識。這就是為甚麼在伊朗、北朝鮮、中東等問題上，美國近來愈來愈要求中國和其保持一致。可以預見，美國的這種要求在今後會愈來愈多。儘管中美兩國之間不可能有完全一致的價值（不同的文明、意識形態和政治制度），但從這些年的經驗來看，兩國在處理國際問題上達成具有工具性的共識和價值也不是不可能的。這就需要兩國進行經常的對話，通過對話達成共識。不過，兩國對話達成共識並不是要排擠其他國家的意見，否則就會變為誰也不想看到的「中美共治」的 G2 結構。

G2 結構表明，美國必須和中國打交道來處理全球事務。儘管美國不情願，在一定的時候，美國必須讓渡更多的國際空間給中國，同時也要求中國承擔更多的國際責任。今天，這尤其表現在中國在原來西方美國主導的國際組織裏面的作用，包括世界銀行和國際貨幣基金組織等。就其權力本質來說，美國是不願意給中國更多權力的。但問題是，如果中國沒有相應的權力，就不願意承當更多的責任。中國所承當的責任必須和其所擁有的權力對等。更為重要的是，如果美國不給中國更多的空間，那麼中國也會去尋求相應的空間。中國創始亞洲基礎設施投資銀行僅僅是中國尋求與其能力相適應的國際空間的努力的開端。如果美國不想看到中國自己去追求更多的國際空間，那麼，美國必須在現存國際組織和其他領域裏給予中國更多的空間。

另一方面，美國也必須做另一件矛盾的事情，即防止中國挑戰美國的霸權地位。反映到美國的實際政策中，美國要時時提防中國，和中國周邊國家結盟、亞洲「小北約」、東海、南海、新疆、西藏、台灣等等都是美國可以用來制約中國的手段。

其實，這對中國也如此。中國一方面在全球範圍內和美國互動，不僅處理雙邊事務，而且通過合作來處理全球性事務，共同承擔國際責任。儘管受制於西方，但中國並沒有打算要「另起爐灶」，脱離西方主導的國際秩序；相反，中國一直追求的是在現存國際秩序裏面提升自己的地位，使得自己的地位和自己的能力相適應，並且中國也承擔着愈來愈多的國際責任。另一方面，和美國一樣，中國也必須發展自己的國際空間來消化和抵禦美國有可能對中國所構成的威脅。今天中國所進行的針對廣大發展中國家的「絲綢之路」就是這方面的內容。可以相信，隨着中國的繼續崛起，中國會擁有愈來愈多的政策工具來消化美國的壓力。

也就是說，和美國的「新型大國關係」既是一種合作關係，也是一種競爭關係。作為一對結構性關係，如果沒有兩國的合作，那麼整個國際關係就難以運作。更為重要的是，兩國可以從合作中獲取巨大的利益。從利益這個角度來看，國家的自私性質會促成兩國的合作。另一方面，國際政治的本質也決定了兩國之間的關係是競爭關係，即各自競爭更大的國際空間。通過競爭國際空間，各自來求得安全。可以想見，在今後很長的時間裏，中美關係會維持在這樣一個非常微妙的動態狀態。無論是美國的相對衰落（或者再次復興）過程，還是中國真正崛起成為大國的過程，都會充滿着各種變數，衝突的情形會隨時產生。正如前面所引用的馬凱碩的話，兩個大國之間的衝突和戰爭是「常態」，而和平則是「非常態」。而這個「非常態」則是中國所必須追求的，也是「新型大國關係」戰略的全部意義所在。

四、中日發生嚴重衝突，中斷現代化進程

晚清以來，中日兩國之間已經經歷了兩次大戰。第一次發生在十九世紀末，即中日戰爭（1894-1895），也稱甲午戰爭。這次

戰爭發生在清朝統治中國的時期，因此也稱清日戰爭。第二次發生在二十世紀30、40年代，即中日戰爭（1937-1945），理論上說發生在國民黨政府統治時期，即中華民國和日本之間的戰爭。第一次中日戰爭以中國失敗告終，而第二次戰爭，中國則是勝利方。兩個不同的世紀，兩次戰爭，兩次打斷了中國的現代化進程。今天是中國共產黨領導的時代，而且世界也已經進入了一個新的世紀，但中日之間的關係則呈現出了愈來愈大的不確定性，海內外，愈來愈多的人在懷疑中日之間會不會再一次發生大的戰爭。

中日之間的戰爭並非危言聳聽。自從日本民主黨對釣魚台進行國有化以來，中日的緊張關係一直在升級。在釣魚台問題上，中國的戰略目標其實很有限，就是要日本承認釣魚台的主權爭議性。在回應日本的「國有化」過程中，中國開始對釣魚台進行（事實上的）正常巡視。日本不接受這種局面，要通過強化其軍事力量來改變這種局面。很自然，中國也採取反制舉措。這樣一步一步升級下去，說不好會導致戰爭的爆發。儘管兩國領導層也做了一些努力，但情況並沒有本質上的好轉。相反，兩國各自針對對方的民族主義有越演越烈的趨勢。

一些觀察家已經指出，兩國實際上已經心照不宣地在進行軍事競賽了。當然，軍事競賽不僅僅是為了釣魚台，而是具有更深刻的國際政治背景。在很大程度上說，釣魚台問題只是兩國關係惡化的其中一個根源。釣魚台只是日本宏大計劃的一個藉口。日本要藉此進行「國家正常化」，再次成為一個軍事大國，來擴展其地緣政治影響範圍。釣魚台只是日本政府向國民、國際社會論證其重新軍事化的一個最好的說辭。此前，日本也想借用「北朝鮮」等問題，但對國民或者國際社會沒有任何說服力。現在，日本把中國這樣一個大國視為了「問題」，甚至威脅，就可以向其國民和國際社會來展示其合理性了。

對中日關係的現狀和未來，政策圈裏存在着不同的看法。綜合起來，不外三種。

首先，一些人對目前的緊張局面不以為然，認為雙方都在玩政治，玩民族主義。一些國際評論家就認為，中日兩國政治人物都是為了內部政治的需要，在操作各自的民族主義情緒。這些評論家認為，無論是中國還是日本，都不想發生戰爭，等到國內問題穩定了，兩國的關係也自然會好轉。不過，經驗地看，這種看法實在過於簡單。歷史上，大多數戰爭是不以人們的主觀意志為轉移了。儘管主觀上誰也不想發生戰爭，但戰爭的確發生了。否則，人們何以解釋世界上那麼多的戰爭呢？所有戰爭都是偶然發生的，但所有戰爭也具有必然性。況且，今天中日兩邊的民族主義都是真實的，並不僅僅是政治人物操作的結果。

其次，也有一些人認為中日兩國經濟已經高度互相依賴，兩國之間的戰爭難以想像，因為戰爭會給兩國帶來巨大的經濟損失。很顯然，這種觀點過於經濟理性。經濟上的高度互相依賴是對戰爭的一種制約因素，但經濟因素從來就沒有阻止過戰爭的發生。戰爭的發生往往是非經濟因素所致。第一次世界大戰之前的歐洲，各國間的經濟也已經達到了高度的互相依賴，當時也有很多人（包括政治家、商人和學者）都認為戰爭不會發生，但戰爭最終還是發生了。

第三種觀點則和前兩種相反，就是「中日必戰論」。國際社會開始盛行「中日必戰論」。無論中國還是日本，雙方都存在「主戰派」，其觀點很簡單，「既然這樣，那就打一仗吧！」到目前為止，無論在中國還是在日本，主戰派還沒有跑到檯面上來，但如果情勢這樣升級下去，主戰派也可能成為主流。國際社會盛行的「中日必戰」的悲觀論調也會強化主戰派的觀點。歷史地看，日本二戰前也有反對戰爭的政治力量和聲音，但一旦主戰派奪取政權，就很容易挾持了整個國家議程，挾持民意，甚至塑造民意，把國家導向戰爭。這種危險在中國也存在着。中國的主戰派的力量也不可小看，他們往往把自己和「愛國主義」結合起來，和近代以來民眾中一直存在着的報仇雪恥情結結合起來。

不過，人們既不能忽視甚至漠視中日之間日益惡化的關係，更不能簡單地接受「中日必戰」的悲觀邏輯，而是應當更多地思考如何避免戰爭。戰爭的代價無法計算，不僅僅是人的生命、經濟、社會的代價，而且也會是永恆的。釣魚台問題本身就是上一場中日戰爭的遺產。況且，現在社會更面臨着核戰爭的威脅，一旦發動戰爭將是災難性的。

中國必須高度重視中日關係的演變，對局勢的任何升級跡象不可掉以輕心，以避免最終走入戰爭的邏輯。處理對日關係，最主要的還是需要理性，不能老是停留民族主義式的或是義和團主義式的情緒階段。中國必須清楚現階段的最高戰略目標仍然是可持續的現代化，也就是說，對付日本是為了避免中國的現代化再一次被日本所中斷。

在處理和日本的關係上，中國免不了要和美國打交道。但在這方面，中國尤其不能對美國因素做出錯誤的判斷。中國本身對日本沒有任何影響，日本方面的行為，中國除了口誅筆伐，並沒有其他有效的辦法。中國一些人的一個錯誤判斷是，日本那麼強硬主要的原因在於美國在背後；如果沒有美國，日本就不致於這樣強硬。因此，中國的一些人把美國比日本還看得重要。中國要求美國不要站在日本這一邊，除此之外，就沒有其他甚麼要求了。不過，中國的這個要求美國很難滿足。儘管美日聯盟的存在並不是說，美國必定要站在日本這一邊。美國也可考慮持一個比較中立的立場。但有了這個同盟，美國有更大的概率站在日本這一邊，而根本沒有機會站在中國這一邊。

我們在前面已經討論了今天的美國所面臨的「同盟負擔」。這個負擔在美日聯盟方面得到了最充分的體現，我們可以稱之為美國的「日本困境」。美日聯盟是冷戰的產物，同時也使得東亞的冷戰局面並沒有因為冷戰的終結而結束。在世界範圍內的後冷戰時代，東亞冷戰並沒有真正結束。

二戰後，美國佔領日本。但和美國（及其盟國）對德國的政策全然不同，美國並沒有清算日本的戰爭債，清理日本的戰爭遺產。當時的美國面臨着道德和意識形態之間的選擇。從道德上說，美國應當清算日本的侵略戰爭，就像清算納粹德國一樣。不過，在道德和意識形態之間，美國選擇了後者，那就是要通過保護日本的方式來遏制以蘇聯為首的共產主義意識形態的擴張。等到 1949 年中國共產黨執政，美國更是把日美同盟視為是遏制中國的有效手段。這種情況只有等到中國和蘇聯分裂、美國面臨蘇聯競爭的時候，才得以改變。

除了人們後來所看到的審判戰犯以外，美國幾乎沒有動搖日本戰前的權力和社會架構。首先，美國保留了日本最重要的天皇制度。日本的軍國主義戰爭是以天皇的名義發動的，既然戰後天皇沒有受到追究，那麼這也表明沒有人對戰爭負責。審判了一些戰犯，而沒有改變產生戰爭的制度，這就為以右派為代表的軍國主義保留了巨大的空間。實際上，在保護天皇制度的條件下，很多戰犯或者近於戰犯的重要政治人物日後重返政壇。德國清算了納粹和納粹制度，而日本則沒有。更為重要的是，美國為了對付共產主義意識形態，從來就沒有清理過日本的戰爭歷史觀。在六、七十年代，日本一些左派社會團體、知識分子甚至政治人物對日本的戰爭歷史有所反思，但從來就不是主流。日本的右派政治人物的戰爭歷史觀從來就沒有清算過，不僅沒有得到清算，反而以各種形式得到生長和發展。日本右派的戰爭歷史觀就是：對日本來説，太平洋戰爭是一場日本「對抗西方帝國主義的戰爭」，是一場正義的戰爭。

在經濟上，為了對付共產主義陣營，美國也為日本提供了優越的經濟起飛和發展條件。在美國的有效核武保護下，日本能夠把所有精力放在經濟發展上。更為重要的是，因為同屬西方陣營，日本獲得了美國和西方龐大的市場。日本在很短的時間裏，經濟迅速發展，很快成為世界經濟強國。這又和德國不同。德國戰後面臨的主要問題也是經濟發展問題。為了經濟發展，德國需要其他國家的市場。這種外在的經濟壓力也促成德國政治人物和社會完全和過去的歷史決裂，和曾經是戰爭的受害者的其他國家處理好關係。而日本則相反。美國庇護下的快速經濟發展，使得日本沒有任何外在的壓力和內在的動力來和曾經受其害的亞洲鄰國做和解。經濟的快速發展更促成了日本的驕傲。成為強國之後，日本更不用對其歷史負責了。

美國當然通過美日同盟也做了對自己有利的事情，在從日本那裏獲取了大量的利益的同時讓日本始終從屬於美國。從美國佔領日本到現代，日本為美國已經付了數不清的賬單。並且，日本的政治人物非常了解美國這位利益主導的「上司」的特點，只要獲得了經濟利益，其他方面都好商量。因此也經常主動為這位「上司」輸送經濟利益。美國需要保證的唯一一點，就是，日本不能挑戰美國的盟主地位。因此，在日本經濟走到強盛的時期，美國通過強迫日元升值的辦法促成日本處於從屬的經濟地位。同時，日本始終沒有獨立的外交和戰略主動權。美日聯盟使得日本從來不是一個全部主權國家。對這種狀況，不僅日本的左派不滿，日本的右派政治人物也極其不滿。因此，一有機會，他們總會出來爭取和美國的平等地位。實際上，在上世紀八十年代，在日本成為經濟強國之後，其右派人物開始挑戰美國，開始對美國「說不」。這一點美國人不是不知道。

那麼現在的情況又是如何呢？中國的崛起對美日聯盟產生了巨大的影響。首先是中國的崛起對美國的影響。日本的崛起是在美日同盟架構之內，但中國的崛起在同盟之外，因此美國經常把中國視為其競爭者，甚至是潛在的敵人。同時，中國的崛起也對日本產生了影響，中國快速發展，而日本處於長期遲滯狀態，這使得日本很多政治人物感覺到來自中國的「威脅」。正因為如此，日美同盟在冷戰結束之後又有了新的目標，那就是對付來自中國的「威脅」。

不過，問題並沒有那麼簡單。中國的崛起儘管不是在美國的同盟之內，但是在同一個體系之內。如前面所討論的，中美關係是當今國際關係的結構關係，兩國必須合作，不合作，國際關係的架構就會弱化。從這個角度來說，美國是不能輕易犧牲掉和中國的關係。但同時，日美同盟也有效限制着美國的行為。日美同盟表示美國必須支持日本。同盟政治是冷戰的遺產。在冷戰結束之後，美國不僅沒有調整其同盟政策，反而在不斷強化同盟政治，希望通過同盟政治永遠佔據霸主的地位。不過，很顯然，美國在強化同盟、享受同盟所帶了的利益的同時也負擔着同盟所帶來的成本。同盟一旦受到其他國家的威脅，美國必須和同盟站在一起。如果美國不做此選擇，那麼意味着同盟政治的解體，意味着其霸主地位的全面的衰落。美日聯盟更是這樣。美日聯盟是美國亞太戰略的主柱。如果日本在面臨中國威脅的時候，美國不介入，那麼其在所有同盟中的聲譽、信用就會全面倒塌。那一天，會是美國霸權的終結。

美國對日本可以有影響，但這種影響也不是無限的。儘管日本也一直在強調美日同盟的重要性，但也開始不那麼相信美國了。日本民主黨鳩山任首相的時候，就要追求和美國的平等地位，現在安倍在做的也是同樣的事情，只不過是安倍和鳩山所採用的方式完全相反，一個反華，一個親華。親華的鳩山讓美國人找到了藉口，而反華的安倍則不僅讓美國找不到藉口，反而要幫助日本。日本現在想借用美國的力，成為正常國家，重返國際舞台。但同時，日本也並不是那麼相信美國，而是想通過國家正常化來自我保護。這也説明了，日本現在的發展趨勢到了一定的階段必然對美國構成巨大的壓力。日本國家正常化了，有了自我保護的能力，那麼美國還能在日本呆下去嗎？

這些複雜的因素的同時存在表明，中日之間可以逃避「必有一戰」的邏輯。對中國來説，如果能夠盡力改善中日關係，那麼不僅有利於本區域的安全，而且也有利於經濟發展。但如果不能，那麼就要避免兩國關係發展到公開的衝突，而把關係維持在一場「有限冷戰」的程度。中國的目標是遏制住日本，不讓其再次中斷中國的現代化進程。

一場有限的冷戰，或者準冷戰可以使雙方冷靜下來。和日本的有限冷戰有助於中國軍隊的現代化。存在一個外在的「敵人」對中國軍隊並不是一件壞事情。所有強國必須具有「假想敵」。沒有了敵人，甚至沒有了「假想敵」，軍隊就會沒有鬥志，沒有鬥爭精神，沉湎於奢侈生活，甚至出現大面積的腐敗。如前面所討論的，這就是中國軍隊的現狀。這些年，人們一直在提「中國軍隊能不能打仗、能不能打勝仗？」這個問題。沒有「敵人」，就不會有一支強大的軍隊；沒有一支強大的軍隊，就不會有國家的強大。等中國軍隊真的強大了，能打勝仗了，日本對中國的威脅也就自然消失了。

同樣，日本需要有外來的壓力來解決戰爭預留的各種問題。正是因為在美國的庇護下，日本不僅沒有清算戰爭賬，而且其右派力量一直在操縱戰爭的歷史，給日本民眾造成戰爭是正義之戰的印象。靖國神社問題就是這樣。自明治維新以來，靖國神社主要是追悼戰亡者，本來就不是政治問題。這個問題是日本右派操作的結果。1978 年，靖國神社將甲級戰犯列入神社供奉，才成為問題。日本國內多年來也一直在討論「分祭」問題。其他的所有問題，例如安慰婦、教科書等問題，沒有外在的壓力，日本是不會去解決的。準冷戰之下，中日要對付的就是有可能發生的釣魚台摩擦。這方面需要設立危機管控機制。無論是哪一方，只要來自對方的威脅足夠大，就會願意設立此類管控機制。冷戰時代，美蘇兩國各方面的管控機制就是這樣設立的。

準冷戰狀態也有可能促成日本的歷史反思。實際上，如果日本可以持德國那樣的態度，能夠正確面對歷史，能夠卸掉歷史的包袱，那麼情況就會很不一樣。但不幸的是，日本在美國的扶持下，已經不用面對歷史。日本所做的剛好是反面，不僅不承認有歷史包袱，而且是想重回歷史的輝煌，把侵略戰爭視為是「正義的戰爭」。儘管日本國內戰後也有諸多歷史反思，但現在這種反思愈來愈變成了右派所説的「自虐史觀」。

中日之間的這場「看不見」的「冷戰」更有可能延伸到更廣泛的領域。伴隨着其國家正常化的努力，日本也在開始追求其本身的地緣政治利益。日本的地緣政治利益在哪裏？一方面是在美日聯盟的名義下和美國分享地緣政治利益，另一方面便是尋找自身的、不同於美國的地緣政治利益。日本正在形成自己的聯盟。日本的盟國和美國的聯盟，從現階段來看，有很多的重合，但從長遠看，美國和日本的利益衝突在所難免。更為重要的，日本要和中國競爭地緣政治利益。這些潛在的地緣政治利益包括東北亞和台灣地區。在東北亞的朝鮮半島和中國競爭地緣政治，日本已經沒有了任何希望。但日本在台灣仍然有希望。儘管中國大陸和台灣地區的經濟整合已經到了不可分離的程度，但政治上的分歧仍然存在。一旦台灣民進黨掌權，無論是民進黨還是日本都有很大的願望增進「不一般」的關係，甚至不能排除冒險的動作。在東南亞，日本已經下大力氣和越南、菲律賓等和中國存在領土、領海主權爭議的國家結盟。同時，日本也在轉向中國的鄰國，尤其是緬甸，增加其地緣政治的影響力。此外，日本也在做所謂的「民主價值同盟」的努力。「民主價值同盟」的概念是美國提出來的，美國本身近來並不再強調這個難以操作的政策概念。但日本接過去了。在這方面，日本正在和菲律賓、澳洲和印度等國等「民主國家」結盟。不管日本的結盟努力是否最終會成功，但其國家正常化的地緣政治「版圖」已經相當明朗化了。

從總體上說，日本成為一流大國，為時已晚，因為其力量的高峰期已經過去，但在今後相當長的一段時間裏，日本對其地緣政治利益的追求對美國和中國仍然可以產生巨大的影響。對中國的影響非常明朗，因為日本所追求的這些地緣政治利益也是中國的地緣政治利益，尤其表現在台灣。作為中國主權的一部分，中國是不會容許台灣和日本結盟的。台灣一旦有獨立的訴求，中國更不會無動於衷。而如果日本結盟的努力成功，無論是和中國有領土、領海糾紛的國家，中國周邊國家，還是所謂的「民主同盟」，都將對中國的地緣政治利益構成挑戰，甚至威脅。

從日本追求其自身的地緣政治利益的角度來說，中國面前對日本戰略意圖的認識遠遠不夠。中國的戰略過分地強調「釣魚台」。實際上，對日本來說，釣魚台只不過是一個「藉口」或者近期目標，日本具有更宏大的野心，即建立其自身的地緣政治利益勢力範圍。中國如果忽視了這一點，僅僅把和日本的關係定位在釣魚台上，那麼就會犯重大的戰略錯判。中國如果忽視了日本在東南亞等地的地緣政治擴張的努力，如果不能和日本進行有效競爭，那麼這個區域的很多地方勢必淪為日本的勢力範圍。

當然，日本的地緣政治努力對美國也會有影響，這種影響並不亞於對中國的影響。首先，日本可以挾持美國來追求自己的利益，這就是我們前面討論過的美國所面臨的「聯盟負擔」。其次，對美、日、韓三國關係產生影響。為了應付中國，美國一直試圖整合已經存在的美日聯盟和美韓聯盟。但現在這種情況繼續下去，這種整合便毫無可能性。再次，日本美化歷史的做法給美國造就了一種「道德困境」。如果日本像德國那樣追求正常化，那麼美國不會面對這種困境。但要通過美化戰爭歷史來追求正常化，那麼美國支持日本的行為不但難以得到美國國內人民的支持，更會得到國際社會的質疑。第四，也是更為重要的是，日本一旦正常化，美國在日本的軍事存在便成為問題。在亞洲，沒有國家損害和傷害過日本的利益，相反，多數亞洲國家是日本的戰爭受害者。對日本構成「傷害」的只有美國。打敗日本的是美國，扔原子彈的也是美國。實際上，日本右派痛恨美國的大有人在。如果說美國使得日本成為半主權國家，那麼日本正常之後，受影響最大的也會是美國。這方面，俄國總統普京有一個很好的觀察，認為，在美日聯盟中，美國所需要的日本並不是平等的「盟友」，而是一個從屬的「奴僕」(普京，「繼續與普京對話」，2015 年 4 月 16 日)。實際上，如我們在前面所討論過的，無論從哪一個角度來說，日本對這樣一種「奴僕」狀態是非常不滿的。今天美國是亞洲地緣政治的一部分，一旦日本正常化，就要爭取其自身的獨立主權外交，美國在亞洲的地緣政治利益就面臨流失的威脅。

準冷戰狀態下，中日雙方有足夠的時間來調整各自對對方的政策、戰略和態度。之後，中國有可能面臨幾種局面。第一，中國再次強大了，就像在唐朝那樣或者今天的美國那樣，那麼日本有可能改變對中國的態度。靠向最強國是日本的歷史經驗，這在未來也未嘗不可。第二，中國再次強大了，同時日本也變得強大了。在這種情況下，中國也會足夠的能力阻止日本主動挑釁，被動地捲入戰爭，雙方達到一個均衡水平。儘管中國俗話說，「一山不容二虎」，不過，這座山夠大容得下兩隻虎。如同幾千年歷史所示，兩國互相比較獨立(如果不是孤立的話)，來往較少。第三，或者等將來整個東亞發展到歐洲那樣的程度，經濟發展提出更大的整合要求，並且中日兩國政府也願意合作，這樣就會出現類似歐洲那樣的情況。

這樣的準冷戰對中國來說也非常重要。國際政治上，弱國沒有發言權，「落後必然捱打」，這是千古不變之真理。中國沒有野心去打別人，但必須有能力避免捱打。避免被捱打，這在今天還具有很大的不確定性。要避免捱打，中國還需努力。中國要在遏制「外患」的情況下，繼續實現國內各方面制度的現代化。只有國內制度強大了，中國才會成為真正的世界強國，屆時今天所面臨的各種國際問題也就有了解決方式。

五、南海問題衝突升級，超出中國的控制

南中國海不僅僅是中國的核心利益，更是中國的「生命線」。當中國定義「核心利益」的時候，往往指向中國的主權問題。南海問題當然也是中國的主權問題，但南海問題又遠遠超出主權問題。中國是今天世界最大的貿易國家，而 80% 以上的海上航行須經過南海。一旦失去南海，那麼中國的海上貿易就會遇到極大的挑戰，從而影響整個國民經濟的運作，衝擊社會政治的穩定。

南海形勢惡化和當今世界地緣政治轉向亞太地區緊密相關。更直接地說，南海問題的惡化是美國「重返亞洲」和中國對美國「重返」的反應這兩者之間互動的結果。南海問題是歷史問題，美國當然沒有製造南海問題，但南海問題浮上檯面和美國相關。這裏，首先要回答一個問題，即為甚麼美國的地緣政治轉向亞太地區？

首先是地緣經濟因素。亞太地區日漸成為世界的經濟中心是

不言的事實，並且這種趨勢在未來的數十年不會改變。在今天的亞洲，中國是第一大經濟體，日本是第二大經濟體。此外，印度也正在崛起成為繼中國之後的另外一個亞洲經濟大國，印尼和東盟國家的經濟增長也不可忽視。其他發展中國家和地區儘管也有經濟增長的潛力，但遠不及亞洲地區。多年來被人們稱道的「金磚國家」(巴西、俄國、印度、中國和南非) 中間，其他幾個國家的 GDP 的總和目前還不及中國一個國家。歐洲和美國現在面臨嚴重的經濟結構問題，需要很長的時間來做調整。歐美經濟對世界經濟依然重要，但在其結構調整期間，要扮演世界經濟領頭羊的角色比較困難。這樣，亞洲會在很長時間裏保持世界經濟重心的位置。

在這樣的情況下，主要經濟體包括美國、歐洲甚至俄國，其經濟戰略必然向亞洲轉移。這次非亞洲國家尤其是歐洲國家加入中國啟動的亞洲基礎設施銀行的反應很清楚地説明了這個大趨勢。從世界歷史上看也是如此，即一個國家的地緣經濟是跟着世界經濟的增長點也就是經濟重心走的。例如唐宋時期的中國，十八、十九世紀的歐洲和冷戰期間的大西洋兩岸。因為亞洲地區涉及到世界上幾個最大的經濟體，世界經濟重心轉移到亞洲也表明代表這些經濟體或者主權國家的政府之間的互動也必然增加。這種互動意味着經濟利益和戰略利益的重疊。如果代表主權國家的政府不是互動的主體，那麼國家間的經濟關係更多地表現為公司之間的貿易關係。但一旦主權國家成為主體，那麼經濟互動面的戰略重要性就顯示出來。就是説，即使是經濟上的互動也具有了非常的戰略意義。

對美國來説，把戰略重點轉移到亞洲非常符合其「税收國家」

的本質。作為唯一霸權的美國，一直在扮演「世界警察」的角色，來維持其所謂的「世界秩序」或者提供全球性「公共服務」。但這樣做需要大量金錢的支撐。因此，美國也一直扮演着全球性的「稅收國家」的角色，即盡最大的努力通過各種方法向全世界各國「徵稅」，來承擔維持「世界秩序」的費用。這一事實也決定了美國的地緣政治和其地緣經濟的緊密相關性。如果兩者是重合的，那麼美國維持其全球秩序的費用就低；但如果不重合，美國所要承擔的費用就會很高。顯然，並不難理解為甚麼美國的地緣政治會隨着其地緣經濟而轉向亞洲。既然亞洲會在未來很長一段歷史時間裏會扮演世界經濟重心的角色，那麼美國就有充分的原因把其地緣政治的重心轉移到亞洲。在這裏，美國的「稅基」龐大，其安全戰略是可持續的。

地緣政治重心轉移到亞太地區的第二個重要因素就是戰略本身。在美蘇冷戰結束之後，美國就變成了唯一的霸權國家。在冷戰期間，美國和前蘇聯分庭抗禮，只主宰了半個世界，即西方世界。蘇聯一垮掉，美國的最高戰略利益就是維持其唯一霸權的地位。美國開始利用現存體制來消化中國等新興國家，也包括所有前共產主義國家。在相當長的時間裏，美國做得相當成功。在小布殊剛剛上任之初，美國就出台了新保守主義的外交政策，意在對付中國。這種政策調整非常符合西方外交政策的邏輯。因為西方的國際關係史表明，現存霸權必然會遭受另一個崛起國家的挑戰。對美國來說，中國很自然成為美國的目標。

但新保守主義外交政策的目標並沒有實現。正當美國主導的世界體系很樂觀地消化吸收着另一半世界的時候，9•11 恐怖主義事件發生了。反恐戰爭在一段時間裏牽制了美國的地緣政治的大轉移。此後，無論在學術界還是政策界，非傳統安全問題成為主題。非傳統安全的主角不再是主權國家，而是非政府組織。因為恐怖主義組織被定義為「邪惡」的非政府組織，美國的反恐戰爭大大減少了對主權國家的外交壓力，尤其是中國。

這裏還有一個因素必須提到。上世紀90年代以來的全球化運動也改變着西方人的思維。當時愈來愈多的人相信主權國家不再重要，至少不再像從前那樣重要，而超國家組織（包括國際組織、跨國公司和國際非政府組織）和國家內部的非政府組織的作用愈來愈重要，甚至要超越主權國家。這種認知儘管反映了國際政治舞台上角色的多樣化這個事實，但這種認知過分理想化。很顯然，主權國家並沒有隨着全球化的到來而變得不重要，更不用說是「消失」了。從今天的情況看，無論是應付全球性金融危機還是恐怖主義，都需要主權國家的強化。

但不管怎樣，這麼多年的反恐戰爭使得西方政府意識到，恐怖主義是個常態，不可能因為反恐戰爭而得到徹底的解決。實際上，很多人也已經意識到，反恐怖主義是一場不可能贏的戰爭，因為被西方所定義的「恐怖主義」的因素隨着反恐戰爭的進行而呈現出一種持續發展的趨勢。於是，西方尤其是美國開始要人們接受「恐怖主義」是常態這樣一種認知。美國從伊拉克撤軍，與其說是美國的反恐戰爭結束了，倒不如說美國接受了恐怖主義存在這個事實，是觀念改變的結果。

但也很顯然，這種觀念的改變對國際關係和中美關係具有深刻的影響。對一般國際關係而言，這種變化促使國際關係的主題重新回到了傳統安全問題，主權國家因此再次成為聚焦點。這裏至少包含有兩方面的意義。第一，傳統安全問題例如伊朗和北朝鮮的核擴散問題仍然是國際安全的主要威脅。如果忽視了這些主權國家所從事的安全活動，那麼這個世界（西方）將是不安全的。第二，非政府組織的活動（尤其是恐怖主義）而帶來的不安全問題需要通過強化主權國家的能力來應付。不難理解，這種認知在深刻影響着美國和整個西方的戰略調整。伊朗和北朝鮮問題會隨時被提到西方的議事日程上來。

對中國來説，這種認知使得美國再次傾向於把中國視為競爭對手甚至敵人。在這個背景下來理解美國「重回亞洲」策略比較容易些。在短短幾年裏，美國很快明確了「重回亞洲」的政策內容，那就是前面提到的圍繞着南中國海問題的軍事戰略調整和圍繞着 TPP 的經濟戰略調整。

美國以南中國海問題為核心的軍事戰略有其歷史的延續性，也有一些比較新的內容。人們觀察到，在小布殊當政的早期，美國也曾經試圖建立亞洲版「小北約」，即加強美國和亞洲區域內部同盟的戰略關係。現在有人説在反恐時期美國忽視了和亞洲國家的關係，這並不準確。實際上，即使是在反恐時期，美國也在鞏固和其傳統盟友例如日本、澳洲等之間的戰略關係，基本上完成了所謂的亞洲版「小北約」的架構。不過，自從美國提出「重返亞洲」的政策目標之後，這種戰略愈來愈明確了，也具有了更加廣泛的內容。

針對南中國海問題，美國採取了一系列新的戰略動作。第一，和越南、菲律賓等和中國在南海問題上有主權爭議的國家合作；第二，擴大和澳洲的聯盟關係，尤其是在澳洲的變相「駐軍」；第三，試圖建立新聯盟，如印度。（當然，印度作為一個文明大國很難成為像日本那樣的完全同盟國，除非印度面臨自己難以消化的國際壓力。這個問題，我們會在下面專門討論。）第四，努力改善傳統上與美國不友好的國家的關係，例如緬甸。

應當意識到，美國這樣做並非其一廂情願，而是具有來自亞洲的很大「需求」，就是說亞洲國家要求美國對亞洲事務的捲入。這種需求至少來自兩個方面。第一是亞洲國家相信只有美國才有能力來解決亞洲國家所面臨的一些問題。第二，這種需求也來自一些亞洲國家對中國崛起的不確定性的擔憂。在前一方面，亞洲國家並不見得一定要排斥中國，而是因為在各個方面，中國還沒有顯示出有能力應付和解決一些至關重要的問題。例如以北朝鮮問題為核心的東北亞局勢和南中國海海上航行安全問題。美國是一個行動導向的國家，有時候作正確的事情，有時候做錯誤的事情，有時候做成功的事情，有時候做失敗的事情，但不管怎樣，美國的行動是可預期的。對多數亞洲國家來說，美國是一個久經考驗的強權。中國儘管正在崛起，但在國際事務上，還沒有經歷足夠的考驗。在很多問題上，中國也盡力顯示其是一個負責的國家，但還沒有能力來承擔責任，解決問題。在這樣的情況下，亞洲國家自然傾向於選擇美國。

亞洲國家對中國的擔憂和不確定性是個老問題，也比較容易理解。除了日本，亞洲國家都較中國「弱小」（主要是認知上的）。小國家本來就懼怕單獨面對一個崛起中的中國，尤其是那些和中國有各種矛盾和糾紛的國家，無論是歷史上的還是領土（海）上的。這些國家既然不願單獨面對中國，那麼就要麼抱團面對中國，要不就邀請其他大國來應付中國。即使是日本，這方面的擔憂也是很顯然的。當然，不管甚麼原因，邀請美國的捲入是有成本的。但為了增進自身的利益，這些國家也願意以各種方式為美國承擔費用，也就是自願被美國「徵稅」。

美國「重返亞洲」的經濟戰略則是以 TPP 為中心的。TPP 本身並非為美國創始，但一旦美國捲入，開始主導 TPP，其性質就發生了很大的變化。TPP 本身是一個新的嘗試，一旦實現，參與國家的很多方面的「經濟主權」勢必遭到削弱。現在人們還不知道想參與其中的一些較窮的國家例如越南、馬來西亞等國如何消化 TPP 的壓力，因為它們和美國經濟水平相差實在太大。即使是日本這樣發達的經濟體也不見得能夠消化。對一些國家來說，參與 TPP 的談判其政治戰略理性要大於經濟理性，甚至是為了政治和戰略上的考量，也就是應付中國的考量。儘管人們不知道 TPP 最終如何實現，但在中國看來，其發展趨勢類似於冷戰期間西方所實施的「戰略性貿易」(strategic trade)。

對美國來說，TPP 的一個潛在的課題就是如何應付中國經濟模式。在新興經濟體中，國家資本主義模式的興起成為一大趨勢。國家資本主義被視為是對西方為代表的自由資本主義構成競爭甚至是威脅。在西方，中國被視為是國家資本主義的代表。中國儘管加入了世界貿易組織等國際經濟組織，也努力在和世界「接軌」，但在西方的眼中，中國並沒有按照「規則」辦事情，或者只是有選擇性的遵守。尤其近年來，西方深陷經濟危機，更是把矛頭對準中國，把世界經濟失衡的責任推到中國頭上。從純經濟角度看，TPP 無疑為了推進世界經濟的高度自由化。同時，TPP 本身又是一個開放體，原則上中國也可以通過和其他國家的談判來加入。不過，要中國放棄如此大的經濟主權，在短時間內很難實現。這樣，TPP 必然對中國帶來更大的壓力。從長遠來看，中國要不改革國家資本主義，而變得更加開放，為加入 TPP 創造條件，要不被排擠在外。但從目前來看，中國最為擔心的是 TPP 的戰略性質，而非經濟性質，正如越南、日本等國家的主要考量是戰略上的一樣。

正如在其他問題上，在南海問題上中國最大的困難也在於如何理性地認識美國。中國最難以面對的就是「美國的存在」這個事實。不管是因為歷史的因素還是現實的因素，美國和中國周邊國家的關係千絲萬縷。一些人往往簡單地把中國和周邊國家的關係視為是中美關係的一環，把所有的麻煩和問題與美國聯繫起來，似乎沒有美國，就不會有任何問題了。因此，從主觀上說，一些人還是想着有朝一日把美國勢力趕出這個領域。中國的一些行為（主要是反對美國在亞洲存在的言論）也被美國人解讀成為中國把美國趕出亞洲的努力。對當今世界唯一霸權的美國來說，中國人的這種心態令其十分擔憂。

在一定程度上說，中國的問題就是不能把「美國的存在」當成思考問題和解決問題的起點。當其他國家把這個因素當作起點，把「美國的存在」作為工具而把國家利益最大化的時候，中國很多人似乎不想承認或者不願面對這個現實，把美國的存在視為是負面的因素，是一切問題的根源。如果換一種思維，情況就可能很不一樣。中國能否可以利用美國的存在這一事實把自己的國家利益最大化呢？現實的邏輯是這樣的：當美國感覺到中國在排擠美國的時候，其會盡一切力量來保持和強化其在亞洲的力量，來擠壓中國在亞洲的空間；當美國感覺到中國歡迎美國在亞洲的存在並且是合作的時候，美國反而會願意「分享」其在亞洲的空間。

今天中國面臨的困境是：美國感覺到中國要把其趕出亞洲，

因此努力通過各種途徑來強化其在亞洲的存在，利用南中國海等問題只是美國諸多手段之一；而中國感覺到到處受美國的擠壓，要調整戰略來應付美國，如果不能直接針對美國，那麼也要針對美國在亞洲的盟友。這是國際政治上典型的「安全困境」。而這個困境的根源在於中美兩國對自己都沒有足夠的信心，對對方沒有基本上的信任。

很多跡象表明，中美兩國有傾向陷入這個「安全困境」。美國已經有了很清晰的思路和很多的動作來強化其在亞洲的存在。中國儘管還沒有改變其政策，但社會層面的政策爭論已經開始。從目前的政策爭論中，人們可以想像幾個場景。第一，正如有人已經提到，中國可以仿效美國，培養一個亞洲「古巴」，例如菲律賓，產生「殺雞儆猴」的效應。也就是說，針對眾多的周邊國家，中國可以做選擇，對不同國家實施不同的政策。在那麼多周邊國家中，存在一個「古巴」甚至兩個，並不可怕。第二，中國也可以仿效美國，實行「戰略性貿易」，建立自己版本的「TPP」，用經濟手段來獎勵一些國家的同時來懲罰另一些國家。考慮到中國現在是一個龐大的經濟體，尤其是當歐美面臨長期的經濟困難的情況下，這種方式也是可以產生一些效應的。實際上，中國很多人愈來愈難以相信：中國具有那麼龐大的經濟利益，為甚麼搞得連一個朋友也沒有？在過去，中國一直在提倡「外交為經濟服務」，當中國的經濟反過來為外交服務的時候，必然產生外在的巨大影響力。第三，中國甚至可以實行聯盟政治。中國歷來奉行不結盟政策，但在國際環境惡化的情況下，這種情況很可能得到改變。實際上，中國獨特的主權概念有利於結盟，也就是說中國不會像西方國家那樣干涉別國內政。這種傾向有利於中國和具有不同政治體制的國家打交道。儘管中國不能像美國那樣搞「民主價值」同盟，但經濟同盟也會很有效，尤其在亞洲。即使是在戰略上，現在很多國家因為中國的軍事現代化對中國表現出極大的擔憂來，但如果中國真正在戰略上崛起了，情況就會很不相同。也就是說，當中國真正能夠在安全戰略上為其他國家提供「公共服務」(public goods) 的時候，外在世界對中國的認知會發生有利於中國的變化。今天，很多亞洲國家需要美國在亞洲的存在，不僅僅是因為他們對中國的擔憂，更是因為美國有能力提供「公共服務」，而中國則沒有。

但是，問題在於，中國有必要作這些選擇嗎？很顯然，這些既不是中國追求國家利益的最有效方式，更不能使得其國家利益最大化。對美國當前的對華政策，中國應當有一個合理的判斷，是威懾 (deterrence) 還是圍堵 (containment)？威懾指的是美國的政策是為了防備中國做對美國不利的事情；圍堵指的是美國的政策是遏制中國的外在影響力甚至中國的內部發展。不同國家對同一政策往往會有不同的解讀。例如美國認為其駐軍澳洲是對中國的威懾，但中國認為這是圍堵。再者，威懾和圍堵戰略也可以並用。例如在冷戰期間，美國一方面用核武器來威懾蘇聯，另一方面用「孤立」、戰略性貿易、西方同盟和軍事競賽等方式來圍堵蘇聯。

理性地說，美國對中國的圍堵已經不可能。中國畢竟不是蘇聯。中國既沒有像前蘇聯那樣要和美國競爭世界霸權的計劃，而且中美兩國至少在經濟方面已經高度互相依賴，同屬一個體系。不管美國政府的意向如何，要美國的經濟界完全脱離中國沒有可能。所以，對美國來說，其對華戰略充其量來說就是「威懾」。

如果是「圍堵」，那麼中美兩國就沒有了合作的空間。但顯然，這不是事實。實際上，中美兩國關係的最高層面仍然是合作。美國需要中國的合作，中國也需要美國的合作。前面已經討論過，作為唯一的霸權，今天的美國對中國有兩種態度。一是需要中國，二是防備中國。美國首先需要中國。作為「老大」，需要「老二」承擔更多的責任。美國是世界的警察，每天都在承擔着龐大的費用。如果「老二」支持「老大」，那麼「老大」的世界警察地位更可以持續。但如果「老二」不能為「老大」承擔責任，那麼「老大」需要更多的費用，其地位的可持續性就會成問題。美國現在處於相對衰落地位，更需要中國承擔更多的國際責任（對美國而言）。這也就是美國這些年來宣稱「中國責任論」背後的原因。美國也一直在抱怨中國「搭順風車者」，沒有承擔應當承擔的國際責任。對美國來說，中國擁有的國際空間取決於其所承擔的國際責任。

對中國來說，也是可以有效利用美國的這種對中國的需要的。例如中國的軍事現代化經常被美國和周邊國家視為是對區域安全和穩定的威脅。如何應付？中國的軍事現代化不可避免，不會因為外界的擔心而停止，但同時外界的擔憂也是必須正視的。如果雙方互相誤解，造成一場軍事競賽，那麼就會對中國大大不利。無論是中國的政治體制還是經濟結構，中美之間的軍事競賽必然促使中國走向前蘇聯的軍事經濟道路，從而使得經濟不可持續。中國要軍事現代化，但又要擔心陷入軍事競賽，那麼就必須改變軍事現代化的方式，那就是要把軍事現代化放置於中國的國際責任的話語中，並且也必須在政策層面保證其更為透明和預期性。

即使對很多人所擔心的 TPP，中國也應當做理性的解讀。沒有中國的的參與，TPP 就沒有多大的意義，這一點連美國人也是意識到的。美國的意圖也是在給中國施加更大的壓力，使得中國經濟更加開放。因為在美國人眼裏，中國享受了進入「國際體系」的好處，而沒有承擔足夠的責任。但因為 TPP 的開放性質，中國也可以變被動為主動，儘早和一些國家開始談判，儘早以參與的方式來影響其進程，避免其最後成為美國主導的針對中國的經濟貿易集團。這樣做，對美國和中國都是有利的。

在使中國承擔更多國際責任之下的一個層次，美國才會考慮上述討論「威懾」和「圍堵」等方面的策略，也就是說，美國要防備中國挑戰「老大」的位置，阻止中國取代美國霸權。美國從南海等中國周邊入手來防備中國，中國的回應也不難理解。

不過，也容易觀察到，要處理好中美關係，中國必須從前一方面也就是從國際或者區域責任的角度來做文章。更明確地說，。中國要承擔區域甚至國際責任。如果中國能夠在這一個層面和美國達成更大的合作，那麼在周邊層面中國可以大大減輕來自美國的壓力。如果中國能夠從體系的角度來考慮自己的利益，那麼周邊國家對中國的認知和態度也會全然不同。

和美國一樣，中國實際上也在盡力「拉攏」周邊小國家。越南和菲律賓最近這些年使勁拉攏和靠近美國，但中國並沒有放棄，而是試圖用經濟因素使其不要過於靠向美國。然而，中國的努力並沒有正面效果。相反，中國越拉，這些國家越靠向美國。為甚麼？這裏的因素很複雜，但其中有兩個因素至關重要。第一是中國的區域責任。上世紀以來，中國花了很大的精力來和東盟國家改善關係。在經濟上非常成功之外，其他方面也有往好的發展的趨勢。但中國沒有處理好南中海問題。儘管中國認為南海問題並不是由中國引起的，而是越南和菲律賓等國所致，中國只是被動反應罷了。但中國忘掉了自己已經至少是區域大國，不可對像南海問題這樣重要的問題毫無準備。在處理這樣的問題的時候，很顯然必須放置於中國和東盟區域整體利益之內。在沒有準備好如何在區域整體利益內來解決問題的情況下，中國的反應不僅給與了當事國（越南和菲律賓等）更多的理由來邀請美國，而且也失去了其他和這個問題沒有關聯的國家的同情和支持。對這些國家來說，儘管他們和主權糾紛不相關，但他們必須關注區域的整體利益。很顯然，無論是美國還是其他國家，都是用國際水域「航道安全」來論證對南中國海問題的關切的。

第二是中國忽視了小國家天生懼怕單獨和大國打交道這一事實。在理想層面，中國提出和平崛起等政策口號，不讓任何一個國家感受到威脅。但這並不容易，中國的真誠很難讓小國家感覺得到。這就要求中國從小國家的角度來理解問題。這方面，中國如果學習美國，即不尊重小國家，那麼小國家更會靠向美國。有關南中國等問題，中國要爭取雙邊主義的突破。如果不能突破，那麼也可以改變傳統雙邊主義的做法，轉型到現代新型的雙邊主義，即在多邊（中國和同盟）的架構內來討論雙邊問題。這就可以大大減少小國家的擔憂和恐懼感。實際上，近年來有關南海各方行為準則的討論已經進了很大的一步。中國必須往多邊主義方向努力。在越南和菲律賓的案例上，中國力圖通過經濟方法促使這些國家回到傳統的雙邊主義，這種努力很大程度上會適得其反。事實上也如此。

不管人們喜歡與否，南海問題不僅是中國和南海相關國家的問題，也是中國和美國的問題。但無論是和美國的關係還是和南海相關國家的關係，中國仍然有很大的外交空間。中國不僅要善於利用現有的資源來掌控南海問題，更要善於發現新的資源來影響南海問題，為己所用。

中國可以利用本區域之外大國例如俄國「重返亞洲」的動機來改變局勢。如上所討論的，因為本區域會在今後相當長的時期裏成為世界經濟的重心，本區域之外的大國必然都會轉向本區域。在所有這些國家中，俄羅斯是一個重要因素。不管怎樣，俄羅斯是不會放棄本區域的。傳統上，俄羅斯和越南有着緊密的經濟和軍事關係。最近俄羅斯再次表現出「重返」越南的興趣。對中國來說，俄羅斯「重返亞洲」，也必然產生戰略上的壓力。不過，同時，中國也可以利用此來消解美國的壓力。俄羅斯一旦「重返亞洲」，中國就可以防止把南海問題演變成單純的中美之間的問題。這種情況可以促成美國意識到，事物並非那麼簡單。利用一個區域外力量平衡另外一個區域外力量，在一定時期也不失為有效的策略。

隨着自己的繼續崛起，中國更有可能發現新的因素來應付南海問題。最近中國的「絲綢之路」尤其是亞洲基礎設施銀行的動議更有可能為南海問題的解決提供新的契機。作為主權問題，南海問題很難得到解決，但可以通過各種方式加以管理和控制，不讓衝突爆發出來；有了小衝突，就要防止它升級成為大衝突。但僅僅有衝突管理是不夠的，更重要的是要找到中國和南海相關國家的共同利益。中國的外交哲學是「求同存異」。沒有共同的利益，那麼衝突就突顯出來；反之，如果共同利益做大了，那麼衝突面就小了。「絲綢之路」就是中國做大和周邊國家共同利益的巨大項目。隨着這種共同利益的做大，就會更有能力控制衝突面，甚至化解衝突。

諸如此類的新空間的拓展無疑可以增加應付中國所面對的挑戰的可能性，有可能避免和外在世界的對抗，而增進國家利益。但這些空間的拓展的前提就是要解放思想，改變傳統思維方式。不管如何，南海是中國的生命線，無論如何，中國必須守住南海。

六、與崛起的印度和印度民族主義發生衝突

從地緣政治的角度來看，印度對中國具有深刻的意義。如前面所討論的，中國的東邊，日本連同美日同盟已經對中國的海洋地緣政治構成了有效制約；南海本身就很複雜，但美國和日本的影響力在南海區域也不能忽視。印度在中國的西南邊。在地緣政治的架構內，無論從哪個角度來看，和印度的關係愈來愈具有特殊的重要性。

中國在西邊沒有直接的出海口，離中國最近的就是印度洋了。中國通往印度洋必須通過鄰國巴基斯坦或者緬甸。不過，中國在這樣做的時候面臨着幾乎不可超越的困難。顧名思義，印度洋對印度至為重要，是印度地緣政治的核心。印度會通過任何可能的辦法來阻止中國通向印度洋。如果中國要通過巴基斯坦進入印度洋，那麼就會使得印度和巴基斯坦的關係複雜化。實際上，印巴關係已經高度複雜化了。中國如果通過緬甸通往印度洋，同樣會遇到緬甸的問題。作為主權國家，緬甸也在追求國家利益的最大化。儘管緬甸和中國一直具有深厚的關係，但是隨着緬甸國內政治的變化，隨着區域外大國尤其是美國的進入，這個國家已經開始遊走於印度、美國和中國之間。如同其他所有同盟國家一

樣，緬甸不會完全依賴於一個國家，其國際空間和國家利益的最大化取決於緬甸和諸大國的關係。

從國土面積和人口來衡量，印度是中國的最大鄰居。和中國一樣，印度也正在急速現代化，經濟發展快速。無論是內部追求現代化還是外部追求國際地位，印度和中國都有共同之處。更為重要的是，和中國一樣，隨着社會經濟的發展，印度國內的民族主義也一直處於高漲狀態。如果中國的民族主義主要是針對日本和一些西方國家的，那麼印度民族主義主要是針對中國的。上世紀 60 年代的中印衝突在印度人腦海中流下了永恆的痛苦的記憶。針對中國的民族主義既存在於民間，也存在於政府官員當中。近年來，中印兩國圍繞着領土主權糾紛一直在發生着不同程度的衝突。改革開放以來，中國已經解決了和俄國、越南等國家的陸地主權糾紛，但和印度的主權糾紛的解決不僅沒有進展，而且經常出現程度不等的危機局面。現在看來，愈來愈多的因素阻礙着中國解決和印度的領土糾紛，這些因素包括：中印兩國各自的民族主義區域高漲；兩國社會媒體的發展使得任何具有避免衝突性的外交變得不可能；印度的民主制度很難產生一個強有力的政府等等。

同樣的重要的是，印度涉及到中國的西藏問題。西藏流亡政府設在印度表明印度政府和社會可以對流亡政府產生直接的影響。印度可以促使西藏流亡政府成為中國的麻煩，也可以促使流亡政府不成為中國的麻煩或者少找麻煩。也就是說，西藏流亡政府是印度和中國交往過程的一個有效工具。印度作哪一種選擇則取決於中國和印度的雙邊關係。

除了中印雙邊關係，印度之外的因素也在影響着中國和印度的關係。為了制約或者平衡中國，包括美國和日本在內的其他大國也一直試圖和印度結盟。（中國也不能忘記，在冷戰期間，印度和前蘇聯的關係也是針對中國的。）儘管印度在經濟上仍然較中國落後，但印度自稱為是世界上最大的民主大國（人口最多）。也就是說，印度和美國、日本和其他西方國家享有共同的民主價值。和西方國家一樣，民主自由是印度在國際社會的軟實力。因為意識形態因素，美國經常發現和印度有比較多的「共同語言」，因此在一些核心問題上（例如核武器問題）對印度網開一面，用各種方式容忍甚至鼓勵印度。這些年來，面臨中國的崛起，美國一直在思考着如何把印度納入美國的國際網絡內，和美國合作來應付中國。日本也仿效美國，要和印度建立「價值同盟」來應付中國的崛起。實際上，美、日、印正在努力發展出戰略和軍事協調機制。

另一個與此相關的因素是中國和印度在中東、非洲區域的互動。和中國一樣，作為崛起中的大國，印度對海外能源的需求也愈來愈大，非洲和中東對印度的重要性甚至甚於對中國的重要性。中國在非洲和中東更主要的是經濟利益，而對印度來說，除了經濟利益，還有直接的地緣政治利益。在非洲，印度的影響尤其是經濟方面發展得也很快。中國在非洲的影響力主要來自於國有企業部門，而印度的則來自於私營企業。中印兩國在非洲有競爭也有合作。儘管在非洲中印兩國的協調非常重要，但如何協調則還是一個未知數。但很顯然，中印必須避免如從前歐洲老殖民地主義者那樣的大國競爭。

在中東，中印兩國互動的情況更為複雜。中東傳統上是美國的勢力範圍，但近年來，中東正在政治「變天」。政治「變天」有內外原因。從內部來看，最主要的內部因素來自中東各國內部政治的變化，主要指傳統的政治體制不能適合現實的需要。最主要的外部因素來自美國的中東政策的變化。美國針對一些中東國家發動的反恐戰爭不僅僅是反恐，而且也在改變那裏的政治體制。從理想方面來看，美國想在那裏建立美國式的民主政治體制。但結果並不好，不僅所希望的民主制度建立不起來，很多國家在舊體制解體之後經歷着內戰，變成了失敗國家，或者瀕臨失敗國家的邊緣。再者，美國因為頁岩氣的開採，正在成為能源大國，這意味着美國必將減少對中東能源的依賴。美國過去在中東的各方面的投入（尤其是軍事投入）和其在這個地區的巨大能源利益有關。一旦美國減少對中東的能源依賴，那麼美國也必將減少在那裏軍事存在。這表明，在不久的未來，中東會出現美國撤出之後所出現的安全真空。這個真空的競爭者主要有三個大國，即俄羅斯、中國和印度，尤其是中國和印度。俄羅斯在中東只有安全利益，而少有能源經濟利益，因為俄羅斯本身也是一個能源大國。中國和印度在中東的地緣政治利益是多方面的，包括能源、安全和反恐等等。中國和印度如果在中東合作的好，那麼便有利於各方；如果不能合作甚至發生衝突，那麼就會互相損害對方的利益。

面臨這樣一個印度，中國應當和印度確立一種怎樣的關係呢？正是因為上述這些要素，從亞洲區域甚至全球範圍內看，對中國來說，從長遠來看，中印關係是僅次於中美關係的一對最重要的關係。這表明，中國要把印度提高到中國國際關係的戰略水平。在最大程度上，和印度關係搞好了，中國陸地地緣政治甚至海洋地緣政治都會得到穩定。在最低程度上，中國必須千方百計不把印度推向美國和日本。但如果和印度搞不好關係，印度本身或者印度聯合其他國家，可以為中國製造無窮的麻煩。印度近年來和美國、日本靠近，儘管有美國和日本的因素，但也有中國因素的影響。作為鄰國，印度本來就對中國的崛起抱有戒心。而邊界問題既沒有穩定下來，而且經常發生一些小衝突，更引發和強化印度的對華民族主義，儘管邊界問題是中印兩國互動的產物，責任並非完全在中國一邊。

要處理好和印度的關係，首先必須把印度提高到中國未來外交戰略的高度。儘管現在印度並非那麼強大，也説不上大國，但隨着其現代化的進展，印度具有很大的潛力成為大國。對這一點，中國方面的認識並不很清楚。改革開放以來的很多年裏，中國關注的對象是美國，領導層把大部分精力放在美國。如果説對美國問題，領導層自己抓，那麼印度問題並不在領導高層的議程裏面。在政策操作層面，中國的對印政策的主體是低層官僚（包括軍方）所為。很多對印政策都停留在戰術領域，和印度的互動主要表現為反應性的特點，也就是以牙還牙式的。這個特點非常清楚地表現在近年來最具有爭議的邊界問題上。在邊界問題的互動上，很難看到中國的戰略意圖。當然，印度也沒有。這種沒有戰略意圖的日常互動稍不當心，便會釀成國家間的大問題，即便不是公開的衝突。

中國也必須加深對印度的認識，對印度的認識是對印度政策的基點。確切地説，中國對印度的認識仍然非常膚淺。傳統上，中國對印度的理解僅僅集中在文學藝術文化方面，對其政治、經濟、社會制度、外交戰略等方面的了解甚少。因為高層領導把眼光放在美國，中國的學術圈也把眼睛盯着美國，沒有多少人對印度感興趣。在學術和政策圈內，研究美國有很大的利益，而研究印度利益甚少。中國現在對印度發表意見最多的就是那些沒有多少學術和經驗以及知識背景的媒體工作者，還有那些所謂的公共知識分子。印度的情況也差不多，政策圈和學術圈不了解中國，發聲的也是一些媒體人士和公共知識分子。因為兩國都是如此，這種現狀經常觸發兩國間毫無理性的「言語」對峙，這種「言語」往往表現為激進的民族主義聲音。

隨着印度的發展和中印兩國之間各種問題的浮現，中國對印度的認識必然會開始。這裏不能討論中國如何認識印度，但有一點中國必須把握，那就是，和中國一樣，印度也是一個文明國家，傾向於實行獨立的外交政策。正如中國，印度很難成為另外一個大國（美國或者日本）的附屬。近年來，每當美國或者其他大國（例如日本）訪問印度或者和印度達成甚麼協議，中國方面的主流聲音經常認為是「陰謀」，認為印度和這些國家做甚麼都是針對中國的。這種簡單的思維一旦成為外交思維，那麼中國很難有理性的對印外交政策，也很難確立有效的中印關係。和印度的關係要從最基本做起，最終才能提升到戰略層面。

在實際政策層面，中印之間的領土糾紛可能很難很快的得到解決。這方面，中國必須努力，因為畢竟已經解決了和俄羅斯、越南的陸地邊界問題。和印度的邊界問題更為複雜，但也不是不能解決。至少在最低層面，中國必須努力把領土糾紛管理和控制在不公開化的程度。如同和其他國家的關係一樣，在和印度打交道的過程中，主要是要把兩國的共同利益做大做強。共同利益做大做強了，衝突就容易得到管理和控制。反之，如果沒有共同的利益或者共同利益很小，那麼衝突就很容易爆發出來。

共同利益既表現在經濟方面，也表現在文化方面。在經濟方面，中印關係發展勢頭很強。儘管存在各種原因，但經濟交往是雙贏遊戲，印度很難拒絕。不過也應當看到，在經濟領域，印度對中國也具有深刻的「恐懼感」。印度的一些強硬派過多地擔心中國的經濟崛起對印度的國家安全產生影響，經常會動用「國家安全」的名義來審查中國在印度的經濟活動，無論這些經濟活動來自中國國有部門的還是民營部門。在國際經濟方面，中國和印度都是「金磚國家」成員，同時印度也積極參與中國主導的亞洲基礎設施投資銀行。可以相信，隨着印度經濟的繼續崛起，儘管中印之間必然會產生經濟競爭，但兩國的合作空間也會愈來愈大。

在中印關係方面，需要進一步探索的是中印之間的文化合作。這裏指的不僅僅是傳統宗教（佛教）方面的合作。中國需要大力開發印度所具有的文化資源，拓展合作空間。至少表現在如下三方面。

第一，中國可以從印度學到各種宗教和諧共存的經驗。印度是一個多宗教國家，儘管各種教派之間的衝突也存在，但總體上説各種宗教是和諧共存的。中國今天面臨穆斯林激進主義的危險，並且即使在西藏也面臨宗教極端行為。在印度內部，穆斯林已經變得相當溫和，並且與其他宗教共存。印度的穆斯林極端主義主要是外部因素造成的（主要是巴基斯坦的影響）。

第二，巴基斯坦方面在很多年裏鼓勵穆斯林激進主義，這不僅對印度構成了嚴重的危險，而且現在巴基斯坦本身也深受穆斯林激進主義之害。中國可以通過和巴基斯坦的戰略友好關係，鼓勵巴基斯坦政府採取有效的舉措管控和壓縮（甚至取消）宗教極端主義和激進主義。這樣做不僅有利於印巴關係的改善，也有利於增進中印、中巴之間的關係。應當認識到，巴基斯坦的宗教極端主義和激進主義遲早也會威脅到中國。

第三，中國和印度可以合作，大力鼓勵溫和穆斯林文化的崛起。穆斯林激進主義是世界一大趨勢，已經危害到包括中國在內的幾乎所有國家，包括穆斯林國家本身。中東是世界穆斯林國家最多的地區，但世界上大多數穆斯林人口並不在中東，而是在包括印度、中國和東南亞在內的非中東國家。在印度、中國和東南亞等地區，大部分穆斯林非常溫和。今天的穆斯林極端主義和激進主義是少數幾個中東國家造成的。一些國家的政府對極端主義和激進主義提供大量的經濟支持，並把激進化有效傳播到中東之外的地區，包括中國。在很大程度上說，中東地區少數穆斯林極端主義者已經「綁架」了非中東地區的多數溫和穆斯林。沒有任何力量，包括西方以軍事為核心的「硬實力」和民主自由為核心的「軟實力」，可以阻止激進穆斯林主義對這個世界構成的威脅。要應付穆斯林極端主義只能用溫和穆斯林的力量。中國、印度和東南亞國家的溫和穆斯林在這方面可以扮演一個重要角色。如果這些國家和地區的溫和穆斯林能夠結成一個聯盟，那麼就會產生非常強有力的影響。這比現在西方主導的以軍事打擊為核心的方法會有效得多。如果這方面成功了，不僅會為中國本身的國家安全帶來巨大利益，也會對區域甚至國際安全帶來巨大利益，而且也可以成為中國（和印度）本身的強有力的「軟實力」。中國和印度都是基於古老文明之上的國家。我們甚至可以說，這兩個國家之間的文化合作有能力為世界秩序提供一個不同於西方的選擇。

七、「西進運動」不當而深度陷入中東衝突

「西進運動」指的是中國的戰略重心移向國家的西面的趨勢。儘管這個概念到目前為止基本上還停留在學術圈，國家也沒有形成一個正式的「西進戰略」，但向西戰略逐步地體現在一些政策之中。這種政策動向有其重要性和必然性。不過，在「西進」上升成為國家戰略的時候，我們必須考慮到這個戰略所包含的風險。儘管類似的風險也存在於其他各種戰略調整中，但「西進」所包含的風險最大，如果不當心，中國就會陷入中東衝突的泥潭。中亞和中東地區過去是埋葬帝國的地方，現在仍然是。中國如果沒有足夠精明的策略，那麼就很難避免重複其他大國所走過的老路。

至少有三個客觀的因素驅使着中國的「西進」。這幾個因素也是學術界和政策界論證「西進」策略的主要論據。

首先，在中國的東部，與美日等大國的戰略競爭愈來愈激烈。自從日本民主黨在處理釣魚台問題犯了嚴重錯誤（即所謂的「國有化」）以來，中日之間的糾紛在一段時間越演越烈。再者，正如前面已經討論過的，尤其隨着美國近年來實行所謂的「重回亞洲」的策略，中國的海洋戰略面臨巨大的挑戰，範圍涵蓋從東海到南中國海到印度洋的廣闊海域。美國的「重回亞洲」不僅僅關乎美國本身，也改變了中國周邊（海洋）國家對中美關係的認知，一些國家認為中美關係會重複往日美國和蘇聯的關係，而選擇了和美國站在一邊。同時，那些和美國有同盟關係的國家（例如日本和菲律賓）更是利用其和美國的同盟關係在最大程度上追求自己的利益而損害中國的利益。

第二，中國的能源需要。中國已經成為一個最大的能源消

費國，這種情況在今後很長的時間裏不會改變。中亞和中東地區是能源產地，這個地區的能源供應對中國國民經濟的正常運轉至關重要。我們前面提到，南海是中國的生命線，因為中國百分之八十以上的貿易是通過南海的。貿易當然包括能源，並且是中國進口的主要部分。能源本身對中國的重要性和南海戰略的複雜性也促使中國「西進」，希望打通中國西部通道，直接從陸地把中亞和中東的能源運輸到中國來。

第三，「絲綢之路」策略的確立。今天所説的「一帶」指的就是陸地絲綢之路，即把中國經過中亞和中東的廣大地區和歐洲連接起來的商貿路線。絲綢之路是當代中國的一個大國際戰略，主要構建中國和發展中國家的關係。絲綢之路具有廣泛的含義，包括能源商貿、金融、基礎設施互聯互通、文化交流等各個方面。可以相信，隨着「一帶」戰略的啟動，中國和中亞、中東發展中國家的交往會愈來愈緊密。特別是，一旦中國和中亞、中東國家實現了互聯互通，那麼基本上經濟上的整合和互相依賴就會成為可能。

然而，無論是能源貿易還是互聯互通，這些不僅僅具有經濟意義，更重要的是具有戰略和外交意義。而戰略和外交方面的意義往往超出人們的估算。在推進「西進」戰略時，我們不得不考慮到諸多國家統一和安全方面的問題。這些問題至少可以從如下幾個方面來看。

第一，「西進」涉及到維護國家統一的問題。國家的統一既是一個歷史問題，又是一個現實問題。從歷史上看，這與中國國家的形成和發展方式有關。在地理意義上，中國國家的形成走的是一個從中心地帶向邊緣地帶擴張的過程。中原王朝是國家的內核，逐漸整合邊緣地帶。在這個過程中，邊緣地帶自然與體系的整合性自然相對較弱。這種情況到現在仍然存在。中國人常說，「天高皇帝遠」。傳統上，因為缺少現代交通工具和通訊手段，一個地方離中原王朝的地理距離的確影響到其自治程度。在數千年的歷史中，遠離中原王朝的邊緣地帶往往發展出了自己獨特的文化和生活方式。這種地方化了的文化和生活方式並不能因為政治上的統一而消失。已故美國政治學家白魯遜 (Lucian Pye) 說中國是一個文化國家，而非現代民族國家。這一說法是有很大道理的。1949 年之後，中國在政治上成為一個統一的國家，之後也通過經濟手段 (例如計劃經濟)、交通手段 (鐵路、公路等) 和文化手段 (宣傳機器) 等來整合國家。這些手段都有效地整合了國家，使得國家逐漸從傳統上的「文化國家」向近現代民族國家轉型。但是，這並不是說，中國數千年的地方傳統文化和生活方式從此消失了。很多研究表明，即使毛澤東時代的國家整合仍然是有限度的。改革開放之後，隨着數波激進分權，毛澤東時代所進行的各種強制性的整合已經不再，市場化導向的經濟發展一直在強化着各個地方的差異，中國愈來愈呈現出「行為聯邦主義」體制的特點。也就是說，中國的國家整合過程並沒有完成，面臨着愈來愈多的新挑戰。

第二，陸地地緣政治更是關係到中國邊疆的穩定問題。國家的整合從中心到邊緣。如果考慮到中國邊緣地帶和中國的少數民族地區重合，那麼陸地地緣政治的重要性就不言自明瞭。儘管歷史上，中原王朝發展的過程也是一個不同民族融合的過程，但到今天處於邊緣地帶的少數民族 (主要是西藏和新疆) 很難再像傳統上那樣得到整合。這裏有幾個主要因素。

首先，無論是藏族和維族等民族，它們本身也有獨特的文明性，尤其表現出強烈的宗教性。在很大程度上說，中國不僅是一個多民族國家，也是一個多文明國家。一個具有強烈的宗教性的文化很難和漢族的世俗文明相整合。當然，這並不是說它們不能和平相處了。中國傳統上發展出很多相當有效的方法和具有宗教性質的民族和平相處。今天，時代變化了，中國仍然需要找到符合現代精神的和平相處方法。

其次，1949 年以來的民族政策一直在強化少數民族的民族意識，反而使得民族的融合變得極其困難。受當時的國際環境的影響，中國基本上放棄了傳統上處理與少數民族共處的方法，接受了前蘇聯的斯大林主義的民族政策。而從思想的淵源來看，斯大林的民族政策基本上是西方極端的自由主義，即一個民族，一個國家。在這種思想的影響下，中國政府制定了包括民族識別在內的諸多民族政策。這些政策有效地強化了民族認同，而非減少民族認同。儘管有些政策例如對少數民族在經濟社會領域的優惠政策非常必要，但如何消化這些政策所帶來的負面效果，政府並沒有思考。

其三，在主權時代，民族主義不僅對各國產生影響，而且也對一國內部的各少數民族產生影響。如果說民族主義意味着「一族一國」，那麼對多民族國家來說，民族主義就意味着分裂。很多多民族國家就是因為內部少數族羣的民族主義崛起而導致國家的分裂。第二次世界大戰以來，聯合國成員國一直在增加，新成員國主要都來自於多民族國家內部因為民族主義崛起而獨立出來的國家。中國儘管維持着一個統一的多民族國家，但少數民族的民族主義的存在也是一個客觀的存在。很顯然，中國政府已經把「疆獨」和「藏獨」列為對國家統一的最大的威脅之一，這一事實表明少數民族民族主義的存在。

更為重要的是少數民族的貧困問題。少數民族地處中國的邊緣地帶，也是社會經濟不發達甚至是很不發達的區域。社會經濟的不發達狀態對國家的整合產生着負面影響。社會經濟不發達，中產階級很小，社會成員普遍受教育程度低，一些人行為往往難以理性。經驗表明，極端主義，無論是民族主義還是宗教原教旨主義，往往能夠在貧窮人口中間找到市場。貧窮人口往往較之富裕人口更容易被極端主義所動員，並且容易走向暴力。這些年中國在少數民族地區所發生的暴力無疑和社會的貧窮狀態相關的。一旦當社會經濟發展到一個較高的水平，儘管也避免不了少數極端因素，但極端因素很難動員到足夠的力量進行大規模的暴力行為。當然，一旦少數民族的教育水平提高，其成員的民族意識也會提高，從而產生另一類民族主義運動。但這一類民族主義運動是可以加以避免的，主要是可以通過國民教育來減少和消除各民族的極端主義民族主義，把多民族國家維持在統一的水平。這方面，發達的多民族國家（例如美國）的發展提供了足夠的經驗證據。

第三，在今天的全球化和區域化時代，中國的陸地地緣政治也受到區域甚至國際關係的影響。和傳統陸地地緣比較，今天的陸地地緣更容易受外在因素的影響。簡單地說，如果說在傳統上，中國的陸地地緣的劣勢可以通過修築長城而得到修正和彌補，那麼在今天類似的方法已經毫無用處。也就是說，陸地地緣本身也在國際化。在中國，這方面的問題主要在西邊，包括西藏和新疆。西藏和新疆是中國領土的一部分。儘管那裏存在着民族主義因素，但並不存在主權問題。不過，西藏和新疆問題的產生和處理已經遠遠超出了傳統主權國家的範疇，而往往具有了國際性。從概念上說，中國陸地地緣政治往往和周邊外交相關聯，而周邊外交則往往也和大國政治相關。宗教原教旨主義更是一種跨國界的力量，例如最近在中東地區崛起的伊斯蘭國組織（ISIS）便是典型，它幾乎就是一種「聯合國」力量，其中兩萬多極端分子來自包括西方諸國、俄羅斯和中國在內的國家。

「西進」戰略的弔詭也在於中美兩國各自的地緣政治關係的變化及其由這些變化引起的戰略認知的變化。

客觀上，在中國的西邊，現在面臨的是美國力量逐漸從中東地區消退而所留下來的遺產。前面已經論說過，二戰之後，整個中東地區是美國的勢力範圍。在那裏，無論是政權建設還是經濟發展都離不開美國（和廣義上的西方）。美國在中東的利益是基於其能源的需要和對其盟國以色列的國家安全需要的考量。上世紀90年代的海灣戰爭還是美國以反恐為名對阿富汗、伊拉克的佔領都和美國的能源和其他地緣政治因素的考量有關。但是從近年來的發展來看，美國必須改變其在中東的政策。有幾個因素顯得尤其重要。

首先，美國的帝國已經過度擴張，導致美國維持帝國的負擔過重。儘管美國還是最強大的國家，但在維持一個擴張過度的帝國方面已經顯得力不從心。這表明美國必須收縮帝國戰線。

其次，在中東，美國進行了大規模和持續的反恐戰爭，但那麼多年下來，美國最終發現，要消除恐怖主義因素幾乎是一件不可能的事情。在這種情況下，美國調整心態，承認恐怖主義是一個常態，反恐是一件長期的任務。正是這種新的認知，美國要逐漸減少從事反恐的軍隊。

其三，2008 年全球金融危機之後，美國國內進行再工業化的運動。頁岩氣的開發使用正在有效減少美國對海外能源尤其是中東能源的依賴，美國正在快速地向一個能源大國轉型。二戰之後，在美國的地緣政治格局形成過程中，能源是一個強大的推動力。美國成為能源大國表明地緣政治格局會出現很大的變化。一旦美國不再依賴中東能源，甚至變成能源出口國，那麼美國從中東減少軍事存在的速度必然加快。

那麼，這種地緣政治的變化對中國的陸地地緣政治意味着甚麼呢？很多人簡單地人認為，美國從中東撤出為中國創造了一個機會，就是說中國可以填補美國撤出之後所出現的空間。然而，問題並不是那麼簡單。的確，中國需要大量能源，在很多年裏，中國也在積極地和中東國家建立緊密的經濟貿易關係。不過，美國撤出對中國會產生三個大方面的挑戰。首先，中東的安全問題。在中東，整體安全架構是美國主導下建立起來的。一些人認為，到現在為止，中國在中東是一個「搭順風車者」(free rider)，中國「搭」美國的「順風車」，或者說，中國的總體安全是美國提供的。這當然有些誇張，但並非一點道理都沒有。美國一旦撤出，中東整體大安全架構就不再存在。安全問題必然成為中東最大的問題。要建立一個新的安全架構談何容易！而中國在這個過程中所能發揮的作用非常有限，也就是說中國必然面臨如何保護其在中東的利益的挑戰。

其次，美國撤出中東並不會非常順利，而會是一個動盪的過程。美國一旦撤出，那裏的親美政權必然遭遇困難。再加上美國承受「民主」的包袱，也就是說要在那裏推動民主化。儘管今天中東和北非的民主化大多是內發的，但美國的作用不可低估。美國（和西方）在逐漸撤出的同時也在努力推動那裏的民主化運動。這裏也包括幫助推翻美國（和西方）所界定的專制制度（非民主政權）的努力。這在利比亞和敘利亞的例子上表現得非常充分。當然，新生的政權不見得是繼續親美的，更有可能是反美的。更嚴峻的是，在舊政權被推翻之後，產生的往往不是人們所希望的民主政權，而是失敗國家。

對中國來說，必須認識到，不親美甚至反美並不是說這些政權可能會對中國更友好。美國在中東的能源地緣政治招致了那裏人民的不滿。現在美國走了，中國要進入。但中國在中東的能源政治如何不招致那裏的人民的不滿呢？顯然，這對中國是一大挑戰。但這裏更為嚴重的是，一旦現存政權解體，新政權如何建立？建立一個新政權並非容易。民主（主要是選舉）可以產生一個新政府，但也容易推翻一個新政府。中東地區這些年的政局動盪就說明了這一切。如果政局不穩，那麼中國又如何走向中東？在過去，美國力量能夠在中東生存和發展和美國在中東政權建立過程中的重要作用相關。中國完全不可能重複美國的道路，那麼中國力量又如何走向中東？

再次，考慮到地緣政治的影響是雙向的，中東變局也必然會影響到中國的邊疆政治社會穩定問題。對中國最直接影響的影響之一就是中東的宗教極端主義甚至是恐怖主義向中國的延伸和擴張。隨着美國的撤出，中國和中東的經濟貿易交往變得頻繁起來。這也必然促使兩者之間的文化、人員（商人、學生、學者等等）的交往。這可以說是正常現象，也應當加以促進。不過，必須看到的是，中東很多國家不能建立一個有效政權，甚至成為失敗國家，同時宗教極端主義崛起。失敗國家也往往成為宗教極端主義甚至恐怖主義的訓練地。在未來中國和這些地區的交往增加，也必然受這些方面的影響。從近期新疆的暴力恐怖主義事件來看，境外和境內的激進因素已經有了相當的關聯性。

與新疆問題有關的地緣政治的另一個重要因素來自中亞地區。在冷戰期間，這個地區是蘇聯的勢力範圍。蘇聯解體之後，前蘇聯中亞共和國紛紛獨立。蘇聯一消亡，美國勢力就乘機進入這個地區。這個地區的政治和政府穩定性要比中東好一些，但也面臨着很大的不確定性。在這個地區，政府從政治紛爭中以民主的方式產生，但民主仍然處於早期階段，穩定下來需要很長的時間。事實上，如果這些政府不能引導國家社會經濟的發展，現在低度的社會經濟發展水平並不能有助於民主政治的進步。這些國家面臨的一個困境是：一方面，民主很難造就一個穩定有效的政府，很難有能力推動社會經濟的發展，另一方面，低度社會經濟水平制約着民主政治品質的提升。再者，這些政府也沒有能力來提供一個有效的社會秩序，在舊（蘇聯）體制解體之後，新的體制還遠未建立起來，這經常導致社會的無政府狀態。和中東地區一樣，社會的無政府狀態經常為極端勢力和恐怖主義提供有利的空間。而這些又必然影響這些國家的鄰居，即新疆。

西藏也面臨類似的情況。這些年來，中國政府和流亡在海外的達賴喇嘛之間不能達成共識。現在人們面臨的問題是，一方面，中國政府不會向任何被認為是分裂國家的行為做絲毫妥協，另一方面海外藏人組織近年來則愈來愈激進化和暴力化。不管怎樣，達賴喇嘛是公開提倡「自治」和和平的（儘管達賴的「自治」和中國政府所界定的「自治」有很大的差異），但一些海外藏人組織則公開提倡西藏獨立，並且要用暴力手段來達成目標。達賴喇嘛現在年事已高，一旦達賴去世，海外藏人的暴力變得不可避免。考量到西藏流亡政府設在印度，並且中國和印度之間存在着包括邊界領土糾紛、軍事競爭、民族主義衝突在內的問題，西藏問題的地緣政治含義的複雜性是不言而喻的。

儘管這些趨勢的發展並不是說今天的中國也要像傳統那樣在中國和中東之間修築一條「長城」把境外極端因素隔離在外，但這種情況的確表明「西進」戰略如果處置不當，中國少數民族地區會面臨怎樣的地緣政治風險。

因此，問題在於如何減低和消除「西進」所能帶來的地緣政治風險。這方面，中國也是可以通過各種方法來實現自己的目標，並且也已經積累了一些經驗。例如，中國可以通過多邊主義，在推進經貿合作的同時來防範負面因素的影響。例如上海合作組織，就是中國和俄國、中亞國家合作的產物，意在共同反對恐怖主義、推進成員國之間的經濟合作。近來推出的亞洲基礎設施投資銀行就是一個中國主導的多邊國際機構。可以預見，在未來，中國會繼續努力來推進這類組織的建設，回應新出現的挑戰。再如，中國可以和「西進」路線的大國合作，包括俄羅斯和印度，一方面減低大國之間對地緣政治影響的競爭，另一方面通過大國合作來協調這些區域的安全。正如前面討論中印關係時所涉及到的，中國也可以和大國在文化和宗教方面合作，即通過鼓勵穆斯林溫和派文化來約束中東地區的宗教激進主義。

當然，從目前的情況看，我們還不能確定上述這些可能的舉措是否能夠應付美國逐漸從中東退出所帶來的地緣政治的大變局。總之，中國面臨着前所未有的、由陸地地緣政治大變局所帶來的嚴峻挑戰。要應付這些挑戰，我們需要尋找新的應付戰略和方式。不管如何，「西進」過程中，既要防範使得國家愈來愈不安全的因素，更要防範在美國「撤出」之後深深陷入美國那樣的泥潭的因素。

八、過分輕信或者過分恐懼西方而造成受制於西方的局面

就國家安全來說，在今後相當長的一段歷史時間內，中國最直接的危險仍然來自發達的西方，尤其是美日同盟。我們在前面對中美關係、中日關係做了專門的討論，認為如果處理不好，就有可能導致顛覆性錯誤，中國因此必須盡一切努力來避免數千年歷史上一而再、再而三發生的「大國悲劇」，即新興大國和現存大國之間的戰爭。我們也論述了中國和周邊國家的複雜關係，認為這些複雜關係也有可能導致顛覆性錯誤。不過，應當意識到的是，和西方大國的關係與和周邊國家的關係，對中國來說，兩者的性質很不相同。

對西方大國的關係，往往超出中國自己本身所能掌控的範圍；而對周邊國家的關係，中國仍然具有主動權。可以從兩方面來說。第一，如果和周邊關係的變化是中國自己導致的，那麼中國對自己的行為是可控的，是可以根據形勢的需要做調適的。第二，如果和周邊關係的變化是周邊國家導致的，那麼也不會對中國國家利益構成致命的挑戰，因為畢竟和中國比較，所有周邊國家（除了日本）都是較小國家，力量遠較中國弱。較小和較弱的周邊國家可以給中國製造麻煩，但沒有能力對中國的國家安全構成直接而重大的威脅。

更需要清楚意識到的是，往往只有在西方大國尤其是美日同盟捲入中國周邊事務的時候，處理周邊國家事務才會出現顛覆性錯誤。顯著的一點就是，無論是美國的現存同盟國（日本、菲律賓等）還是美國所要發展的同盟（例如越南）都有可能成為美國的「代理」。前面我們已經強調過，中美兩國之間沒有直接的地緣政治衝突，中國和美國的衝突主要表現為中國和美國的盟友之間的衝突。美國要為同盟國或者準同盟國「替天行道」，因此和中國發生衝突。

從這個意義上説，處理和西方大國的關係仍然是中國長期的挑戰。前面我們討論了中國和主要大國美國、日本和印度的關係，強調不能低估西方的力量，盲目挑戰西方。實際上，對西方，中國還存在兩種傾向性，即過分恐懼和過分輕信。這兩種傾向性既表現在政策話語中，也反應在實際的外交政策層面。

兩種傾向性都是極端心理，是自信不足的表現。過度恐懼西方往往是中國民族主義的特徵，或者説，對西方的過度恐懼經常導致極端民族主義式的反應。一些民族主義者把西方對中國所做的一切都視為是要「遏止」和「圍堵」中國，把西方的一切都視為是「陰謀」。這種恐懼心理就要求中國針鋒相對，準備好和西方的衝突和戰爭。在內政方面，過度恐懼西方的表現就是去否定西方的一切，相信西方模式已經衰落，而「中國模式」會取而代之。過分輕信西方則往往是中國自由主義的主要特徵，是另外一個極端，也是沒有自信的表現。在內政方面，自由主義對中國的各種體制沒有任何信心，總以為中國應當以西方為模式，實行西方式制度。對外方面，自由主義天真地相信，一旦中國在世界舞台上接受西方的價值觀，西方就會接受中國的崛起。有人甚至認為，接受西方領導是中國和平崛起的國際保障。

但實際上，這兩種心理認知都不符合中國的國家利益，走到了極端，就會演變成顛覆性錯誤。中國應當從前蘇聯和俄羅斯與西方關係演變過程中學到很多經驗教訓。

首先是不能過度恐懼西方。過度恐懼西方是前蘇聯領導集團的主要外交心理，也是最終導致蘇聯和蘇聯集團解體的主要因素。二戰之後，美蘇之間很快就陷入冷戰狀態，各自組建了地緣政治集團，即蘇聯集團和美國集團。當時的蘇聯對「敵對陣營」（西方集團）無比恐懼，以最大限度動員國家資源來對付之，並且把重點放在軍事上。蘇聯集團和美國集團之間的競爭是全球範圍內的，並且多表現在軍事方面。但是，正如後來的歷史所展示的，兩者之間的競爭最終導致了蘇聯和蘇聯集團的解體。美國在二戰之後成為全方位的強國，表現在經濟、政治、外交和軍事等各個方面，而蘇聯和蘇聯集團在政治、經濟上並沒有能力和以美國為首的西方集團進行競爭，而幾乎把所有資源導向軍事的競爭。這種完全不對稱的競爭導致了蘇聯和蘇聯集團國民經濟的軍事化，最終經濟萎縮，不僅不能支撐龐大的軍事費用，而且更促成了國內的短缺經濟，不能滿足人民的需要。最後蘇聯和蘇聯集團在和西方的競爭中，自行走向了解體。

不過，蘇聯和蘇聯集團解體之後，俄羅斯和很多東歐國家又走向了另外一個極端，即過分輕信西方。蘇聯時代的戈巴卓夫想通過民主化來促動國家的改革，結果導致了蘇聯的解體。在西方的一片呼呼聲中，戈巴卓夫儼然成為西方世界的「政治英雄」，因為戈巴卓夫以無聲的方式促成了西方夢寐以求的目標的實現。在戈巴卓夫之後，葉利欽時代的俄羅斯領導人也是高度輕信西方，一方面輕信俄羅斯能夠順利地變成另外一個西方民主國家，另一方面輕信西方必然會接受和歡迎一個民主化的俄羅斯。俄羅斯是敞開大門迎接西方的。俄羅斯國內的各方面改革「嚴格」按照西方所提供的方案來做，即西方新自由主義。在國際政治上，俄羅斯也自信成為西方的一部分，而忽視了西方的野心。這種戰略鬆懈使得西方輕易地獲得了原來蘇聯帝國的地緣政治空間，把西方的地緣政治勢力範圍直接擴展到了俄羅斯的後門。

俄羅斯的這種過度輕信西方顯然是失敗的。在內政上，西方式的經濟自由化很快就導致了寡頭經濟，國民經濟一蹶不振，並且出現成為西方經濟附庸的趨勢。經濟寡頭直到普京執政時期才得到遏止，但其惡果到現在並沒有消化。俄羅斯儘管想走西方的市場路線，但今天俄羅斯所面臨的各種經濟問題正是西方式市場路線所導致的。在民主化方面，俄羅斯與西方關係也呈現出緊張關係。在經濟寡頭嚴重干預政治的情況下，普京對寡頭進行了整治。同時，原來葉利欽時代的分權也走向了集權。這些變化直接導致了西方的不滿。西方現在並不認為俄羅斯是民主國家。在外交方面，俄羅斯已經失去了往日蘇聯帝國所擁有的地緣政治利益。這並不是說，俄羅斯要回到前蘇聯時代。問題在於，作為大國的俄羅斯，其生存和發展必然要求其有自身的地緣政治勢力範圍。這正是烏克蘭克里米亞問題的直接起源。克里米亞本來是俄羅斯的領土，在前蘇聯時代，因為烏克蘭本身是蘇聯聯邦的一部分，因此劃給了烏克蘭。現在俄羅斯收回克里米亞，這從地緣政治的角度來說很容易理解。但這直接導致了俄羅斯的「顛覆性錯誤」，和西方交惡，受西方的全面制裁。除了克里米亞問題，烏克蘭東部也是俄羅斯和西方繼續爭鬥的根源。人們還不知道，俄羅斯和西方甚麼時候才能走上關係的正常化。而現在的這種情形無論於俄羅斯還是西方都是不利的。

東歐前共產主義國家在輕信西方方面也同樣有沉痛的教訓。蘇聯集團解體，東歐國家從前蘇聯的鐵幕中解放出來，投入了西方的懷抱。幾乎所有東歐國家都真誠相信，它們從蘇聯集團獨立出來之後，西方一定會給於各方面的幫助，因為新建立的自由民主政體一直是美國和西方所追求和推行的。但實際上的結果又是如何呢？東歐國家的政治精英很快就發現，西方對其地緣政治利益的關切遠遠勝於對民主自由的關切。東歐國家並沒有得到西方所許諾的一切，民主自由往往只是西方干預東歐政治的一個幌子而已。很多東歐國家直到今天仍然對西方抱有很多的幻想，但這裏東歐國家並不是相信它們能夠得到西方的幫助，而是處於它們對俄羅斯的恐懼。對俄羅斯的恐懼使得它們別無選擇，而是繼續幻想美國和西方。從地緣政治的經驗來說，東歐國家的前途並不那麼確定。

今天的中國，也同樣面臨選擇問題，是恐懼西方還是輕信西方？這兩方面的選擇都存在着。首先是過分恐懼美國。中國一些人過分恐懼美國主要是因為美國恐懼中國所導致的。就今天的中美關係來說，所面臨的挑戰與其說是中國對美國構成的挑戰，倒不如說是美國對中國崛起的恐懼。如前面所論述的，中國花了很大的努力來構建「新型大國關係」。但美國的反應並不是中國所預期的。今天美國對中國崛起的恐懼已經到了無以復加的程度。在很大程度上說，今天的美國猶如二戰之後的蘇聯。今天的中國儘管沒有象前蘇聯那樣來組建反美國的同盟，但美國對中國的恐懼猶如當時的蘇聯對美國的恐懼，並直接反映在其外交政策的方方面面。第一，同盟關係建設。美國實行「重返亞洲」政策、強化和日本、菲律賓、澳洲等傳統盟國的關係、努力發展新盟國（例如越南等）。第二，大量增強其在亞洲的軍事存在。二戰後的很長時間裏，美國曾經是一個全方位的大國。但現在則不一樣了。經濟實力不如從前，其所推行的軟實力即民主自由也到處碰壁。在這樣的情況下，美國只好強調軍事力量。第三，發展排他性的戰略性貿易。主要表現在 TPP 等方面。TPP 是美國主導的區域經濟組織，但明顯排除出中國，並且其中一個目標就是直接針對中國的國有企業的。第四，想盡一切辦法把其同盟國淪落為「附屬國」，聽從美國的領導。這點在和日本的關係方面表現得很明顯。在日本民主黨鳩山任首相的時候，日本通過訴諸於建立東亞共同體來追求和美國較為平等的關係。東亞共同體被美國視為是「親中國」的，因此很快就被絞殺。安培上台之後，走的是反華路線，這不僅得到美國的大力支持，而且美國不惜以犧牲和中國的利益，來鼓勵日本等盟國挑戰中國。很顯然，美國所有這些方面的行為和前蘇聯的行為並無二致。

在這樣的情況下，中國很多人，主要是民族主義者，也轉而恐懼於美國，主張要以牙還牙。而中國的自由主義者則把目前中美關係的緊張歸咎於中國的「強硬政策」，他們希望中國能夠在中日關係、南海問題、中印關係等等一些列問題上繼續「韜光養晦」、配合美國和西方的「情緒」。他們的確相信，如果中國這樣做，歐美就會接受中國的崛起，中國崛起的和平性質因此能夠得到保障。

從蘇聯和東歐國家的情況看，這兩種傾向性有可能導致中國的顛覆性錯誤。如果過於恐懼於美國，那麼就有可能陷入和美國的軍事競爭陷阱。一旦陷入軍事競賽陷阱，中國國民經濟就有可能被軍事化，就如前蘇聯那樣。這種可能性並非假設，而是有制度條件的，主要是因為中國存在龐大的國有企業部門，一旦軍事競賽開始，大量的經濟資源就會導入國有部門，而非民營部門。而自由派的「願望」也一定會破滅，主要有兩個原因。第一，中國很難會走東歐那樣的民主化道路。執政黨一直強調中國不會走西方民主化道路。第二，即使中國民主化了，美國也會同樣把其地緣政治利益置於民主之上。

中國必須做正確的選擇，在內政外交上避免因為過分恐懼西方和過分輕信西方而導致的顛覆性錯誤。在內政上，中國不可以簡單照搬西方經驗，但也不可以關起門來，自以為是地搞建設。一方面要意識到中國內部建設所面臨的巨大挑戰，中國仍然需要虛心學習西方經驗來促動和促進內部的現代化，另一方面要清醒地意識到學習西方並非走西方道路。這裏，中國需要一大批類似新加坡李光耀先生那樣的政治企業家，能夠結合東西方最佳實踐和經驗，把內部經濟建設和制度建設搞上去，學習西方，但做得比西方還要好。學習西方必須採取現實主義的態度，而不能抱過多的幻想和烏託邦精神。

在國際層面，中國要實行本文開頭所討論的「兩條腿走路」的方針。一方面繼續和國際接軌，在現行國際體系上往上爬。中國不可以學習前蘇聯那樣，脱離西方主導的國際體系，另起爐灶，建設和西方相對立的區域或者國際體系。在全球化時代，這樣做，不僅不符合中國的國家利益，而且不利於中國在國際社會發揮建設性作用，而對國際和平更不利。同時，中國不能盲目相信西方會和平地歡迎中國的崛起。中國要善於建立自己主導的、開放性區域甚至國際性秩序。這裏要強調的是開放性。美國等主導的無論是戰略上的同盟關係還是經濟上的 TPP 等區域組織都是排他性的，中國主導的區域和國際組織如果要有競爭力，唯一的來源就是開放性，不僅向發展中國家開放，而且也向發達國家開放。面前所進行的亞洲基礎設施銀行就是這樣一種開放性的區域組織。並且中國所確立的區域和全球性組織的目標至少在早期並非取代現存國際組織，而是從補充的角度行使現存國際體系所不能行使的功能。未來的發展如何取決於現存體系的改革和中國本身的能力。

簡單地説，開放性是中國經濟的本質。無論是內部建設還是國際秩序建設，都必須秉持開放性。而這種開放性就可有效避免過分恐懼西方或者過分輕信西方的顛覆性錯誤，同時也可確立和提高中國本身的自信度。

九、沒有有效的機制來防範
國際「資本帝國」製造重大經濟危機

在中國，有關 TPP 談判尤其是美國和日本的談判的任何進展經常成為人們的關切。人們一直把 TPP 作為一種國際貿易和投資形式，一種比世界貿易組織（WTO）更高標準的形式。因此，人們總是算計着加入 TPP 能夠為國家帶來多少的經濟收益，而如果被排擠在 TPP 之外，國家又會遭受多少經濟收益。再者，人們也注意到了 TPP 所隱含着的地緣政治和戰略考量。象越南、馬來西亞那樣的發展中國家被包括在內，而作為世界上第二大經濟體的中國則處於 TPP 之外。這裏主要大國尤其是美國的地緣政治和

戰略的考量是顯而易見的。因此，也不難理解，中國不僅要擔憂TPP所帶來的經濟貿易影響，而且更應該擔憂其所帶來的地緣政治影響。

其實，人們應當從更深層次來思考TPP這樣的貿易投資形式，提出類似於這樣的問題：從非經濟的角度來看，TPP是甚麼、它的實現會對當地社會帶來甚麼影響？跳出簡單的投資貿易方式，人們不難發現，形成中的TPP實際上是一種新型的資本運作方式，一種超越主權國家的資本運作方式。可以預見，一旦成功運行，TPP意味着一個新型國際資本帝國的形成。這個資本帝國和現在的資本全球化不同，是一個更高層次的資本帝國，也就是超越民族國家、不受民族國家影響或者有能力逃避民族國家影響的資本帝國。

資本主義作為一種制度形式源於西方，自西方擴展到非西方世界。儘管非西方世界包括中國，傳統上也有些資本主義因素的產生，但資本從未形成過一個自主的制度。從西方資本主義演變的歷史來看，簡單地說，資本已經走過了兩個大的歷史階段，現在要步入第三個歷史階段。第一階段是民族統一市場的形成，第二階段，是世界統一市場的形成，第三階段則今天的資本帝國階段。就資本和國家政權的關係來說，在第一階段，資本依靠政權力量而形成統一國家市場，在第二階段，資本依然依靠主權國家在國際舞台上擴張，而現在的第三階段，資本則試圖建立自己的帝國，趨向於超越民族國家、脱離民族國家的控制。

在每一個階段，資本運作方式的變化會深刻影響資本和政治的關係，從而是政府和社會的關係。在第一階段，也就是西歐資本主義的早期階段，資本和國家力量互相支持。在羅馬帝國解體之後，歐洲就不再存在統一的政治力量。城市國家自下而上產生，而統治城市的則是商人。國王需要擴張其統治地域，而資本需要擴張其市場，兩者具有高度一致的目標。資本出錢，幫助國王統一國家，同時也依靠政治力量形成了統一的民族市場。民族國家統一市場的形成是西方資本主義的第一階段。

在第二階段，資本在國內市場開始飽和，過剩的資本需要走出國門，開拓海外市場。這直接導致了帝國主義體系的形成。帝國主義強調的往往是資本和商品的輸出和對非西方國家的資源的掠奪和勞動力的剝削。作為帝國主義核心的殖民地主義更是西方資本主義對非西方國家的直接統治。帝國主義和殖民地主義的歷史是血淋淋的歷史。西方自由主義一直相信比較優勢和自由貿易，但歷史的事實根本不是這樣。帝國主義往往動用國家的力量，用槍炮打開非西方國家的大門。

隨着反殖民地運動的崛起，西方資本對非西方國家的關係也開始「文明化」。第二次世界大戰之後有了比較大的轉變，最終形成類似於世界銀行、世界貿易組織、國際貨幣基金組織等國際組織。這些組織都是西方資本和本國政府協調的產物，意在協調西方資本的行動。這些組織的形成一方面使得西方資本更加有效地擴展到非西方國家，得到更安全的制度性保護，另一方面使得資本的行為更加具有軟性，即「文明」。很顯然，在這個階段，西方主權國家仍然扮演着重要的角色。

資本現在進入第三階段，主要的特徵是去資本「主權國家化」，實現資本本身的自主性和自治性，形成不受主權國家控制的資本帝國。資本帝國的形成起始於上世紀 80 年代開始的經濟全球化。如同從前的全球化，這波全球化也是資本促動的，主權國家在背後支持。形成這波資本全球化的原因，除了資本逐利的本質之外，至少還有如下一系列因素。

首先是西方大眾民主對本國資本的影響。二戰之後，隨着大眾民主化時代的到來，選票決定政治權力，西方福利得到了快速的擴張。福利的擴張表明對資本的高税收，而高税收意味着資本必須為社會作出更大的貢獻（犧牲）和低收益。正如一些觀察家早已指出的，通過全球化，資本可以逃避本國的高税收。

其次是資本通過全球化逃避本國的規制。二戰以來，西方普遍形成了規制型政府，對資本的運作進行各種形式的詳細的規制。對資本的規制也就是節制，有效地限制了資本的運作空間。這導致了資本很大的不滿。八十年代英國和美國開始的「新自由主義經濟革命」的核心就是給企業（資本）「鬆綁」，即大大減少甚至取消對企業的規制（de-regulation）。2008 年開始的全球金融危機與西方新自由主義減低經濟規制有直接的關聯。

其三是工業資本主義轉型成為金融資本主義。以製造業為主體的工業資本需要主權空間，具有主權國家邊界，但金融資本則沒有邊界，或者不需要民族國家這個邊界。西方金融經濟本來是為實體經濟服務的。但也是從上世紀 80 年代開始，金融經濟開始脱離實體經濟，本身成為一個自主的經濟系統。而包括信息技術和互聯網在內的高科技發展更強化了金融資本超越主權國家的能力。金融資本也就是今天資本帝國的核心。金融資本的一個特點就是，它要把所有的事物貨幣化，並且能夠在全球內自由流動。

那麼，今天的資本帝國對主權國家和社會正在產生甚麼樣的影響呢？我們可以從如下幾個方面來討論。

首先，資本脱離主權國家的控制。如果把一個社會的權力分成資本權力、政治權力和社會權力，那麼只有資本是可以流動的，而政治和社會是不可流動的。資本的流動性決定了它有能力脱離本國政治和社會的控制。從前人們説是跨國企業，但今天的跨國企業實際上已經演變成為全球企業，獨立於任何一個主權國家的控制。很多全球性企業不僅其經濟規模可以和很多國家的經濟規模相比擬，也很難説是哪一個國家的，受哪一個國家控制。例如華爾街是自主的，美國政府很難主導華爾街。華爾街是2008年金融危機的根源，但金融危機之後美國政府除了拯救華爾街之外，做了甚麼？能夠做甚麼？儘管深處危機，華爾街投資銀行總裁仍然繼續享受天價的工資和獎金。很少有政府可以對龐大的資本説甚麼、做甚麼，但資本反過來則是可以綁架政府的。

其次，國家政治的「中央化」和「國際化」。政治本來就是地方的，尤其在民主國家。不過，在資本帝國的情況下，國家政治尤其是行政當局的關切愈來愈「中央」或者國際化，即國家和國際層面的事情。這是因為全球化所致。在全球化下，政府和資本是一對矛盾。全球化是一個既不可避免、也是各國都想加入的進程。因為加入全球化意味着資本的進入，和資本所帶來的經濟發展。政府如果不能善待資本，那麼資本就會跑掉，而導致國家的發展出現問題。這使得各國政府必須關切國家和國際層面的問題，而往往和本國地方政治脱節。這在歐盟內部表現尤其明顯，各成員國領導層往往不夠重視甚至忽視本國內部的問題，而過度關切歐盟甚至國際問題。

其三，與第二點緊密相關的便是政治的地方化和碎片化。因為執政黨過於注重中央和國際層面的事務，國內的地方事務經常被忽視。這次英國大選所體現的變化很能説明這個趨勢。傳統的保守黨和工黨是整合英國內部各種政治力量的兩大支柱，但現在都開始衰落。而政治的地方性質並沒有變化，保守黨和工黨的衰落導致了兩個主張「地方獨立」的地方政黨的崛起，一個是主張蘇格蘭從英國獨立出來的政黨，即蘇格蘭民族黨，另一個是主張英國脱離歐盟的政黨，即英國獨立黨。儘管保守黨繼續執政，但國內政治版圖的碎片性質很難改變。其他歐洲社會也都有類似的政治情勢。希臘和歐盟之間的緊張關係便是一個主權國家和一個超主權組織之間的矛盾。美國的黑人種族問題由來已久，但經濟全球化在惡化着情況。全球化使得美國內部的收入極端不平等，黑人的經濟弱勢地位突顯出來。黑人的憤怒表明對整個體制的不信任。實際上，與其他西方國家一樣，自八十年代以來，美國政府在扶持資本進行全球化，對國內事務的關切遠不如對國際事務的關切。奧巴馬成為總統之後，想進行一項只涉及到三千萬人口的醫療保障改革，但不了了之。和地方政治的脱節已經使得西方政治呈現出碎片化的趨向，對西方政治會產生長遠的影響。

在資本的巨大推動下，美國政府在大力推動 TPP。TPP 如果形成，必然能夠為美國的資本帶來巨大的利益，但能夠為美國人民帶來同樣巨大的利益嗎？從新自由主義經濟學的角度來看，因為自由貿易是可以為一個國家帶來利益，所以應當推動自由貿易。再者，人們也假定，從自由貿易帶來的利益也是可以通過政府的二次分配達到社會公平，即在各個社會羣體中公平地分配。不過，從過去數十年全球化的經驗來説，答案幾乎是否定的。全球化已經導致了收入分配的愈來愈不公平。

在這樣的情況下，政治激進化成為必然。美國已經取消了政治捐款的限制。從長遠來看，現在「一人一票」的大眾民主便會不可避免地演變成為「一元一票」的民主。儘管美國社會表面上是多元的，具有多元的媒體，人們擁有多元的利益表達管道，但多元體制背後都是由資本操縱，普通人民除了在不同的資本之間進行選擇之外，並無任何權利。有美國政治家早就指出，美國民主是富豪的民主。街頭鬥爭因此往往成為必要和必然。

從這個角度來看，人們在考量 TPP 這樣的貿易投資組織所能帶來的經濟利益的同時，也必須考量其所包含的巨大的社會政治風險，尤其是國內內部的社會政治治理結構問題；否則，一旦超國界的資本帝國掌控一切，社會會變得愈來愈不公平，也愈來愈難以治理。

無論是正在形成中的資本帝國還是資本帝國所能產生的負面影響，離中國都不遠。至少可以從如下幾個方面來討論。

首先，中國不能脱離資本帝國而存在。現實地説，沒有一個國家可以脱離這個正在形成中的國際資本帝國。現實的情況是，進入這個資本帝國，就必須面臨其所帶來的各種負面影響；但如果不能進入這個資本帝國，國家就會被孤立，發展就會成為嚴峻的問題，貧窮化最終也不可避免。因此，和其他所有國家一樣，改革開放以來的中國選擇加入這個資本帝國。

其次，中國本身不僅加入了這個資本帝國，而且也必然會成為這個資本帝國的有機並且是重要的一部分。上世紀 80 年代的全球化儘管由西方資本發動，但中國從來就是其內在的部分。如果沒有中國的加入，這一波全球化不會以如此迅猛的勢頭發展到今天。也就是説，中國從一開始就是資本全球化的其中一個推動力。經過三十多年的開放，中國不僅接受了大量的外國資本，而且也儼然已經成為資本過剩國家。中國過剩的資本也必然走向世界，既走向發達的西方，也走向廣大的發展中國家。中國政府近來的政策在有效推動着中國資本的「走出去」和國際化。為了在國際貨幣基金等國際組織中扮演更重要的角色，中國在加快資本賬戶的開放進程。促成人民幣獲得國際貨幣基金組織的「特別提款權」只是其中一個動力機制。從長遠看，資本走向世界必然促成人民的國際化，成為國際性貨幣。同時，愈來愈具有區域和國際性質的「絲綢之路」(包括亞洲基礎設施投資銀行、絲路基金和金磚國家發展銀行等)也在推動着中國資本的國際化。儘管不能確定中國的資本本身是否有能力形成一個國際性資本帝國，但可以確定地説，中國資本肯定是國際資本帝國的一個重要角色。

再次，中國也不可避免會發生資本帝國在西方國家所導致的現象。中國儘管取得了巨大的經濟發展成就，但也是世界上少數幾個社會分化、收入差異最大的國家。這種分化和差異不僅表現在不同的社會階層，而且也表現在不同的種族。無論是社會階層還是種族問題，都在變得愈來愈嚴峻。儘管政府多年來採取了很多舉措來減少和遏止差異趨勢，但收效並不很大，尤其在少數民族地區。可以相信，儘管歐洲和中國具有不同的制度背景，但歐洲正在發生的這些現象也會在中國發生，政府也必然面臨社會難以治理的問題。更為嚴峻的是台灣、香港的情況。這兩個地區都發生了類似歐洲的激進學生運動，反對資本的全球化。不過，作為中國的一部分，台灣和香港的激進運動很容易轉變其性質，成為「獨立運動」的推動力。這使得中國在資本帝國時代面臨更為複雜的挑戰。對這一挑戰，我們下面專門論述。

十、台灣和香港「獨立運動」失控，演變成國際化問題

儘管台灣地區和香港特區與中國大陸的關係不同，但對中國來說，都面臨同樣的挑戰，即獨立還是統一。從法律上來說，1997年回歸之後，香港已經成為中國的一部分，也就是說，香港已經和中國大陸統一。但是，法理上的統一，並不是説統一的過程完成了。相反，香港在近年來已經發展出一種「獨立力量」。這種「獨立力量」儘管是極少數，但絕對不可以掉以輕心。在全球化時代，少數人的獨立運動可以製造出「顛覆性錯誤」。台灣的情況更為嚴峻一些。儘管台灣的法理獨立很難實現，但台灣的「獨立力量」從來就沒有放棄過法理獨立的努力。實際上，事實上的「獨立」狀況使得台灣有能力去從事獨立運動。無論是台灣問題還是香港問題，如果處理不好，就會演變成高度國際化的問題。對中國來說，台灣和香港的意義在於，中國沒有任何可能在主權意義上放棄這兩個地區。就是說，無論是通過戰爭還是通過和平手段，中國無論如何必須實現國家的統一，至少使這兩個地區不從中國獨立出去。而這兩個地區有能力製造「獨立問題」剛好說明了台灣和香港有可能成為中國出現顛覆性錯誤的地方。

先討論台灣問題。大陸對台灣地區的目標有三個層面，即短期、中期和長期。在短期層面，最重要的就是危機管理；在中期層面，就是遏制台獨，或者維持現狀；而從長遠的觀點來看，就是要追求國家的統一。

短期目標

危機管理的重要性是不言而喻的。在上世紀90年代中期台

獨力量主導台灣政治以後的很長一段時期，台海危機不斷。遠的如 1996 年的台海導彈危機。導彈危機好像由大陸引發，但根源在於台獨力量製造的危機。大陸當時也缺乏如何應對這種由台獨力量引發的危機的經驗，差一點導致美國捲入，形成區域性危機。那次導彈危機之後，大陸在危機管理方面取得了很大的進步。之後，對由陳水扁廢除國統綱領引發的危機管理就相當有效。陳水扁之後，國民黨執政，台海局勢趨於穩定，但並沒有在統一方面有實質性的進步。國民黨的目標也就是在「九二共識」的基礎上維持兩岸的現狀。民進黨現在的領導層儘管也強調維持兩岸現狀，但仍然沒有放棄追求台獨的立場。儘管民進黨黨內力量比較複雜，但民進黨和台獨力量之間的關係微妙，即民進黨仍然缺少不了台獨力量作為其基礎。在這個前提下，一旦民進黨執政，台獨力量仍然有可能製造這樣那樣的台獨危機。每當發生重大的政治事件，例如中國共產黨全國代表大會、美國總統選舉和台灣大選等等，台獨力量都有可能利用這些重大事件來製造危機。每次台灣選舉來臨，台灣獨立問題很容易被做成選舉議題。從以往選舉經驗來看，獨立議題往往會壓倒其他任何議題，左右選舉。如何應付各種可能出現的危機形式，還是中國大陸必須面對的要務。

現狀管理

與之相關的第二層面是現狀管理。台海局勢的現狀就是台灣法理上仍然屬於「一個中國」，就是說不管台灣的實際情況如何，無論在內部法律還是國際法意義上，台灣並沒有法理上的獨立性（即獨立於「一個中國」）。但這並不在任何意義上說兩岸是個統一的政治體。多年來，大陸把管理台海局勢的目標定位在反對台灣的法理獨立上面，這是很現實的做法。因為種種歷史原因，台灣地區作為一個政治實體的存在是一個事實，看不到這個事實，任何決策會是自欺欺人，犯大錯誤。即使將來統一了，也並不見得兩岸屬於同一個政治實體。香港模式的「一國兩制」已經是一個主權政治體下的兩個行政實體。和台灣政治上的統一指的是政治主權上的統一，而非行政上的統一。如何達成主權上的統一和行政權上的獨立既是一個規範問題，也是未來兩岸關係客觀發展的現實問題。

防止法理台獨的意義在於把解決台灣問題分成兩步，即反台獨和促統一。儘管這兩步之間多有重合之處，但從戰略上是可以把它們分離開來的，這種分離有利於人們找到可行的途徑，分階段應付台灣問題，並求得最終的解決。

現狀管理的兩個最主要因素就是中美關係和台灣島內主流政治力量的變遷。中美關係放到後面説，這裏先強調大陸的政策如何能夠影響台灣島內的政治走向。台灣問題與香港問題不同，這裏不再多説。甚至在香港回歸以前，大陸可以通過多種途徑影響香港。但大陸並沒有具有實質性的途徑來影響台灣內政。如果有，也不會出現96年導彈危機這樣的情況了。在導彈危機之後，也有通過領導人講話或者通過媒體等試圖影響島內的政治走向，但是不僅沒有效果，有時候甚至被島內台獨力量所利用而產生負面的影響。這種情況在近年有很大的變化。大陸《反分裂法》的出台有效地改變了從前「胡蘿蔔不甜、大棒不硬」的被動局面。在同時強化了「大棒」的硬度和「胡蘿蔔」的甜度的情況下，大陸比較有效地利用了兩個因素：一是島內的政治鬥爭，二是經濟的區域化，也就是台灣地區和中國大陸兩個經濟體的高度整合。

在後李登輝時代，因為島內權力鬥爭的加劇，給大陸創造了一個使用較為傳統的統戰方法的機會。從前，島內各派政治力量，無論是民進黨還是國民黨，都想從向台獨滑行獲得政治利益。當時以民進黨為中心的台獨力量把持了「台獨」這個道德制高點，牽着各派政治力量的鼻子走。在大陸《反分裂法》出台以前，儘管島內也有權力之爭，但爭端的焦點就是大家互相比試着誰更能勇敢地向台獨滑行。在 2004 年的選舉中，親民黨和國民黨曾經表現出比民進黨更為「激進」。島內的這種政治競爭置大陸於一個非常被動的局面。實際上，在沒有強硬的「大棒」的情況下，大陸強調和平解決台灣問題或者和平統一，很容易被台獨力量解讀成台灣可以和平獨立。更需要指出的是，曾經有一段時間，美國方面至少是其中親台灣的政治力量，也認為台灣的和平獨立是有可能的，於是通過各種方式向台獨勢力傳達錯誤的信息。

《反分裂法》當然是大陸對島內每況愈下的獨立趨勢的反應。但《反分裂法》一出台，就完全改變了大陸的被動情況。《反分裂法》把台獨和戰爭之間畫上了等號，民進黨的台獨不再具有道德制高點，國民黨也因此可以和民進黨在兩岸關係問題上區分開來。在另一個層面，《反分裂法》也使得美國的一些政治力量意識到台獨的嚴重後果。如果美國不想就台獨和中國大陸公開對抗，那麼就要在一定程度上制約台獨行為。就是說，《反分裂法》加速了台灣島內的政治力量的分化，從而對島內的政治走向產生了非常大的影響。

台灣內部政治力量的分化表明大陸傳統統戰方法又可以起作用了。在《反分裂法》之前，島內任何政治力量都不敢和大陸發生具有實質性的關係，因為這樣做很容易被妖魔化，被認為是「中共的同路人」。《反分裂法》以後，為了台灣的整體利益，也是為了本身的未來發展，台灣當時主要反對黨親民黨和國民黨先後訪問大陸，和大陸展開了具有實質性的兩岸問題對話。通過國共兩黨的對話平台，中國共產黨和國民黨就一系列問題達成了諸多的共識。很顯然，這些共識都是有利於台灣社會的。這樣，不僅兩岸的局勢穩定下來，國民黨開始改變他們在島內本來很不利的局面。

另一個因素是經濟的區域化，或者說中國大陸和台灣地區兩個經濟體的高度整合。經過這麼多年的發展，兩岸經濟實際上已經是高度整合。現在很難想像台北的桃園機場如果沒有了大陸去的航班會變成怎樣？台灣的整體經濟也是如此。即使是最具有獨立理念的台獨力量也很難否認大陸經濟對台灣的影響了。

不過，要把兩岸的經濟整合轉化成為對台灣的政治影響則是一個複雜的過程。經濟的整合裏面可以分解出兩個主要因素。一是「台商」因素。台商因素很複雜，他們往往是機會主義者。在早期，一些台商甚至為台獨提供經濟上的支持，更多的台商是執政黨和反對黨兩邊都「押寶」。現在在大陸有那麼多的台商，但是他們有多少回去支持擁護維持現狀的政治力量，即國民黨，又有多少支持了台獨？這種複雜情況以後還會存在下去。

比台商更為重要的政治力量實際上是普通台灣人民，尤其是南部農民。經濟的整合有可能使得大陸直接影響台灣農民的利益，從而間接地影響他們的投票意向。多年來，中國大陸直接向台灣地區開放農產品市場。台南農民是台獨基本教義派的基礎。不過，很難假定所有的台南農民都是傾向於台獨的，他們中的很多人是為了自己的生計。台南傳統上是民進黨的基地，這些農民很容易被台獨基本教義派所動員。如果大陸的市場和他們的生計能夠發生直接的聯繫，那麼情況就會改變。正因為意識到這一點，民進黨曾經對大陸的「親台」經貿政策拼命抵抗。不過，現在看來，這種抵抗對民進黨的負面意義大於其積極意義。一旦當台南農民體味到進入大陸農業市場的好處後，民進黨就很難再抵抗下去。

有了這些可以影響島內政治動態的途徑，台海局勢的穩定就有個基本的保障。當然，這對短期的危機管理也有正面的意義。即使台獨的基本教義派人士製造危機，法理台獨在台灣內部也會遇到很大的阻力。對大陸來說，有了這樣的基礎，對危機處理就可以更加理性。只要能夠把握得住台灣社會的主流，少數鐵杆台獨分子的活動的實際影響力就會小得多。因為這些途徑的出現和發展，也會對民進黨本身產生不小的影響。當基本教義派失去其道德制高點的時候，民進黨黨內的溫和派就會得到機會來影響該黨的大陸政策。這一點現在已經相當清楚。

追求統一

追求統一是中國大陸的長遠目標。要追求這個目標，中國大陸不得不把台灣問題置於國際關係之中。不管意願與否，台灣問題已經被高度國際化，並且這種國際化已經相當制度化了，要改變它並不容易。如前面所述，兩岸本身的交流對中期的現狀管理很重要。但要真正解決台灣問題，國際勢力必須考量在內。

國際形勢複雜多變，以後不斷會有新的因素出現。從目前來看，在台灣問題上，主要要考量的是美日聯盟和歐盟，尤其是美日聯盟保護傘下的日本。其他國際勢力會在不同程度上發生作用，但會是輔助性的或支持性的（或者相反），不會是直接的主體作用。

到今天為止，美日聯盟的主體是美國。聯盟並不是説兩國在台灣問題上有完全一致的國家利益。美國和中國之間有多重的利益關係，主要有戰略利益和經濟利益。在和中國的諸多關係中，美國對戰略利益的考量是第一位的。這裏有很多因素。主要是因為美國是當今世界上唯一的霸權，其主要任務是維持這一霸權地位。其次，和其他國家相比，在美國人的眼中，中國是最有可能成為競爭對手，從而有潛力對美國的霸權地位構成挑戰。其三，在後冷戰時代，美國愈來愈把其戰略重點放在亞太地區。在很大程度上説，美國愈來愈把自己視為是一個亞太國家。當然，還有一個重要的因素是，美國在歐洲的影響力相當牢固，北約等組織是其影響的基礎。和歐洲聯盟的關係比較穩定，即使出了問題也相當容易調整。但在亞洲，美國的影響力並不像歐洲那樣牢固。美國把重點轉向亞洲是有其理性考量的。

正因為如此，美國總是在與中國的經濟關係中看到其戰略意義，或者説總是從戰略的角度來審視中美經濟關係。從戰略的角度來看，無論是日本還是台灣地區，對美國來説都具有工具性質，就是説，日本和台灣地區都是美國用來制約中國崛起的工具。在台灣問題上，美國的最大利益是台灣的獨立，尤其是和平的獨立。而次優利益才是維持台海現狀。美國的這一偏好在今後很長一段時間裏不會有甚麼變化。在這一點上，日本和美國具有同樣的選擇偏好。在現階段，日本願意接受成為美國的工具有很多因素，包括中日兩國歷史上的恩恩怨怨、日本對中國崛起結果的不確定性等等。和美國站在一起，日本能夠有效地預防和消化中國崛起所帶來的不確定性。

美國要在台灣問題上做文章，就要拉日本。因為有《台灣關係法》的存在，美國捲入台灣問題具有必然性。但同時，美國和日本又有《美日安保條約》。這樣美國就很容易把日本和台灣問題牽在一起。2005 年以來，美日兩國正式把台灣海峽納入《美日安保條約》。這樣一來，在《台灣關係法》(美國國會) 和《美日安保條約》(美、日政府) 之間就不存在任何鴻溝了。一旦台灣海峽出現問題，美日兩國也具有了干預的「正當性」和手段了。

但是日本和美國也有不同的利益。在戰略上，儘管和美國結盟有助於日本發揮更大的區域甚至國際作用，但這個聯盟有其特殊性，那就是這個聯盟也在一定程度上制約着日本成為一個真正的「正常國家」。在對華的經濟關係上，日本和美國的利益更具不一致性。中國的經濟崛起正在很快改變東亞甚至世界的經濟版圖。儘管有這樣那樣的困難，亞洲經濟整合趨勢不可避免。在非制度性的層面，亞洲經濟整合程度不比其他任何一個地區包括北美和歐盟差。不管日本與和美歐的經濟關係多麼密切，它還是亞洲經濟的一部分。這個趨勢在近年來愈來愈明顯。在不遠的將來，日本會面臨一個非常艱難的選擇，那就是戰略上依賴美國和經濟上依賴亞洲國家。要平衡這兩方面的需求並不容易。經濟上的需求會對日本的戰略需求起到很大的制約作用。再者，日本的戰略需求也不是一成不變的。現在中日兩國缺少互信也是驅使日本戰略上靠向美國的因素之一。

隨着中國的繼續崛起，日本在一直調整其對華政策。從目前來看，日本在努力強化美日同盟，來對付所謂來自中國的威脅。應當清醒地認識到，在美日同盟的保護傘下，日本也在追求其自身的同盟。安培政權一直在尋求建立所謂的「民主同盟」，即加強與菲律賓和澳洲等民主國家的聯繫，成為其同盟。再者，日本也在發展與一些和中國存在主權糾紛的周邊國家的關係，這明顯表現在日本與越南和菲律賓的關係上。實際上，隨着日本修改和平憲法，擴大軍力，下一步必然要追求其自身的地緣政治勢力範圍。在東南亞日本所追求的地緣政治勢力範圍已經昭然。而在東北亞，日本唯一可以追求的地緣政治勢力就是台灣。一旦民進黨掌握政權，台灣和日本的關係必然會得到強化，因為日本是台獨勢力可以得到的少數支持力量。

那麼，台灣問題在歐盟是甚麼定位呢？與美國相比，在對中國的關係上，歐盟的經濟利益是首位的，而戰略居次要地位。因為地緣政治等各種因素，歐盟和中國並沒有直接的地緣政治戰略衝突。歐盟整合到現在這個程度已經相當不容易，進一步的整合尤其在政治和戰略上整合有相當大的困難。2008 年全球金融危機以來的發展形勢表明，這種整合變得更加困難。如果不出現一個強大的「外敵」，歐盟的戰略一直會處於一種防禦的方式。只有當歐盟作為整體遇到一個強大的「外敵」時，進攻式的戰略才有可能。很顯然，這個「外敵」絕對不會是中國。

在台灣問題上，歐盟只有遇到美國因素時，才會有戰略上的考量。和美日戰略關係一樣，美國和歐盟也有相當制度化的戰略關係，主要是北大西洋公約組織（北約）。這個組織一是防止俄國再次崛起，二是預防和消化中國崛起所帶來的影響。在很多年裏，美國試圖把北約發展到亞太地區，就正説明了這一點。當中國出台《反分裂法》的時候，美國和歐盟便開始美歐之間的中國戰略對話，希望在對華關係上，雙方能夠協調關係和行動。在俄羅斯「吞併」了烏克蘭的克里米亞之後，歐盟和北約就緊張起來，討論中國是否也會對台灣或者其他地區製造類似的事件。

除了一些意識形態利益如民主和自由外，歐盟本身對台灣並沒有實質性的興趣。在沒有實質性的戰略利益衝突的情況下，歐盟希望更多的是中國能夠以一種可以讓歐盟「接受」的方式來解決台灣問題。

香港問題

一九九七年，香港從法理上說回歸中國。香港的順利回歸並不容易，表明回歸之前有關香港的工作做得很好。回歸過程中，也遇到了巨大的困難，但中國方面克服了所有這些困難而實現了順利回歸。這裏有很多因素，但有一點是非常明確的，那就是，香港回歸始終是最高領導層的最高議程之一，也就是說以一種高度集權的方式來處理香港回歸的問題。但九七回歸之後到今天，香港出現了很多的問題，並且問題的複雜性愈來愈甚。實際上，香港已經成為中國治理的一大挑戰。為甚麼會演變成現在這個樣子？這裏，在很多方面是可以再考量的。

回歸之後的一段時間裏，香港問題很快在最高領導層的日常議程中消失了。原因很簡單。很多人認為，九七回歸一結束，香港問題就解決了。香港問題從最高領導層的議程中拿掉了，馬上就落到了各級政府和官僚手中。也就是說，大陸方面開始用一種分權的方式來處理香港問題，權力被分散在不同的官僚機構手中，而官僚往往是不具備解決香港問題的能力的。因此，問題馬上就出現了。2003 年，香港數十萬人上街遊行，抗議特區政府。在這個之後，香港問題再次回到了領導人的議程。但即使這樣，很多問題還是解決不了，並且在惡化。這個過程中，很多方面是值得人們總結經驗教訓的。

中國大陸對香港實行「一國兩制」。不過，這麼多年下來，大陸和香港對「一國兩制」有了全然不同的解讀。大陸方面強調的是「一國」之內的「兩制」，但香港方面尤其是民主派方面則傾向於強調「兩制」而非「一國」。也就是說，香港人的「中國意識」愈來愈淡薄，甚至完全沒有中國意識。發展到現在，一些香港人不僅不認同中國，而且以做中國人為恥。儘管這部分人是少數，但這部分少數是具有話語權的少數，其深刻地影響着香港的整體。這種強烈的香港認同，甚至反中意識是目前香港問題的核心癥結。出現這種情況表明中央政府的香港政策出現了嚴重的問題，如果不是失敗的話。人們至少可以從如下幾個方面來看。

首先，香港回歸之後沒有經歷一個「去殖民化」的過程。香港受英國殖民管治超過一百年，但回歸之後，很多東西被原原本本保留下來了。這種主權移交方式當時被稱頌，但後來證明是個大問題。二戰之後，原來被殖民的國家出現一波反殖民地運動，民族國家紛紛從殖民地宗主國那裏獨立出來。回顧歷史，人們不難看到至少有三種「去殖民化」的方式。

第一種表現為更換統治者。在反殖民地統治過程中，運動的領導人往往也是接受西方教育的精英。他們通過反殖民地運動，把作為統治者的殖民者趕跑了，而把自己推上統治者的舞台。在制度層面，他們不僅往往繼承了原來殖民者建立起來的制度，而且經常把原來的殖民者不曾實行的西方制度引進來。這種方法表面上「去殖民化」了，實際上反而強化了殖民制度。這種方式沒有很成功的案例，但失敗的案例倒不少。今天很多發展中國家擁有原來殖民地宗主國所擁有的所有制度，包括憲政、多黨制、三權分立、自由媒體等等，但所有這些制度只是作為擺設，並不能發揮真正的作用。

第二種是徹底更換制度。一些國家在反殖民地主義之後，完全脱離和改變了原來宗主國所遺留下來的制度，而實行一套不同於殖民制度的制度體系。一些國家返回到殖民地之前的更為傳統的制度體系，例如亞洲和非洲的一些國家，而另外一些國家則採用了另外一套「進口」的制度體系，例如那些實行共產主義制度的國家包括越南、古巴，就是這種類型。

第三種是通過制度改革，在去殖民化的同時保留殖民地制度中一些有效的制度，和本地社會的一些制度有效結合起來。新加坡是個很典型的案例。在獨立之後，李光耀所領導的新加坡可以説是採用了「自主創新」模式，有機地整合了東西方最優的制度和實踐，形成了自身獨一無二的制度體系。當然，李光耀「自主創新」的巨大能力來自其深懂歷史和國際事務。他不僅知曉歷史上不同帝國政治秩序的優劣，更知曉他那個時代世界上各國政治經濟體制的優劣。他所擁有的「工具箱」(知識體系) 使得他能夠把他認為是最優的制度和實踐結合起來，成為自己的制度實踐。

香港在回歸之後，沒有出現任何形式的「去殖民化」的努力。這使得香港的體制很難適應大陸的體制，也就是説，「一國」之內的「兩制」之間矛盾過大，很難互相適應。原本人們認為，大陸的體制也在變化，並且會變得和香港的體制差不多。但現在看來，大陸體制的變化並沒有往香港的方向走。在這樣的情況下，如果兩個體制要互相適應，就需要香港的體制有所變化。這種變化並不是説香港的體制要變成大陸的體制，而是説香港的體制至少不會直接去挑戰大陸的體制。但是，在沒有任何去殖民化的情況，香港和大陸的體制變得愈來愈格格不入。當兩種體制的互動愈來愈多的時候，衝突的機會也增多。

再者，回歸之後，香港社會具有了政治空間。在港英時代，香港沒有政治空間，一切政治歸於港英當局，香港所有的只有行政。有了政治空間就表明，香港人具有了政治話語空間。因為沒有去殖民化，新發展出來的話語必然是針對中國大陸的。香港話語不僅要突顯香港與大陸的不同，而且具有很大的野心要對抗大陸，甚至改變大陸。香港的民主自由話語的發展就是如此。要意識到，具有濃厚香港地方意識甚至反中意識的是香港九七回歸以來成長起來的年輕一代。他們對自由民主的信念不容置疑，但他們沒有任何現實感，也相信，他們有能力實現這些他們所嚮往的政治價值。

越是年輕人越是反對大陸，這個事實本身就需要大陸有關方面深思。在強化「一國」的方面，大陸也並不是沒有任何努力。但這些努力都出現了重大問題。第一，在推行「國家安全法」，即 23 條方面不當。香港作為中國的一部分，通過 23 條非常合理。但問題是如何推行。現在看來，推行方式缺乏專業精神。大陸推行的是整體推行方式，即通過 23 條。在沒有去殖民化的情況下，香港人的反對是可以預期的。不過，如果採用「分解方式」，效果可能會好得多。例如，香港可以對收取外國資金法出台法案或者條例。包括西方民主在內的很多國家都有類似的法律，這樣的法律並不難制訂。把西方所實行的這些條例放到香港，香港民主派又如何反對？第二，國家認同教育推行不當。香港回歸中國之後，早就應該推行國民教育。在任何國家，國民教育是「去殖民化」的一個最為關鍵的方法。但這方面遲遲沒有作為。直到後來問題變得嚴峻起來，才這樣去做。不過，做的方法又過左。把一大堆很左的東西放在一起變成了國民教育的材料，並且強制推行。這種方法即使在大陸也會遇到巨大的阻力，更不用說是長期接受殖民教育的香港了。國民教育引起了港人的強烈反彈，這不難理解，失敗也是預期之中的。

其次，香港的基本政治體制設計存在很多矛盾。在港英時代，人們說「行政吸納政治」，意思是說，香港的行政效率很高，就不需要政治了。這種説法當然不能成立，並且具有很大的欺騙性。港英時代不是行政吸納了政治，而是根本就沒有政治。政治歸於英國，香港人並沒有任何權利參與政治。但回歸之後，香港不僅出現了政治，而且政治是屬於港人的。同時，香港也發展出了現代政黨政治。在這樣的情況下，如同所有的政黨政治，政治首腦必然要由政黨政治產生。不過，很顯然，香港並沒有理順政治與行政之間的關係，也就是政黨政治和特首之間的關係。作為政治首腦，特首並非由政黨產生，而是通過另外一個政治途徑產生的。在立法會中，特首要面對通過政黨政治產生的議員，而特首並無任何政黨的支持。在這樣的情況下，特首的合法性就成為大問題。再者，香港的政治是誰的政治呢？這個問題也一直沒有搞清楚。就立法會來説，有地區直選議員，也有功能界別議員。兩種議員都是政治過程產生，但政治的含義是不同的。香港很多人對功能界別議員很有意見，這不難理解。功能界別實際上有其特殊的政治功能，主要是協調不同社會階層的需求。但直到現在，功能界別並沒有多少民主，其所產生的議員並沒有多少民主味道。如果功能界別也引入民主，那麼情況就會不一樣，就會產生美國上下兩院的情況。政治問題也是困擾今天香港的大問題。

再次，如同大多數國家和地區一樣，香港也面臨資本的問題。全球化造就了社會的分化和巨大的收入差異，這是一個普遍現象。香港的經濟結構本來就是少數利益集團主導的。隨着大部分製造業轉移到大陸，而新的產業並沒有產生，經濟結構的畸形性愈來愈顯著。全球化儘管也給香港帶來了巨大的經濟利益，但這些利益都被既得利益所獲取，普通人民並沒有帶來多少的好處。對民眾來説，無論是收入差異還是社會分化，都是政府的責任。社會對抗政府成為不可避免。儘管資本要負很大的責任，但社會沒有辦法來對抗資本，因為資本是可以跑掉的，因此民眾就把矛頭對準了政府。大陸在這個過程中也儼然成為了犧牲品。每當香港出現嚴重的經濟問題，大陸方面就通過各種政策例如更緊密的夥伴關係、自由行等等輸送經濟利益。不過，同樣，這些經濟利益大多數走向了少數既得利益集團。這種結果也導致了香港很多人的不滿。

今天，無論從意識形態還是從政治立場看，香港呈現出了兩個極端政治，一個是親大陸的建制派，或者左派，一個是親西方的反建制派，或者民主派。因為恐懼於香港問題的惡化，大陸就只好全力支持左派；同樣，因為恐懼於被大陸化，民主派就拼命抵抗，並和西方靠近。這種對立的狀態愈來愈嚴重。

更為嚴重的是，香港也很快發展出了少數獨立力量，即要從中國大陸獨立出去。一些海外香港人也開始加入獨立力量。儘管在大陸看來，這是匪夷所思，但這是確實的事情。這種對立的情形會持續下去，獨立的力量也會繼續擴展。儘管獨立力量是極少數，但在全球化和社交媒體的時代，這些少數可以通過國際化而發出巨大的聲音，不斷製造政治危機。

可能出現的危機局面

台灣和香港能夠導向中國的「顛覆性錯誤」，不僅在於前面所討論的這些問題，而且也在於當今世界地緣政治秩序的巨大變化。歷史地看，地緣政治秩序永遠是第一位的，是第一秩序，而國內政治秩序是第二位的，是第二秩序，要從屬於第一秩序。第二秩序不見得一定要和第一秩序同一，但第二秩序不但不能對第一秩序構成直接的挑戰，而且也應適應第一秩序；否則第二秩序就很難獲得生存與發展的能力。再者，一旦當第一秩序受到第二秩序的挑戰，那麼第一秩序背後的政治力量必然會想盡一切辦法、動用一切資源來保護這個秩序。這種情況明顯表現在今天俄羅斯和烏克蘭的關係上。

前蘇聯不僅確立了自己的地緣政治利益，而且也在其地緣政治利益範圍內部的各個國家形成了與自己相似的政權類型。在前蘇聯解體之後，西方乘機侵入俄羅斯的地緣政治利益。隨着俄羅斯的相對復甦，也必然要重建其地緣政治利益，甚至從西方奪回原來屬於自己的地緣政治利益。俄羅斯已經和其中一些原來的加盟共和國確立了獨立國家聯合體，即「獨聯體」。今天，俄羅斯和其中一些獨聯體國家在各方面關係已密切化。烏克蘭的例子更是說明了俄羅斯要從西方收回自己的地緣政治利益的決心和不擇手段。儘管俄羅斯在和西方的鬥爭中是否能夠贏得最終的勝利，這是另外一個問題，但有兩點是明確的。第一，俄羅斯爭取其地緣政治利益的努力永遠不會停止。第二，第一秩序（地緣政治秩序）高於一切，如果俄羅斯贏得了勝利，在俄羅斯地緣政治範圍之內的其他國家的政治形式也必然要受制於俄羅斯本身的政治形式。

兩種秩序的關係也適用於一個崛起的中國。中國的崛起也會導致其地緣政治利益環境的變化，不僅對自己內部發展有影響，而且對周邊地區的發展也會產生或多或少的影響。自近代以來，中國被西方打敗，失去了大部分地緣政治利益。無論是台灣還是香港問題，都是近代地緣政治變遷的產物，並且兩個地區的內部秩序（第二秩序）也僅僅是西方地緣政治秩序的延伸。現在地緣政治又發生了重大的變化，即西方的相對衰落和中國的再次崛起。西方的衰落本身就意味着要減少其對台灣和香港所能提供的支持和保護，而一個崛起的中國也必然要重建其地緣政治利益秩序。國家的統一是恢復中國地緣政治利益的第一步。在香港和澳門和平回歸之後，中國也在尋找和台灣統一的方法。不管怎樣，中國是不會容許香港、澳門、台灣、西藏和新疆等其地緣政治利益從中國獨立出去，不管以何種方式。正是在這個意義上，中國把這些界定為核心利益。和所有其他大國一樣，一旦這些核心利益受到損害，中國會不惜一切來保護的。

再者，中國也不會容許其他大國在中國周邊造成對中國的不安全。美國不容許前蘇聯在古巴佈置導彈。中國一旦具備了這個能力，也會防止或者阻止其他大國在中國的周邊這麼做。今天，中美兩國出現的很多問題就是由兩國之間的地緣政治之爭引起的。儘管中美兩國並沒有直接的地緣政治利益衝突，但美國要把其地緣政治利益擴展和深入到中國的周邊國家，這導致了和中國的間接衝突。這種情況和北約東擴到俄羅斯邊界是一樣的。

很顯然，中國地緣政治利益關切也會影響到這個地區的政治形式。今天在香港泛民主派和中國有關香港特區民主化的爭論就是這方面的反映。儘管中國並不反對香港的民主化，但不會容許香港的政治發展超出自己的控制範圍。而香港的泛民主派僅僅是從民主化的角度來看問題，而忽視了中國作為一個大國對其地緣政治的考量。如果這個情況繼續下去，兩者之間的衝突便不可避免。

同樣，中國的崛起也會對台灣地區的政治形式產生影響。這不是說中國要干預台灣地區的內部事務。歷史地看，中國不僅從來沒有干預過其他國家和地區所發展起來的政治形式，即使在中國內部，不同民族所採用的政治形式也是不相同的，例如西藏和新疆有自己的政治形式，南部各個少數都有自己不同版本的土司制度。今天，中國一直強調不會把自己的制度強加給其他國家，這種政策是中國文化傳統精神的反映。但中國崛起之後對周邊國家和地區政治形式的影響和中國主觀的願望不是那麼相關，這更多的是周邊國家和地區逐步地會向中國調適。傳統上形成的儒家文化圈的政治形式便是如此。從這個角度來說，台灣的第二秩序如果要生存和發展下去，在最低程度上，不能和大陸的地緣政治秩序發生直接的衝突，更不用說去挑戰大陸的地緣政治秩序了。

但問題並不是現實並非如中國所願望的那樣發展。香港、台灣和內地愈來愈密切的經濟關係、中國地緣政治影響力的擴展、西方地緣政治的相對衰落，儘管這一切都有利於中國的最終統一，但正因為這些因素的出現，危機也會隨時爆發出來。台灣、香港的獨立力量會尋求獨立，而西方力量為了其地緣政治利益也會利用台灣和香港的獨立力量來製造危機。類似烏克蘭那樣的事件會不會在台灣或者香港發生？中國並沒有有效的力量來防止烏克蘭那樣的事件發生在台灣或者香港。但如果發生了，受損的不僅僅是台灣和香港，也會是內地。

結論：中國崛起進程中最艱難的選擇

目前的國際關係局勢，尤其是亞洲（東亞、東南亞和南亞），各方面的發展表明中國已經進入了其崛起進程中最艱難的時刻，也面臨着最艱難的戰略選擇。這裏討論的包括中日關係中的釣魚台問題、中國東盟國家關係中的南中國海問題和中國與印度之間的邊界糾紛問題，所有這些問題歸根到底都是主權問題。儘管中國和其他國家也存在經濟、政治等方面的問題，但都不能和主權問題相提並論。這些非主權問題都不會影響到中國的整體現代化進程，而主權問題則不同。中國把這些與主權相關的問題視為是核心國家利益問題，可見問題的重要性。說穿了，中國在「核心國家利益」問題上沒有任何妥協的餘地，一旦受到「威脅」，只能做最強硬的反應，而不管這種反應的代價如何。這就是人們最近觀察到的中國在所有這些問題上所做出的反應。

當然，也不能說近年來中國的反應沒有任何理性。面臨國際環境的變化，中國必然作出這樣那樣的反應，尤其是當中國有能力做出反應的時候。但從一個宏觀角度來看，如果從長遠的國家利益來考量，人們可以也必須對中國的作為進行深刻反思。在某種程度上說，中國的反應方式經常是一種本能式的反應，而不是基於冷酷理性之上的反應。如果是本能式的或者說倉促應對式的反應，那麼最終有可能導致國家利益的最小化，甚至走向反面。

中國現在的反應往往是戰術層面的。在中國的一些外交行為中，人們看不到有深刻意義的戰略意圖。以和日本的關係為例，在和日本的釣魚台爭端中，中國的戰略目標顯然不是要從日本手中奪回釣魚台。不管如何不合理，日本現在實際上控制着釣魚台。即使中國從日本手中奪回實際控制權，也並不意味着問題得到解決。原因很簡單，日本方面不會承認。如果用軍事武力來解決問題，不管哪一方控制了釣魚台，唯一的結果就是把仇恨延伸到下一代。那麼，中國的戰略目標是甚麼呢？似乎是要日本承認「釣魚台是具有爭議的」。邏輯是，日本現在不承認這一點，如果日本承認了這一點，那麼下一步就可以探討雙方如何來解決問題。但如果這真是中國的戰略目標，那麼這個目標過低，很不值得中國像現在那樣做下去。如前面所討論的，這種「以牙還牙」的反應戰術會影響甚至毀滅中國自改革開放以來甚至是近代以來一代又一代中國人所追求的國家終極崛起的戰略目標。這種把戰術當成戰略的情形也存在於南中國海問題和中印邊界糾紛問題上。人們因此可以推論説，這是中國目前的一種普遍性外交思維方法。但正是這種思維方法才是中國領導層應當擔憂的。

不難發現，很多人對中國最大的戰略目標是甚麼並不很清楚。自改革開放以來，中國大戰略目標可以從如下幾個層面來討論。

首先，最重要的仍然是國家的現代化。儘管人們對現代化的重點有不同的理解，但無可否認的是，現代化是近代以來所有中國人之間的一個最大共識。儘管自毛澤東到鄧小平到今天，中國在很多方面已經變得更現代了，但現代化進程還遠遠沒有完成。對今天的中國來説，實現可持續的現代化仍然是最高的國家戰略。實現內部的現代化，中國仍然需要一個和平的國際環境。實現國內的現代化並不是説中國可以犧牲掉國際利益，尤其是核心利益。中國各方都一直在強調，為了維護核心利益，中國不怕自己的現代化過程被打斷。但問題在於，人們必須再往前一步，要確保中國有能力來維持現代化進程，不被國際環境的變動所打斷。

再以中日關係為例。前面已經討論過，近代以來，日本已經兩次中斷了中國的現代化進程，但是前面兩次都是因為當時的中國過於弱小，沒有能力應付日本，不得不被打斷。但現在的情形畢竟不同了，中國具有了強大的能力，可以主動避免日本再次對中國現代化的干擾。中日關係的主要問題在於釣魚台問題。中國應當意識到，釣魚台問題的特點是，主權問題解決不了，但可以加以控制和管理。沒有人（包括日本人）會相信，中國為了現代化而會放棄釣魚台主權。但如果因為釣魚台問題，中國的現代化再一次被中斷，那麼就會是國家悲劇了。南中國海和中印領土糾紛問題都屬於同樣的性質。

中國大戰略的第二方面就是和平崛起。中國能否能夠崛起當然取決於內部的現代化是否可以持續。和平崛起意味着中國的內部現代化不會對區域和國際和平構成負面的影響或者所謂的「威脅」，更不會成為戰爭的根源。實際上，從國際關係歷史來看，只有和平的崛起才是真正的崛起和可持續的崛起。歷史上，通過軍事手段和戰爭崛起的國家，最後都避免不了滅亡的下場。在歐洲，拿破崙時代的法國是這樣；一戰和二戰的德國是這樣。前蘇聯也是如此，冷戰時期如此強大的軍事力量最後也避免不了滅亡的下場。在亞洲，日本帝國本身便是最好的樣本，崛起之後就想欺負鄰國，挑戰西方確立的東亞秩序，最終也走向了滅亡。但也有相對和平的崛起，典型的就是英國和美國的崛起。這兩個國家崛起的基礎便是國內的近代化或者現代化，可持續的經濟發展和方方面面的制度建設。中國應當選擇哪一種崛起方式，是顯而易見的。從鄧小平的「韜光養晦」到九十年代的「和平發展」或者「和平崛起」到現在的「新型大國關係」，中國領導層的思路一直非常明確，但關鍵在於是否能夠堅持下去。

第三方面的大戰略是要成為一個負責任的大國，在世界事務中扮演一個領導角色。而中國能否實現這樣一個戰略目標又取決於前面兩個戰略的實現。如果內部不能實現現代化，那麼根本不可能有崛起。如果崛起不是和平的，那麼沒有哪個國家會承認中國的領導地位。但和平崛起不是中國的最終戰略目標，最終的目標在於領導世界或者參與領導世界。不管大國的主觀意願如何，領導世界或者參與領導世界都是任何一個大國的命運。一個嚴酷的現實是，不管世界秩序會如何民主化，這個世界永遠是等級性的，不管喜歡與否，大國需要承擔領導責任。如果大國不能承擔責任或者無能力承擔責任，那麼也必將受到懲罰。這是國際關係鐵的規律。

從這個戰略次序來看，今天的中國已經進入崛起過程中最艱難的時刻。中國正在崛起，但還沒有真正崛起。在外界看來，中國已經崛起到一個可以不再像從前那樣繼續向現存區域或者國際秩序調整自己，而是有能力對現存秩序構成「威脅」，但同時還沒有意願或者能力對區域或者世界秩序負責的階段。人們開始對中國持有很高的「不確定性」，對中國是否可以繼續崛起、是否會成為霸權、是否會承擔責任等等感到不確定。

很現實，無論是區域和平還是世界和平都取決於這兩個因素。第一，中國的真正崛起。在崛起的早期，中國有非常大的意願向現存秩序做主動的調整，即中國所說的「接軌」。但崛起到現在這個階段，中國的確不可能無限度地向其他國家調整自己的政策。同時，中國也沒有強大到要求其他國家向中國作調整的時候。可以說，現在處於一種相互要求的對峙階段，各方都不會讓步。但在中國真正崛起之後，其他國家必然會向中國調整。（其實這種調整在經濟領域的一些方面已經開始了）。包括日本在內的亞洲國家會這樣做，包括美國在內的其他國家也會這樣做。第二，中國成為一個負責任的大國。其他國家願意向中國調整自己的政策的主要動機就是中國的區域或者國際責任。其實，崛起和責任這兩方面是相互相成的。不能承擔責任的崛起就不是崛起，即使某些方面崛起了，也成為不了大國。正如前面已經討論過的，通過不負責任（例如軍事和戰爭手段）的崛起的大國最終歸於失敗，這就是最好的例證。

也很顯然，在這個關鍵階段，中國的戰略選擇即決定了內部的現代化是否可以持續，也決定了中國的繼續崛起是否是和平的。如果選擇不好，無論是內部的現代化與和平的崛起都會中斷，無論是主動的還是被動的。這就是人們對中國目前的國際局勢非常擔憂的地方。一旦中日關係、中國東盟關係、中印關係中的任何一種關係失控，導致無論是局部的還是全面的衝突，那麼非常有可能中斷中國和平崛起的進程。一旦中國的崛起被外界視為是非和平的，那麼中國的國際格局必然會急劇惡化。如果走上這條道路，那麼中國的未來就會很悲觀，可能是如下兩個場景之一。第一是重複大國崛起的悲劇，即中國和其他大國發生大規模的衝突。而這種衝突，不是你死我活，就是同歸於盡。第二是自我擊敗。在這種情形下，中國周邊和其他大國不希望和中國發生大規模的衝突，而是找到更有效的方法來「圍堵」或者「遏制」中國，就像從前美國和其盟友對付前蘇聯那樣。

客觀的形勢表明，比起其他任何時候，今天的中國更需要鄧小平所提倡的「韜光養晦」精神，更需要低調一些。不過，現實剛好相反。隨着中國的崛起，民眾和一部分政府官員的民族主義情緒也隨之高漲起來，一些人的確為國家變得強大而感到非常自豪，而另一些人則被近代中國受帝國主義欺辱的悲情所感染，覺得中國「羞恥」的機會來了。近年來，愈來愈多的人懷疑鄧小平的「韜光養晦」戰略，甚至主張中國可以拋棄低姿態外交，相信中國已經到了「亮劍」的時候了。

在一個國家崛起過程中，到了一定的階段，一部分人甚至很大一部分人開始頭腦發昏，甚至利令智昏。大量的歷史文獻表明，這種現象在從前的很多大國崛起過程中都出現過。德國和日本的民族主義就是當時這兩個國家很多民眾心態的自然反應。在這個時候，政治精英的選擇成為關鍵。如果政治精英也像普通民眾一樣，或者為了利用民眾的這種情緒來為自己的權力服務，那麼國家必然走向災難。但如果政治精英們仍然能夠保持理性和清醒的頭腦，並且能夠動員社會上的理性因素來遏制住非理性的部分，那麼國家仍然能夠繼續和平崛起，完成大國的終極使命。

對中國來說，「韜光養晦」可以說是國家和平崛起和可持續崛起的最基本的原則。實際上，這不僅對中國，對所有國家都是如此，耀武揚威必然走向失敗。中國是否能夠繼續完成國家現代化進程、和平崛起、最終走上國際領導舞台，這不是一個自然的發展過程，而是政治精英們冷靜又理性地選擇的結果。

鄭永年　楊麗君　　2015 年 7 月 18 日

第五章

中國與國際經濟秩序進一步對接的認識論問題

一、問題的提出

2017 年 1 月 17 日習近平主席出席瑞士達沃斯世界經濟論壇並作了題為《共擔時代責任 共促全球發展》的主旨演講。這個講話立刻在世界範圍內引起了巨大的反響，其影響遠遠超出人們的預期。這個積極結果的原因既有講話本身所表達的觀點，也有今天深刻的國際背景。

從講話的內容來看，有幾個重要觀點特別引起國際社會尤其是西方的共鳴和高度關注。第一，講話既肯定了全球化所帶來的巨大好處，也指出了全球化所造成的諸多問題。再者，講話也強調，今天各國所有的問題並非都是全球化造成的，很多問題都是全球治理不善所導致的。第二，要解決今天各國所面臨的問題，可持續的發展仍然是要務，而發展仍然需要通過進一步推動全球化來達成。第三，講話提出了中國方案，承諾中國在致力於內部包容式發展與社會公平的同時，繼續推進全球化，為世界經濟發展做貢獻。

從國際背景來説，這個講話發生在全球化最不確定的時間。自 2008 年全球金融危機發生以來，迄今為止世界經濟仍然處於不平衡的狀態。全球化和技術進步所造成的巨大收入差異、社會分化、就業流失等導致了西方貿易保護主義的迅速抬頭。今天，整個西方世界的經濟和社會乃至政治充滿巨大的不確定性。美國的政治變化尤其重要。美國是上一波全球化的領頭羊，但特朗普的當選表明右派民粹主義和經濟民族主義戰勝了以往的自由主義，美國不僅不再扮演全球化領頭羊的角色，反而開始扮演起反全球化的角色。這不僅直接影響到已經全球化了的國際企業，而且也勢必影響全球經濟，為已經長期處於低潮的全球經濟雪上加霜。因此，世界期待着一個新的全球化的領導者或者領頭羊。中國是世界第二大經濟體、最大的貿易國，並且經濟發展勢頭仍然良好，很自然地，無論是西方國家還是發展中國家都希望中國扮演領頭羊的角色。對西方來說，更為重要的是，習近平主席的講話也體現了西方廣為接受的傳統自由貿易和全球化的價值觀。

無論是中國經濟本身還是世界經濟的發展都向中國提出了一個重要的問題，那就是如何與國際自由經濟秩序對接。去年因為美國選舉被視為美國的政治年，而今年因為中國要召開中共十九大則被世界視為中國的政治年。如果說去年對西方來說是很不確定的一年，今年西方則可能是更不確定的一年。歐洲一些主要國家都要選舉，包括法國和德國，而英國則進入正式脱歐的程序。其中法國選舉至關重要，如果極右派國民陣線當權，那麼歐盟的前途就變得非常渺茫。歐盟可能承受得了英國的離去，因為英國對歐盟本來就是半心半意的，但歐盟絕對承受不了法國的脱歐。歐盟一旦解體，不僅會促成歐洲內部的巨變，更會促成全球地緣政治和經濟的巨變。

在這樣的國際形勢下，中國能夠扮演一個怎樣的國際角色這個問題就變得更加重要了。當然，對中國來說，因為西方尤其美國所面臨的困難而出現的國際空間，如果把握得好，就是一個很好的在國際舞台上提升自己的機會。理性地說，這個機會也必須把握好。西方包括美國今天出現的「內向型發展」趨勢是因為之前沒有能夠有效地消除前一波全球化所產生的內部問題。「內向發展」可能只是短暫現象，等內部調整好了，西方又會再次走向全球化。道理很簡單，全球化歷來就是資本主導的，政府起輔導作用，全球化今天所出現的問題並不能改變資本擴張的本質（馬克思語）。也就是說，中國要善於抓住這個機遇，提升自己在世界經濟體系中的制度地位和作用。

二、中國和國際經濟秩序進一步對接須解決的認識論問題

如何抓住這個機遇？那就需要考量和國際自由經濟秩序進行進一步對接的問題。在這方面，中國必須解決好幾個認識論上的問題。

第一，進一步融入現存世界經濟秩序是中國下一步可持續發展的客觀要求。中國是全球化的主要參與者，也從全球化過程中獲得了發展機會。如果沒有對全球化的參與，中國以往經濟的高速發展很難實現。在下一階段，沒有其他國家像中國那樣更需要全球化。歷史地看，無論是發達的西方還是亞洲的日本和「四小龍」，經濟發展到一定的階段，就迫切需要全球化。這是因為當國內市場趨於飽和的時候，就必須尋求開拓海外市場。今天的中國，儘管仍然需要吸引大量的外來資本來進行產業升級，尤其是技術含量高的資本，但同時在很多領域中國也出現了資本過剩的現象。就是說，在一些領域資本已經飽和，需要走出去尋找新的

投資空間。除了資本，中國也擁有過剩的產能。中國所擁有的產能能夠滿足國家經濟兩位數的高增長，但現在經濟下行，產能過剩變成突出問題。「去產能」成為必然。儘管「去產能」主要還是要通過國內的改革來達成，但「走出去」也是其中一個有效途徑。再者，中國擁有了諸多技術，尤其在基礎設施建設領域和中小企業發展方面。中國的技術是輔助資本和產能「走出去」的有效手段。這裏的關鍵是通過甚麼樣的方式「走出去」？如果把這個問題置於中國和世界自由經濟秩序的關係中來理解，我們可能可以找到更為有效的答案。

第二，正確認識國際自由經濟秩序和中國的國家利益之間的關係。在和世界自由經濟秩序接軌的問題上，我們首先必須對這個秩序有一個比較客觀科學的認識。簡單地説，到現在為止的世界自由經濟秩序的形成和發展並不容易，它是西方進步力量尤其是左派力量長期推動的結果。一些人對西方的看法經常太過於意識形態化，不經意地把整個西方制度置於中國的對立面。實際上，西方儘管總體上都是資本主義體系，但在這個體系內部也有進步力量和保守力量之分。毛澤東當年在劃分「三個世界」時就充分考慮到了這一點，強調中國必須和西方的進步力量走在一起，站在一起，聯合反對保守的力量。毛澤東的這個客觀分析及其相應的政策在當時對開展中國的外交和提升中國的國際地位起到了關鍵作用。經驗上看，現存國際自由經濟秩序的確立是用血的教訓換來的。西方國家在發展過程中，也經歷了從資本短缺到資本過剩的過程。在早期很長時間裏，西方資本「走出去」實行的是赤裸裸的帝國主義，用堅船利炮打開其他國家的大門，掠奪資源。後來更發展成為殖民地主義，在全世界範圍內瓜分市場。

但是，這些做法後來慢慢不行了，一方面是因為西方國家內部進步力量的反對，另一方面是因為非西方國家民族意識的覺醒。因此，隨着二戰後反殖民地運動的展開，西方資本不得不尋找新的辦法實現資本的全球化。很顯然，二戰後的國際經濟秩序較之從前的國際秩序有很大的進步，更具有文明性。

二戰之後的國際經濟秩序有幾個變化引人注目。首先，二戰前，西方國家動不動就訴諸於武力來解決經濟問題，二戰後法治或者基於規則之上的國際經濟行為成為人們的共識，表現在包括聯合國、世界銀行、世界貿易組織、國際貨幣基金組織等主要國際組織方面。儘管一些西方國家也經常訴諸於法律之外的手段，但愈來愈多的國家是接受法治和規則的。其次，國際組織表現為多邊化或者多邊主義。多邊主義主要是想解決西方國家之間的矛盾。儘管這方面和二戰之前的一些西方列強主導的多邊組織沒有多少差別，但二戰之後的多邊組織更具包容性，即向發展中國家開放。所以，儘管西方國家還是主導着這些多邊組織，但發展中國家在這些多邊組織中的作用也在提升。再次，這些多邊組織也有助於發展中國家分享國際發展的成果。這不僅僅是因為這些國際組織有幫助發展中國家發展經濟的使命，更是因為他們有助於發達國家的市場向發展中國家開放。

中國已經是這些國際組織的成員，並且在其中起着愈來愈重要的作用。自改革開放以來，中國就選擇了和國際接軌，並沒有另起爐灶。這也是中國成功的地方。不管如何，中國並沒有任何可能性和這個秩序脫離，中國的唯一選擇就是如何在這個秩序之內起到更大的作用。現在所面臨的問題是如何更深度地和這個秩序對接。有一點非常明確，繼續深度融入這個體系，為我所用，對中國來說是一個成本非常低的理性選擇。道理很簡單，因為這套體系已經廣為接受。

第三，中國和國際自由經濟秩序接軌更是世界經濟發展的客觀要求。這至少可以從兩個方面來說。首先，全球化必須有大國的大力推動。全球化的主體儘管是資本，但如果沒有政府的配合，全球化便會困難重重。近代以來的每一波全球化都和政府的作用分不開。二戰之前的全球化主要由英國推動。歷史地看，英國既是自由主義經濟貿易原則的發源地，也是這個世界秩序的主要建設者。在其崛起過程中，英國在很長一段時間裏實行單邊開放，即英國單邊向其他國家開放，即使對方不向英國開放。這種方式促使英國快速崛起成為當時最強的國家，即大英帝國。當然，英國之所以能夠實行單邊開放政策主要是把握住了其經濟上的比較優勢，因為英國是世界上第一個近代化國家。二戰後美國扮演了推動全球化的主要角色。歐洲國家之間因為戰爭大傷元氣，邀請美國來扮演國際領導角色。而美國也通過馬歇爾計劃等幫助歐洲經濟復甦。之後，正如前面所說的，美國以多邊主義方式構建了整個世界經濟的制度體系，這個體系一直有助於維持美國的領導作用。

但是，今天的情況已經很不相同。2008 年世界金融危機以來，沒有一個西方國家有能力助力世界經濟復甦，直到今天世界經濟仍然處於失衡狀態，發展缺乏持續的動力。因為長期處於危機狀態，西方現在開始搞貿易保護主義，自顧不暇，不僅很難再繼續推進全球化，而且開始成為全球化的阻力。世界經濟需要通過開拓新興市場和發展中國家的市場，來達到新的平衡。也就是說，世界仍然需要全球化。在西方不再能夠扮演全球化推進者的情況下，愈來愈多的國家就希望中國來扮演這個角色。實際上，自 2008 年以來，中國一直對世界經濟的增長提供着最大份額的貢獻。儘管近年來中國本身經濟下行，但因為中國經濟的基數已經很大，中國仍然保持最大的貢獻份額。

其次，全球化本身已經成為世界性公共品，需要有大國維持足夠的公共品的提供。儘管各國都可以從全球化過程獲得不同程度的利益，但並不是每一個國家都有能力維持全球化這一進程。一般說來，小國家很少有意願為全球公共產品付費，因為它們貢獻太小，它們是否貢獻對全球體制運作來說關係不大，小國家因此更多的是選擇「搭順風車」。大國則不一樣，大國可以從全球化過程中獲得明顯的好處，因此也需要對維持這個過程做出更多的貢獻。如果大國不承擔領導責任，就會導致全球公共產品供應的短缺。當英國在第一次世界大戰後衰落到無法承擔這一責任時，奉行孤立主義的美國卻繼續搭順風車，由此產生了災難性的後果。也就是說，全球化作為世界性的公共物品需要一個國家作為領導者來提供或者組織其他國家一起來提供。今天，因為美國的相對衰落，不再能夠繼續扮演領導者的作用，因此就全球化而言，就缺少全球公共品的提供者。這種情況使得愈來愈多的人開始擔憂世界會不會再次陷入「金德爾伯格陷阱」(The Kindleberger Trap)。馬歇爾計劃的思想構建者之一、後來在麻省理工大學任教授的查爾斯・金德爾伯格教授認為二十世紀 30 年代世界經濟大蕭條的根本原因在於世界性公共品的缺失。儘管美國取代了英國成為世界上最大國，但美國未能接替英國扮演為全球提供公共產品的角色，結果導致了全球經濟體系陷入衰退、種族滅絕和世界大戰。今天世界所面臨的情況促使人們提出世界會不會再次陷入「金德爾伯格陷阱」的問題。

在很長時間裏，美國和美國所領導的西方被視為全球公共產品的主要提供者，如穩定的氣候、穩定的金融或航行自由。在美國出現巨大困難的時候，人們的目光很自然移到了中國。隨着中國的不斷崛起，她是否有意願為提供全球公共品貢獻自己的力量？

對中國來說，儘管繼續引領全球化符合中國的國家利益，但要擔負起提供全球公共品的責任並非容易。中國有責任提供全球公共品，因為維持這個體系既有助於實現中國內部的可持續發展，也有助於中國國際地位的提升。問題並非在於中國是否有意願，而在於要回答一系列問題：中國是否有足夠的能力提供國際公共品？如果不能單獨提供，中國如何做到和其他國家一起提供？即使中國既有意願也有能力，那麼其他國家會輕易接受中國的角色嗎？

如果中國能夠接受國際自由經濟秩序，並且讓其他國家確信，那麼中國會比較容易擔負起全球化領頭羊的責任，既可以自己提供全球公共品，也可以和其他國家一起共同提供。如果不能，那麼中國的外部崛起就會變得非常困難，甚至會和西方處於一個對立的狀態。

原因很簡單，今天中國和美國之間的關係遠非當時英國和美國之間的關係。有兩個客觀條件使得美國當年能夠順利從英國手中接過國際體系的領導權。第一，當時的美國已經是世界第一大國。到了 1890 年代，在經歷了長期的「孤立主義」之後，美國已經是世界第一大經濟體，並且也已經通過各種方式解決了周邊外交問題。第二，歐洲國家近代以來經歷了反覆的戰事尤其是第一次世界大戰，儘管它們之間具有共同的價值觀、意識形態和類似的政治制度，但各國之間因為戰爭互相不信任，也沒有任何一個國家有能力來充當領袖。這個時候，他們需要邀請另外一個國家來擔任領袖。而美國和歐洲之間所具有的共同的價值觀、意識形態和政治制度使得美國具有了天然的條件來領導歐洲。可以說，美國是被歐洲「邀請」成為世界領袖的。儘管一戰之後美國從英國手中接過了國際領導責任，但沒有充分的準備提供公共品，從而沒有能力避免1930年代的大蕭條。不過，二戰之後，美國接受了教訓，及時推出「馬歇爾計劃」，在最短的時間內復興歐洲被戰爭破壞了的經濟，有效地鞏固了其西方盟主的地位。

那麼今天的情況又如何呢？有幾個要素很確定。第一，儘管美國已經沒有足夠的能力來單獨維持世界體系，但其仍然是世界第一大經濟體和軍事強國。更重要的是其要繼續維持其霸權，千方百計地遏止中國的崛起。或者說，美國不願意和中國分享更多的國際空間。第二，儘管中國已經是世界上第二大經濟體並且也是最大的貿易國，但中國本身仍然是發展中國家。中國沒有足夠的能力來提供全球公共品，其未來主要的精力仍然要放在國內的發展上。第三，中國和美國具有不同的價值觀、意識形態和政治體系。不僅美國而且很多西方國家對中國沒有足夠的信任。

因此，中國所面臨的情況是，儘管客觀上世界經濟需要中國扮演新的領頭羊，承擔提供公共品的領導者的責任，但很多（西方）國家對中國仍然「另眼相看」。今天西方世界對中國的看法主要有幾種。第一，因為中國不同的價值體系、意識形態和政治制度，中國是當前國際自由經濟秩序所面臨的主要威脅。第二，即使中國不會破壞現存國際秩序，但中國把這個國際秩序視為一種外部強加的東西，並不符合中國的最大利益。一旦中國在國力方面超越美國，中國就不會維護這個秩序。第三，中國現在接受這個秩序主要是因為中國可以從這個秩序中獲得巨大利益。中國一直在免費享受這一國際秩序所帶來的好處，而沒有擔負足夠的責任來提供公共品。中國並沒有認識到強大的國力所附帶的重大國際責任。第四，美國和自由主義世界不必擔心中國的崛起，因為中國永遠不會超過美國。美國的衰落只是相對的，現在的困難也是暫時的。美國等西方國家的制度具有強大的修復功能，西方對世界的主導是可以持續的。

在回應西方的各種錯誤認知上，中國本身直到今天仍然處於一個被動的地位。中國提出了「新型大國關係」以避免中美兩國陷入「修昔底德陷阱」。中國最常用的一種簡單解釋是：中國沒有領導世界的野心。不過，這種解釋已經遠遠不足以減少人們對中國和現存國際秩序之間的關係的擔憂。其他國家很難相信一個不斷崛起的中國一直會是現狀的接受者和維護者。在世界經濟面臨困境的今天，更多的國家也不容許中國和現存秩序之間的關係只停留在今天的水準。

的確，正如本文前面所強調的，今天西方面臨巨大危機，這是中國提升自己國際話語權的一個機會。既然中國已經是世界經濟體的有機部分，也沒有任何可能性與世界經濟體分離，那麼中國不能坐等他國的「邀請」，而是要主動出擊，和國際自由經濟秩序對接，不僅容納現存話語，而且進一步發展話語，搶佔國際話語權的制高點。

三、中國和國際經濟秩序進一步對接的話語內容

中國和國際自由經濟秩序進一步對接的話語至少要包括如下幾個部分。

第一，接軌。這是中國的選擇。改革開放以來，中國選擇和西方主導的國際秩序接軌，並且中國本身獲益於這個秩序。中國得益於聯合國、世界銀行、國際貨幣基金組織等西方視為體現自由主義經濟秩序的國際機構。

第二，承擔國際責任。中國是聯合國安理會中擁有否決權的5個國家之一，在各個國際機構內扮演愈來愈重要的角色，承擔愈來愈大的責任。中國現在是聯合國維和部隊的第二大出資國，並積極參與聯合國有關埃博拉和氣候變化的行動計劃。在這個方面，西方經常有人質疑中國去年（2016年）拒絕接受常設仲裁庭就其南海領土要求所做出的仲裁結果，認為中國不負國際責任。中國需要說明，中國所做的一切僅僅是為了維護自己的主權，而不是要推翻現有自由世界秩序。美國哈佛大學的奈伊教授就是這麼認為的。實際上，中國強化自身對國際秩序的影響力並沒有錯，因為如果沒有這種影響力，中國也難以承擔責任。

第三，改革和發展。中國已經意識到全球治理體系出現的很多問題，需要解決。不過，解決不是要通過革命，而是要通過改革。例如世界經濟不平衡是因為發達國家和發展中國家在全球治理體系中的權力配置上的不公平所致。新興經濟體和發展中國家對世界經濟增長的貢獻率達到百分之八十以上，但並沒有反映到全球治理體制上。中國倡導改革並非為了一己之私利，也不是為了對付西方，而是為了實現可持續的全球治理。改革是為了發

展。全球化仍然是促進發展的有效途徑，而發展是解決今天各國所面臨的問題的有效途徑。國際自由經濟秩序仍然有效，但需要通過改革而得以改善。

第四，創新與補充。中國不僅要改革現存國際治理體系，使之更可持續和合理，而且中國要以自己的力量來繼續發展和補充這個體系。例如，2015 年，中國發起成立了亞洲基礎設施投資銀行，這並不是如有些人認為的要取代世界銀行或者其他國際的和區域的組織，而是對現存體系的補充。中國倡議設立的多邊組織並非是中國一國的事情，而是大家（各國）的事情；而且新設立的組織依然遵守國際法，並與現存組織和體系展開合作。

第五，中國也要在自己的方案裏面，表明自己不會採取的行為。中國接受國際自由經濟秩序合理的部分，但不會接受和重複不合理的部分。這主要表現在政治和經濟兩大方面。在政治上，中國不會像美國那樣，在全世界到處推行西方式民主。今天世界一些地區的無序狀態是接受了不合理的政治體系所致，是西方一些國家到處推行民主的結果。中國一方面會繼續推進全球化，但另一方面也會繼續強調主權國家的重要性。主權國家仍然是國際社會最有效的治理單元，一旦這個治理單元被破壞，世界會變得更難以治理。在內政方面，中國會致力於內部治理體系的改善，但不會把自己的治理體系強加給其他國家。國家之間可以互相學習，但不可以把自己的制度強加給他國之上。對其他國家的內政，中國繼續實行「不干預」政策。在經濟上，中國會致力於建設一個更具有包容性的經濟秩序。中國不會建立像 TTP 那樣的把一些國家排擠在外的區域或者國際性經濟組織，而是要建立類似 RCEP 那樣的具有廣泛性的經濟組織。

中國的這些主張很重要，因為很多國家都深受西方的干預主義和排他主義之苦。但這些並不是國際自由經濟秩序的主體，而更多的是和西方個別國家的自私政策有關。中國要意識到，這些是可以加以改革的，但不能因為這些而去否定整個國際自由經濟體系。

自去年（2016年）杭州G20峰會開始到今年年初的達沃斯論壇，中國在和國際自由經濟秩序接軌方面取得了實質性的進步。至少在經濟方面，國際社會對中國的話語和行為愈來愈具有信心。中國要充分利用今年的幾個重要國際論壇，即5月份將在北京召開的「一帶一路」國際大會和夏天將在廈門召開的金磚國家會議等，進一步論述中國和國際自由經濟秩序之間的關係和闡述中國的主張。這必將有效促使中華民族在國際社會中的可持續的和平崛起。

鄭永年　　2017年2月22日

第六章

構築自主開放的亞洲秩序構想

一、亞洲秩序現狀

近代以來直到今天，我們所經歷的亞洲秩序，與其說是亞洲秩序，倒不如說是西方（先是歐洲，後是美國）秩序在亞洲的延伸。近代以來，相比率先步入工業化階段的西方國家，大多數亞洲國家顯得貧弱，紛紛淪落為歐美國家的殖民地，包括印度和大多數東南亞國家。中國則淪為了「半殖民地」國家。

十九世紀中葉，面對歐美對亞洲的軍事擴張，日本以宮崎滔天、勝海舟等為首的知識分子開始提出「亞洲主義」觀點，主張以喚醒亞洲、共同抵抗西方侵略的「亞洲同盟論」。這個觀點在後來也影響了孫中山。孫中山在二十世紀 20 年代提出的「大亞洲主義」中的很多觀點出自日本早期的「亞洲主義」觀點。早期的「亞洲主義」觀點主張亞洲各國的平等和合作，但這種平等合作的「亞洲主義」觀點很快被福澤諭吉所倡導的「脱亞入歐論」導向了讚賞西方弱肉強食的殖民主義式做法和提倡建立以日本為主導的「大亞洲主義」的錯誤主張。自此，早期「亞洲主義」開始異化，從「聯亞」、「興亞」，走向了「脱亞」、「侵亞」，並最終演變為企圖用西方帝國主義和殖民主義方式來建立亞洲秩序的「大東亞共榮圈」戰略，為亞洲國家帶來戰爭和災難。在這個過程中，日本也從一個亞洲國家的驕傲者（亞洲第一個實現現代化的國家。在日俄戰爭中，日本打敗俄國，成為第一個打敗一個歐洲國家的亞洲國家。當時，亞洲國家包括中國和印度都感到歡心鼓舞）變成亞洲多數國家的侵略者。

二戰期間，日本被打敗，西方順利地確立了西方秩序。儘管中國也參與了戰後亞洲秩序的重建，但無可否認的是，戰後亞洲秩序的重建是以美國為主導的。二戰之後相當長的一段時間，亞洲秩序受戰後形成的冷戰秩序主導，亞洲國家分屬兩個敵對陣營。冷戰結束以後，儘管亞洲國家間的關係發生了很多變化，但是冷戰所形成的亞洲秩序並沒有從根本上解體，冷戰時期的各種同盟關係特別以美國為主導建立的各種反社會主義陣營的同盟關係依然持續。可以說，今天亞洲秩序所面臨的各種問題也是冷戰框架之下的亞洲秩序的遺產，是西方干預的產物，包括南北朝鮮分裂、中國大陸與台灣地區分裂、中國和印度邊界（西藏）問題、中日間的領土爭端、南海領土爭端等等。亞洲秩序是以美國為核心、以美國與其同盟為支撐點的。美國的同盟有雙邊的，也有多邊的，包括美日同盟、美韓同盟、美澳同盟等，美國也和其他一些國家結成了準聯盟。美國聯盟體系內所有國家的安全都是美國安全體系的延伸。在中國崛起之前，日本很長時間裏是世界上第二大經濟體，但日本並不是一個完全獨立的主權國家，至少在外交層面沒有完全的主權，而深受美國的制約。中國儘管在崛起，但迄今中國主要還是接受、適應的過程，是一個比較被動的角色。今天，隨着中國國力的增長，中國是時候應該也可以在亞洲秩序重建過程中發揮主導作用。

也就是說，目前二戰之後形成的以西方為主導的亞洲秩序正在發生巨大的變化。對亞洲國家來說，巨變既是挑戰，也是機會。

變化的根源是多元的，至少包括如下幾個方面。

美國的相對衰落

美國仍然是世界上最強大的國家，尤其在軍事方面，但較之其輝煌的過去，美國的確相對衰落了。美國的衰落主要源於美帝國的過度擴張，這是自克林頓以來美國歷任總統所公開承認的。過度擴張導致美國力不從心。此外，蘇聯解體之後，美國沒有明顯的「敵人」。在整個冷戰期間，以美國為核心的西方集團面臨一個公開的敵人，那就是蘇聯。為了應付一個擴張性的蘇聯，美國的盟友願意為美國「買單」，減少美國做世界警察的成本費用。蘇聯解體之後，儘管美國繼續尋找新的「敵人」，即中國，也努力想把中國塑造成為其「敵人」，但中國迄今有效迴避了成為美國的敵人。在中國沒有成為美國及其盟友的「敵人」的情況下，美國盟友沒有意願為美國「買單」，這使得美國維持其亞洲霸權的成本很高。美國實際能力的相對衰退影響着美國統治集團繼續做世界警察的意願。特朗普一上台很快就退出了 TPP，這並非沒有充足的理由。儘管美國不會放棄亞洲，未來美國甚至有可能再強化其在亞洲的存在，但其影響力很難維持在不變的水平，總體來説是下行的。

中國的崛起

中國的崛起，尤其在亞洲的崛起，是一個更為重要的因素。在西方列強到達亞洲之前，中國在亞洲形成了以自己為核心的被稱之為「朝貢體系」的亞洲秩序。這個體系並不像西方的盟友體系，沒有進攻和侵略性，意在維護中國和其他亞洲國家之間的「最低秩序」，並且只側重於貿易。西方的到來很快導致這個傳統秩序的解體，中國本身也成為西方的侵害者。中國改革開放40年完全改變了這個局面。中國已經成為世界第二大經濟體、最大的貨物貿易國、最大的外匯儲備國。光是中國的經濟崛起已經對亞洲國家產生巨大的影響。簡單地說，至少在經濟領域，亞洲在很大程度上已經形成了一個以中國為中心的經濟秩序。中國和東北亞、東南亞各國的經濟互相依賴度非常之高，並不比歐盟國家之間或者北美國家之間低。在今後相當長的一段時間裏，如果中國的經濟可持續增長（例如年增長率達到5%—6%），那麼一個自然的以中國為中心的亞洲經濟秩序的形成將變得不可避免。軍事崛起也是顯然的。這些年，亞洲國家對中國的軍事崛起感到「憂慮」，這從一個側面反映了中國軍事現代化的外在影響力。

東盟的無力感

東盟形成於冷戰期間，是一個鬆散的「協會」。冷戰結束之後，東盟大擴張，從原來的六國擴張到十國。同時，東盟努力成為所有大國都能在此互動的區域平台。不過，這個平台內部的整合已經遇到嚴重的瓶頸。從理論上說，各國都非常願意走向更緊密的整合，但在實踐層面則困難重重。在和其他大國互動過程中，東盟更感覺到其弱處，那就是東盟很難對其他大國（主要是中美兩國，未來還有印度）產生具有實質性的影響力。東盟的判斷是：中美兩國已經證明各自都有能力分裂東盟，但從各自的利益出發，無論美國還是中國都決定讓東盟維持整合狀態。

「兩條腿」的不協調

隨着中國的經濟崛起，幾乎所有亞洲國家都和中國發展出了深度的經貿關係。不過，由於歷史的原因，大多亞洲國家的安全依靠於美國，甚至是美國安全體系的一部分，這就產生了「兩條腿」現象，即「安全」和「經濟」。在早期，當中國國家發展的重點在經濟的時候，這些亞洲國家的「兩條腿」分離並不嚴重，也就是說，它們在獲得美國的安全保障的同時從中國獲取經濟利益。不過，現在這些國家的「兩條腿」走路戰略開始比較吃力。有兩個原因，一個來自中國，一個來自美國。隨着經濟的發展，中國的國防現代化也在進行。儘管中國並沒有要和哪一個國家進行軍事競賽，但因為經濟體量大，其正常的國防現代化也足以在亞洲產生巨大的外部影響力。中國的軍事崛起使亞洲國家在安全方面產生「憂慮」，因為這些國家的安全是依賴於美國的。同時，中國的軍事崛起也要求這些國家在安全方面至少不能利用美國的力量對中國產生威脅，否則其和中國的經濟關係就會受到不同程度的影響。就美國來說，當美國不以中國為敵的時候，也就是中美關係穩定的時候，這些國家的「兩條腿」走路策略不會有重大的問題。問題在於，美國不時地想把中國塑造成為其「敵人」。如果中美關係轉壞，這些國家不得不在中美之間進行選擇的時候，那麼「兩條腿」走路的條件就消失了。近年來的「南海」問題和今天中美之間有可能爆發的貿易戰都對這些國家產生了莫大的壓力。

區域秩序的出現

到目前為止，區域秩序主要出現在經濟領域，包括三個「10+1」機制（即中國 - 東盟、日本 - 東盟、韓國 - 東盟），及在

「10+1」基礎之上的「10+3」。在中亞還存在以反恐為核心的「上海合作組織」。不過，其他一些涉及區域外大國的組織包括「東亞峰會」和「亞太合作組織」的運作並沒有實現當初人們對它們抱有的高期望。這些組織是各國領袖互動的平台，但並沒有促成區域的進一步整合，在很多時候，反而對區域整合產生阻礙作用。

所有這些發展趨勢都為建立一個自主但開放的亞洲秩序創造了良好的經濟和制度條件。

二、一個自主開放的亞洲秩序對中國的重要性

一個自主開放的亞洲秩序可以定義為：這個秩序以亞洲國家為主體而構造但不排擠其他國家。無論是歐洲還是美國，在亞洲它們都有重大的利益。同時亞洲國家包括中國本身都和西方有重大的利益交往。因此，不僅很難排擠掉西方的利益，而且沒有任何必要去排擠。就是說，亞洲秩序是一個開放的秩序。

但美國和西方利益的存在或者說不排擠美國和西方的利益並不是說不能進行亞洲自主秩序建設的努力。新出現的機會不能浪費，否則永遠不會有一個自主的亞洲秩序。對中國來說尤其如此。中國是亞洲最大的國家，中國決定了亞洲是否能夠形成一個自主的亞洲秩序。儘管中國並不是要建立一個自己主導的亞洲秩序，但中國必須在倡議這樣一個亞洲秩序過程扮演主要角色。（中國是否自己走到檯面則是一個可以考量的問題。）中國不倡議，沒有國家有能力去做。

進而，建立這樣一個自主的亞洲秩序符合中國的國家利益。可以從幾個方面來討論這個問題。

第一，現存亞洲秩序並不符合中國的利益；相反，中國面臨愈來愈多的制約。美國一直強調要中國遵守「基於規則」之上的秩序，但這些「規則」是美國和西方說了算，並且美國和西方並沒有永恆的、自己也遵守的規則，而是説變就變。這明顯表現在有關南海問題上。對中國來説，問題並不是要不要遵守規則，而是甚麼樣的規則。中國不會簡單接受美國和西方強加的規則，但會接受自己參與制定的規則。中國和東盟正在進行的「南海行為準則」就是很好的一個例子。亞洲國家制定適合於自己區域的規則很重要。現在的問題在於，這樣的規則幾乎不存在。因此，亞洲國家只好去拿西方的規則來使用。前些年，菲律賓有關南海仲裁就是很好的例子。

第二，在未來美國以「中國為敵」的定位不會有多大的變化。去年美國的國家安全戰略報告已經正式把中國列為「最大的威脅」和「敵人」。歷史上，一旦美國認定一個國家為「敵人」，那麼就會動員儘可能的力量去圍堵那個國家，毫不留情。二十世紀 70 年代針對德國、二十世紀 80 年代對日本都是這樣。要意識到，德國和日本都是美國的正式盟友。二十世紀 90 年代對蘇聯更是如此。以施特勞斯和克里斯託弗為代表的「新保守主義」經常成為美國外交的指導思想。新保守主義的核心就是要在全世界推行美國價值。誠如新保守主義代表艾倫・布魯姆所説：「我們美國人在把政治當正經事的時候，想的就是，我們的自由與平等原則以及以此為基礎的權利是理性的、放之四海而皆準的。第二次世界大戰實際上就是迫使那些拒絕這些原則的人接受它們的教育工具。」必須強調的是，這裏布魯姆竟然輕鬆地把「戰爭」視為美國「教育」他國的「工具」。新保守主義在小布殊時期成為美國外交的意識形態。新保守主義開始時就是針對中國的，只有在「9•11 恐怖襲擊事件」發生之後，美國才轉向了反恐。不過，布殊當時所說的一些「名言」很能反映新保守主義的本質。布殊說：「存在着一個不容妥協，且為我們所讚成的價值體系。如果這些價值對我們的人民足夠好的話，那麼它們就應當對別人也足夠好」「我們的歷史責任已經清楚：回擊那些進攻，在全世界鏟除邪惡」，「你要麼站在我們一邊，要麼站在恐怖分子一邊」。

美國有人把特朗普上台之後美國開始從世界各地「回撤」視為對新保守主義過度擴張的反應和調整，美國「收斂」一些了。但其實不然。美國可以從世界的一些地方「撤退」，但美國對其他國家的政權的興趣永遠不會改變。最近，美國退出伊朗核協議背後就有新保守主義（特朗普政府中的鷹派）推動伊朗政權更替的考量。美國哈佛大學教授瓦爾特（Stephen M. Walt）就認為，特朗普政府的真正目的是圍堵伊朗，阻止伊朗與外界建立正常關係，進而實現鷹派的終結願望：一是加強經濟制裁促成崩毀，二是刺激伊朗重啟核計劃以找到「先發制人」開戰的藉口，最終是推翻伊朗政權，實施西方民主。

在這方面，亞洲國家也有同樣的經歷。亞洲其他國家包括日本、韓國等要麼實現了西方式的民主化，要麼把自己偽裝成西方民主，以符合西方的期望。但中國過大，偽裝不了。尤其是，中國是一個文明國家，不需要偽裝。對今天美國的鷹派來說，他們最不能接受的就是中國的政治體系。隨着中國形成自己的政治體系模式，美國改變中國、強迫中國接受美國模式無望。這永遠會是美國鷹派對中國發動「冷戰」的意識形態根源。要防備美國鷹派對中國的政治「攻擊」，中國有必要在亞洲找到更多的支持力量。這是有可能的，因為很多亞洲國家，無論是已經民主化的國家還是仍然缺乏民主化的國家，在這方面也面臨美國的巨大壓力。

第三，美國在開始重建亞洲秩序。這尤其表現在近來美國接受並重視的「印太」概念。這一政策先由印度和日本提出，但美國接受了。這一概念的直接目標就是中國。在這一概念下，美、日、澳、印已經重啟「四國安全對話」機制。這一機制被視為這些國家要建立亞洲版「北約」，以遏制中國的崛起所帶來的「安全威脅」。在經濟上，這四國已經在構想「一帶一路」的替代版來對付中國正在實施的「一帶一路」倡議。不管亞洲版「北約」是否會形成，中國沒有任何理由對此漠視。在美國拼命拉攏日本、印度的時候，中國不能旁觀，而應當主動出擊，因為亞洲版「北約」一旦形成便會對中國的國家安全構成致命的威脅。

第四，因為日本和印度等亞洲大國的懷疑、不積極甚至反對，中國的「一帶一路」經常遇到很大的困難。如果一個亞洲自主秩序形成了，那麼就會為「一帶一路」創造更好的條件和更充足的動力。

第五，構建一個自主的亞洲秩序也符合中國一直來的構想。中國早就提出要建立「亞洲命運共同體」，並強調「亞洲事務要由亞洲國家來主導」。但如果沒有一個有效的機制，那麼這一構想就很難實現。從這個角度來看，我們可以把亞洲自主開放秩序視為「亞洲命運共同體」。

三、中國如何構建亞洲自主開放秩序？

構建自主開放亞洲秩序的關鍵國家包括中國、日本、印度和印尼這些亞洲大國。從歷史上看，大國在構建區域和世界秩序過程扮演了其他小國所不能扮演的角色。這是因為無論是國內秩序還是國際秩序，都是一種「公共服務」，大國有能力提供「公共服務」，而小國則傾向於選擇「搭順風車」。不過，構建的過程也必須是一個開放的過程，即所有相關國家都可以參與進來，大國的角色主要表現在大國的責任。

(一) 中國首先要確立中國、日本、印度和印尼四國平等對話機制

這方面，其他三國也是具有很大動力的。只要不是排擠美國，這些國家都會調整和美國的關係。這些國家本來也在不斷調整與美國的關係，特朗普給他們帶來的巨大不確定性使得他們更有動力這樣做。

日本和美國儘管是同盟關係，但由於同盟關係的不平等，兩者之間一直存在矛盾。日本民主黨執政時期，首相鳩山由紀夫曾提出了「東亞共同體」的概念。鳩山的行為引發美國不滿，認為這是在針對美國。美國因此聯合日本國內的政治力量把鳩山搞下了台。現任首相安倍上台後也倡導「國家正常化」，其目標與前任鳩山是一樣的，即追求和美國的平等地位。但安倍利用其「反華」立場，美國沒有甚麼話好說。今天，在朝鮮問題上，日本被美國邊緣化。儘管是盟友，但美國從未如日本所期望的那樣，在相關重要國家事務上與同盟國日本商量，每每都只是「通知」日本。另外一個相關因素是，近來美國對中國發起貿易戰，與中國是近鄰、在經濟方面對中國的依存度也愈來愈大的日本也擔心自己受牽連。這也就是近來日本努力想改善和中國關係的主要原因。

印度本來就是文明大國，在國際關係中追求獨立的外交政

策。印度是不結盟運動的有力推動者。這表明，印度不可能完全倒向美國，成為美國的盟友。現任總理莫迪本人更是對西方有很大的意見，在莫迪掌權之前，西方對莫迪抱「敵視」態度。印度現在傾向西方或者願意被西方所拉攏與印度對中國的看法有關。中印之間的問題主要是邊界糾紛和中國與巴基斯坦的關係。邊界糾紛是一個問題，但並非不可掌控。而巴基斯坦的問題對中國來說只要掌握好在印度和巴基斯坦之間的平衡就可以。作為兩個最大的發展中國家，中國和印度兩國有太多的共同利益可以追求，隨着共同利益的做大，管控這些衝突點會變得更容易。

就印尼來說，中國和印尼沒有任何大的衝突，只有在南海問題上有點小問題（申索重合）。這些年，中國和印尼的經貿關係發展迅速。儘管印尼精英和美國的關係深厚，但印尼和美國以及西方也是有矛盾的。印尼是一個以穆斯林為主體的國家，穆斯林對美國在宗教上一直抱有敵視。印尼的另外一個問題是美國的盟友澳洲。

就是說，在對美國和西方的關係上，中國和這三個國家可以找到共同的認知，達成一定的共識。

（二）中國需要進行「哲學外交」，即務虛外交

領導人之間不帶具體議題的意見交流很重要。一旦陷入到具體事務，領導人的交往就會顯得缺少格局。在這方面，習近平主席和莫迪最近在武漢的會談已經為中國和印度之間的哲學外交開了一個好頭。類似這樣的會談可以在領袖之間就世界局勢、未來的發展、各自的外交定位達成共識。類似的「哲學外交」也需要推及到日本和印度。同時，也需要把從前使用於美國的「新型大

國關係」的概念使用於這些國家。

(三) 在東北亞，需要把目前的三邊關係推上一個新的台階

中國和日本之間實際上並不存在根本性的利益衝突，現在的兩個衝突點，即釣魚台問題和歷史問題，不是核心，並且都是可以掌控的。日本一直在追求國家正常化。日本的「國家正常化」儘管對中國會產生影響，但主要是針對美國而言的。日韓兩國和中國的經貿關係已經高度依賴和整合，至少在如下三個方面存在巨大的改進空間。這三方面在李克強總理訪問日本時已經從不同角度提出了，但仍然需要轉化成為具體的行動方案。

第一，中日韓三國儘快締結高級別的自由貿易區。這三個經濟體之間的互相依賴程度已經相當高，並不比歐盟國家和北美自貿區低多少。三國之間的討論和協商已經進行了很多年，現在所缺少的只是高層領導的政治決策。

第二，中國可以把日本和韓國置於「一帶一路」的架構內，尤其是可以利用兩國的技術力量推進「第三方開發」。

第三，「中日韓 +」模式的概念已經提出來了。這個模式很有潛力，可以把東北亞變成一個以中日韓為主體的開放體系。這裏，首先要考慮的是朝鮮。朝鮮「棄核」問題是一個很好的契機，如果三國能夠有效協調解決朝鮮核問題，那麼應當儘快考慮讓朝鮮加入這個開放體系。

(四) 上海合作組織擴展到印度和巴基斯坦

印度和巴基斯坦兩國缺少政治信任，敵視程度高，並且缺少日常的互動平台。中國被夾在中間，經常被印度誤解。如果兩國都

成為上海合作組織成員，那麼就有了一個經常性的互動平台，在合作組織這個平台上進行雙邊會談。這對兩國有利，對中國也有利。

(五) 在中國「一帶一路」倡議中，充分發揮新加坡的作用

新加坡國家雖小，但由於其政治和經濟的先進度，對東南亞各國有着很大的影響力，也被西方世界廣為接受。如何將對熟知國際規則的新加坡整合到「一帶一路」中來，也是一個需要思考的重要課題。

(六) 調整「一帶一路」，聚焦於亞洲

「一帶一路」可以連接亞洲和歐洲，但鑑於當前歐洲方面對中國這一倡議尤其是對中國和中東歐（16+1）的深刻誤解，中國可以把「一帶一路」的重點放在亞洲，聚焦亞洲。「一帶一路」在亞洲做實之後，再走向其他地方會更容易。中國的「一帶一路」是為了追求共同發展，而並沒有如西方所說的「主宰世界」。中國在亞洲做好了，西方的這種憂慮自然就會消失。同時，在亞洲內部，「一帶一路」還有巨大的潛力可以挖掘。例如，最近開始強調的「南向通道」便把「一帶」和「一路」互聯互通起來。再如，二十一世紀海上絲綢之路的「海」的潛力還有待開發。中國更有可能把「一帶一路」塑造成亞洲的「一帶一路」，把絲路基金、亞洲基礎設施投資銀行和金磚銀行等整合，有效運作起來。

(七) 要善於利用市場的力量來整合亞洲

就產業鏈來說，亞洲已經形成了一個以中國為中心的製造業產業鏈。中日韓三國和東盟形成了自由貿易區，同時一些國家之間也形成多個雙邊自由貿易協議。這方面仍然具有巨大的潛能，中國可以建議提不太敏感的「亞洲共同市場」的概念，把東北亞、東盟等幾個已經存在的區域貿易體整合起來。

(八) 要善於利用文化的力量

亞洲一直是多個文明和平共存，中國、日本、印度、印尼等都具有自己深厚的獨特的文化傳統，但同時各種文明之間也有共同的要素，例如都追求和平穩定。中國一直在提倡「亞洲文明對話」。現在需要把這一動議轉化成為具體行動。在博鰲等地，圍繞着文明、文化、傳媒等主題進行多層次的學術和政策對話，已達成最低共識，至少互相了解，為亞洲秩序營造一個良好的文化環境。

(九) 需要強調的是，亞洲秩序必須保持開放性

美國和西方的力量仍然強大，在今後相當長的時間裏還會維持其強大性，同時亞洲國家也需要很長的時間來調整和美國的關係。中國在這方面不可操之過急。辯證地説，亞洲秩序越開放，亞洲國家的調整速度會越快，美國和西方會更放心。相反，如果這個秩序是排他性的，那麼美國和西方會以百倍的努力維持其在亞洲的利益，甚至千方百計破壞這個秩序。需要強調的是，自主開放的亞洲秩序意味着以亞洲國家為主體，但並不排斥其他國家。

鄭永年　楊麗君　　2018 年 5 月 17 日

第七章

新歷史的開端

二十世紀 90 年代初，美籍日裔學者福山發表了其所謂的「歷史終結理論」，認為西方自由民主是世界上最好，也是人類最後一種政治制度。一方面是因為符合西方主流意識形態的需要，另一方面是因為蘇聯東歐共產主義的轟然倒塌，這一理論廣為流傳，名噪一時。但是好景不長，沒過多久，西方自由民主內部產生了巨大的危機，並深刻影響到作為西方內部秩序外延的「自由世界秩序」(Liberal World Order)。同時，也在這段不長的時間裏，中國實現了快速和可持續的崛起，不僅催生了內部新制度的誕生，而且開始走向世界舞台中心，在劇烈變化的國際事務上扮演着愈來愈重要的角色。世界歷史不僅沒有被西方所終結；相反，西方所面臨的內外部危機和中國的崛起正在開啟新的歷史。這乃是「世界百年未有之大變局」。

一、西方的「自由世界秩序」

在今天的國際政治舞台上，尤其是在作為西方世界核心的美國，人們最為關切和討論最多的問題無疑就是「自由世界秩序」所面臨的嚴峻挑戰及其前途。第二次世界大戰之後，美英兩國主導確立了「自由世界秩序」。這個秩序形成的直接背景便是歐洲國家之間進行的一戰和二戰，這兩次世界大戰對歐洲甚至是西方文明造成了毀滅性的打擊。建立「自由世界秩序」的首要目標就是要確保以後不再出現導致一戰、二戰那樣的國際條件。

這個「自由世界秩序」具有特殊含義，即這個秩序在很大程度上是西方國家內部「自由秩序」向國際社會的延伸。這個秩序所強調的各參與國內部要保護公民的人權，即內部秩序。在國際層面，這個秩序強調的是1648年歐洲版的威斯特伐利亞(Westphalia)秩序，即這個秩序在原則上建立在法治和對各國主權與領土完整的遵從之上；同時，這個秩序也是開放的，即這些總體原則適用於全世界各國，各主權國家可以基於自願原則參與這個體系。

在實踐層面，也在美英主導下建立了各種國際機構以增進和平(如聯合國)、推動經濟發展(如世界銀行)、促進投資和貿易(如國際貨幣基金組織和世界貿易組織)等。

在現實層面，無論是這個秩序的產生、維持還是發展，都離不開「美國霸權」這一要素，包括美國強大的經濟軍事力量、其橫跨歐洲和亞洲的聯盟、用於威懾他國的核武器等。也就是說，「自由世界秩序」的存在不僅僅是因為西方國家所共同接受的理念，如民主、自由和人權(即軟實力)，而且更在於美國和西方所擁有的基於經濟、科技和軍事之上的硬實力。

應當看到，二戰之後，英美之所以能夠確立西方所接受的「自由世界秩序」，有其特殊的歷史條件。其一，美國是被「邀請」成為西方世界領袖的。從一戰到二戰，歐洲列強互相廝殺，戰後沒有一個國家有能力成為領袖或者被其他國家接受成為領袖，美國因此被「邀請」成為它們的領袖。其二，美國當時已經成為最強大的國家，有能力為西方社會提供公共品，尤其是馬歇爾計劃。其三，因為同屬西方，霸權從英國到美國的轉移是和平的。

也應當看到，西方「自由世界秩序」的存在還有賴於一個「非自由世界秩序」的存在，即以蘇聯為核心的非西方集團。這一前提至關重要，因為它意味着：第一，在冷戰期間，西方的「自由世界秩序」在地域上是有局限性的，即只限於西方集團。第二，這一「自由秩序」存在的理由就是為了應付另一個「不自由的秩序」。就是説，這個秩序具有明確的目的和使命。這種目的性和使命感也使得「自由秩序」具有了鮮明的「認同感」，有利於西方集團內部的團結。第三，正是因為「不自由秩序」的存在，「自由秩序」內部的成員國願意放棄一部分主權給美國來主導和統籌成員國之間的關係。第四，西方集團對「世界秩序」的界定和理解不是唯一的，沒有普世性，因為蘇聯集團對「世界秩序」有全然不同的理解。

二、「自由世界秩序」危機的外部根源

荒唐的是，這個「自由世界秩序」今天所面臨的問題和挑戰的起點便是這個秩序的「全面勝利」，即蘇聯的解體和冷戰的結束。儘管蘇聯和以其為核心的蘇聯集團的解體有其內部複雜的因素，但從西方的角度來看，這完全是西方自由秩序的勝利。這一判斷對西方尤其是美國的內外部行為產生了巨大的影響。

第一，冷戰的結束導致了西方普遍認為西方的自由民主制度是人類歷史可以擁有的最好、最後的制度，西方不需要對這一制度進行任何改革了。「歷史終結論」就是西方這種樂觀情緒的真實反映。在冷戰期間，因為有一個「非自由秩序」的存在，西方政治人物經常利用外部的「威脅」來使內部的一些問題達成共識。

美國最為典型，政治人物總是用所謂的來自蘇聯和共產主義的威脅來理解和解決內部所發生的政治問題。但冷戰後在缺失一個明確外部「敵人」的情況下，西方內部黨派政治環境日益惡化，多黨民主經常演變成「互相否決」政治。

第二，冷戰結束之後，美國（西方）在忽視內部問題和挑戰的同時，其外交政策則是另一番情景。因為對西方自由民主過度自信，美國開始花大量的人財物力在全球範圍內推廣西方式民主，無論是通過各種形式的「顏色革命」，還是通過類似於「大中東民主計劃」那樣的政治軍事手段。

第三，美國和西方本身開始背棄建立在威斯特伐利亞秩序之上的主權國家理論，發展出了所謂的「後主權國家理論」，對別國隨意進行所謂的基於「人道主義」原則之上的干預，無論是通過軍事還是其他手段。北約對前南斯拉夫的軍事干預就是一個典型的例子。

第四，美國因此開啟了「新（美國）帝國模式」。無論是推廣民主還是人道主義干預都是美帝國擴張的手段和工具。

所有這一切很快導致了美國帝國的擴張過度。帝國的擴張首先是地緣政治意義上的。蘇聯集團解體之後，美國和西方很快佔據了蘇聯的地緣政治空間，尤其在東歐和中亞。其次，通過上述各種手段迅速把其地緣政治向全世界各地延伸。

帝國的過度擴張對美國造成了巨大的問題，主要表現在地緣政治優先，經濟基礎跟不上，帝國成本過高，維持艱難。首先，擺脫了蘇聯陰影的東歐國家本來歡迎美國和西方的到來，但不久這些國家就發現美國（西方）感興趣的只是它們的地緣政治意義，而對它們的社會經濟發展既無興趣，也無能為力。結果，在內部，這些新興民主得不到鞏固，傾向於權威主義的右派政治經常回歸；在外部，這些國家開始尋找與包括中國在內的非西方國家的合作。其次，在很多區域（尤其是中東地區），美國的軍事干預不僅沒有促成西方式民主的出現，反而造成了無政府狀態，極端主義甚至恐怖主義盛行，成為區域乃至世界不穩定的一個重要根源。再次，美國傳統盟友的態度也發生了變化。在很多問題上，美國不顧其盟友的意見開始走單邊主義路線。「9·11恐怖襲擊事件」發生之後，美國不管聯合國和盟友的反對，對伊拉克採取單邊軍事行動。在特朗普掌權之後，美國的單邊主義興盛起來，退出諸多重要的國際協議，包括《巴黎氣候變化協定》和伊朗核協議。同時，因為缺少一個類似蘇聯那樣的真正可以對西方構成威脅的「敵人」，美國的盟友開始不那麼樂意向美國付「保護費」。二戰之後，美國的確對國際秩序的建設做出了重要的貢獻，而其他國家都從中獲得了一些利益。但一旦當美國帝國擴張過度，國際公共品供給不足，而其他國家尤其是盟國不願提供更多的公共品，那麼美國要維持其霸權地位就變得步履艱難。

三、「自由世界秩序」危機的內部根源

自由主義無論是作為意識形態還是政治實踐都在撤退。無論是歐洲還是北美，主要民主國家都面臨高漲的民粹主義。各種政黨都在藉助政治極端化而急劇地擴展它們的社會基礎。在英國，脱歐公投表明政治精英失去了共識，把如此重要的決策交給了並不知情的大眾。這一方面意味着從傳統代議民主向直接民主的轉型，另一方面也意味着政治精英政治責任感的消失。圍繞着如何

脫歐的政治紛爭更是加深着英國各方面的危機。更重要的是在自由主義核心的美國，特朗普從來沒有停止批評和攻擊被視為自由民主基礎的自由媒體、法院和執法機構。東歐新興民主國家尤其是匈牙利和波蘭的政治人物對民主不那麼感興趣，權威主義開始盛行。

然而，自由主義的衰落又是必然的。這不僅僅是因為西方自由主義本身所具有的弱點，更應當歸諸於自二十世紀 80 年代開始興盛的新自由主義經濟學。二十世紀 80 年代英國和美國相繼發生了戴卓爾夫人革命和列根革命，即人們所說的「新自由主義革命」。戴卓爾夫人和列根革命具有一些共同的特點：減稅、私有化、放鬆經濟管制（尤其是對資本主導的金融業）、削弱市民社會、限制和弱化工會、消減福利等。

從理論上說，新自由主義是對戰後凱恩斯主義經濟學的回應。二戰之後的三十年間，凱恩斯主義成為西方各國的「共識」。在凱恩斯經濟學的指引下，西方各國的公共部門（國有企業）和社會福利大擴張，政府在經濟生活中的作用日益強化，官僚機構急劇擴大。所有這些因素，加上 1973 年的外部石油危機，造成了西方國家二十世紀 70 年代經濟的嚴重滯漲。

經濟滯漲導致了西方世界對凱恩斯主義的不滿，新自由主義脫穎而出，取凱恩斯主義而代之。新自由主義有不同的學派，但主要的思想基礎來自人們所說的「芝加哥學派」，主要經濟學家包括海耶克（Friedrich Hayek）和佛利民（Milton Friedman）。新自由主義從其開始起就是對兩種趨勢的回應。首先是對蘇聯和蘇聯集團計劃經濟的回應。蘇聯式計劃經濟模式產生之後，西方動用了巨大的人財物力來批判和圍堵。這些努力也是西方更早些時候批判和圍堵馬克思主義努力的繼續。其次是對英國和其他歐洲國家的社會主義趨勢的回應。儘管西歐社會主義和蘇聯計劃經濟不同，但因為凱恩斯主義並不否定政府需要對經濟有一定的「計劃性」，新自由主義也因此把凱恩斯主義視為自由主義的「敵人」。這兩方面的擔憂充分反映在海耶克的《通向奴役的道路》一書上，這本書一直被視為西方自由主義經濟學的「聖經」。

新自由主義從反對政府的經濟角色開始，最終演變成市場原教旨主義。西方自二十世紀 80 年代之後的三十多年可以說是「新自由主義共識」，或者說「華盛頓共識」的大擴張。在 2008 年全球金融危機爆發之前，新自由主義暢行無阻，風行全球。但新自由主義很快就造就了今天西方所面臨的一系列危機，主要表現為：(1) 經濟危機（滯漲、就業不足、投資疲軟等）；(2) 急劇惡化的收入不公平和財富愈來愈集中在頂端極少數人之中；(3) 民主政治被強大的經濟精英所「俘獲」，成為他們追逐私利的工具。

收入和財富差異的急劇擴大是西方社會的普遍現象。這些年來，這方面的研究可說已經是汗牛充棟。不管以甚麼樣的指標來衡量都可以得出同樣的結論，包括窮人和富人之間的差異擴大，社會百分之一的富人所擁有的財富相當於百分之九十九的人口所擁有的財富之和，中產階級規模迅速縮小等。很自然，這種差異的擴大不僅表現在一個國家之內的不同社會羣體之間，也表現在國家之間，包括西方和非西方、窮國和富國、北方和南方等。

在過去的數十年裏，西方世界更呈現出一個「民主失效」的現象，即政治上愈來愈民主，經濟上愈來愈不民主。政治上，「一人一票」被視為西方民主最堅實的合法性基礎。經濟上又如何呢？經濟民主意味着經濟上更加平等。西方的左派（政治自由派）

也一直期望通過政治上的「一人一票」來實現經濟民主。但經驗地看，西方經濟已經和人們的期待背道而馳，即變得愈來愈不平等。這一矛盾也是西方社會所面臨的巨大挑戰。人們給出的唯一的解釋就是民主政治已經被經濟精英所俘獲，他們把「一人一票」轉化成為「一元一票」了。

歷史地看，資本主義從其開始到今天具有同樣的本質，即謀利。或者説，謀利是資本主義的常態，並且這也被視為人類經濟進步的動力。不過，資本主義在為人類創造巨量財富的同時也造成了人類極端的不平等。英國作家狄更斯和法國作家雨果描述了資本主義所創造的「苦難世界」，而馬克思則從理論上分析了那個時代的原始資本主義狀況。很容易理解，資本主義導致了歐洲社會主義運動的興起，社會主義運動就是資本力量和社會力量之間的一場較量。

在歐洲，社會主義運動出現了兩個分支。一支為蘇俄革命，發生在比較落後的國家，其理論基礎是馬克思主義，認為私有制是人類苦難的根源，因此社會正義要從消滅私有制開始。蘇俄革命者希望通過俄國與資本主義的鏈條脱鈎，實行國家資本主義和計劃經濟。另一支為西歐的道路，發生在比較發達的國家，這一支試圖通過社會福利政策來保障勞工的利益。一戰和二戰期間又形成了凱恩斯主義，開始強調政府的經濟角色，來彌補市場的失敗。在二十世紀70年代之前凱恩斯主義功不可沒，造就了西方全面的福利社會。不過，因為過度強調政府的作用，凱恩斯主義也產生了自身的問題。

對凱恩斯主義的反動，新自由主義走向了另一個極端，即市場原教旨主義。這是西方資本主義的一個大轉變。但正如馬克思時代的原始資本主義引發了社會主義運動，很容易理解今天的市場原教旨主義為甚麼會觸發意在實現社會公平的新一波社會革命。今天，在西方，無論政界還是學界，人們對社會革命的目標並不明確，而各國政府也沒有解決引發社會革命問題的有效方案。美國奧巴馬政府期間有走向歐洲版社會主義的趨勢，主要是想通過增加底層民眾的福利來解決問題，表現在其醫療改革上。但在金融領域，奧巴馬政府需要金融資本來創造財富，政府因此仍然服務於金融資本，放鬆在這個領域的管制。特朗普政府可說是對奧巴馬政府的反動。儘管特朗普通過民粹主義運動而上台，但其仍然代表大資產階級的利益。沒有人會相信，特朗普的政策能夠解決美國問題；相反，包括種族在內的諸多問題會惡化，造成更大的內部問題。在歐洲，福利社會已經高度制度化，很難動搖，只能繼續走福利主義路線。在較小和發達的北歐國家，新版本的福利主義已經浮上檯面，即普遍性工資制度。但較大國家如法國、德國和英國則面臨巨大困局，一方面昂貴的福利難以為繼，另一方面如法國「黃背心」運動所示，削減福利或者損壞福利的政策又不得人心。

在愈來愈強大的資本面前，西方民主顯得無能為力。資本對自己的力量運用自如，控制選舉，操縱媒體輿論，甚至走上政治舞台親自執政。社交媒體的出現和廣泛使用從表面上看是賦權平民，使得一些「政治局外人」有了執掌政權的可能性。但實際上又怎樣呢？一些局外人從反建制開始，但一旦進入建制，就成為建制的一部分，繼續為建制服務；而另外一些局外人執政之後依然是「局外人」，在強大的資本和建制面前顯得軟弱不堪，他們可以轟轟烈烈地上台掌權，但避免不了無奈地下台。

政治和經濟所造成的分離狀態可說是西方的理想。西方從中世紀的宗教專制和近代君主專制到近代民主的轉型，資本是主體，沒有資本的力量，很難看到現代西方民主。但資本也為自己勾畫了一個牢不可破的神話，即：經濟力量對政治力量所構成的制衡是西方民主的基礎。在近代以來的很長一段時間裏，或許是這樣。但今天的情況則已經走向了另一個極端，即民主對資本無能為力。毋庸置疑，如何處理資本和民主之間的關係，是所有西方國家的一個巨大政治挑戰。

公平地說，西方「自由世界秩序」確立之後也為世界提供了諸多公共品並且具有開放性，為很多國家所認同和接受。同樣重要的是，至少在理論上，這個秩序強調的是國家主權獨立和各國之間的平等性原則，這些原則是所有國家所追求的。不過，這個秩序是具有先天缺陷的。首先，西方國家已經解決了與主權有關的問題，但很多發展中國家都沒有解決這個問題。例如在亞洲，很多與主權糾紛有關的問題是西方殖民地遺留下來的，直到今天一些亞洲國家仍然承受着殖民遺產之痛。也就是說，儘管非西方國家認同這個「自由世界秩序」，但很難用這個秩序的原則來解決它們所面臨的實際問題，尤其是關乎主權的問題。其次，「自由世界秩序」內部成員國的等級秩序問題。以美國為主導的同盟內部等級森嚴，但成員國迫於美國的強大和外在「敵人」的存在，它們沒有能力或者沒有意願挑戰美國，儘管不時也有不同聲音的出現。最後，在冷戰結束之後，當美國把內部的「自由秩序」原則毫無節制地延伸應用到國際關係而內部秩序中的各種矛盾一一爆發出來的時候，這個秩序最深刻的危機便不可避免地出現了。

這就是今天世界所面臨的局面。沒有任何跡象表明西方的內部情況會很快能夠得到改善；相反，愈來愈多的跡象表明，英美主導的秩序還在急劇惡化。在歐洲，英國脱歐的惡果還沒有完全顯現。如果英國「硬」脱歐，那麼英國就有可能解體，就如冷戰後很多歐洲其他國家那樣。如果那樣，那麼歐洲勢必會回到二戰之前的局面，即英國和德法等主要大國對立。即使英國能夠「軟」脱歐，也必然會對歐洲乃至世界經濟產生無法估計的負面衝擊。歐洲各國正經歷着各種激進主義運動（種族主義、民粹主義、民族主義等），沒有國家可以出現強有力的領導，解決內部和外交問題。同樣，沒有人會相信，美國有能力在短期內緩和及解決內部的各種矛盾（階級的、種族的、區域的、意識形態的，等等）。如此，美國內部的黨爭也不會中止。西方「自由世界秩序」是以英美為軸心的，隨着這個軸心當前因為內部深刻矛盾而動搖起來的時候，西方世界的不安和焦慮等現象就成為必然。

四、多元世界秩序中的中國百年機遇

而對中國（或者其他大國）來説，這既是百年未有之變局，更是百年未有之機遇。中國近代以來的積弱，經過近百年的革命和戰爭與改革和發展，已經完全改觀。現在應當是有所作為的時候了，這是時代的需要、國家崛起的需要，也是新國際秩序的需要。

由於當前面臨的內外部困境、新興大國（中國、印度等）的崛起、老牌強權（俄羅斯）的繼續，西方很難在繼續推廣和擴張「自由世界秩序」方面有很大的作為，尤其是在把西方內部自由秩序「國際化」方面。一個更有可能的未來就是，美國和西方面對現實，不得不進行調整和收縮，「自由世界秩序」重新回到近代以來以主權國家為基礎的「威斯特伐利亞秩序」，即一個多元世界秩序。

近年來專注研究「修昔底德陷阱」的美國哈佛大學教授艾利森（Graham Allison）最近也提出了類似的概念。在美蘇冷戰期間，美國總統甘迺迪提出了「保障多元並存的世界」（world safe for diversity）的概念，主張美國和蘇聯的和平共處，建議美蘇在一個政治體系多元、價值與意識形態完全相反的世界中和平共存。這個概念和二十世紀50年代中國提出的「和平共處五項原則」具有類似的精神，即：互相尊重主權和領土完整、互不侵犯、互不干涉內政、平等互利、和平共處。

必須意識到，世界秩序從來就是多元的，所謂的「自由世界秩序」從來就不具有普世性，為所有國家所接受。冷戰以後的短暫時間裏，美國成為唯一的霸權這一事實既不意味着美國有能力維持霸權，更不意味着這一霸權為其他國家所接受。「自由世界秩序」充其量也只是美國主導的「區域秩序」。即使在所謂的「自由世界秩序」中，各國對這個秩序也有不同的理解，例如法國的「自由世界秩序」不同於美國的「自由世界秩序」，英美的「自由世界秩序」不同於歐洲大陸的「自由世界秩序」，並且兩者之間經常發生衝突。

人們觀察到，隨着西方內部秩序危機頻發，多元世界秩序向深度發展，即「深層多元主義」，指未來數十年的全球國際秩序體現為財富、權力和文化權威更分散，沒有超級強權而只有大國和區域強權。西方勢力和自由意識形態會繼續存在，但不再主導國際秩序。

很顯然，西方自由秩序的衰落因為西方內部矛盾、對外過度擴張所致，而非因為中國和俄羅斯的挑戰所致。中國並未挑戰現存國際秩序，不是特朗普所説的「修正主義者」，而是國際秩序的改良主義者。自從改革開放以來，中國努力通過改革自身的體制而和世界「接軌」。也就是説，中國並沒有像當時蘇聯那樣「另起爐灶」，建立自己的體系，而是進入西方主導的體系。進入體系之後，中國也通過改革現存體系（例如國際貨幣基金組織）而使得這個體系對自己更加公平。此外，中國也在努力通過諸如「一帶一路」倡議和「亞洲基礎設施投資銀行」等對現存體系進行一些制度補充。

五、「大國的樣子」

中國不會稱霸全球，但中國必須為發展和鞏固這個多元世界秩序而做出自己的貢獻。大國要有大國的樣子，要做大國應當做的事情。儘管美國不會放棄圍堵中國的意圖，但已經有心無力。普魯士軍事理論家和軍事歷史學家克勞塞維茨曾説，外交是內政的延續。如果説今天西方的外交便是其內政的反映，那麼中國對此並不能做甚麼，西方的事情只能西方自己來解決。不過，克勞塞維茨還有一個更重要的觀察，那就是，戰爭是政治的另一種表現形式。中國（和其他國家）所要預防的便是美國因為內部衰敗而把矛盾轉移到國際，通過外部戰爭來緩和內部矛盾。對今天的中國來説，作為核大國，預防和美國的熱戰並不難。儘管美國已經對中國發動了一場冷戰，但中國也具備了足夠的能力來化解來自美國的壓力，避免冷戰滑向舊日美蘇那樣的冷戰。

對中國來説，更為重要的是要在國際鬥爭層面主動出擊，而非處於永恆的被動「回應」狀態。那就是要堅守和發展自己的國際秩序的理念和主張，設定自己的議程，在多元世界秩序建設中牢牢把握中國主導性。

第一，深化內部改革開放，實現內部可持續發展。在今天的世界，像中國、美國、俄羅斯這樣的大國，只要不「自我擊敗」，沒有可能被其他任何一個大國所擊敗。當代美國的衰落便是「自我擊敗」的典型。中國對世界的最大貢獻便是自身的可持續發展。在十八大之前的很多年裏，中國對世界經濟增長率的貢獻達到了50%；十八大之後，儘管中國經濟進入「新常態」，但仍然貢獻了30% 的世界經濟增長率。當前，中國是第二大經濟體。中國的中產階層儘管在比例上還小於美國，但絕對規模已經和美國相當，甚至超過美國。往日美國的強大在於其龐大的內部市場，同樣，當前和未來中國的強大也在於內部消費市場。

第二，以中國方式推進全球化。當西方因為內部矛盾而搞起反全球化、經濟民族主義、貿易保護主義的時候，中國已經接過了全球化這面大旗。今天，繼續推進全球化本身已經成為國際公共品，因為各國都可在全球化過程中獲得利益。小國家也可以推進全球化，但其力量微不足道。全球化從來就是大國推動的結果，全球化的過程也須由大國來保障。當第一大經濟體美國走上逆全球化的時候，作為第二大經濟體的中國便要當仁不讓，利己利人。推進全球化既要創新，更需要做加法。承繼西方的方法已經不足以促發新一波全球化，中國需要自己的方式和工具。中國創始的「亞洲基礎設施投資銀行」和「一帶一路」倡議代表了這個發展方向。

第三，以中國方式承擔國際責任。現實地說，所謂的秩序，無論是國內的還是國際的，都是構建出來的。多元世界秩序既需要區域領導權的存在，也需要國際領導權的存在。在國際層面，領導權更多地表現在一個國家所承擔的國際責任。中國方式便是開放包容共享的多邊主義。中國不能學美國經常把自己的規則「普世化」，強加給他國，而應自始至終保持開放性和多邊性，讓其他國家充分參與到規則的制定和執行過程中來。説到底，中國就是要「多做事、少享受」。

第四，戰略上實行「夥伴關係」而非聯盟。為了國家的安全，國際層面的集體安全（或者共同安全）不可或缺。中國必須堅持一貫的「不結盟政策」，避免美國那樣的盟國政策。很顯然，結盟政策是針對「敵人」的；一旦結盟，沒有敵人，最終也會出現敵人。從美國經驗看，結盟已經導致美帝國的過度擴張，難以為繼。這也就是特朗普執政以來，美國不斷從國際社會退縮、和盟友的爭端頻發的根源。中國要堅持一貫的「戰略夥伴關係」建設，因為「戰略夥伴關係」不是針對第三方的，而是針對相關國家所面臨的共同問題的，並且這種「戰略夥伴關係」具有開放性，和同盟的排他性剛好相反。

第五，徹底解決香港和台灣問題。儘管香港和台灣問題屬於內政，但必須在國際層面得到解決，或者説，這個問題的解決必然溢出到國際社會。香港、台灣問題愈來愈阻礙中國的發展和民族的復興。今天的局面是「港獨」和「台獨」力量和西方反華力量結合的產物。中國沒有退縮的空間，沒有足夠的理由退縮，也有能力不退縮。該來的事情還是要來的，該處理的事情也是應當處理的。更為重要的是，這個問題不解決，就很難對未來有個好的交代。

六、立足於制度競爭力

必須清楚地意識到，目前所展現的諸如中美貿易戰這樣的現象只是表像，中美之間的制度之爭才是具有本質性的東西。美國（和西方）已經公開把中國的制度視為「挑戰者」甚至「敵人」，中國本身也已經明確表示要建設另一種制度選擇。這表明，制度領域已經沒有「灰色地帶」，競爭已經開始，今後會越演越烈。不要幻想西方會大度到給予中國制度生存空間，演變中國制度始終是西方的最終意圖。只有西方制度擴張遇到強大的阻力，或者中國制度崛起成為另一種選擇的時候，兩者之間才會處於一個「均衡共存」的局面。

很顯然，中國必須加快自十八大以來發展和完善自己制度的努力。不管如何，無論是國家的崛起還是民族的復興，最主要的標誌便是一整套新制度的確立和其所產生的外在影響力。無論是中國往日的輝煌還是近代西方國家崛起的經驗，都表明瞭一個道理，即外部的崛起僅僅只是內部制度崛起的一個外延。

在基本經濟制度方面，中國已經形成了「混合經濟制度」。具體地說，就是「三層資本構造」，即頂端的國有資本、基層以大量中小型企業為主體的民營資本、國有資本和大型民間資本互動的中間層。這個經濟制度可以同時最大程度地發揮政府和市場的作用。在中國的哲學中，發展和管理經濟永遠是政府最重要的責任之一。政府承擔着提供大型基礎設施建設、應付危機、提供公共服務、平准市場等責任，而民間資本提供的則更多是創新活力。過去數十年中國既創造了世界經濟歷史的奇跡，又避免了亞洲金融危機（1997 年）和世界金融危機（2008）年，和這個經濟體制密不可分。

在政治領域，西方的「三權分立」體系為無限的黨爭提供了無限的空間，造成了今天無能政府的局面。相反，中國在十八大以來，以制度建設為核心，通過改革而融合了新中國成立以來的基本制度和傳統制度因素，形成了「以黨領政」之下的「三權分工合作」制度，即決策權、執行權和監察權。傳統上，這個體制自漢至晚清，存在了兩千多年，並沒有受王朝興衰更替的影響。今天，通過創新和轉型，重新確立的「三權體系」，為建設高效清廉治理制度奠定了基礎。

「三層資本體系」和「三權分工合作體系」已經成為中國制度模式最為根本的制度。這個模式不僅促成了中國成功的故事，也必將為那些既要爭取自身的政治獨立又要爭取經濟社會發展的國家提供另一種制度選擇。

這是一個新歷史的開端，是執政黨履行其歷史使命、大有作為的時代。

鄭永年　　2019 年 8 月 2 日

中篇

大國競合

第八章

中國海洋地緣政治與中美關係：如何構建「新型大國關係」

前言

這些年來，中國的海洋地緣政治正在面臨一個全新的格局。這裏既是中國內部因素變化的結果，更有外部環境變化的原因。從內部因素來說，中國已經從一個資源自力更生的國家轉變成為一個高度依賴外部供給的國家。同時，隨着中國內部持續的經濟發展，中國也已經從一個資金短缺的國家逐漸演變成為一個資金過剩的國家。和其他國家的資本一樣，中國資本也必然會走向世界的其他地方。從這個角度來說，中國的「走出去」勢在必行。國內發展所需的大量的資源和國內資本過剩所導致的對外投資是「走出去」的巨大經濟推動力。政府的政策在這個過程中也起到了一個重要的輔助作用，主要是因勢利導。強調這一點很重要。國際上，一些國家，主要是西方國家，把中國「走出去」戰略視為是中國政府要主導甚至稱霸世界的戰略。實際上，中國政府並沒有這樣的計劃，「走出去」政策只是對經濟發展客觀要求的輔助。

中國「走出去」表明海洋戰略已經不可避免地成為了國家地緣政治的新因素和新核心。中國傳統地緣政治以陸地為核心，主要表現為防衛性。改革開放以來，中國和很多周邊國家解決了陸地主權糾紛問題，雖然很多問題仍然存在着，例如和印度的陸地邊界糾紛還沒有解決，北朝鮮問題仍然存在，新疆和西藏等邊界地區還會出現新的挑戰。但是，和海洋地緣政治比較，中國對陸地地緣政治持有較大的操控權，因此可以通過自身的努力來穩固陸地地緣政治局勢。海洋地緣則不然。一方面海洋地緣政治涉及複雜因素，受制於其他很多國家，從而往往超出中國自身的控制範圍。另一方面，海洋地緣政治對中國來説還是一件比較新穎的事情。較之老牌海洋大國，中國在這方面並沒有多少具有實質性意義的經驗，各方面的弱點在實踐中不斷表露出來。

從外部環境來説，最重要的就是美國所謂的「重返亞洲」。因為周邊國家眾多，中國的周邊地緣政治本來就已經非常複雜。美國高調「重返亞洲」更是惡化了中國的周邊環境。近年來東海、釣魚台和南海等等問題的惡化都和美國的「重返亞洲」有緊密的關聯。

一句話，中國海洋地緣政治面臨前所未有的挑戰。中國要成為一個海洋國家，不會因為周邊地緣政治環境的惡化而退縮。如果因為外在的壓力和「走出去」的困難，那麼當代中國就會像當年明朝一樣，終結成為海洋國家的夢想。不過，現在的局勢的確已經向我們提出了一個關鍵問題，那就是：中國如何在亞洲甚至在全球範圍內和美國共處？中國已經就中美關係提出了「建設新型大國關係」的新概念。戰略意圖非常明確，那就是要避免從前因為大國興衰而觸發的大規模的衝突和戰爭。不過，迄今這個概念還是過於抽象，只是一種意向的表達，需要進一步具體的戰略操作。儘管中國因為周邊複雜的地緣政治環境，和周邊國家發生一些小衝突或許不可避免。但如果要長期維持一個和平的國際環境，繼續為內部的崛起提供有利的外部條件，主要取決於中美關係。對中美關係，我們不能停留在政策層面的權宜之計，而必須作更為深刻的戰略思考。

對中美關係，我們至少可以從三個戰略層面來思考。第一，中美兩國的雙邊關係。可以説，自毛澤東開始，中國歷來就重視中美兩國的雙邊關係。到今天，儘管兩國之間已經建立了全方位的關係，但這些只是一種「戰略接觸」關係，並沒有發展出雙方的戰略互信。在缺失戰略信任的條件下，很難實現雙邊關係的制度化，更不用説建設我們早前所説的「戰略夥伴關係」了。第二，中美兩國在亞洲區域的關係。這方面，儘管中美兩國決定了本區域的和平和安全問題，但兩國就區域問題的合作機制仍比較少。我們下面會看到，在亞洲區域，中美兩國儘管有巨大的合作空間，但近年來的實踐表明，這個潛在合作空間不僅沒有發掘出來，兩國關係更是呈現出向衝突發展的趨向。第三，中美兩國作為規定整個國際關係的結構性因素。在今天的世界，中美兩國之間的關係已經遠遠超出雙邊關係，也並不僅僅對亞洲區域產生影響，而且對整個世界體系產生着愈來愈重大的影響。因此，中美兩國關係可以説是國際關係的結構因素。儘管今天的國際組織愈來愈多，但就其實質來説，在幾乎所有重大問題上，如果中美兩國不能達成最基本的共識，那麼無論是哪一個國際組織，無論是美國還是中國，都不能單獨解決問題。

在這裏，我們圍繞如何和美國建設「新型大國關係」，討論六個方面的內容和問題。第一，中國海洋地緣政治面臨着怎樣的格局？第二，中國傳統國際定位如何影響着和美國的關係？第三，中國如何根據現在的國際權力格局來重新確認自己的國際定位？第四，如何在 G2 的結構下，處理和美國的關係？第五，如何把地緣政治的重心放在亞洲？第六，如何在其他區域處理好商業關係和戰略關係？我們相信，對這些問題的討論會有助於我們理解如何建設中美兩國「新型大國關係」這個當今中國國際關係的大問題。

一、中國海洋地緣環境：東海、南海和印度洋

海洋地緣指的是能夠促成或者阻礙中國成為一個海洋國家的地緣政治環境。很顯然，對中國來說，主要是東海、南海和印度洋。在所有這幾個領域，中國都面臨巨大的挑戰。

先來看南海問題。南海問題是個歷史問題，近年來突顯出來，主要是因為美國高調宣佈要「重返亞洲」。2010 年 7 月，美國國務卿希拉里在越南宣佈美國對南海問題的關切，提出南海問題和美國的國家利益的相關性。這一宣佈很快就把南海的歷史問題轉變成為現實問題。緊接着，在冷戰期間互為敵人的越南和美國也似乎在一夜之間成為了準盟友，美國航母訪問越南。儘管美越兩國強調的是雙邊關係，但顯然是針對中國的。這是繼奧巴馬政府宣佈要「重返亞洲」之後最引人注目的直接而具體的舉動了。更早些時候，美國也有諸多外交和經濟方面的舉動，但並沒有引出人們多大的關注。因為航母這個舉動涉及到軍事安全問題，才真正觸動了中國人的神經。從宣佈「重返亞洲」開始，圍繞着中國，美國戰略開始明朗化。第一是針對南海問題，美國開始調整在亞洲的戰略。例如在澳洲派駐兵力和同中國的周邊國家發展戰略關係。第二是經濟戰略，開始實行類似冷戰期間的戰略性貿易，即 TPP，跨太平洋夥伴關係。

中國各方面對這些表現出高度的關切，並不令人驚訝。對中國來說，南海的重要性是毋容置疑的。一些人說南海是中國的國家利益，或者更進一步，是核心國家利益，因為其涉及到中國的主權問題。但實際上，南海不僅僅是主權的問題，更是中國的生命線。一旦失去南海，中國的海洋地緣可能不再存在，會不可避免地要成為一個內陸國家。那麼，為甚麼可以這麼說？

這裏首先涉及到的是中國的東海問題。中國的東邊已經有牢固的美、日、韓同盟。這個聯盟以美國為統領，且已經高度制度化。日本民主黨上台執政後，當時的首相鳩山曾試圖追求和美國較為平等的關係，不過以失敗告終。鳩山政權的失敗說明了任何一個日本政府很難改變這個制度現狀。同樣，也不會有人希望任何韓國政府能夠改變這個局面。「天安號」事件之後，美、日、韓聯盟有強化的趨向。從 2011 年以來，中日關係因為釣魚台問題而迅速惡化。儘管這並不是說美國會完全站在日本一方而不顧中美關係，但美日聯盟的存在的確表明中國要解決甚至控制東海問題的難度。同時，儘管日本和韓國之間的關係也因為「獨島」(在日本稱「竹島」) 的關係而呈現緊張，但這也並不意味着美、日、韓聯盟會解體。這只是說，美國在維持這個聯盟上的一些具體困難。就國際關係的本質來說，中國作為大國的存在這一事實表明瞭美、日、韓聯盟存在下去的理由。

那麼，美、日、韓聯盟的存在對中國到底意味着甚麼？其一，中國很難通過東邊成為海洋國家。其二，日、韓等國可以利用聯盟來增進本身的利益而損害中國的利益。例如日本可以在東海問題上增加其談判能力。日本決定把釣魚台等具有爭議性的水域進行「國有化」就是試圖利用目前聯盟有利於日本這樣一個局面。

日本對釣魚台實行國有化之後，日本和美國的關係也表明日本在這方面的意圖。其三，聯盟也可以對中國構成直接的安全威脅。美國在小布殊政府期間已經完成了亞洲「小北約」的佈置。近年來，隨着美國開始在澳洲駐軍，這個「小北約」戰略漸趨成熟。對「小北約」的性質需要持續的觀察，但有兩點已經很明顯。首先是，美國至少到今天為止，主要是想通過這個「小北約」對中國構成「威懾」，即防止中國的作為對美國利益可能構成的致命威脅。第二，對美國的「敵人」來說，這個「小北約」不是建設性的，而是摧毀性的，也就是美國要通過這一戰略來大大提升對其界定的「敵國」的打擊和摧毀能力。

就是說，對中國而言，東海的重要性取決於中美兩國關係的性質。如果美國要圍堵中國，那麼東海很重要。這就是為甚麼這麼多年來，無論中國還是美、日聯盟都看重所謂的「第一島鏈」和「第二島鏈」的原因。不過，儘管大家都擔心這個問題，但對「島鏈」的性質，人們的看法並不深刻。很多問題都可以提出來。例如，美國真的要在傳統地緣政治意義上圍堵中國嗎？從冷戰的架構內，答案可能是肯定的。但問題在於在今天的全球化狀態下，美國的這種傳統圍堵方式會有效嗎？中國並非前蘇聯。現在中美兩國都處於同一個世界體系之內。在這樣的情況下，美國如何圍堵中國？再如，中國可以被圍堵的嗎？「島鏈」只有當中國有了類似於西方傳統的擴張主義的時候對中國才具有意義，也就是說中國要走出太平洋去擴張。但顯然，中國既沒有這樣的想法更沒有必要這樣做。中國衝破這兩個「島鏈」只具有象徵性戰略意義，而無實質性的戰略意義。中國要和日本作戰嗎？要和美國作戰嗎？如果沒有這樣的擴張計劃，那麼「島鏈」的存在對中國並不具有實質性的傷害。或者説，「島鏈」的存在只是賦予美國及其盟友對中國構成「威懾」。也同樣重要的是要意識到，中國的自我軍事防衞能力也在與日俱增。隨着中國自我防衞能力的提高，要衝破這些「島鏈」並不困難。同時，中國的攻擊能力實際上也可以對這些「島鏈」構成威懾。

在中國的西南面有印度洋。那麼，中國有可能通過印度洋而成為海洋國家嗎？也很難。顧名思義，印度洋是印度必爭的勢力範圍。中國和印度洋沒有直接的通道。一些人主張通過緬甸來打通這個海洋通道。但這也説明，中國幾乎也沒有希望通過印度洋成為海洋國家。因為這裏存在太多的不確定因素。其一，中國和緬甸的關係。緬甸作為一個主權國家也在理性地尋求國家利益的最大化，遊走在中國、印度和美國之間。近年來，美國在盡力改善和緬甸的關係，這是符合緬甸和美國雙方的利益的。其二，印度和中國的關係。印度也是一個崛起中的大國，並且充滿着民族主義情緒。其國內強硬派一直視中國為競爭對手和潛在「敵人」。印度不會容許中國把印度洋成為海洋國家的通道。其三，印、美關係。一旦美國視中國為對手，那麼印度很容易倒向美國。美國和印度近年來的關係有了實質性的進展，而且多邊軍事合作和協調也已經開始，例如美國、日本和印度的軍事合作。印度被西方視為是民主國家這一事實表明，美國的國內政治有利於美國和印度的合作，至少合作過程的美國國內阻力會相對較小。

因此，對中國來説，成為海洋國家的希望在於南海。南海在很多方面遠較東海和印度洋重要。所以説，南海是未來中國的生命線。現在美國談南海航道的「安全與穩定」的問題，好像話語權在美國這一邊。實際上，這應當是中國的話語。這個話語權是中國有關方面的不作為才拱手讓渡給美國的。無論是作為一個出口導向型經濟體還是作為一個高度依賴資源進口的大國，南海航道的安全決定了中國的經濟是否能夠正常運作的問題。鄧小平當年在南海問題上提出「擱置（主權）爭議、共同開發」是為了給國內的經濟建設提供一個和平的國際環境。而在今天的國際環境裏，這個提法又有了新的甚至是更為重要的含義。很顯然，對經濟體系運作的威脅可以直接威脅到每一個中國人的日常生活，具有深刻的社會和政治含義。

儘管近年來的南海局勢並不像一些悲觀的人們所說的已經到了「劍拔弩張」的程度，但如果我們不能直面現實，未來局勢必然會惡化。如何應付挑戰？這就首先要提問：今天這個局勢是怎麼來的？只有理解了怎麼來的，才能找到如何控制和解決問題的理性方法。很顯然，今天的局勢並不是突然從天上掉下來的，是以往歷史的結果。實際上，對長期觀察南海局勢的人來說，出現近年來的局勢毫無意外，是理性預期之中的。

誰都明白南海問題的歷史複雜性。現在各國都在尋找有利於自身的歷史根據。但客觀地說，要從歷史根據來解決問題可能是一項不可能的使命。目前和今後相當長的一段歷史時期裏，南海問題的主要特點是其只能控制和管理，而不能解決。正因為如此，鄧小平當年才提出「擱置主權、共同開發」的現實主義的設想。在這個設想指導下，中國在南海問題上和其他相關國家在雙邊層面就「共同開發」作了很大的努力，但成效不大。越南、菲律賓和馬來西亞等相關國家似乎並沒有很大的動力或者動機和中國搞合作。在這個過程中，中國有關方面忘記了提出這樣一個問題：為甚麼這些國家沒有動力和動機？但原因似乎也很顯然，中國對這些國家還沒有足夠的影響力，無論是硬實力還是軟實力。結果，這些國家認為沒有必要把這個問題提到議事日程上來。實際上，中國在這個領域的「不作為」為這些國家創造了主動「作為」的外在條件。很多年裏，這些國家在南海問題都取得了他們所認為的「國家利益」。這也就是為甚麼一旦當南海問題爆發出來，中國方面認為是這些國家的「挑釁」而致，而自己只是在反應而已。

這種局面的產生可能和中國對這些國家的外交方法論有關。其實，較之中國，有關國家可以說是小國。小國家就其本能來說最擔心的就是單獨面對一個大國，不管這個大國有多麼的善意。因此，這些國家就轉向了多邊主義。對它們來說，需要多邊來制約中國的行為。這就是很多年來，這些小國家一直想努力把南海問題放置於東盟多邊架構內的原因。近年來，在美國的支持下，這些小國家加大了這方面的努力。

儘管中國並沒有考慮接受這方面的多邊主義，但仔細分析起來，這樣做也是符合中國的利益的。雖然多邊並不見得能夠解決問題，但多邊對所有相關國家都是一個制約。或者說，如果多邊對中國有約束，那麼對其他相關國家也會產生約束力。東盟其他和中國沒有這方面糾紛的國家當然希望中國和相關國家能夠通過雙邊關係來求得問題的解決，但在雙邊解決不了的情況下，多邊關係就成為維持和平局面的有效機制。中國並不想把這個問題多邊化，認為多邊化反而會使得問題複雜化。中國的顧慮並非沒有道理，但問題在於在雙邊關係的架構下，這個方面很難有實質性的進展。

除了多邊化，有關國家也在努力使得南海問題「國際化」。一些國家，尤其是越南馬來西亞，早在幾年前已經把有爭議的區域提交給國際法庭，希望通過國際組織的介入來求得問題的解決。

菲律賓在前些時候也這樣做了。和其他大國一樣，中國當然也不希望走這條路。

在雙邊解決不了，而中國又不接受「多邊」和「國際化」的情況下，怎麼辦？這就惡化了這些年來人們所觀察到的「大國政治化」的局面，即美國的介入。無論是「多邊化」還是「國際化」都和美國有關，但一旦問題不能在這兩個層面得到結局，那麼更大的壓力又轉向了「大國政治化」。一旦「大國政治化」深化，就給南海局勢注入了無窮的變量。無論是雙邊關係、多邊關係還是國際化，如果能夠解決問題，東南亞國家都是可以接受的。儘管並不是所有東盟國家都和中國有着南海方面的糾紛，越南、馬來西亞、菲律賓等都是東盟成員國，東盟其他國家有道義和責任來關心。但「大國政治化」則不然。很多東南亞國家和中美兩國都有很深厚的關係，中美和平共處是這些國家的最大利益，但一旦中美兩國發生衝突，一些國家就會面臨靠向哪一邊的問題，正如在冷戰時期所發生的那樣。就是說，在南海問題上，「大國政治化」並不是東南亞國家的最大利益。

對美國奧巴馬政府表示「重返亞洲」，東南亞國家是歡迎的。在一定程度上，甚至可以說，「重返亞洲」是東南亞國家「遊說」美國的結果。這不僅因為美國本來在本區域有很大的影響，而且本區域的地緣政治穩定需要美國力量的存在。對很多東南亞國家來說，美國是一個經過了「考驗」的大國。儘管中國在崛起，但中國還遠遠沒有滿足人們心目中的大國定義和形象。無論從大國的責任還是大國的能力，中國還需要經過很多努力和考驗。

不過，美國「重返東南亞」並不表明南海問題注定要「大國政治化」。越南、菲律賓等國要求美國介入南海問題並不是新鮮事。

在美國宣佈「重返亞洲」之前的很多年裏，這些國家早就開始努力遊說美國了，只是當時美國沒有下決心罷了。那麼，為甚麼現在美國決定接受「勸說」了呢？這是中美兩國互動的產物。「南海之爭」僅僅只是中美關係的一個縮影。在中美兩國其他很多方面的雙邊關係，都存在着類似情形的互動。

可以說，中國海洋地緣政治的核心是如何處理中美關係。美國捲入南海事務，中國當然感到不安，很生氣。但應當理解的是，在國際政治舞台上，情緒沒有任何附加值，只有理性才能追求國家利益，把國家利益最大化。不管人們是否喜歡或者接受，中國在東南亞面臨嚴酷的現實。對此，中國不能有任何幻想，理性是唯一的選擇。不管與南海問題相關的國家如何行為，如果沒有美國明確站在哪一邊，問題不會超出控制和管理的範圍。現在既然美國要捲入，如何處理中美關係仍然是管理和控制南海問題的關鍵。很顯然，中國需要突破雙邊甚至多邊主義，而需要在整個國際權力局面中來處理這個問題。這裏，中國的關鍵問題是其國際責任。中國的大國責任這篇文章做好了，中美關係就會穩固，愈來愈多的國家就會接受中國，南海問題也就自然不會浮上檯面。

和陸地地緣政治不同，和美國關係處理好了，中國的海洋地緣政治環境就會穩定。那麼，如何處理中美關係呢？應該認識到，多年來，主導中美關係變化的一直是美國，中國總是處於被動，只能作出「救火式」的反應。中國需要形成一個處理對美關係以及國際關係的宏觀戰略，而宏觀戰略的形成要求對中美關係的本質有一個正確的認識。中國如果不能從國際權力大格局中來認識中美關係的本質，而僅僅從中美雙邊關係來理解，就會不得要領。

二、中國傳統國際定位的困局

如果說和美國相處共存的關鍵是確定中國本身的國際責任，包括在亞洲的區域責任，那麼，首先要改變的是中國傳統的國際定位。傳統上，中國的國際定位是發展中國家。今天，中國當然還沒有成為發達國家，但也已經不能簡單地把自己定位在毛澤東時代的發展中國家。從 GDP 總量來說，中國現在已經是僅次於美國的第二大經濟體。因為在國際權力結構中所處的位置，中國不得不負起一些帶有全球性的責任。傳統的「發展中國家」的認同不僅僅是中國當時經濟社會發展水平的客觀反映，也是政治和戰略上的考量，即對國家安全和反霸權主義的需要。同樣，現在對這個認同需要做重新考量，不僅僅是因為客觀經濟社會的發展，而且也是新形勢下戰略和政治的需要。不管中國的實際能力如何，從國際社會的期望來看，中國要承擔的國際責任已經大大超越了發展中國家的範疇。

傳統上，發達國家多在美國陣營，並且一直以來，它們和美國一起共治世界。現在它們遽然發現中國這個和美國很不一樣的國家站在它們之上，能夠扮演一個比它們自身更重要的角色。在很多場合，這些國家的作用每況愈下，甚至在一些場合，它們在國際事務上的作用可以忽略不計。在很多情況下，例如氣候、核武等問題，中國、美國和其他少數國家能夠起決定性的作用。

發展中國家和發達國家之間的發展水平還是非常巨大，而且還在加大，這就決定了兩類國家之間的矛盾和衝突。無論從哪個角度來看，大多數發展中國家對中國的認同度高於對美國的認同度，這不僅是因為「發展中國家」是中國的傳統認同，而且在利益方面，中國和發展中國家較為接近。這種情況使得中國如果不慎重，往往自覺或不自覺地被其他發展中國家「推出來」充當發展中國家的領袖。這反映在哥本哈根會議上，中國被「推出來」成為發展中國家的領袖，和西方發達國家爭「領導權」。結果呢？其他發達國家很不滿中國的做法。歐洲尤其是英國，對此大為惱火。而發展中國家也不都是支持中國的。印度、巴西等發展中國家在氣候問題上和中國有比較多的共同利益，所以他們支持中國的做法。而另外一些發展中國家，主要是受氣候變化影響很大的國家，對中國就非常不滿。不管怎樣，哥本哈根會議給人的印象就是中美兩國主導世界事務，不過，中國不知不覺地承擔了最大的國際壓力。

這說明了甚麼？很簡單，中國需要調整自己的國際關係的定位。面對這種複雜的局面，根據傳統的「發展中國家」的定位去處理問題很容易使中國不小心承擔了一份不應當、承擔不了、也不希望承擔的責任。而且，傳統上，中國爭取國際秩序的民主化，但今天當中國開始向世界體系的頂端接近時，中國如何作為會影響到國際秩序的民主化程度。和發展中國家的關係仍然是中國外交關係中的關鍵一環，但各種跡象表明中國需要調整和發展中國家的關係。

中國要意識到，無論是發展中國家還是發達國家，他們的利益不是鐵板一塊的，而是有很大的分歧。和發達國家，中國所面臨的問題是國際領導權的問題。發達國家（主要是西方）一方面擔心中國的崛起，恐懼於中國的國際領導權，但同時又希望中國承擔國際責任。和發展中國家，中國所面臨的問題是發展的問題。發展中國家一方面希望中國在國際舞台上繼續代表發展中國家的利益，但同時在發展問題上，和中國的競爭性愈來愈顯然，尤其表現在對資源和工業化的競爭上。也很顯然，一些國家例如印度對中國的崛起懷有巨大的戰略擔憂。無論是發達國家還是發展中國家，對中國都持有矛盾的態度。這種情況在今後很長的歷史時間裏不會根本改變。如果說，從前我們是根據和發達國家和發展中國家的關係來確定自己的國際定位，那麼，現在需要根據新的情況來重新確認新的定位，中國必須避免在發展問題上被發展中國家「推舉」出來和西方對抗，而同時在戰略上被發展中國家聯合美國來對抗自己這樣一種困境。

三、地緣政治的新局面和中國的國際關係定位

任何國家的國際定位是根據地緣政治來進行的。中國也不能例外。不根據地緣政治就會自我欺騙。中國傳統上把自己定位在「發展中國家」也有地緣政治的需要。毛澤東提出「三個世界」的理論就是為了團結其他發展中國家反對美國和蘇聯霸權，因為這兩個霸權在當時對中國的國家安全構成最大的威脅。

改革開放以來，因為中國的高速發展，中國的地緣政治已經發生了很大的變化。但中國和發展中國家關係的原則並沒有變化，如同前面所分析的，這已經造成了現在所面臨的挑戰。第一，在亞洲（即中國的後院），中國的地緣政治環境惡劣，尤其是海洋地緣；第二，在非洲（和在一定程度上的拉丁美洲），中國的戰線又拉得過長，顯得力不從心；第三，當其他包括美國在內的大國把其地緣政治的重心轉移到亞洲區域之時，中國海洋地緣正在面臨愈來愈大的壓力。

調整和發展中國家的關係要從中國在國際權力格局上的位置的變化而進行。必須考慮到中國的全球定位、中國和其他大國的關係、和發展中國家的關係。這是一項系統的工程。

那麼，中國的國際關係面臨甚麼樣的結構性變化呢？冷戰之後，美國成為唯一的霸權，世界權力結構呈現一霸結構。而中國的崛起又再次促使這個結構的變化。這個變化是甚麼？對此我們必須有清醒的認識。有人說這個變化是一霸多強，或者國際權力的多極化。但實際上並不是這樣。在全球化狀態下，世界只有一個，也就是說世界只有一個權力體系，一個霸權。如果說是權力多極化或者多強，也只是說是一種一個體系內部的「內部多元主義」(internal pluralism)，即一個權力體系內部的多個權力中心，並且多個權力中心都是圍繞着唯一的霸權即美國而運作的。如果中國不選擇前蘇聯「另起爐灶」的道路，那麼只有一個權力極的局面不會發生變化。到現在為止的情況看，我們可以說，中國不僅在過去沒有選擇前蘇聯的道路，今後即使要選擇這條道路也很難。

這種情況下，這個世界所面臨的就是近年來人們所談論的「G2」結構的形成。對很多人來說，中國在很大程度上是「被G2」的。中國官方也沒有承認G2。實際上，G2是不可以加以正式化的。從結構上說，在G2內部，中國處於第二位，可能僅只是個幫手，好像處於不利的地位。因為美國處於結構的頂端，中國的實際情況是，只有責任而沒有領導權。美國和中國在國際事務上需要合作，同時美國也在政策操作層面給予中國履行國際責任的空間，如在世界銀行和國際貨幣基金組織中提高中國的權限等。不過，因為美國在諸多關鍵領域持有否決權，美國對中國的要求可以滿足，也可以不滿足，而中國對美國則沒有實質性的制約能力。

這種情況主要是因為中國的實力和美國還是不能相比。儘管經濟實力在成長，但中國本身還缺乏履行國際責任的手段，更不用說領導權了。因為和美國同處一個結構，中國在很大程度上還是需要通過美國確立的體制來履行自己的國際責任。很難想像，中國能通過美國確立的機制來享受國際領導權。

中國不能正式接受 G2 的另外一個因素是中國的主觀認識，即中國意識到，中美兩大國不能決定國際事務，這不僅和中國的「國際事務民主化」的目標不相符合，而且如果這樣做，中國也會面臨無窮的國際壓力。例如前面所舉例子，哥本哈根會議決議儘管是美國和中國合作的結果，但美國並沒承擔責任，而中國不得不承擔來自發達和發展中國家的大部分壓力。

但同時，「被 G2」的理解也不夠確切。G2 是客觀國際權力結構變化的產物，是不以人們的主觀意志為轉移的。事實上的 G2 結構的產生不僅僅是因為中國的高速發展，而且也是中國戰略選擇的結果。如前面所說，改革開放以來，中國選擇加入美國西方為主導的國際體系，這是中國「和平崛起」或者「和平發展」的結構性保障。這個體系存在着很多缺陷，但中國並不是要在體系之外挑戰它，而是力圖通過加入這個體系，在內部來改變它。中國已經在這個體系內發揮愈來愈大的作用。進而，中國的高速發展表明中國在體系內的地位上升，形成今天所看到的 G2 結構。

四、G2 結構和中美關係

那麼在 G2 結構內，如何來理解中美關係？在美蘇冷戰期間，大國外交是為了競爭國際空間，即美國陣營和蘇聯陣營。但現在則不同，因為中美兩國同處一個體系。儘管中國離美國力量的距離還非常之遠，但目前中國和美國是最接近的。日本在美國的（軍事）體系內部，只是一個半主權國家，而歐盟畢竟不是一個主權國家。這就增加了中國大國外交的複雜性。作為一個負責任的大國，中國應當向整個體系負責，但站在這個體系頂峰的則是美國。因此，一些人就分不開對體系負責和對美國負責這兩者之間的區別。這兩類責任之間有重合，無論是美國還是中國，因為處於體系的高端，都必須為這個體系的穩定負責。但這兩類責任並不是同一件事情，因為體系利益和國家利益之間並不是完全一致的。體系利益和美國的國家利益的一致性要遠遠大於體系利益和中國國家利益的一致性。很簡單，這個體系是在美國領導下建立的，並且美國仍然處於體系的最頂端。同處於一個體系之內，但同時又有不同的國家利益，這就決定了中美兩國之間有合作，又有衝突。

在事實上的 G2 結構內，對中國，美國面臨兩個互相矛盾的任務，一是要防止中國挑戰美國的霸權地位，二是要中國承擔國際責任。反映到美國的實際政策中，一方面，美國要時時提防中國，和中國周邊國家結盟、亞洲「小北約」、東海、南海、新疆、西藏、台灣等等都是美國可以用來制約中國的手段。但另一方面，美國也意識到（正如奧巴馬公開承認的），「帝國擴張過度必然加速衰落」。美國帝國已經擴張過度，但美國又不能全線收縮。怎麼辦？美國在動用一切力量和一切方法來鞏固已有同盟（如日韓）的同時要求中國承擔更多的國際責任。這是這些年來美國對中國認同變化的一個主要原因。美國一直在呼籲中國的國際責任，希望中國不能老是做一個「搭順風車者」(free rider)。很顯然，如果中國不能承擔責任，美國很難單獨維持這個世界體系。這種雙重的任務使得美國的對華政策話語不斷變化，取決於美國把重點放在哪一方面。美國國內對中國描述的話語經歷了從早期的中國軍事、經濟「威脅論」到後來的「利益相關者」和「責任論」，再到今年的「領導角色論」。

近年來，總統奧巴馬對美國的戰略定位是「維持美國在全球的領導地位」。這並不難理解，也沒有甚麼大的變化。美國歷屆總統不管其戰略話語是甚麼，所實施的戰略都是維持美國在全球的霸權地位或者領導地位。作為唯一的霸權，美國最大的國家利益便是維持這個地位。但歷任總統所使用的方法可以是不同的。比如小布殊政府奉行單邊主義，而奧巴馬政府則傾向於奉行多邊主義。不過，這也不是絕對的，單邊和多邊同時存在，只不過是在不同時期的側重點不同而已。

同時，在美國的新戰略中，最大的變化是美國對中國的新定位。美國要中國肩負起「負責任的領導角色」(Responsible Leadership Role)。美國當然是從其國家利益的角度賦予中國這一新角色的。美國意識到，「新世紀的重擔，不能只由美國獨立擔負。我們的敵人希望見到美國因為擴張太快而耗盡國力」。在這個認知下，美國就要調整和包括中國在內的其他新興大國的關係，重新定位這些國家的國際角色。因此，美國要與俄國建立「穩定、重要的多層次關係」，重申要與印度建立戰略夥伴關係，又強調「我們歡迎巴西的領導」。對中國，奧巴馬在表示兩國間的人權分歧「不應影響在共同利益上的合作」的同時也聲言會監督中國的軍事現代化計劃並作出應對準備。美國對這些新興國家的定位的調整實際上早已經開始，從美國試圖用 G20 取代 G8 的努力中可以看出。

要在同一個體系下處理共同的問題，這需要中美兩國擁有最低限度的共同價值觀和對處理問題的方法的共識。如果這個層面沒有一點點共識，那麼不僅共同的問題很難解決，更嚴重的是衝突會加劇，甚至比冷戰時期的美蘇關係還要壞。在冷戰時期，美蘇各有自己的陣營，雙方之間除了核武器互相威懾之外，沒有其他實質性的關係。這種關係當然很危險，但美蘇雙方的互動並不多，日常衝突也因此很少。中美共處一個結構，互動是日常事務。一旦遇到要處理具有全球性的問題，就需要兩國具有一定的共識。這就是為甚麼在伊朗、北朝鮮等問題上，美國近來愈來愈要求中國和其保持一致。可以預見，美國的這種要求在今後會愈來愈多。儘管中美兩國之間不可能有完全一致的價值（不同的文明、意識形態和政治結構），但兩國在處理國際問題上的達成具有工具性的共識和價值也不是不可能的。這就需要兩國進行經常的對話，通過對話達成共識。不過，兩國對話達成共識並不是要排擠其他國家的意見，否則就是誰也不想看到的「中美共治」的 G2 結構。

國際權力結構性的變化又影響到中美雙邊關係。就雙邊關係來說，中美兩國已經高度相互依賴，尤其是在經濟關係上。這種相互依賴關係非常重要。例如這使得美國要把中國作為「敵人」就非常難。如果沒有這種相互依賴性，美國就很容易把中國作為「敵人」來應付，因為這不會對美國的利益構成直接的損害。但有了這種相互依賴性，美國如果要把中國作為「敵人」來打擊，就會直接損害到其自身的利益。再者，這種依賴性也有助於美國在制定其中國政策時平衡其各方面的國家利益。例如，美國在處理和日本關係時，必須平衡經濟上的「中美國」(相互依賴關係) 和戰略上的「美日聯盟」。如果兩者失衡，美國的國家利益必然遭受損害。

更為重要的是，在 G2 結構內，中美兩國的雙邊關係愈來愈具有國際性，就是說，中美兩國如何處理雙邊關係都會對整個國際社會產生很大的影響。投資、貿易、匯率、軍事和外交等等方面的雙邊關係都會產生巨大的外在影響。這就要求兩國把這些問題放置於整個國際關係的格局中來處理，而不僅僅是雙邊關係。這種局面非常有利於中國拓展國際舞台空間，也就是說，中國可以在全球舞台上和美國互動。儘管美國仍然是世界上唯一的霸權，但因為中國處於 G2 這一結構的「老二」位置，在和美國的互動過程中，中國的影響力很自然達到世界的各個地方。這和中國的主觀意願沒有多大關係。不管中國是否喜歡，這正在成為一個國際關係的現實。

五、亞洲和中國地緣政治的重心

無論從哪個角度上說，中國的戰略重點應當在亞洲。中國是亞洲國家，亞洲是中國的大後院。中國的崛起應當首先在亞洲。如果中國要成為世界大國，在世界事務上扮演一個大國應當所扮演的角色，那麼就首先不僅僅要成為亞洲大國，而且有實實在在的能力來處理亞洲問題。在亞洲，中國的陸地和海洋地緣合而為一，處理不好亞洲地緣政治，中國很難崛起成為大國。

客觀地說，不能說中國忽視了亞洲。在中國的外交概念中，周邊外交有特殊的意義，而周邊外交實際上就是亞洲外交。在這方面，中國提出了睦鄰、安鄰和富鄰的政策取向。實際上的行為也不少。例如中國和東盟已經達成自由貿易區，中國在上海合作組織和六方會談等多邊組織上起着關鍵的作用。在所有這些方面，中國都取得了相當的成果。但以中國是亞洲最主要大國的角度來看，這些成果並不能說是很顯著。實際上，中國在亞洲正面臨愈來愈多、愈來愈棘手的問題。

當今世界上的絕大多數熱點問題都發生在中國周邊，其中的很多和中國直接相關。人們可以列出長長的一堆，主要包括朝鮮半島問題、東海問題（包括釣魚台問題）、和東南亞的南海主權糾紛、和南亞印度的邊界問題、阿富汗問題、巴基斯坦問題、緬甸問題等等。還可以包括那些發生在中國境內但很容易變成高度國際化的問題例如西藏問題和新疆的東獨問題等。總的情況是，舊的問題沒有得到有效解決，又加上愈來愈多的新問題。

在所有大國當中，中國的地緣政治環境表現為非常特殊。例如和美國相比。美國北有加拿大，南有墨西哥，地緣位置非常簡單。因為美國的強大，無論是加拿大還是墨西哥都需要依賴美國而得到發展。但中國則不同。上述周邊的這些地方和這些問題，都可以轉化成為重大的危機，稍不注意，就會隨時爆發出來。可以說，在所有這些問題上，中國除了應付，還沒有發展出任何有效的戰略和策略來求得問題的解決。

中國不能求得這些問題的解決，但外界則對中國抱有很高的期望。例如在朝鮮半島核武器危機上，在緬甸問題上，世界本來對中國有很大的希望，期待着中國能夠下大力氣來解決這些問題，因為這些問題的解決也非常吻合中國的國家利益。但近年來，人們發現中國在這些問題上並沒有實質性的影響力，並且中國也並沒有很強烈的意願來解決這些問題。倒是來自遠方的西方國家則時刻關注着這些問題並施加影響力。中國因此一直被視為在這些問題上沒有「盡心盡力」，這更使得西方國家有理由來干預這些問題。西方的干預當然會影響到中國。這是個悖論。你自己不想也沒有能力解決問題，那麼別人就有了充分的理由違背你的意志來解決問題，結果對你不利。出現這種窘況表明中國在亞洲戰略上有很大的反思空間。有兩個問題很突出。一是與其他區域相比，對亞洲的人財物力投入不夠。中國往往說得多，說得高調，但做得少。中國的周邊外交中有很多很好的概念，例如上述睦鄰、安鄰和富鄰，但實現這些目標的行為則很少。在 1997 年的亞洲金融危機中，中國結合自身的國家利益和亞洲的利益，出台了非常有效的政策即人民幣不貶值，取得了很大的成功。外界也是從那個時候開始視中國為一個負責任的亞洲國家，並對中國抱有很高的期望。但此後，中國對亞洲外交的投入很少。中國的重點轉移到了和大國打交道。而對國外的投資或者政府援助大多去了非洲和其他地方。中國對亞洲的窮國家有援助，但很多年裏，中國的援助並沒有實質性的增多。

也同樣重要的是，中國的周邊外交在執行過程中往往出現很多問題。在同周邊國家外交中，外交部似乎並非主角，甚至被邊緣化。地方政府和很多產業和經濟官僚部門則成了主要執行者甚至是決策者。地方政府和經濟部門往往從短期的和物質的利益出發，很難把政策放在國家利益中來執行。在一些地方官那裏，有了錢，就覺得很了不起，對周邊國家政府不尊重。也有地方政府大搞公共工程，對境外國家產生深刻影響。在很多年裏，周邊國家實際上已經積累了對中國的很多抱怨，只是沒有辦法，需要中國的繼續幫助，沒有發聲罷了。這對中國影響的擴大反而產生負面的影響。中國出了錢和力，但因為執行不當，反而導致了很大的抱怨。但有一點很明確，很多國家覺得中國的「錢」很不好用，一旦有機會就去找日本和韓國的幫助。近年來，美國「重返亞洲」，這使得這樣那樣從前積累起來的問題很容易爆發出來。中國企業在緬甸的遭遇就充分說明了這一點。

在周邊外交上，中國有關方面的確需要考量中國的軟實力問題，問一問自己：花了很多錢與精力，但到底哪些國家是你真正的朋友？

還有一個重大的方面就是在過分迷信多邊主義和迷信雙邊主義之間經常走極端路線：要不迷信多邊主義，而無意中忽視了雙邊關係；要不迷信雙邊主義，而無意中忽視了多邊關係。多邊和雙邊關係有個發展過程。中國從前只相信雙邊，不相信多邊。在很長時間裏，中國拒絕接受多邊主義。但經過這麼多年的轉型，中國現在更重視多邊。在亞洲，中國不但參與和加入現有多邊組織，而且更是積極地組織多邊關係，例如前面所說的上海合作組織和六方會談。但是實際上，很多問題不能通過多邊主義而還是要通過雙邊關係來解決的。中國和周邊國家中大多數問題需要通過雙邊關係來得到管理或者解決，例如領土糾紛問題。即使在經貿領域，因為周邊國家經濟發展水平的不同，也需要中國把更多的精力投入到雙邊關係。不過，在新形勢下，雙邊關係又不能忽視多邊關係。這些年的實踐已經證明，領海問題很難通過傳統雙邊關係來得到解決。在新形勢下，多邊關係是個基礎，必須在多邊關係的基礎上在雙邊關係上多做文章。國家間的信任更需要雙邊關係的推進。應當指出的是，中國對多邊和雙邊關係的理解也過於機械。上面所説的南海主權糾紛問題就過於注重傳統意義上的雙邊關係，而忽視了多邊關係之內的新雙邊關係形式。再者，和其他區域相比，中國沒有把足夠的精力放在和本區域國家間的元首外交關係。令人迷惑的是，中國傳統本來在亞洲具有很大的影響力，但正是在亞洲，中國的軟實力嚴重缺失。

這個問題隨着美國「重返亞洲」正在變得愈來愈嚴峻。美國在「重返亞洲」方面學得很快。在前些年，美國過分地把重點放在了軍事戰略上。這有可能導致中國的東南亞政策上也會側重於軍事和戰略。這儘管有利於那些和中國有海洋權利糾紛的國家，但不利於那些和中國不存在海洋權利糾紛的國家。對大多數東南亞國家來説，中美之間在東南亞的互動可以有三種模式。第一種是中美兩國都強調軍事和戰略。第二種是一方強調經濟，而另外一方強調軍事和戰略，第三種是中美兩國都強調經濟。很顯然，第一種情況是東南亞國家最不願意看到的。一旦中美兩國發生軍事戰略競爭，就會面臨最糟糕的情況，那就是它們必須在中美兩國之間作一選擇。第二種情況，也就是中國強調經濟，而美國強調軍事戰略。這從短期內還可以接受，但不可持續。在冷戰期間，美國和東南亞國家無論從經濟上還是軍事戰略上都發展出高制度化的關係。但在中國改革開放之後，隨着中國經濟的崛起，一些東南亞國家從戰略上選擇繼續和美國站在一起，但也注重和中國發展出愈來愈緊密的經濟關係。不過，到今天，東南亞國家已經感受到，這種經濟和軍事戰略兩分的方法難以持續。第三種情況對東南亞國家最為理想。如果中美兩國都重視經濟，那麼所有國家都會在這種關係中獲得最大的利益。

美國已經意識到了這一點。現在正在改變過分注重軍事戰略的方法，而表示今後要強調美國和東南亞國家的經濟關係。儘管這並不是說美國會放棄軍事和戰略關係，但表明美國在經濟和軍事戰略兩方面以比較平衡的方式來發展和東南亞國家的關係。美國已經開始放下大國的架子，以「低姿態」的方式和中國周邊國家（尤其是緬甸）發展關係。對中國來說，積極的方面就是美國不會在軍事戰略上那麼囂張，同時美國在經濟上和中國競爭對中國也不會有很大的害處。不過，美國的東南亞政策的改變也會對中國構成壓力，就是要以更為「精細」的方式來發展和鄰居的關係。中國不怕美國和自己的鄰居發展關係，但要防止鄰居變成美國威脅自己的工具。

六、非洲和拉丁美洲：商業利益和戰略考量

中國的資源外交主要是和非洲和拉丁美洲的關係。這些年來，中國的「走出去」戰略在發展中國家主要是這兩個區域。中國在這些區域有大量的投資，主要是國家資本。同時，中國高層也頻繁而高調地訪問這些區域。給西方的感覺是，中國的確崛起了，其影響力已經達到世界的各個角落。當然，這裏人們看到的也是中國的強烈意願和這些區域發展更為緊密的關係。

因為內部資源的需要，這種資源外交不可避免。但資源外交的重點是商業利益。亞洲外交要考慮國家安全，但和非洲、拉丁美洲的關係要着重考慮商業利益。商業利益能否得到具有實質性的發展決定了中國和這些區域的關係能否持續。中國要避免從前歐洲和美國走過的道路，在發展中國家樹敵。美國沒有從大國那裏吃虧多少。冷戰期間和前蘇聯對峙，美國沒有吃虧。冷戰後，

中國和美國合作，美國更是圖利。美國的外交和戰略危機全都來自小國，在亞洲、中東和拉丁美洲都是如此。中國在這些地區沒有過多的戰略考量，也不應當有很多的戰略考量。一旦涉及到戰略，這些國家和中國的關係就會複雜化，同時美國和歐洲也會擔心中國在那裏的發展。中國要明確清楚地告訴西方，中國只有商業利益，沒有戰略利益。

當然，現在也有人認為，正是因為中國在亞洲的海洋地緣政治面臨太多的挑戰，中國應當「遠交近攻」，向非洲、拉丁美洲和中東發展，來反制美國在海洋方面對中國的制約。但是，事實上，就中國現在方方面面的水平來説，中國和非洲、拉丁美洲和中東的關係，如果其重點不在經濟貿易，而在於和美國競爭的戰略方面，那麼，無論是中國的陸地地緣和海洋地緣都會面臨更大的挑戰。

要避免和美國等發達國家在這些地區競爭戰略關係，中國必須對商業利益和戰略利益有一個綜合的考量。商業利益發展到一定程度必然會具有戰略意義，一方面是中國在那些地區的商業利益會對中國和這些地區的關係產生影響，另一方面是因為中國為了保護那些地區巨大的商業利益而必須制訂有效的國際戰略，包括軍事戰略。在今後相當長的一段時間裏，在這些地區，中國也會發展出具有戰略含義的政策，但「商業優先、戰略其次」的格局不應當改變。這個格局既有利於中國和這些地區關係的發展，也有利於中國處理和發達國家尤其是和美國的關係。

七、初步的結論

從以上的討論中，我們可以得出幾個初步的結論。

第一，海洋地緣政治的重要性突顯出來並不是説陸地地緣政治不重要了。中國要「兩條腿」走路，在發展海洋地緣政治的同時，繼續努力發展和穩定陸地地緣政治。陸地地緣政治方面，中國要掌握主動權。

第二，海洋地緣政治離不開美國。處理好中美關係是海洋地緣發展和穩定的前提。和美國相處共存就需要在一定程度上考量美國的利益。

第三，處理中美關係需要放到中國目前面臨的國際政治大格局裏面，主要是一個事實上的 G2 結構。在這個結構內，中國要重新確定自己的國際定位和國際責任。

第四，在亞洲，中國必須把陸地地緣和海洋地緣結合起來。不能把這兩方面分離開來，因為它們本質上是重合的。

第五，除亞洲之外，中國應當把陸地地緣和海洋地緣分離開來。和拉丁美洲、非洲的關係，應當側重海洋地緣，主要是考慮到中國能源的需要和海洋航線的安全。在那裏，中國沒有也不應當有陸地地緣政治的考慮。

中國已經向美國提出「新型大國關係」的概念，決定要打破傳統上霸權戰爭的大國關係邏輯。很顯然，要和平崛起和和平發展，中國需要和美國相處共存。正如這裏所討論的，這並非不可能，但需要很多的努力。不過，同時，我們也應當對美國霸權有清醒的認識，不可能天真到相信美國有朝一日不會對中國從今天的「威懾」戰略轉型成為「圍堵」戰略。如果美國「重返亞洲」是為了平衡中國力量，那麼中國也必須找到平衡美國的方法。在這裏，我們強調的是如何和美國共存，從積極面討論和美國的合作。如何平衡美國力量則是需要另外專門加以探討的一個大問題。

鄭永年　　2013 年 3 月 18 日

第九章

中美貿易戰中我們暴露了怎樣的弱點？

在正進行中的中美貿易戰中，我們暴露了怎樣的弱點？這是一個人們無法迴避，也不應當迴避的重要問題，因為美國（和西方）看到了中國的這些弱點之後，就會利用其對中國變本加厲地加以打擊。事實上也如此。特朗普政府一再對中國得寸進尺，就是看到了我們的弱點。特朗普政府相信，美國能夠最終贏得貿易戰的勝利。

很顯然，如果我們不能儘快克服這些弱點，那麼就不僅會輸掉這一輪競爭，今後的發展也會變得更加困難。不過，因中美貿易戰而暴露弱點也不全是壞處。所謂的弱點就是從前被自己所忽視，但對國家的發展至為重要的領域。如果在知道了弱點之後，努力克服，亡羊補牢，那麼無疑對國家的未來發展會起到正面的，甚至推動性的作用。

暴露的弱點無疑有很多，但至少包括如下幾個大的領域。

一、工業體系的脆弱性

如果借用全國政協經濟委員會副主任楊偉民的話，那就是：「人家（美國）一斷芯片，你就休克了。」這裏指向了我國工業體系的脆弱性。具體來説，表現在幾個方面。首先，中國有速度，有「大而全」，但缺質量、附加值和原創。在過去的 30 多年裏，中國創造了世界經濟史上的「中國速度」奇跡，20 多年一直保持兩位數的增長，經濟總量已經位居世界第二。不過，在全速發展過程中並沒有出現中國質量和附加值。工業體系呈現出「大而全」的局面，幾乎甚麼都能生產，並且生產能量巨大，很多領域的產能佔據世界第一或者第二。很多產品，如果中國開始生產，就輪不到其他國家了。在很多年裏，國際社會普遍相信，珠三角足以加工和提供全世界所需的產品。這也就是美國人老說「中國搶走了美國人的飯碗」的一個主要原因。

除了少數幾個領域，例如人工智能（AI）、超級電腦、航天、生物科技等，總體上說中國工業缺少核心技術，尤其是原創性技術。即使在這些中國領先的領域，很多關鍵部件也需要進口。這就導致了中國的單向依附性經濟體，即中國依附其他經濟體，而不是相反。所謂的「加工業」就是為其他經濟體加工，是對人家技術的加工，是依附於人家的。這造成了一種「人家缺了你沒有關係，但你缺了人家就不行」的局面。如果全球市場是穩定的，那麼我們可以從市場採購。但現實往往很殘酷，全球市場充滿政治性。一旦西方不願意，甚至終止向我們供應技術，那麼我們立刻就遇到麻煩，甚至會導致一些工業部門的癱瘓。

缺少技術創新也意味着產業的附加值低。很多年裏，很多產業的發展，尤其是加工業的發展主要是依靠農民工廉價的勞動力和地方政府提供的廉價（甚至免費的）土地，技術因素對經濟的貢獻非常有限。因此，這些年，隨着勞動力和土地價格的變化，很多產業就開始面臨危機。美國的關稅一增加，一些企業就得「死亡」，或者搬遷到其他國家。

即使就技術的應用來說，產業界也存在着嚴峻的問題。如果把機械化界定為工業 1.0 版，自動化為 2.0 版，信息化為 3.0 版，智能化為 4.0 版，那麼中國大多數企業仍然處於 1.0 版和 2.0 版之間，3.0 版和 4.0 版也有，但大多是其他國家技術的應用。同樣道理，如果存在着容許技術自由流通的世界市場，那麼企業可以從世界市場上獲取技術，不斷升級。但這裏的危險就在於，一旦擁有這些技術的國家出現貿易保護主義和經濟民族主義，世界市場不存在了，那麼中國的工業體系就會發生即刻的危機。換句話說，如果發達國家不提供技術了，那麼 1.0 版和 2.0 版的產業仍然可以自主地生存和發展，但使用 3.0 版和 4.0 版技術的企業就要「休克」了。互聯網業就是一個很好的例子。在很長時間裏，我們總以為互聯網是中美兩家的技術。但實際上互聯網技術只屬於美國一家，因為中國的大多數互聯網技術只是美國技術的應用，不僅芯片、觸屏是人家的，兩個操作系統也是人家的。如果美國真的中斷互聯網技術供應，那麼中國就可能要回到「內聯網」時代。

在國際經濟領域也存在着企業和市場之間的關係。國際市場的主體是企業，所以企業必須遵守和服從市場規則，否則就會受到懲罰。一些中國企業（也有一些地方政府）要求西方企業進行技術轉讓，以市場換技術。而另一些企業（例如中興）儘管從國際市場上獲得了技術等利益，但並沒有遵守市場規則。實際上，中國企業的選擇是有限的：要麼企業本身有能力創造，無須依賴國際市場；要麼服從國際市場規則，從國際市場獲得技術。很多企業習慣於在國內不遵守市場規則，但同樣的行為一旦延伸到國際市場，肯定要出大問題。對這一點，西方政府和企業看得很清楚，他們現在也知道如何對付中國企業了。

二、對國際層面的事物發展缺乏預判能力

貿易戰絕非新鮮，歷史上一而再、再而三地發生，也必然會發生在中美兩國之間。但很長時間以來，大多數人都相信中美之間的貿易戰不可能，甚至不可想像。前些年，一些美國學者提出了「G2 論」，認為經濟上已經出現了一個「中美國」。中國很多學者相信「夫妻論」。兩國學者的依據是一樣的，即中美兩國之間貿易依存度高。不過，實際上歷史經驗早已經表明，高貿易依存度不僅不能避免貿易戰，反而在一些時候會促成貿易戰，這主要取決於進出口是否平衡。第一次世界大戰之前歐洲國家之間的貿易依存度並不比今天中美兩國的低，但最終歐洲國家之間還是發生了戰爭，並且是熱戰。二十世紀 70 年代和 80 年代，美國與德國、日本之間也發生了貿易戰。但因為德國和日本是美國的同盟，安全上完全被美國所整合，所以美國不至於置德國和日本於死地。中國和美國既缺乏歐洲國家之間那樣的共同的文化和價值觀，也缺乏美國與德、日之間那樣的同盟關係，因此貿易戰幾乎是必然的，儘管貿易戰對雙方都會造成傷害。國際經濟和國際政治是兩套不同的邏輯在運作，一旦政治走到了前台，經濟要素就不是那麼重要了。

基於簡單而樂觀的假設，中國對貿易戰沒有做任何準備。直到貿易戰來了，人們還不敢相信，認為只有特朗普這樣的「瘋子」才會這樣做。這種認知更沒有驅使有關方面去認真解決中美貿易逆差的問題。儘管多年來，我們也一直表示不以追求貿易順差為目的，但在政策層面的確缺失有效性。中美雙方的貿易不平衡也並非是中國的原因造成的，更多的是美國的原因，因為美國不願

意向中國出口高科技。但不管是誰的原因，巨大的貿易逆差問題都必須解決，如果得不到解決，肯定要發生嚴重的後果。

三、對事物的本質缺少判斷能力

很長時間以來，我們在外交政策上盛行「經濟決定論」，一切為了經濟，考慮問題也經常過分強調單向面的經濟要素。就貿易戰而言，一個重要的問題是，貿易戰僅僅是經濟問題嗎？很多人停留在經濟思維，僅僅從經濟上來理解貿易戰。理性地說，貿易戰發生了，如果能夠把此局限在經濟領域自然是最理想的，人們也不想用其他手段來解決貿易戰，但如果不能考慮到貿易戰的外部影響，那麼就會判斷失誤。就這次貿易戰而言，一些人對中美關係演變的本質缺乏正確的判斷。貿易戰僅僅是其中一種體現方式（或者特朗普方式），如果沒有貿易戰，也會以其他方式體現出來（例如在南海、台灣、朝鮮半島等問題上）。正因為如此，今天美國內部各派政治力量儘管對特朗普有不同的看法，但在中國問題上具有相當的共識，結成了「統一戰線」。在一定程度上，美國和其他西方國家也有類似的共識。中美關係發展到今天這個階段，就需要全面地調整，調整好了，就可以維持和平；調整不好，就會發生衝突。這也是歷史所證明的，即人們所說的「修昔底德陷阱」。

四、社會反應的脆弱性

對內部來說，社會的反應是最為關鍵的。概括地說，對中美貿易戰我國社會的反應表現為兩個極端。在一個極端，一些人支持美國對中國進行的貿易戰，幻想來自美國的外在壓力少則促成政府降低進口關稅，多則促成內部的進一步改革。特朗普在中國的一些羣體中可能要比在美國更受歡迎。直到今天，特朗普和美國的主流社會（尤其是媒體）一直處於對峙狀態；在中國則不然，一些人對特朗普的政策抱有過多的幻想。就貿易戰而言，歷史地看，外在的壓力從來沒有促成內部更好地發展，這從德國和日本的例子裏面可以看到。

在另一個極端則是傳統上再三出現的可以稱之為「義和團主義」的聲音，一片打殺聲，民間甚至要組織「義勇軍」來抗擊美國。而有關部門似乎也感覺到這種民間壓力，提倡民眾要「共克時艱」。民間的這種在「愛國主義」旗幟下的盲目民族主義很有吸引力，因為中國在這個發展階段也是民粹主義盛行的階段。

不管如何，這兩種社會反應也是美國（和西方）所希望的。原因很簡單，因為來自民間的聲音有可能促成中國政府非理性的決策，在決策時僅考慮到內部因素，而忽視了外部因素。但在事實上，因為中國已經是世界經濟體的重要一部分，決策需要把外部因素考慮在內。再者，更為重要的是，這兩種力量最終有可能演變成為對政府的巨大壓力，甚至是走向「政府」的反面。在中國近代歷史上，這一點並不難看到，即所謂的民族主義運動最終會走向與政府的對立。在美國和中國進行貿易戰的同時，很多西方國家對中國的一些問題領域變得更為「關切」，包括新疆問題、工人罷工、維權運動等等。而這後一方面甚至往往比貿易戰本身更為重要。不管怎麼説，西方所有的努力都是為了促成中國內部的變化。

的確，中國並不想打貿易戰，貿易戰也不是中國所發起。不過，借用一位西方外交官的話來說，是中國的一些人「喚醒了中國在西方的敵人」。這裏的「喚醒」主要指一段時間以來，一些領域的「過度宣傳」，結果大大超越了政策設計者的初衷。主要表現在三個領域，即「中國製造 2025」、「一帶一路」和「中國模式」。「中國製造 2025」實際上僅僅是中國本身產業可持續發展所需，就如德國的工業 4.0 項目一樣，但對很多學者和政策研究者來說，這是為了超越美國和西方的項目。「一帶一路」在高層看來僅僅是中國的發展「倡議」，並且多次強調，「一帶一路」儘管是中國的倡議，但發展機會是屬於大家的，利益是大家共享的。至於「中國模式」，通過近代以來的探索，中國的確形成了「中國模式」，但「中國模式」和其他模式不存在必然的衝突，而更多的是互補。儘管中國也強調「中國模式」為人類提供了另外一個可能性的選擇，但同時強調不會輸出模式。然而對一些學者和政策研究者來說，「中國模式」的目標就是要打敗西方模式。這種過度的宣傳和解讀無疑給西方製造了一種「恐懼」，莫名其妙地感覺到西方要被中國所超越、所取代，而這種「恐懼感」又促成美國（和西方）改變其對華政策。

不管如何，現在中國的「敵人」已被喚醒，或者他們已經覺悟，並且從各個方面開始向中國發難，對中國構成了巨大的壓力。不過，這裏的問題是，這場貿易戰能夠喚醒中國本身嗎？如果只喚醒了「敵人」而不能「喚醒」自己，那麼未來的前景只有更壞，沒有最壞。但如果在喚醒「敵人」的同時也「喚醒」了自己，那麼便是進步的動力。

和美國（西方）的衝突遲早會到來，關鍵在於如何應對。中國所需要的既非像一些人那樣毫無自信而「乞求」外力，更非像另一些人那樣盲目自大而走向「義和團主義」，而是在摸清楚自己的家底之後，理性應對貿易戰；在這個基礎之上發揮自己在一些技術領域的優勢，並在更多的領域抓緊補課，踏踏實實地求進步。更為重要的是，中國所做的一切都是為了自己的可持續發展和進步，而非超越和打敗任何一個國家。像中國那樣的大國，只要自己不打敗自己，就沒有其他國家可以打敗中國。

鄭永年　楊麗君　　2018 年 9 月 27 日

第十章

地緣政治與中美關係

歷史上，地緣政治在大國競爭中的位置是毫無爭議的，或者說，大國競爭就是地緣政治的競爭。不過，在不同的歷史時期、對不同國家來說，地緣政治具有不同的含義和重點，因此就出現了具有不同聚焦點的地緣政治範疇，包括海權、陸權、空權等。儘管從經濟發展和財富積累的角度看，當代金融資本主義和互聯網已經改變了傳統的地緣政治概念，但這些新因素既沒有改變大國關係的本質，也沒有改變地緣政治對國家安全的影響。儘管金融和互聯網使得國家間的關係變得更加緊密了，具有了互相依賴性，但這些只是為處理國與國之間的關係增加了複雜性和難度，並不是說基於地域之上的國家就沒有了主權性。簡單地說，不管怎樣，地緣政治的形式發生了變化，但本質依舊。

今天中美之間的競爭不僅表現在經濟和意識形態（政治）領域，更表現在地緣政治領域，並且後者是重中之重，前者是輔助達到後者目標的。對中國來說，必須考慮很多問題，至少包括：美國會如何與中國進行地緣政治競爭？美國會如何考量中國的應對方法？中國如果不想和美國進行地緣政治競爭，那麼如何避免？如果無法避免，那麼又如何應付？如果不得不進行戰爭，那麼如何控制戰爭規模？這些都是最基本的問題，中國必須加以回答。更應當指出的是，人們不僅需要研究這些基本問題，而且也絕對不能忽視任何細節和小問題，因為歷史地看，任何大的衝突都是通過小事件而引發的。

對中國來說，一個基本面就是要意識到自己既是陸地國家，也是海洋國家，因此必須同時考量陸地地緣政治和海洋地緣政治，對不同的領域設定不同的戰略，同時協調好它們之間的關係。就陸地地緣來說，與中國有關的國家包括俄羅斯、中亞國家、印度、朝鮮、越南等和中國有陸地邊界的國家；就海洋地緣來說，與中國有關的國家包括朝鮮半島、日本、東南亞（尤其是越南、菲律賓、馬來西亞、印尼）、印度等國家。也很顯然，有些國家對中國的陸地地緣和海洋地緣都具有意義。

從地緣政治鬥爭的歷史經驗來看，如下幾個問題顯得特別重要（需要指出的是，這裏我們僅僅提供一個分析架構，對各個問題還需要作進一步更為深入的研究）。

一、對所有相關國家根據地緣政治需要進行科學分類

至少可以把它們分為兩大類。第一類為大國，包括俄羅斯、印度、日本和印尼。重視大國的原因不言自明，大國決定了地緣政治格局。在本區域，中國如果能夠處理好與這些大國之間的關係，那麼局面基本上是穩定的。再者，和這些大國的關係處理好了，也有可能確立一個以亞洲國家為主體的開放性亞洲秩序。亞洲國家到今天為止並沒有建立起以自己為主體的區域秩序。二戰前的亞洲秩序是歐洲強權所建立的，或者說是歐洲秩序的延伸，而二戰之後則是美國所確立的，或者說是美國秩序的延伸。但這個秩序正在動搖，因為這個秩序幾乎不能滿足任何一個亞洲大國的需要。中國、日本和印度都在探索自己版本的亞洲秩序。

儘管亞洲國家有建立以自己為主體的區域秩序的需要，但要

實現這個目標並不容易。首先，亞洲大國之間也存在着競爭，並且它們之間的政治信任度並不是很高。其次，因為美國力量的存在，各個大國和美國有着複雜的關係，它們要利用美國的力量來強化自己在競爭中的位置和優勢。

不過，從地緣政治視角來說，這些大國和美國的利益並不具有很強的一致性，有些國家的利益（例如俄羅斯）甚至和美國利益相衝突。對中國來說，即使沒有辦法實現以亞洲國家為主體的秩序，也基本上可以實現一個對美國的制衡局面。只要中國自己把握得當，這些國家沒有可能都同時倒向美國，成為美國制衡中國的工具。這裏所說的「把握」主要指中國需要根據客觀形勢的需要來調整和這些大國的關係。例如，中國可以調整和俄羅斯的關係，即使不形成和俄羅斯的聯盟，也可以找到更多的共同利益；中國也可以深度發展和印度的關係，促成印度在中美之間的「中立性」。

第二類為「節點」（或者關鍵）國家。在涉及中國地緣政治的眾多國家中，需要界定哪些國家最有可能成為美國制衡中國的手段或者代理國家，也就是哪些是美國的「節點國家」。相應地，中國的「節點國家」或者關鍵國家就是中國可以藉助其制衡成為潛在美國代理的國家。例如，如果越南最有可能成為美國的代理，那麼對中國來說，就是要找到制約越南的國家，例如受越南區域霸權主義威脅的柬埔寨最有可能成為中國的節點國家。再者，節點國家也指那些有能力穩定區域局勢但又能處理好與中國關係的國家。例如，作為東南亞的大國，印尼在東南亞的穩定過程中的作用是其他國家所不能比擬的，而印尼和中國又沒有根本利益衝突，所以印尼可以成為中國在東南亞的節點國家。不過，節點國家也可以其他方式來界定，取決於不同時期中國地緣政治的需要。

二、定義中國與這些國家關係的性質

就地緣政治來說，這裏的「關係」指的是是否要形成「同盟」。從古希臘斯巴達和雅典之間的戰爭到一戰、二戰，所有大的戰爭都是在兩個聯盟之間進行的。所以，西方人對「同盟」幾乎具有宗教般的信仰，動不動就要形成同盟。或者說，「同盟」是西方國家最有效的武器。歷史地看，一旦兩個對立的同盟形成，戰爭就變得不可避免。

但在和平時期，同盟又顯現出很大的缺陷，主要表現在兩個領域。首先，誰來承擔維持同盟的費用？組建和維持同盟是有巨大的成本的，同盟中的大國需要承擔更多甚至大部分費用，因為同盟對成員國來說可以說是「公共品」，如果小國傾向於選擇「搭順風車」，那麼大國就不得不提供更多的「公共品」。問題在於，在和平時期，大國有沒有能力來繼續提供更多的公共品？在戰爭期間，同盟中較小成員國（被保護國）為了安全願意向大國（保護國）繳納更多的「税收」（保護費），但在和平時期，因為缺少明顯的「敵人」，較小國家就沒有意願繳納「税收」。因此，「保護國」的成本大大提高。這也是今天美國所面臨的情況。不難理解，特朗普對同盟國所繳納的「税收」不足多有怨言。

其次，同盟中較小國家如何獲取自己的「主權性」？同盟中，較小國家為了自身的安全不得不「讓渡」一部分主權給大國（保護國），這無疑使得一些較小國家變成了「非全主權國家」。日本和韓國就是很好的例子。儘管這兩個國家已經是經濟強國，但外交上並不擁有全部主權，方方面面都受到美國的制約。所以，多年來日本在努力爭取成為一個正常國家，也就是全主權國家。日本的這種努力一旦成功，必然會對日美同盟產生重大影響。

多年來，中國避免了西方的同盟戰略，而是選擇了「戰略夥伴」戰略。這兩者是不同的，因為同盟戰略是針對第三方，即「敵人」的，而戰略夥伴是相關方為了一些共同的利益（例如面臨共同的挑戰）而進行的合作，其對象是問題，而非「敵人」。那麼，當前在中國面臨美國地緣政治競爭壓力的時候，中國是不是需要轉向同盟戰略呢？這是一個需要深思熟慮的問題。但可以預見，一旦中國也形成同盟，對方的同盟會變得更加鞏固。當兩個同盟互相競爭的時候，戰爭也很容易發生。

對中國來說，如果不想陷入和美國的「修昔底德陷阱」，那麼維持今天的「戰略夥伴」戰略仍然是一個有效的方式。即使對不友好的國家甚至是敵視的國家也沒有必要公開對壘，除非沒有其他任何辦法了。例如，前些年，菲律賓在處理南海問題的時候，單方面把中國告上國際法庭，中國無奈之下就選擇了「對壘」的方法。但即使這樣，中國並沒有把菲律賓作為一個「國家」來對壘，而是針對當時菲律賓的統治集團。因此，當菲律賓的統治階層更替的時候，兩國關係就得到了改善。也就是說，中國因為沒有實行聯盟政策，其外交政策可以保持高度的靈活性。更為重要的是，一個沒有同盟的中國，很難使得其他國家認為中國是明確的「敵人」。

三、界定可能的衝突領域的優先次序

中美之間地緣政治方面潛在的衝突領域有很多，需要理出一個有效次序，做好各種不同的準備。現實地看，這個次序應當排列如下：

第一，台灣和香港問題。台灣屬於中國的主權核心，無論政治上還是軍事上，中國沒有任何退路。任何對台灣獨立的退讓（更不用説是「許可」）都會導致中國內部秩序危機，也就是執政者失去合法性。在台灣問題上，美國可進可退，具有很大的靈活性，但中國沒有。不過，解決台灣問題主要取決於中國所採用的策略。一旦開戰，中國大陸也要承受巨大的損失，對台灣來説則是生存危機。儘管中國在統獨問題上不能有任何靈活性，但在統一的方式上可以找到不同的方案。

香港儘管已回歸中國，但仍然面臨嚴峻的問題。香港至少在三個層面對內地具有地緣政治意義。一是香港本身的問題，包括經濟發展、社會穩定和政治認同等。二是「一國兩制」問題，即和內地的關係問題。三是美國和西方所認同的香港問題，即它們把香港視為干預、遏制內地發展的工具。其中，第一個層面的問題和第三個層面的問題互為關聯、互為支持強化。這在回歸之後香港的歷次大規模遊行示威過程中可看出。如果中美陷入冷戰狀態，美國和西方必然更會加強對香港的深度干預。

第二，南海問題。南海問題發展到今天實際上已經可以區分為三個層面的南海問題：(1) 中國與美國的南海問題；(2) 中國與其他聲索國的南海問題；(3) 中國與東盟的南海問題。這三個層面既相關，又可以分解，因為這三者的關切點不同。對東盟整體來説，關切點在於穩定和海上安全；對其他聲索國來説，關切點在於獲得更多的主權（島礁和領海面積）；對美國來説，關切點在於維持其海上霸權。同時，無論是其他聲索國還是東盟整體，都會利用美國來獲取自己的利益。中國的南海戰略顯然要根據這些不同的情況來制定。

第三，朝鮮半島問題。朝鮮半島主要是核擴散問題。在這個問題上，中國一方面需要防止朝鮮變成核國家，另一方面也需要防止朝鮮倒向美國。如果朝鮮成為核國家，就會對中國構成永恆的制約，因為沒有人可以保證朝鮮永遠是「朋友」。經驗地看，大國周邊的較小國家更有可能變成大國的「敵人」而非「朋友」。這也說明，朝鮮也有可能倒向美國，成為另一個越南，變成美國制衡中國的有效手段。不過，對中國來說，如何處理朝鮮問題也是很顯然的，即在防止上述兩個方面的發生和發展的同時，促成朝鮮變成開放發展的友好鄰居。

第四，東海問題。至少到目前為止，圍繞着釣魚台的東海問題相對穩定。中國的戰略目標在這個階段是很明確的，即要日本和國際社會知曉，釣魚台儘管在日本的控制之下，但主權是屬於中國的。這個目標基本上已經達到。對於能源開採等問題，中國也具有靈活性。基本上，東海問題屬於「管控」範疇。

第五，印度洋問題。印度洋問題仍然屬於「潛在」範疇。儘管印度近年來對中國影響力的擴大感到憂慮，但中國在印度洋沒有傳統的地緣政治利益，而只有海上安全的利益。只要這一點把握好，就可以處理好和印度的關係，不至於惡化成為和印度的地緣政治衝突。不過，很顯然，印度洋並不是印度對中國擔憂的主要原因，印度的主要擔憂是中國和巴基斯坦的關係，因為後者一直是印度的「仇敵」。這需要中國平衡與印度、巴基斯坦的關係，也可以把劣勢轉化成為優勢，即在印巴兩國之間進行某種程度的協調。

第六，其他陸地問題，包括中亞和東北亞的陸地地緣政治。

在中亞，中國主要要處理和俄羅斯的關係，因為中國的「一帶一路」有可能造成俄羅斯的誤解。但因為中國和俄羅斯關係的改善，並且兩國面臨很多共同的挑戰和可供合作的領域，地緣政治局勢屬於可控範圍之內，並且也有向好發展的趨勢。在東北亞，韓國前些年發起傳統主權歸屬問題的討論，但停留在學術和政策界，沒有成為政府的議程，也是屬於可控範疇。不過，對這些問題也要進行追蹤和研究可能的變化，預防出現不利於中國的變化。

四、界定和美國競爭的領域

如果和美國的地緣政治競爭變得不可避免，那麼中國就要界定和選擇競爭的領域。這方面，中國不可過於被動，不能永遠讓美國設定領域和議程。到目前為止，中國還是比較成功的。儘管這些年美國一直在本區域咄咄逼人，頻頻地顯示其軍事力量，但中國並沒有走上和美國的軍事競爭。相反，中國一直堅守在經濟領域，無論是亞洲基礎設施投資銀行的設立還是「一帶一路」倡議的出台，都對美國產生了重大的影響。

儘管美國對中國的作為持對立立場，但中國的最大貢獻就是把中美關係引向了經濟競爭，在經濟領域牽住了美國的力量，從而避免了兩大國之間的軍事競爭。無疑，地緣經濟的競爭優越於地域軍事競爭。一旦中美形成軍事競賽的局面，那麼本區域大部分國家就會倒向美國，購買美國的軍備，這對美國經濟尤其是軍工系統非常有利。二戰之後美蘇軍事競賽就是這個局面的，冷戰不僅促成了美國軍工的大發展，而且導致安全軍工系統的政治影響力的大擴張，以至於在美國就有很多人認為戰爭就是軍工系統發動的。

中國一方面要加快軍事現代化，但也要儘量避免軍備競賽。對此，中國儘管不想和美國打「經濟戰」，但不僅不用害怕，而且可以主動和美國進行經濟戰，拖住美國力量。近年來，美國針對中國的「一帶一路」提出了「印太概念」，想和中國進行競爭。對中國來説，這沒有甚麼好害怕的，但要把「印太概念」引向經濟領域，而非軍事領域。較之軍事領域，經濟領域的競爭表現為非零和遊戲。經驗地説，經濟競爭往往成為經濟合作的起點和基礎。由中國和東盟國家自由貿易協定談判引出的三個「10+1」就是最好的例子。當中國開始和東盟進行自由貿易協定談判時，日本和韓國先後加入競爭，形成了三個「10+1」，但之後，在三個「10+1」基礎之上，形成了一個合作的「10+3」機制。

五、界定武力衝突的方法

在地緣政治競爭中，中國必須儘量避免和美國的直接衝突，因為直接衝突意味着陷入「修昔底德陷阱」。在這方面，至少需要研究三個領域的問題。

第一，核威懾。中美兩大國都是核大國，熱戰很難想像。美蘇兩國數十年的冷戰，已經為中國提供了豐富的「核威懾」經驗。中美兩國如果上升到核對抗，美國也必然會根據其和蘇聯打交道的經驗或者在此經驗基礎之上做些新的變化來應付中國。中國需要學習和研究美蘇冷戰這段經驗教訓。不過，接下來，中國也必然面臨來自美國的壓力，即美國會在這方面要求中國進行如當時美蘇那樣的「軍控談判」。中國可能因為和美國核水平差異還巨大，不樂意過早參與進去。不過，這也是一個機會，是大國地位的象徵，中國不僅不應當拒絕，而且更應當選擇適當的時間加入談判。核武器的效用在於其「不使用」，而不在於「使用」。但「不使用」也是一種「使用」。這方面中國需要更多的研究。

第二，不直接的衝突。除了核威懾，中國也要避免和美國的直接軍事對抗，因為一旦有了直接的軍事對抗，管控不好就會升級。需要界定有哪些地方會不得不發生直接對抗？如果不得不發生，那麼如何管控升級？這些都是必須回答的問題。現在看來，最有可能發生衝突的就是在台灣問題上，其次是南海問題，因為這些涉及中國的主權問題。其中以台灣問題為重中之重。

第三，有限的代理人戰爭。從美蘇冷戰經驗來看，儘管美蘇雙方避免了直接的衝突，但代理人的戰爭則經常發生。如果中美進入冷戰狀態，代理人戰爭也有可能發生。前些年菲律賓因南海問題把中國告上國際法庭，就是背後受美國指使的結果。在南海問題上，越南和菲律賓很容易成為美國的代理人。如果出現中國不得不與美國代理人發生衝突的情況，那麼如何把戰爭控制在有限範圍內而避免其升級，也是需要考慮的問題。

鄭永年　楊麗君　　2019 年 06 月 14 日

第十一章

我國對美西方單邊
開放的必要性和可行性

自從美國發動對華貿易戰迄今，美國對華戰略漸趨完整。美國的戰略可以概括成「四全」，即「全政府」、「全社會」、「全方位」和「全世界」。從現有的各種因素來看，在短時期內，無論是美國還是中國，都很難逆轉中美關係的這個大趨勢。

就美國來說，如果特朗普繼續執政，他必然會繼續其在第一任期裏所形成的中國政策，中國政策的方向不會變，所不同的只是執行的力度罷了。即使是民主黨的拜登執政，美國對華強硬的政策也不會變。這是因為：(1) 對華政策是美國兩黨少有的共識；(2) 美國社會對中國的認知普遍趨於負面，政治人物會利用民意來追求自己的利益或者自己所屬政黨的利益；(3) 歷史地看，民主黨在很多方面的對華政策要比共和黨更強硬，包括民主、自由、人權、少數民族、婦女等。

那麼，中國應當作怎樣的回應？二戰結束之後，美國發動了對當時蘇聯的冷戰。蘇聯進行了以牙還牙式的回應，很快就和美國陷入了冷戰。冷戰長達半個世紀，最終以蘇聯的解體和美國的勝出告終。

今天美國對中國發動冷戰，從長遠看也是要達到同樣的目標。因此，中國如果不想重蹈美蘇冷戰的覆轍，那麼就要有一套新的思維和戰略。

一方面，在有關核心國家利益問題上，中國沒有退讓的空間，也不可能退讓，包括台灣和南海問題。因此，一定程度的軍事對峙不可避免。軍事對抗是有必要的，是為了遏制美國的行為。但是，軍事對抗需要克制，中國的對抗是為了自衛、維護自己的權益。軍事對抗一旦失控，就會升級為全面的對抗，而全面的對抗是需要避免的。

另一方面，經貿上，中國必須要有一套和蘇聯完全不同的政策。因為蘇聯和美國在冷戰之前就不存在緊密的經貿往來，美蘇冷戰期間雙方在經貿上也互相搞對抗。美國組建了以自己為核心的「西方市場經濟體系」，而蘇聯也組建了以自己為核心的「蘇東計劃經濟體系」。美國善於用市場經濟之上的經貿關係來處理與其他西方國家的關係，而蘇聯則因為缺失市場經濟這一工具而不得不使用軍事、政治等方面的工具來處理和其他東歐國家的關係。美蘇冷戰告終也表明瞭西方集團市場經濟的勝利和蘇聯集團計劃經濟的失敗。

在經貿上繼續和美西方交往，這應當成為中國的基本策略。這也是習近平總書記一再所強調的中國要繼續實行開放政策的核心內容。其重要性至少可以從如下幾個方面來看。

第一，中美對抗不會短期內結束，而是一場持久戰。兩國競爭從本質上說就是看哪一個國家的經濟更可持續發展來支撐與對方軍事上的對抗。繼續和美西方的經貿交往可以支持中國經濟的可持續發展。

第二，中國要避免和西方全面經貿「脱鈎」對中國經濟和企業造成的全面衝擊。儘管中國已經提出「國內國際雙循環，以國內循環為主」的政策導向，但這並不是説和西方的經貿往來不重要了。不管人們喜歡與否，經驗表明，近代以來，大多原創性科技產自西方。在技術上，今天的中國仍然是以應用（西方）技術為主。儘管中國正在努力補技術短板，但這需要時間。一旦和西方技術全面脱鈎，中國的國民經濟和企業無疑會受到嚴重的衝擊。防止全面脱鈎既是為了繼續和西方交往，也是為了實現中國經濟本身的可持續發展。

第三，繼續和美西方保持經貿交往有助於中國尋找時機和美西方改善關係。為甚麼在蘇聯解體之後，美俄兩國關係的改善如此之難？在長達半個世紀裏，兩國互相妖魔化，對對方的仇恨變成了一種高度制度化的文化。而互相妖魔化的前提就是兩國除了互相的核武器對峙之外，沒有任何經貿交往和與之相關的人員來往。中國必須避免這種情況的出現。在存在經貿往來的情況下，一旦美國內部政治情況發生變化，那麼就比較容易改善兩國關係。因為存在經貿交往，有關中國的真實信息還是會繼續通過商業羣體帶到美國各界，這樣可以減少和克制美國反華力量妖魔化中國的企圖。再者，一旦美國內部政治環境發生變化，商業羣體又可以再次充當改善兩國關係的主體。

第四，即使不能改善中美關係，從長遠來看，和美西方的經貿交往也不僅有助於粉碎美國對中國的「圍堵」，而且有助於中國在和美國的競爭中最終勝出。意大利政治思想家馬基雅維利説過「政治和道德毫不相關」和「目標證明手段正確」。中國和美西方保持經貿往來就是要利用資本和市場的邏輯來對抗美國。當前美國拼命想把中國排擠出西方市場，而重建所謂的「西方市場」。中國回應美國的這一企圖的最有效方式便是向美西方的企業敞開大門。即使美國試圖封鎖中國，中國也要繼續向美國企業開放。歷史地看，在政治和經濟的較量中，最終的贏方會是經濟，而非政治。

本文分成兩個部分：第一部分更新和論述美國對華的「四全」政策；第二部分闡述中國對西方（美國）實行單邊開放政策的可行性。

一、美國對華的「四全」策略

特朗普當選總統之後，在對華政策上，開始的想法其實很簡單，即認為「美國一直在吃中國的虧」。為了改變這個情況，美國在 2018 年對中國掀起貿易戰，開始限制被視為中國信息產業領域最好的企業，即華為。到 2020 年，美國的中國政策盡顯其強硬面，中美關係也跌到了兩國建交以來的最低點。美國對中國外交官和記者加以限制，關閉休斯頓的中國領事館，多次攻擊中國在南海、香港和新疆的政策。與此同時，在經貿方面，美國政府也使用了諸如出口管制和制裁等傳統手段。

更為重要的是，特朗普政府把美國對華的「一攬子政策」和其所定義的「國家安全」聯繫起來。華盛頓智庫美國國家利益中心國防研究主任哈裏・卡齊亞尼斯（Harry Kazianis）認為，美國的「一攬子政策」就是美國對華的「一個遏制戰略」，藉此「美國重新拾起了冷戰時期對抗敵人的姿態，這影響深遠。這將影響美國未來數十年的外交走向」。

正是因為「國家安全」，美國開始動員一切可能動員的資源和力量來實施其一攬子政策，從而形成了「全政府」「全社會」「全方位」和「全世界」的戰略（簡稱「四全」戰略）。簡單地說，美國政府所使用的工具，不僅是行政部門，還包括國會和司法機構；不僅是國家政權，而且還包括民間組織和社會機構；不僅是國內力量，而且還包括國際力量（如同盟等）。同時，對抗中國的戰線漫長無邊，包括軍事、外交、經濟、信息各個方面。

（一）美國的「四全」圍堵戰略

中國在 2015 年提出了「中國製造 2025」規劃，這個政策顯示中國開始轉向高技術行業，並力圖在包括人工智能、機器人、綠色能源車輛、太空領域等關鍵技術行業找到突破，取得先進地位。

美國擔憂甚至恐懼於中國的快速崛起。美國各界並沒有能力理解中國是如何崛起的，但簡單地把中國的崛起意識形態化和政治化。用美國人的話來說，就是，中國的崛起方式是「我們在市場經濟或是民主社會沒有看到過的。他們針對的是美國最先進的技術，之後用這些技術來強化和支持一個威脅到美國的意識形態」。也就是說，中國經濟技術的崛起不僅會對美國的經濟技術領域構成威脅，而且更會威脅到美國的意識形態和政治體系。

美國政府在 2017 年的國家安全戰略中公開指責中國挑戰美國利益、威脅美國安全、破壞美國的穩定和繁榮，並把中國界定為美國的主要競爭對手和敵人。

特朗普政府開始使用一系列經濟工具來抑制中國，包括施加關稅、出口管制等來遏制中國國有企業，或與政府有關係的佔據諸如人工智能、電動汽車、5G 等決定二十一世紀經濟主導地位的產業的大型企業。

隨後，美國的政策開始超越經濟領域，轉向聚焦於所謂的「中國帶來的外交戰略和地緣政治威脅」。美國在 2020 年 5 月發佈《美國對中華人民共和國的戰略方針》，正式確立美中兩國的競爭關係。其結果是美國開始了一種動員全政府的對華戰略，即跨越各個政府部門，向更深更廣的全社會方向發展，對中國進行制衡。

美國政府稱之為「全政府模式」(Whole of government approach)。同時，美國政府認為，如果沒有美國社會的全力配合，政府本身可能難以實施其政策。因此，美國政府也積極動員美國社會的配合來對抗中國，形成了所謂的「全社會模式」(The whole society approach)。主要表現在幾個方面：(1) 大力支持那些反華的非政府組織和社會力量，尤其在新疆、西藏、香港問題上。「台獨」力量也是美國所倚重的。(2) 不惜一切手段大力打壓那些被視為「親華」的社團，主要是海外華人組織。(3) 阻礙甚至中斷美國大學和科技機構與中國的交流，甚至是民間 (企業) 的交流。監督、審查和逮捕那些被認為參與了中國科研項目的華人學者和美國學者。

「全世界模式」是美國所慣用的，即通過組建同盟來圍堵敵人。近年來，儘管特朗普到處「退羣」，但在應付中國方面，美國國務卿蓬佩奧等高官、國會議員單獨或者集體地到全世界到處遊説，組建反華同盟。

無論是「全政府模式」、「全社會模式」還是「全世界模式」，都是為了「全方位」地遏制中國對美國「方方面面的挑戰和威脅」。在政策層面，這意味着，用卡齊亞尼斯的話來説，「美國正在使用360度的視角來審視中國崛起對亞洲的影響，並竭盡全力對其進行遏制」。

無疑，在這種模式下，美國綜合了外交、經濟制裁、信息戰以及軍事同盟等幾乎所有的戰略要素，全面應對中國帶來的挑戰。

在經濟方面，美國政府利用其龐大市場的力量，以國家安全為由，使用關税、出口管制、實體清單等一系列貿易壁壘來遏制中國國有企業或與政府有聯繫的大型企業的快速成長。

美國意識到，要遏制中國，經濟要素最重要。正如卡齊亞尼斯所說，「中國迅速主導亞洲的根本就是經濟」，因此，美國必須從經濟上遏制中國，「美國會使用經濟政策工具來遏制這種成長勢頭，諸如使用出口管制來確保中國無法使用或複製美國的高級芯片，確保中國不能盜竊知識產權，以及對這樣做的公司施加制裁」。

美國也竭力使用一系列經濟外交手段，通過渲染中國威脅論來警告其盟友。在美國的統治精英看來，美國擁有強大的全球盟友體系，以及軟實力方面的巨大優勢，因為西方國家尊重並支持美國強調的人權和民主等價值觀。

在美國，美國政府禁止本國公司與構成「安全威脅」的外國通信公司合作。在美國的遊説下，老牌盟友英國也在今年 5 月宣佈停止在其 5G 建設中使用華為設備。澳洲、新西蘭、日本也已明確表示，出於國家安全考慮，禁止華為參與其 5G 網絡建設。

和以往歷屆政府相比，在對抗中國方面，特朗普更喜歡動用「總統令」這項政策工具。「總統令」是一份總統簽字、下達給聯邦政府的命令。這類來自白宮的文件不需經過國會批准。美國總統通過總統行政令來實現自己的政策目標。這是美國憲法賦予總統的行政特權。

最近特朗普對微信和抖音（TikTok）下了禁令；今年 5 月他宣佈禁止與中國軍方有關的中國留學生進入美國。

儘管表面上看，較之美蘇冷戰期間美國政府的做法，特朗普更傾向於使用經濟和外交手段來遏制中國，但實際上並非這樣。

美國仍然擁有世界上最強大的軍隊。歷史上，一旦一個國家被美國視為敵人，美國必然動用其強大的軍隊，用保衛美國國家安全的名義，來圍堵這個國家。特朗普在現階段聚焦於經濟和外交只是因為中美之間存在着經濟貿易的高度依賴性。

實際上，特朗普政府並沒有減少對中國的武力炫耀。過去一段時間裏，在特朗普政府對中國進行外交攻勢的同時，美國國防部也加緊了遏制中國的步伐。美國海軍在 7 月派出尼米茲號和列根號在南海進行軍演，以「支持自由和開放的印度太平洋」。自 2020 年 1 月起，原本在巴黎附近的美國 B-1B 和 B-52 轟炸機已經在南海、東海和日本海等重要水域進行了數十次飛行任務。軍事專家普遍認為，美國這樣做的唯一目的就是恐嚇中國：美國即使不動用航空母艦，也可以隨時威脅中國的地上目標和機隊。

再者，為了加大對中國的壓力，特朗普政府比前任政府更加密切地關注與西方盟國海軍的合作，包括日本、澳洲和歐洲一些國家。這些國家現在也派出他們自己的海軍軍艦到南海進行巡邏，以對中國構成壓力。

(二) 挑戰中國主權

如果美國行政當局的「四全」戰略目標主要還在於從外部圍堵中國，那麼美國國會眾議院所設想的策略就更是明目張膽地以直接挑戰中國主權為目標。

國會眾議院中國工作組 9 月 30 日發佈最新報告，旨在為美國全面應對來自中國的種種挑戰提出政策和立法措施建議。作為國會共和黨在中國問題的主要核心智囊，以眾議院外交事務委員會首席共和黨議員麥考爾 (Michael McCaul) 為首的中國工作組包含了 14 位來自 11 個不同委員會的共和黨成員。

過去近五個月裏，分為五大面向的中國工作組成員分別針對各種來自中國的威脅進行討論、彙整信息、協調工作以及制定政策建議。根據麥考爾的說法，這個中國工作組成員過去五個月時間裏與至少 130 位各方政策專家、企業界領袖、其他國會成員以及多位現任和前任民主共和兩黨政府時期的官員進行會晤，就中國所構成的「威脅」展開一系列討論。

這份長達 141 頁的最終報告提出 83 項重要看點，提供了多達 400 餘項政策建議，其中 178 項為立法措施，當中 60% 的立法措施內容已在跨黨派支持下提出，同時當中三分之一的法案項目已獲得參眾兩院其中一院通過。

這份報告被視為至今為止國會出台最為完整的美中關係戰略分析，不僅闡明了中國對美國所構成的挑戰，同時還提供了可行的應對方案和立法建議。報告除了論證美國行政當局所實施的一系列中國政策（例如降低供應鏈對中國的嚴重依賴）的合理性外，在香港、台灣、新疆等問題上提出直接干預中國的主權，表現在以下方面：

推動美台雙邊自由貿易協議

針對台灣問題，報告建議把美國台北經濟文化代表處更名為「台灣代表處」，與台灣展開貿易談判，呼籲通過《台灣保證法案》和《台灣主權象徵法案》等多個法案，容許美台之間有更多官方訪問，爭取讓台灣成為世衛觀察員、在國際貨幣基金組織中有更大參與度，同時不再阻止台灣在官方活動中展示台灣旗幟。

麥考爾在接受採訪時說，美台貿易談判將是一項重要的外交政策宣示，有助於就新冠病毒大流行問題向中國追究責任。麥考爾特別強調台灣半導體製造龍頭台積電在未來美國供應鏈中所扮演的經濟角色。他說，「台灣的台積電協助我們在亞利桑那州興建製造廠，所以這是一項美國和台灣的合作投資，我們希望持續拓展和台灣的經濟關係，這就是為甚麼在這份報告中我們建議考慮與台灣的自由貿易協議，顯然這會令中國共產黨很不高興，但我們認為我們需要保護台灣」。麥考爾接着提到中國大陸對台灣地區不斷加劇的軍事威脅，「台灣每天都受到中國共產黨的威脅，他們是台灣的軍事威脅，我認為這（美台自由貿易協議）是一個很棒的姿態，同時我們也希望幫台灣重新恢復世界衛生組織觀察員身份」。

加速為港人提供庇護

針對香港問題，報告建議要全面執行回應香港鎮壓的制裁法律，並促請美國國會通過《香港如水法案》(Hong Kong Be Water Act)，授權行政部門制裁打壓香港言論集會自由的中國內地及香港政府官員，支持美國為香港被打壓的人士提供避風港，並着手研究相關法律，為有需要受保護的香港異見人士提供人道援助。

關注新疆人權問題

報告建議針對中國政府對新疆維吾爾穆斯林的「罪行」是否構成「種族滅絕」進行確認。

美國眾議院 9 月 30 日通過了《強迫維吾爾人勞動披露法》(Uyghur Forced Labor Disclosure Act)。這一法案要求在美國的上市公司必須披露其在新疆地區的業務營運、往來及生產供應鏈細節。此前一周，眾議院以壓倒性結果通過了《防止強迫維吾爾勞動法》(Uyghur Forced Labor Prevention Act)。法案將全面禁止進口所有來自新疆的產品，除非企業提供明確和令人信服的證據，證明其供應鏈中沒有強迫勞動，才可獲准進口。

(三) 矛頭直指中國共產黨

在一些極端反共的華人學者的輔助下，美國形成了對中國的內部分化戰略。其中一個「分化」就是把中國共產黨和中國人民分立開來。

美國國務卿蓬佩奧 2019 年 10 月 30 日在哈德遜研究所演說時首次明確區分「中共」與「中國人民」。他說，「美國現在終於認識到，中共對美國的價值觀持敵視態度」，但「中共和中國人民並非一回事，中國人民並不願意接受中共這種列寧主義的獨裁治理模式」。11 月 8 日，蓬佩奧再度表示，美中對立只是美國與中共的對立。

從特朗普到蓬佩奧等政府高官再到國會議員等政治人物，已經用「中共」取代了「中華人民共和國」。使用「中共」的概念在中美建交之前較為普遍，在尼克遜訪華和中美建交之後，美國稱中國為「中華人民共和國」。但今天，美國再一次用這個具有濃重冷戰意味的概念來指稱中國。

美國高官和政治人物以到處妖魔化中國共產黨為己任。眾議院中國工作組主席麥考爾最近在記者會上表示，「中國共產黨是美國最大的長期威脅」;「這個時代最大的挑戰就是中共，這是一個世代挑戰」。

美國戰略直接指向中國共產黨。最近的兩項關聯發展非常值得注意，其含義和可能的結果是不言自明的。

第一項發展是共和黨聯邦眾議員佩里（Scott Perry）的提案，要求將中共列入「國際主要犯罪組織目標」（TICOT）名單，將其認定為跨國犯罪集團，美國執法機關必須對其進行起訴、懲罰和鏟除（eliminate），強調國際社會必須認清中共的「犯罪」行為，挺身而出加以反對，美國必須帶頭終結中共政權。

TICOT 名單旨在確認對美國國家利益構成最大威脅的國際犯罪組織，並將其鏟除。佩里把中美兩國之間所產生的所有問題歸因於中國共產黨，提案因此指出，中共盜竊美國知識財產、發動網絡攻擊、從事間諜活動和販運類鴉片藥物「芬太尼」（fentanyl），種種惡行應被列入 TICOT 名單。

佩里在 10 月 1 日中國國慶當天，在美國國會山莊前的抗議所謂的「中共暴政」集會上赤裸裸地說，「中共是跨國犯罪組織，中共黨員是犯罪分子，與美國的犯罪集團，甚至跨國犯罪組織沒有甚麼不同」。因此，他提案將組織犯罪控制法（RICO）適用於中共，適用於與中共有關的人，即使是在美國工作的中國外交官，也無法享有主權豁免權，「不管他們是在中國還是在美國，都會受到真正的懲罰，包括坐牢，他們將因為他們代表中共而犯下的罪行而坐牢」。

佩里污衊中共「壓迫人民」「強制拘押」「設立集中營並根除新疆、西藏、蒙古等少數民族的語言文化」，其根本是「犯罪集團」，卻因被認定為中國合法執政者而逍遙法外。佩里聲稱「這種局面必須結束」，「中共專制政權必須對其國際罪行負責，並面對美國執法機關的全部力量」。

佩里毫無根據地說，數十年來，中共的非法行為導致美國損失數百萬個就業機會、價值數十億美元的知識產權和學術機構的獨立性，威脅美國自由，美國必須採取一種全政府（all-of-government）的方式來打擊其惡行，並呼籲國際社會合作終結中共政權，「我們一定要成為對抗和打敗、終結中共邪惡政權的一代人」。

第二項發展是美國公民及移民服務局（USCIS）10 月 2 日發佈的最新政策通知，通知規定，除非特別允許，禁止曾經加入共產黨的人申請美國綠卡和移民。

美國公民及移民服務局（下稱「移民局」）的政策指引，是根據美國國會通過的議案提出，以保障美國安全。最新政策指出「美國停止共產黨或其他極權政黨的下屬，或隸屬組織成員的移民身份調整」。

也就是說，除非有豁免，美國禁止曾經加入共產黨的人申請美國綠卡和移民，而且移民局官員皆可依此新規拒絕核准其調整身份。舉例來說，人已在美國境內的共產黨員，申請將身份調整為合法永久居民時，有可能不會通過綠卡申請。

2020 年 7 月，《紐約時報》傳出特朗普政府打算全面禁止中共黨員及其親屬入境美國的消息，當時不少分析認為實施起來困難極大。但美國移民局剛剛頒佈的這個指南則明文規定，凡是申請移民的共產黨員或其他極權主義政黨的黨員，都不會獲得受理。這一指南指出，具有共產黨或任何其他極權主義政黨的黨員或相關成員身份，與入籍美國的誓言「支持與捍衛美國憲法與法律」相悖。這一政策適用於謀求移民身份的外國人，比如要求把身份調整為永久居民的身份。

冷戰結束後，美國放寬了禁止共產黨員入境及移民的有關規定。簽證時，是否加入共產黨是移民官員面試的問題之一，但過去面試者給予否定答案，移民局也不會深究。今天，美國移民局公佈上述指南，顯然是要強化對共產黨員的檢查。

二、中國的單邊開放政策

美國反華政治力量和政治人物的行徑歇斯底里，令人發指，可以用忍無可忍來形容，我們表達各種不滿情緒不僅必然，也是可以理解的。

但是，情緒不是回應美國反華力量最有效的方法，理性才是。這是因為：

第一，美國反華政治力量和人物的反華行為是建立在情緒和仇恨之上的，而非建立在理性之上。如果中國方面也是僅僅以情緒來回應，那麼只能讓這些反華力量牽着鼻子走，陷入他們所設定的陷阱。

第二，這些反華力量是挾持美國國家利益以牟取私利，無論是黨派利益還是個人利益，因此他們的作為並不為所有美國人所接受，他們在政策實施過程中會受到很多阻力。如果中國做簡單的情緒性回應，那麼就會助力他們實現目標；反之，如果中國理性回應，那麼就可以分化美國內部的力量，為他們的政策實施設置有效障礙。

實際上，對中國來說，儘管在一些核心問題上，尤其是在主權領域，我們必須做出回應，但更為重要的是要考量如何從長遠來說，一方面要阻止和遏制美國對我們的圍堵，另一方面要在與美國的競爭中勝出。

美國對華「四全」戰略的諸多內容中，其中一個最具深遠影響的就是實現中美兩國企業之間的脱鈎、經貿脱鈎和技術脱鈎。正如前面所討論的，美國的反華力量也意識到，中國的優勢在於經濟，而各方面脱鈎的目標就是要阻礙中國的經濟發展，使得中國的經濟發展變得不可持續，最終陷入中等收入陷阱，或者迫使中國回到改革開放前的貧窮社會主義狀態。如此，美國就可以實現對中國的「不戰而勝」。

的確，經濟力量在中美關係中的重要性怎麼説都不會過分，因此經貿經常被視為中美關係的壓艙石。中美之間的經貿互相依賴也已經把中美關係與往日的美蘇關係區分開來。二戰之後，美蘇之間在很短的時間裏就深陷冷戰。但因為中美兩國之間存在着很高的貿易依存度，形成了一些人所説的「中美國」或者「婚姻關係」，在過去的兩年多時間裏，儘管美國政府花了九牛二虎之力和中國脱鈎，但中美仍然處於「脱鈎」的過程之中，並且美國脱鈎努力的成效並不顯著。

這種現狀告訴我們，我們可以找到更有效的方式來回應美國。如果簡單地以牙還牙，那麼就無異於幫助美國的反華力量，加速中美兩國之間的脱鈎。就是説，美國政府在毫無理性地驅趕中國在美企業，但如果中國採取「你把我的企業趕出去，我也對等地把你的企業趕出去」，那麼企業脱鈎很快就會實現。中美之間和中澳之間的媒體戰就是這種狀態。如果是這樣，不管原來的貿易依存度有多高，脱鈎最終還是會實現的。一旦實現完全的脱鈎，那麼中美關係就會轉型到昔日的美蘇冷戰狀態。

那麼，中國更有效的方法是甚麼呢？簡單地説，就是對美西方的單邊開放，「即使你把我的企業趕出去，我也仍然要把你的企業留在我這裏」。這樣做就可以粉碎美國強硬派的圖謀。否則，如果中國也學美國政府的做法，把美國的企業趕出中國，那麼就是幫了美國強硬派的忙，即幫助美國政府把美國的企業遷回美國國內，或者遷往其他國家。

實際上，美國強硬派的行徑很難真正促成美國企業的投降，美國政府所提供的財政援助不足以吸引美國的企業離開中國遷回美國，美國企業具有強大的抵制能力，或者找到其他替代辦法。但如果中國驅趕美國企業，那麼往往是會成功的。美國驅逐中國在美企業的行為就說明了這一點。儘管美國一直自以為是法治社會，但一旦和「國家安全」的概念掛起鈎來，那麼法律就會變得異常軟弱無力。

再者，如果我們把美國企業趕出中國，那麼企業就必然會站在美國政府這一邊。現在美國資本也往往站在政府這一邊對中國進行施壓，但這與美國的強硬派或者冷戰派不同，華爾街和美國資本向中國施壓是為了謀取中國更大的開放。

應當看到，美國企業對特朗普對華毫無止境的貿易戰已經感到厭倦和不滿。在貿易戰的早期，一些企業配合政府的需要，更多的企業選擇忍氣吞聲，但現在愈來愈多的企業公開站出來抵抗美國政府的行為。美國社會是由多元利益組成的，他們可以通過多種途徑尤其是法律途徑來抵抗政府的作為。最近的一些發展很能說明問題。

根據英國《衛報》9 月 23 日的報道，包括特斯拉、富豪汽車、福特和奔馳在內的全球主要汽車生產商決定對特朗普政府提起訴訟，理由是美國政府針對從中國進口的某些零件徵收的關稅是非法的。這些國際汽車巨頭提起的訴訟所要針對的是美國貿易代表對包括汽車芯片及其他零件在內的一系列中國產品徵收的 25% 額外關稅。

特斯拉已經向紐約國際貿易法院提交的訴訟請求指出，美國政府徵稅的做法是武斷、反覆無常的。特斯拉在訴訟中將美國貿易代表萊特希澤列為被告。特斯拉希望紐約國際貿易法院裁定美國徵收的額外關稅為非法關稅，並且能夠返還已經繳納的關稅及利息。2019 年，特斯拉從中國進口了用於 Model 3 電動汽車的計算機芯片及顯示屏，他們希望美國貿易代表辦公室能夠免徵這部分商品的關稅，但美國貿易代表辦公室拒絕了特斯拉提出的請求。

根據美國彭博社的報道，中國生產的計算機芯片及顯示屏是 Autopilot 3.0 系統的重要組成部分。該系統是特斯拉的全自動駕駛系統，也是大部分特斯拉 Model 3 電動汽車以及 S 和 X 系車型的基本配置。

除特斯拉外，富豪汽車、福特及奔馳也已對特朗普政府提起訴訟，以阻止美國政府對從中國進口的物品隨意徵收關稅。

奔馳在訴訟文件中指責特朗普政府發起了一場史無前例、無邊界、無限制的貿易戰，影響到從中國進口的逾 5000 億美元的產品。奔馳認為，美國法律並沒有賦予政府用不擇手段的方式進行不限時的貿易戰的權力。

特朗普政府對中國發起貿易戰並肆意加徵關稅的做法，不僅引起了美國企業的不滿，也遭到了美國媒體的嘲諷。《紐約時報》表示，特朗普其實是在給美國人加稅。美國消費者新聞與商業頻道指出，增加關稅並沒有給美國人帶來好處。

此外，特朗普過分使用總統行政命令。在這方面，特朗普也不斷受到來自法律方面的挑戰。10 月 2 日，位於矽谷的加州北區聯邦地區法院法官部分否決了美國總統特朗普的 H1B 凍結令。

法官 Jeffery White 認為，特朗普的這一禁令超越了總統的職權範圍，理由是工作簽證項目屬於美國國會的權限。

特朗普於 2020 年 6 月簽署了 H1B 凍結令。當時，特朗普表示，凍結發放工作簽證是因為新冠疫情嚴重影響到了美國民眾生活，造成了嚴重的失業問題，而禁令能夠保證美國民眾得到優先就業。

不過，這一說法並未得到科技行業的理解。今年 8 月，包括蘋果、谷歌、微軟、亞馬遜、英特爾、Adobe、Netflix、SalesForce、Facebook、Twitter、PayPal、Box、Uber 在內的 52 家美國科技公司聯合向法院提交了「法庭之友」意見書。科技公司堅決反對白宮凍結 H1B 工作簽證項目，認為這會損害美國科技行業的創新，阻礙招募高科技人才，損害美國經濟。意見書中寫道，美國法律要求總統採取措施保證美國利益，但總統這一做法與美國利益背道而馳。無可爭辯的證據顯示，凍結這些關鍵的非移民工作簽證項目只會扼殺創新、阻礙增長，最終給美國工人、企業和經濟的利益造成無法挽回的損失。另外，科技公司還表示，總統以為凍結簽證可以保護國內工人，但此舉給美國企業帶來了更大的損害，美國企業無法吸引到高科技創新人才，導致人才流失向中國、印度、加拿大等競爭對手國家。

接着，美國製造商協會（National Association of Manufacturers）、美國商會（United States Chamber of Commerce）、美國零售商協會（National Retail Federation）等幾家美國影響力巨大的行業協會在加州北區聯邦地區法院起訴美國國務院和國土安全部，要求法官否決工作簽證禁令。而矽谷科技巨頭也是這幾大行業協會的成員。

幾大行業協會在訴訟中表示，白宮這一行政命令嚴重侵犯了國會在高科技和臨時工人問題上的法律。具體來説，根據美國移民法 Section 212(f)，總統擁有廣泛的行政權力，可以阻止外國人入境，但移民法並沒有授權總統徹底停止有效實施的法律條文。

審理這個案件的 Jeffery White 法官作出了否決特朗普行政命令的決定，也就是説，科技公司們招募的海外員工可以繼續通過 H1B 工作簽證入境。

這已經是今年以來特朗普禁令第三次遭到法院的否決。第一次發生在 9 月 20 日，美國地方法院簽發了臨時禁令（preliminary injunction），緊急叫停了美國商務部在 9 月 18 日發佈的微信限制令。第二次發生在 9 月 28 日，針對美國政府此前已經發出的 TikTok 下載禁令，美國法官在生效前夕正式發出了臨時禁令。

不管 TikTok、微信，還是 H1B 凍結令，它們在美國的命運依舊撲朔迷離，但這些案例的確説明了美國內部利益的多元性，一旦他們的利益受到嚴重損害，他們就會自己或者聯合動員起來應對來自政治上的挑戰。

這些基本事實也表明，儘管美國方面對華採取了所謂的「四全」策略，但如果中國回應理性得當，那麼「四全」策略哪一個都難以全部實現，中國有能力抵制和粉碎美國的企圖。

這要求我們科學理性地去理解美國，理解中美關係，使用理性去應對美國的非理性。例如，我們不能對所有商業行為作具有過度「民族主義」色彩的解讀，儘管商業和政治往往分不開。我們不能把所有的美國產業轉移視為「脱鈎」，更不能把此解讀成為「去中國化」。無疑，「脱鈎」和「去中國化」是美國政府反華力量的目標，但這並不是美國所有企業的目標。早在貿易戰開始之前，一些產業就開始從中國轉移到其他國家或者返回美國，因為隨着中國勞動力、土地成本和環保要求的提高，美西方企業在中國的運行成本提高，這要求它們去尋找具有更低廉勞動力和土地成本、環保要求還不怎麼高的國家或者地區。這種轉移是資本邏輯所致，具有必然性。

美國政府的「脱鈎」和「去中國化」主要表現在其在「國家安全」的幌子下禁止中美兩國在高科技領域的交往。美國既不容許美國高科技企業到中國來，也不容許中國的高科技企業到美國去。

其他領域的一些所謂「脱鈎」也並非沒有一點合理性，例如醫療產業。根據美方的統計，美國高達 85% 以上的醫療物資靠中國生產，97% 的抗生素在中國生產。這種佈局並不合理，實際上並不符合中美兩國的利益。如這次新冠疫情傳播所顯示的，美國儘管是世界上最先進的經濟體，但已經不再生產口罩等醫療物資，導致美國很多地方醫療物資不足。在類似的領域，減少一點對一個特定國家的依賴，反而有助於兩國關係的可持續發展。

從這個角度來看，中國最近處理實體清單的方法是正確的。中國商務部 9 月 19 日發佈了針對外國實體的《不可靠實體清單規定》，宣佈當日起將對清單上的企業進行懲罰和限制，但並沒有給出清單細節。中國是於 2019 年 5 月首次宣佈將發佈這個清單的。清單針對的是「違反正常的市場交易原則，中斷與中國企業、其他組織或者個人的正常交易，或者對中國企業、其他組織或者個人採取歧視性措施，嚴重損害中國企業、其他組織或者個人合法權益」的外國公司和個人。

被列入該清單的企業和個人可能會被限制或者禁止從事與中國有關的進出口活動、在中國境內投資、出入境或面臨罰款。

但是，因為中國沒有給出具體的清單，也沒有具體說明發佈時間表，因此外界認為中國的實體清單只是為了起到一個「警示」或者「威懾」作用。

美國政府近年來通過實體清單的方法針對中國的企業，中國也有權利這樣做。但我們為甚麼沒有通過以牙還牙的方式來應對呢？這裏至少有幾個問題需要考量。

第一，因為實體清單是非經濟方式，實施效果需要觀察。美國企業研究所（American Enterprise Institute）資深研究員、經濟和貿易專家史劍道（Derek Scissors）認為，即使是美國目前對中國企業的限制也是雷聲大雨點小。例如，美國對美國公司向華為的銷售限制只停留在要求這些美國公司必須獲得相關銷售許可證。如果美國的限制對中國的企業影響並不大，那麼就不值得中國進行代價高昂的報復。

第二，美國企業是中國在貿易戰中最大的夥伴，採取報復等於是對中國自己的夥伴進行報復。實際上，美國政府進行對華貿易戰，不僅傷害了中國的企業，也傷害了美國自己的企業，即所謂「殺敵一千，自損八百」。中國選擇不直接報復無疑是正確的。

第三，從長遠來說，中國這樣做有助於分化美國內部政治和經濟的力量，誘導美國的經濟力量去制衡美國的政治力量。如上所述，事實上也已經出現了這種情況，即美國企業開始起訴美國政府的違法徵稅行為、地方法院凍結美國總統的行政令等。

實際上，實體清單沒有實施的可行性，倒不如實行單邊開放政策。這樣做，最終的贏家會是中國，而非美國。

在實行單邊開放政策方面，我們可以借鑑大英帝國的一些經驗。大英帝國實行的是單邊開放，就是說，即使對方不向英國開放，英國也會向對方開放。大英帝國主導世界事務一個多世紀，並且遠較美國有效。和大英帝國不同，美國實行的是對等開放，要麼強迫他國開放，要麼等到他國向美國開放了，美國才向其開放。

英國單邊開放政策的成功是有條件的。因為工業革命首先發生在英國，英國成為世界上第一個近代化的國家，屬於先發展國家。英國的單邊開放使得英國成為世界經濟中心。但拉丁美洲國家被迫的單邊開放使得拉丁美洲國家形成了「依附型發展」模式，即國內市場為美西方企業所主導，工業結構高度依賴美西方。這是因為拉丁美洲國家在本身還沒有發展起來的情況下，過度向美西方開放，使得美西方資本主導拉美的發展，拉美國家在經濟結構的方方面面受制於美西方，直到今天仍然沒有解決這個問題。這是一種結構性的依賴，很難改變。

但中國對美西方實行單邊開放，這種擔憂並不必要，因為中國已經確立了完整的工業體系，國內資本幾乎在所有的領域佔據絕對主導地位，美西方資本只是補充。中國最近的金融開放就出現這個趨勢，容許外國企業在中國控股。這樣做不僅不會造成中國對外國企業的依賴，反而很有可能造成外國企業對中國市場的高度依賴。

向美西方單邊開放不僅僅是關乎資本，更重要的是關乎資本背後的技術。中國可持續發展的根本在於不斷的技術創新。到今天這個發展階段，中國並不缺資本，缺少的是技術。一個基本的事實是，近代以來大多原創性的技術來自西方，尤其是美國。這當然並不是說，中國沒有能力來進行原創性技術研發，而是說中國和西方諸國處於不同的發展階段。改革開放以來，中國已經成為世界上最大的技術應用大國，現在面臨美國的打壓和封鎖，開始加速技術投入，不過要從一個應用大國轉型為原創技術大國仍然需要很長一段時間。

更為重要的是，自主創新並不是關起門來自己創新。「關門創新」的觀念實在要不得。技術創新的本質是思想的流動，任何國家關起門來的創新肯定不會成功，即使有些最初的成功，也很難持續。美國本身的技術領先也是通過開放而來的。美國技術領先的地位依賴於人才開放，大量人才從世界各地源源不斷地湧入，而人才背後便是資本的力量。今天的美國如果開始關起門來，未來同樣會衰落。

再者，如果美國向中國封鎖，而中國實行單邊開放，那麼只是意味着「單向脱鈎」，即美國和中國的脱鈎，而中國並沒有和美國的企業脱鈎。也就是説，中國和美國的企業還是具有很多關聯和連接。這樣便於中國了解美西方的技術發展和管理方式的最新變化和進步。這裏，討論已久的知識產權保護並不是一個問題。中國發展到了這個階段，更需要知識產權的保護機制，否則很難從數量型經濟發展轉型到質量型經濟發展。

不僅如此，中國根據自己產業發展的需要，需要主動引入競爭的目標對象。壟斷必然導向經濟寡頭，最終導向落後，中國需要引入一些美西方的企業和中國自己的企業進行競爭，對後者構成一些壓力，不至於退步落後。即使在一些中國企業競爭力不強的領域，也應當主動引入一些美西方的企業，讓外國企業先發展一步。在這個過程中，技術的溢出不可避免，在後期會造就中國的企業。中國改革開放之後，大量西方資本和企業湧入中國，中國成為世界上的製造業基地。儘管早期中國以組裝業為主，但隨着西方技術的擴散，中國的企業很快就學會了西方技術，培養出無數的本土企業，並且具有極強的競爭能力。美國説中國「偷」了美國的技術，這是對中國的污衊，實際上的情形是技術擴散。

因為中國市場的規模，中國實行單邊開放很可能造成美西方企業「單向依賴」，即美西方企業依賴中國市場。同時因為中國在美企業並不多，中國依賴美國的程度會遠遠低於美國依賴中國的程度。這種情況對中國是非常有利的。

並且，隨着中國各方面的發展和進步，也存在着美西方企業在華本土化的可能性。資本沒有國界，商人沒有絕對的「祖國」，企業家的國籍不是核心問題。我們應當以一種更為理性的態度看待外國企業家。

除了上述技術擴散外，單邊開放格局下引入的外國資本和企業還可以為中國增加税收和就業。

就實質而言，中國不僅不應當害怕和美國競爭，而且應當敢於和美國競爭。就發展來説，現在就是要競爭誰更開放。如同歷史一而再、再而三所證明了的，更開放者一定是最後的贏家。

鄭永年　　2020 年 10 月 7 日

第十二章

警惕中美關係滑向美蘇式冷戰

中美關係現在有走向美蘇式冷戰的風險。這種風險一旦發生，中國面對的將不僅是拜登政府，甚至不僅是整個美國社會，而是整個西方世界。雖然還沒有官方人士使用「冷戰」一詞，但是「對華競爭」已經成為了美國外交的最優先事項：3 月 3 日，白宮國家安全委員公佈了《臨時國家安全戰略方針》，把中國列為八大戰略優先事項之一；同期，美國國家人工智能安全委員 (NSCAI) 發佈了《最終報告》，指出美國必須加緊與中國在尖端科技上展開競爭；更引人注目的是，印太戰略四方安全對話也從部長級會晤升格為首腦峰會。種種跡象表明，中美關係正在走向美蘇式「冷戰」。中國為了保護自身國家利益，必須避免這種狀況發生。對此，我們提出以下政策建議：(一) 高層對話應當直接回應美國關心的議題，避免自說自話；(二) 主動啟動與歐盟在新興科技方面的對話；(三) 堅持進一步深化對外開放，避免重蹈蘇聯覆轍。

一、中美關係出現「冷戰化」趨勢

1946 年 2 月 22 日，有「蘇聯通」之稱的喬治・凱南向國務院發送「長電報」。對於如何應對蘇聯，凱南認為，「美國面對的是這樣一個政治力量：它堅信與美國的妥協根本不可能，堅信為了蘇聯權利的安全必須破壞我們的社會的內部和諧，必須消滅我們賴以生存的傳統生活方式，必須摧毀我們國家在國際上的權威。」

1946 年 3 月 5 日，英國前首相丘吉爾在美國總統杜魯門的陪同下，在威斯敏斯特學院發表了著名的「鐵幕演說」。1947 年 3 月 12 日，美國杜魯門主義出台，宣告了美蘇冷戰的開始。

今天，美蘇相互不信任並進入冷戰的情況，很有可能在中美關係中上演。或者說，現在中美關係落入美蘇式冷戰的風險很高。特朗普政府在南海、貿易和科技戰上一系列的對華強硬舉措，已為拜登發動「新冷戰」做了戰略鋪墊。拜登還未上任時，就有美國外交事務專家在《外交事務》上撰寫文章，呼籲美國放棄對華接觸政策。美國已經有分析人士指出，中美之間發生冷戰的風險很大；有人甚至大膽認為，「新冷戰」已經展開了。從目前拜登政府版本的對華政策看來，拜登不僅不會改變特朗普的對華政策基礎，反而會變本加厲：拜登在上台後，旋即任命印太戰略的設計師，庫爾特・坎貝爾為「印太協調員」，進一步推進印太戰略；美國國務院在 3 月初發佈了《臨時國家安全戰略方針》，把應對中國視為美國八大優先戰略目標之一。這些文件的發佈表明，美國已經做好了對中國發動「新冷戰」的戰略準備。

拜登政府目前對中國發起的攻勢之劇烈，足以看出，美國對華強硬，不僅僅是為了滿足民粹情緒而對中國放「狠話」，而是有備而來的。事實上，美國政府在過去的幾年（甚至有可能是十幾年）裏，已經花費了大量時間和智力資源，就如何對華展開全面競爭的課題，系統地出台了一系列政策方案。美國對中美「新冷戰」的準備程度相當驚人，政策工具箱裏的選項也相當多。我們在公開資料中看到的可能只是冰山一角。

目前，中美關係「冷戰化」表現為如下幾個趨勢：

(一) 美國外交綱領強調「中國優先」

如果說特朗普的外交政策是「美國優先」，那麼拜登的外交政策可以被稱為「中國優先」。這最直接地體現在美國白宮在 3 月初發佈的《臨時國家安全戰略方針》中。《臨時國家安全戰略方針》中所有強調的重點幾乎都與中國有關。這一文件明確指出，中國是美國最大的安全威脅。儘管《臨時國家安全戰略方針》並沒有像 2017 年特朗普政府發佈的《國家安全戰略》（National Security Strategy）那樣，把中國與俄羅斯、伊朗和朝鮮並列為「修正主義國家」（revisionist state），但國務院對中國的重視程度沒有減輕，反而有了更大的提升。一方面，俄羅斯、伊朗和朝鮮被放在了相對次要的位置，另一方面，《臨時國家安全戰略方針》反覆突出中國對美國的威脅：「中國已經變得愈發具有侵略性。它是唯一一個能通過運用其經濟、外交、軍事和科技潛力對穩定和開放國際系統造成挑戰的競爭者」；「這個議程將強化我們長久以來的優勢，並允許我們在與中國等國家的競爭中勝出」；「通過恢復美國的信譽並重新樹立富有前瞻性的全球領導力，我們將確保美國，而非中國，設置國際議程……」。國務院的遣詞用句都是經過政治考慮和設計的。從中可以看出，「對華競爭」將成為拜登外交的優先事項。

國內有部分人士在看到拜登上台後，開始對中美關係感到樂觀。他們的觀點是，雖然拜登表面強硬，但他畢竟是富有外交經驗的政治家，因此，拜登的強硬對華姿態更多地是一種宣誓，而不會轉化為行動。他們樂觀地認為，拜登上台後，中美關係會出現緩和，走上和平對話的道路。

這種想法更多是一種美好的願景，而不是基於客觀分析得出的結論。特朗普在對華戰略上確實比較激進、高調。這在中美外交歷史上乃至美國外交史上都實屬罕見。但特朗普談判時擺出高壓姿態主要有兩個原因：第一，特朗普的施政重點是製造業回流和中美貿易逆差問題，因此他必須打破舊的框架，與中國進行雙邊談判。在此情況下，特朗普的談判策略是「先兵后禮」，一開始極限施壓，隨後把壓力的釋放作為討價還價的籌碼。第二，特朗普是商人出身，而且是靠着民粹主義上台的，他在內政外交上的能動用的精英資源其實非常有限。特朗普政府內部的「知華派」、「中國通」和奧巴馬相比更少。或者說，特朗普在對華問題上沒有甚麼章法，更多是靠動員非理性、民粹力量。

拜登作為建制派，的確在外交政策的制定和實施上，沒有特朗普那麼情緒化。拜登更多依賴民主黨內的精英、理性力量。然而，這不絕意味着，拜登在對華問題上會有所軟弱。恰恰相反：美國的理性力量已經形成很強的反華共識乃至反華策略；他們的力量一旦被拜登利用起來，對中國造成打擊的能力，將比特朗普強得多。美國對華態度已經不能簡單地用「鷹派」和「鴿派」來描述了。我們也不能簡單地把「反華」與「民粹主義」劃等號。或者說，在對華政策上，拜登是「精英化」的特朗普。對中國而言，拜登比特朗普更有殺傷力。

(二) 拜登政府打造亞洲「北約」和民主聯盟，形成對華「統一戰線」

拜登不僅延續了特朗普強硬的對華姿態，而且強調以四方安全對話和「民主聯盟」對中國進行施壓。美國國務院在《臨時國家安全戰略方針》提出，美國將「行動、適應、改革並擁抱一個大瞻的倡議，把志同道合的國家與非國家整合起來。」在這方面，拜登外交有的兩大動向值得關註：

第一，拜登把四方安全對話從部長級會議升格為峰會，力圖打造亞洲版本的「北約」。四方安全對話自從奧巴馬時期以來，一直就是美國制衡中國的抓手。如今它受重視的程度被進一步提升了。儘管有分析認為，四方峰會各方並沒有就如何應對中國的問題達成一致，但一個無法否認的事實是，四方安全對話的主要目標就是中國。更重要的是，如今四方安全對話能被升格為峰會，意味着很多增強四方軍事互通性的文件和軍事準備都已經就緒了。四方安全對話建立於 2004 年，原本是為應對印尼大海嘯建立的。奧巴馬上台後，為了配合「亞太再平衡」，把它打造成了一個在安全上遏制中國潛力的對話機制。此後四方安全對話雖然一度沉寂，但在南海問題激化後被再次啟動，升級為部長級會議；如今更是被升格為首腦峰會。按照這一趨勢，四方安全對話在未來從一個對話平台變成一個組織化、體制化的跨國軍事組織只是時間問題。

第二，除了鞏固與北約、日韓和澳洲等核心盟友（core alliance）的關係以外，美國會加強把印度和東盟國家這兩個「準盟友」整合到美國的聯盟體系中。首先，印度是美國目前在積極爭取的對象。拜登上台後全面繼承了特朗普的印太戰略，並以之作為對華安全政策的主要戰略抓手。其中，印度是印太戰略的主要支柱。雖然印度暫時還沒完全被整合進來，美印雙方已經在安全領域簽署了多項基礎文件。預計，美國加速整合印度的力度將愈發加快。其次，東盟國家，特別是新加坡和越南成為了美國撬動整個東盟的「支點」。這裏非常值得注意的是，新加坡和越南儘管均為東盟國家，但卻在《臨時國家安全戰略方針》中被單獨列出。原因顯而易見：第一，新加坡既是美國在印太的傳統盟友，又是在外交上連接美國與中國的「橋樑」；第二，越南作為在南海與中國爭端最為激烈的國家，是美國在南海地區安全事務上的重點扶持對象。事實上，越南不僅是 CPTPP 的成員國，也是接受美國軍事援助最頻繁的國家。近期，河內政策界已經開始討論把越美關係從「全面合作夥伴」提升為「全面戰略合作夥伴」的議題。一位越南學者認為，越南通過參與美國的盟友們一道參與印太戰略，將加強對中國的談判籌碼，特別是在南海。這種趨勢表明，如果南海矛盾進一步激化，越南很有可能成為美國印太戰略中的「棋子」。

(三) 美國將建立國際科技秩序

在對華「新冷戰」上，美國另外一個新的戰略議程是建立「國際科技秩序」。這是一個非常新穎的提法，以後恐怕會更多地出現在美國的對華政策中。例如，對於如何應對中國的問題，《臨時國家安全戰略方針》特別指出，美國除了要加強軍事和聯盟建設外，還必須要加強對華科技競爭：「許多廣泛趨勢下潛藏着的是科技革命帶來風險和機會」，這其中包括人工智能、5G 基礎建設、生物科技、量子技術等新興科技。《臨時國家安全戰略方針》本身作為一個外交指導文件，對科技部分着墨不多。但必須看到的是，拜登政府對科技的重視是前所未有的。更重要的是，美國在對華科技政策上，已經不僅僅是要求中國開放網絡了；美國出現了這麼一種冷戰式的科技思想：如果中國不開放其網絡，美國就應該對中國封閉，不讓中國進入美國乃至世界各地的網絡。冷戰思維已經影響到本來應該相對中立的網絡世界了。或者說，現在不是中國對美國樹立防火牆，而是美國對中國樹立防火牆。

美國建立國際科技秩序的決心主要體現在兩個方面：

第一，拜登的人事任命。拜登最近任命了台裔幕僚吳修銘(Tim Wu)，一位強硬的反網絡壟斷法律學者，加入白宮國家經濟委員會並擔任總統科技與競爭政策(competition policy)特別助理。吳修銘曾是奧巴馬競選時期的科技顧問，活躍於台灣民主運動和台獨運動。他還是自戴琪和趙克露之後拜登再次任命的台裔重要執政團隊成員。雖然吳修銘支持網絡開放性，但他同樣支持對中國的網絡公司和科技產品採取嚴厲手段進行封殺。在2020年8月《紐約時報》的評論中，吳修銘就對特朗普政府封殺TikTok大加讚賞，認為這「是逾期的回應，是以牙還牙，是為網絡精神而展開的漫長戰鬥。」吳修銘還認為，開放網絡只應該對尊重網絡開放性的國家開放。

第二，美國國家人工智能安全委員(NSCAI)撰寫的《最終報告》(Final Report)。該報告的研究由谷歌前董事長艾瑞克・施密特(Eric Schmidt)統籌，研究負責人包括來自微軟、谷歌、甲骨文和亞馬遜的現任高管。該報告歷時3年完成，非常系統地呈現了美國的科技冷戰、網絡冷戰思維。《最終報告》認為，人工智能是新興科技的中心節點，與許多關鍵科技相關聯，如量子計算機、5G、機器人、智能製造、生物科技、微電子和新能源。許多科技將通過人工智能的發展得到解鎖。換言之，哪個國家如果在人工智能上取得優勢，那麼那個國家將在其他相關領域獲得領先地位。基於這個判斷，《最終報告》給美國政府提出了一系列建議，力圖讓美國在對中國的全球競爭中取得優勢地位。

《最終報告》中最值得關注的，是關於「建立對美國有利的國際科技秩序」(Building a Favorable International Technology Order) 的建議，它涉及到三個主要措施，可以被概括為：「自強」、「護友」和「禦敵」。「自強」意味着強化美國自身研發尖端科技的能力，特別是保證美國在微電子（如芯片）技術上領先中國至少兩個世代。「護友」意味着對涉及到尖端科技的國際供應鏈進行保護，把尖端科技的研發、數據保存乃是出口市場，都限定在對美國有利的民主國家中。實現這一目標的手段包括發起新興科技聯盟 (Emerging Technology Coalition)，提出國際數碼民主倡議 (International Digital Democracy Initiative)，以及建立「科技十二國」聯盟 (T-12，其包括美國、日本、德國、法國、英國、加拿大、荷蘭、韓國、芬蘭、瑞典、印度、以色列、澳洲)。「禦敵」意味着抵制中國對整個尖端科技研發、生產和出口鏈條的參與。對此，《最終報告》就限制軍民兩用科技為拜登提供了一份行政命令草案。這些做法的目的是確保有關尖端技術的投資、法律和技術環境符合西方世界的標準，防止中國在新興科技領域趕超美國。

(四) 中美間公共對話機制陷入僵局

中國尚未與美國等國家發生有建設性的對話。首先，拜登上任後，美國駐華大使人選懸而未決。這種情況實際上相當於中美外交被降級。其次，中國外交也陷入被與美國進行「罵戰」的胡攪蠻纏。特朗普上台後，其執政團隊頻繁地以強硬的措辭就香港、新疆、西藏和台灣等問題對中國批判。作為回應，中國外交的措辭風格也變得嚴厲起來。當外界指責中國外交為「戰狼外交」時，一位中國外交發言人甚至回應，「為了維護國家的利益尊嚴、為了維護國際的公平與正義，就做『戰狼』又何妨」。這種措辭彰顯了中國維護國家利益和國際正義的決心，但也給了外界批評中國更多口實，強化了西方整體對於中國「恃強凌弱」、「極具侵略性」的刻板印象。最後，中美雙方的媒體界也陷入「斷交」狀態。香港問題發酵以來，西方整體對華好感迅速下降，之後接連發生了中國與西方國家相互驅逐媒體的一系列事件。總體來說，中美之間的公共對話機制現在陷入了幾乎停滯的僵局。

（五）華盛頓已經在全國和全世界形成了反華共識

拜登外交提出「中國優先」原則，建立在美國政界、美國民間和美國盟友在對華問題上的廣泛共識上。或者說，對於拜登而言，有關「如何有效制衡中國」的討論，已經成了把精英、民間和國際盟友帶到同一個「統一戰線」的跨界、跨國共識。

第一，華盛頓存在高度反華共識。拜登上台以來，內閣組閣速度緩慢，目前 23 個席位只有 13 位成員到位，被美國媒體視為史上最慢形成的內閣。與此成鮮明對比的，是拜登政府在構建中國戰略上的高效和迅速。拜登上任後，立刻為新成立的國防部中國戰略工作小組任命了 3 名成員：梅拉妮・哈特（Melanie Hart）、伊利・拉特納（Ely Ratner）、伊麗莎白・羅森伯格（Elizabeth Rosenberg）。三人都是有着學術背景，對中國事務有系統了解甚至著述頗豐的中國事務專家。另外，拜登還讓曾為奧巴馬制定「重返亞太」戰略的庫爾特・坎貝爾（Kurt Campbell）擔任印太協調員，後者被賦予了跨部門權限，專門負責協調各部門推進印太戰略的實施，以求各部門在對華問題上保持戰略一致性。事實上，拜登在處理經濟、衞生安全和移民等問題上能獲得的黨內和黨外共識都不多。但在對華問題上，民主黨和共和黨卻早已達成了一致。

第二，美國民間存在高度反華共識。由於特朗普的政治輿論操作，美國民眾對中國的好感度已經達到了歷史新低。近期蓋洛普（Gallup）公司的一項民調表明，在 2021 年，只有 20% 的美國民眾對中國有好感。這意味着，有五分之四的美國民眾對中國缺乏好感。而且，美國民眾不僅對華持負面情感，而且支持政府對華強硬。根據皮尤研究中心 2021 年 3 月的一項民調，53% 的美國受訪者支持「對中國採取強硬政策」；此外值得一提的是，有 55% 的受訪者支持「限制中國留學生在美國的學習」。在歷史上，即使是因意識形態對中國有偏見的美國民眾，一直以來對中國留學生也是很寬容、懷有好感的。促進中國學生赴美留學一直是美國長久以來的國策。但如今限制中國學生留學美國居然成了多數意見，説明美國民眾對中國厭惡的程度，可能比我們想像的更加嚴重。

第三，美國盟友存在高度反華共識。目前中國周邊國家對中國的信任度並不很高，而且許多國家都希望美國站出來，為他們與中國的對抗或競爭提供安全和外交護持。在東海，中日對釣魚台展開的爭端逐漸白熱化；在西太平洋，中國與越南、馬來西亞和澳洲等國家的關係持續緊張；在南亞，中國與印度也發生了軍事衝突。根據戰略與國際研究中心的調查，有 73.6% 的來自美國盟國的受訪者認為，他們應「共同反制中國，即使這麼做會損害他們與中國的關係」。根據另一則來自戰略與國際研究中心的調查，在歐洲國家，有 71% 的受訪者對中國持負面態度；在日本、韓國和澳洲，有 73% 的受訪者對中國持負面態度。在一些與中國有比較多領土衝突的國家中，對華厭惡的情緒已經被逐漸轉化成了安全層面的對抗行為。比如在釣魚台問題上，日本愈發對中國態度強硬。日本防衛大臣岸信夫在 2021 年 2 月 27 日就公開表明，如果中國海警以登陸為目的接近釣魚台，日本自衞隊會把此行為視作「兇惡犯罪」並可能對目標開火。這種情況恐怕會在南海重現，而且程度會更激烈。

目前，美國精英、民眾和國際盟友都期待拜登能重振美國的領導力。或者説，各界反華共識其實給了拜登政府很大的期望，即使不是壓力。拜登和其他一些與其競爭的政界人士為了爭奪輿論資源和政治支持，很有可能會更頻繁地炒作和利用美國社會既有的對華負面印象，甚至有可能導致美國政界的「反華競賽」。

二、應避免中美關係墮入美蘇式冷戰

從美國安全委員會建議建立「國際科技秩序」的説法來看，中美關係目前走向美蘇式冷戰。如果這種情況發生，中國將陷入非常不利的境地：中國需要對抗的將不僅僅是美國，而是整個由美國領導的西方。一些人認為，中美關係可以通過對話，特別是高層對話來達到緩和。但這種想法過於理想化。對話是必要的，但不是解決中美矛盾的充分條件。正如前文所述，美國已經對「新冷戰」做好了預案；不僅如此，美國在精英、民間和盟友三大層面都形成了強烈的反華共識。就算拜登不想對華強硬，其內閣、民意和盟友也會給他施加壓力，迫使其對華強硬。還有人認為，中國的制度優越，可以靠「自力更生」在冷戰中挺過去。這種想法是基於對經濟規律和技術發展規律，以及中國在過去獲得發展的根本原因沒有客觀的認識之上的。中國過去四十年取得的發展成就，是靠與世界經濟接軌，而非「自力更生」。如果中國想要進一步發展，中國需要進一步改革開放、與世界經濟體系接軌，而不是自我封閉，或者被別人封鎖。

蘇聯的失敗值得借鑑。許多人過於簡單地把蘇聯解體歸咎於意識形態問題，但蘇聯解體的根本原因在於，蘇聯經濟與世界經濟秩序是脱節的，沒有可持續性。在 1940 年代，羅斯福和摩根索（美國財政部長）一直想要把蘇聯整合到世界經濟體系中，斯大林在早期也一直希望蘇聯能夠參加世界經濟體系。但後來，斯大林陷入了對美國過度擔憂和對蘇聯過度自信的雙重誤區：一方面，斯大林擔心蘇聯加入世界經濟體系後，國際化會帶來內部政治機制的改變；另一方面，斯大林又認為，蘇聯制度是最優越的，能規避資本主義周期性危機。然而斯大林不願承認的事實是：蘇聯在 1929 至 1933 年第一個五年計劃中建立的鋼鐵廠、電機廠，基本上是依靠美國的技術轉移完成的；蘇聯戰後的工業體系也建立在西方技術轉移的基礎上。蘇聯與美國切斷關係時，貿易量僅佔全球 2% 不到。雖然蘇聯在軍工、航天科技方面取得了很大進展，但與民生息息相關的國民經濟卻走向了僵化，其造成的負面影響一直持續到現在的俄羅斯：俄羅斯作為世界上國土面積最大的國家，經濟總量僅與中國廣東省相當。

中國相對於蘇聯，其成功之處在於中國共產黨的務實精神。早在 1978 年，中國就通過改革開放，成功地與世界經濟體系接軌，並通過改善民生，有效地鞏固了自身政治制度和政黨權威。從這個角度看，任何國家的發展都依賴於參與世界經濟體系。一旦減少了與世界的交流，發展必然受到限制。中國在近四十年以來取得的成就，固然離不開中國自身的努力，但與世界經濟體系的接軌更重要。改革開放的偉大之處就在於否定了中國能「自給自足」的烏託邦幻想。只要美國等國家還是世界經濟體系的規則制定者，那中國就不可能在沒有美國的情況下參與世界經濟秩序。

如果說中國保持開放的情況下，美國依然一意孤行要與中國發生冷戰，那麼，中國就必須思考，中國想要怎麼樣的一種冷戰。冷戰不是完全斷交，而是一種大國競合的表現形式。美蘇冷戰期間，美國和蘇聯之間存在着競合；美國和德國、日本之間也存在着競合。美國蘇聯一方面搞核武器對峙和威懾，另一方面又搞核武器不擴散和軍控談判，進行危機管控合作。兩國更實現了醫療合作。美國和德國、日本儘管是盟友，但當德國和日本的經濟技術對美國構成嚴峻競爭的時候，美國也同樣打壓德國和日本。但是美蘇之間的競爭合作和美國與德國、日本之間的競爭合作顯然是兩件具有不同性質的事情。因此，中國需要回答的問題是：中國想要美蘇式的競合，還是美德、美日式的競合？顯然，美蘇式的競合，對中國是非常不利的，中國也沒有蘇聯那種野心；美德、美日式的競合，在中美之間是不可能的，因為雙方不是盟友關係，也沒有意識形態信任。中美競合必須是烈度低於美蘇，但又不同於美德的新型大國競合。

中國是有條件爭取一種新型「競合關係」的。中國的優勢是開放和市場規模。只要中國堅持開放，只要美國還是資本主義國家，那麼中美兩個經濟體之間沒有可能完全脱鈎。這是中美關係區別與美蘇關係的地方。因此，中國必須把清晰地定義「中美競合」，把它與美蘇、美德競合區分開來。

三、政策建議

在中美關係正在「冷戰化」的情況下，中國為了保護自身國家利益，必須避免與美國發生美蘇式的冷戰。基於此分析，我們提出以下幾個政策建議：

(一) 高層對話必須直接回應美國關心的議題，避免各自表述。

在四方安全對話峰會結束後，中美兩國高官將在接下來的一周裏於阿拉斯加進行會晤。對於目前處於泥沼狀態，逐步墮入冷戰狀態的中美關係而言，這是一個非常好的對話機會。但應該如何把握這一良機？關鍵在於，中國不僅必須避免自說自話，而且要對美國人真正關心的議題做直接回應和探討。美國戰略與國際研究中心中國力量項目主任葛來儀（Bonnie Glaser）在接受媒體採訪就指出，「如果中國還是認為每種交惡責任在美國，繼續老調重彈，會談將不會出現積極結果。」不管如何，中國必須避免上次夏威夷會議的覆轍，當時雙方各說各話，甚至互相指責，雙方都沒有給對方任何空間，導致了會議後的直接對抗。

結合拜登上台以來發佈的講話和政策文件，可得知拜登政府關注的問題有四個：「經濟競爭」、「軍事競爭」、「科技競爭」、「民主價值競爭」。中國應該直接對這四個主題做回應：

第一，在經濟競爭方面，中國應強調中國支持全球化、自由貿易；強調開放中國市場對美國的獲利性（profitability），着重指出中國追求發展，將進一步深化改革開放；表明樂於推動《中美雙邊投資協定》的談判進程。

第二，在軍事競爭方面，中國應該表明，台灣屬於中國的核心利益，沒有退讓空間，但同時也可以表明，中國已經注意到了美國對台灣地區問題的關切（事實上，在與楊潔篪的通話中，布林肯並沒有推翻「一個中國」政策）；在南海、東海問題上，中國可以釋放「不希望與美方在海上衝突」的信號，推動制度化危機管控機制，爭取日後簽署中美《海上事故協定》。

第三，在科技競爭方面，中國完全可以歡迎美國與中國展開良性競爭。中國有世界上數量最龐大的網民。中國比美國更需要一個有規則的、公開的、中立的互聯網。目前中國網絡管制的問題確實很難鬆動，但也不是不可以發揮一些政治想像力。比如，中美可以開始討論如何在國際互聯網上打擊網絡犯罪、濫用人工智能、濫用臉部識別和維護網絡言論秩序問題。其實在美國和歐洲，網絡空間過於開放也造成了很多問題，比如種族歧視、性騷擾和仇恨言論。絕對自由的網絡即使在美國也是有爭議的。

第四，在意識形態競爭方面，中國可以對香港、西藏和新疆問題直接回應。首先，中國在香港追求的是繁榮和穩定，反對的不是民主自由，而是暴力。中國中央政府堅持香港高度自治，擁有民主和自由；對於新疆和西藏的問題，中國願意與美國等國家開放地討論，讓國際社會對中國西藏、新疆地區的情況有更客觀的了解。

最後需要提及的是，氣候和軍控是拜登政府高度重視的問題，也是中美之間少數有較大合作空間的領域。在這兩個領域，中美應該不留餘力地合作。在氣候問題上，中方可以比較開放地讚賞美國拜登政府在氣候問題上做出的承諾，並積極地與美國共同協商減少碳排放、實現碳中和的跨國機制。軍控方面，中美之間的主要矛盾在於武器數量不對等。在美國強調科技戰的情況下，關於軍控的討論不應該拘泥於武器數量，而應該討論人工智能等新型科技對軍控帶來的變化。

(二) 主動啟動與歐盟在新興科技方面的對話。

在美國加緊對中國科技封鎖的情況下，與歐盟加強交流顯得尤為重要。中國與歐盟對話的目標在於二點。第一，通過人才和經貿交流，進一步學習來自西方先進的科學技術，鞏固中國的發展；第二，通過加深與歐洲的合作，特別是新興科技和網絡安全方面的合作，通過把握議程設置來擴展中國的國際話語空間，進而改善與美國的關係。第三，向歐盟傳遞信號：中歐關係將達成一種機制，在這種機制下，中國與歐盟相互開放，但中國不會改變歐盟的價值觀。後者兩者尤為重要，對於穩定中歐關係而言，甚至比經濟層面的合作更重要。

中歐在去年年底原則上達成了《中歐投資協議》，這無疑是中歐關係深化的里程碑。但中歐之間僅僅有投資貿易關係是不夠的。歐盟雖然與中國之間並沒有結構性矛盾，但它與美國在意識形態和軍事上依然是天然的盟友。事實上，歐盟對自己在國際關係中的定位是「規範性力量」，把中國定義為「系統性對手」。這些身份定位意味着歐盟更注重在價值與經濟利益之間取得一定的平衡。歐盟注重的價值包括：促進民主、人權、對法治的尊重等。事實上，目前歐洲對中國的擔憂主要在於價值觀問題。許多歐洲人擔心，與中國接觸過於密切的話，中國會侵蝕歐洲人的民主和法治。

歐盟對價值觀的強調，對中歐關係而言可能意味着阻礙，但也可能是機遇：如果中國能在一些敏感的領域，比如網絡安全和知識產權，與歐盟取得合作甚至是認同，那麼這不僅有利於打破美國對中國的封鎖，也會有利於扭轉中美走向美蘇式冷戰的趨勢。加強與歐洲的聯繫，一方面當然要繼續通過「一帶一路」，建設亞歐大陸的交通網絡；但是，一項更重要的工作是要通過啟動與歐盟在非經濟領域的對話，特別是在新興科技（如網絡安全）方面的對話。對此，中國需要更主動地進行議程設置。主動提出議程的目的，不是為了改變歐洲對中國的態度。相反，中國的目標是向歐盟強調，歐盟與中國的合作，不會以損害西方價值觀和生活方式為代價。中國不可能改變歐洲對中國的看法，反之亦然。

（三）堅持進一步深化對外開放，甚至是單邊開放。

蘇聯在冷戰中落敗，原因在於其自絕於世界經濟秩序。中國不能犯同樣的錯誤。因為美國仍然是軍事和科技強國，拜登會繼續在安全和科技問題上對中國加壓。從中國國家利益看，因為我們仍然處於現代化過程之中，我們必須避免與美國發生美蘇式冷戰。達成這一點的關鍵在於進一步對外開放。

這意味着兩個層面的開放。首先，中國的國內市場應該繼續對美國等國家保持開放，而且是單邊開放：即使美國、西方在一些領域對中國進行封鎖，中國也要對它們保持開放。單邊開放的意義在於為國際社會提供公共產品，防止中國脱離國際社會。全球化是一種公共產品。中國作為全世界最大的市場之一，進一步開放市場，有利於維持全球化的可持續發展。中國改革開放本身就是一種公共產品提供行為。現在中美陷入「新冷戰」的問題，其實是全球化危機的表現形式。中國通過單邊開放，可以有力補充全球化的進程，吸收來自世界各地的優質人才、資本和知識。

儘管我們強調通過自主創新來補技術短板，但我們必須在開放的狀態下進行自主創新。一個基本事實是，美國西方仍然領先各方面的技術。開放可以繼續縮短中國追趕西方技術的時間，因為只要中國處於開放狀態，西方資本不會輕易放棄中國市場；只要西方資本不放棄中國市場，中國就能源源不斷地向外部學習，產生更多創新。

其次，雖然美國對華態度劍拔弩張，中國也應該對美國保持開放態度。對於美國加入 RCEP 的可能性，中國應該予以開放的態度；對於美國回歸巴黎氣候協定、世界衞生組織等行為，中國應該在言語上提出正面肯定；美國提出以「藍點網絡」計劃對標「一帶一路」，中國也可以予以正面回應，即鼓勵美國對亞太地區的經濟發展做出貢獻。美國現在希望對中國進行科技封鎖，中國完全可以對此保持低調，並繼續鼓勵和促進中美企業、學界和科技從業者的國際交往。中國應通過單邊開放，使跨國企業、國際組織、和國際資本對中國市場和中美關係穩定預期產生依賴，建設中美關係正向反饋的渠道和路徑。

鄭永年　郭海　　2021 年 3 月 12 日

第十三章

如何回擊中國制度威脅論？

前言

近代以來，無論任何社會，一個國家的政治制度都是該國的核心制度。以中國共產黨為核心的中國政治制度是中國總體制度的核心，正如西方以民主為核心的政治制度是西方總體制度的核心一樣。再者，政治制度一旦形成，就會對社會生活的方方面面產生巨大的影響，逐漸地變成這個社會不同社會羣體生活方式的一部分。正因如此，一個國家對另一個國家政治制度的批判和攻擊往往會導致對方政府和民眾的強有力反擊。同時，向另一方闡述自身的政治制度，希望另一方理解和接受自己的政治制度，也是一個國家或社會的重要理論和傳播議程。

近代以來，西方民主國家在向外傳播和推廣自己的民主體制方面投入了巨量的人財物力。當今，隨着中國在世界的崛起，中國也理當做這方面的工作。然而，我們在這樣做的時候，應該學習如何向西方闡述和解釋我們自己的政治制度，而不是像往日的蘇聯或者冷戰之後的美國那樣使用各種方式強行地輸出自己的政治制度。蘇聯已經失敗了，而美國的實踐表明瞭如下幾點：第一，強行輸出政治制度成本極高；第二，不僅沒有明顯成功的案例，而且失敗的案例比比皆是；第三，把自己的政治制度強加給當地，破壞和解體了當地原生的政治秩序，使得當地處於無政府狀態；第四，激起當地人民的憤怒，逐漸演變成反美的力量。因此，我們在闡述中國政治制度的過程中，也要考慮到上述幾點，這也就是我們一貫強調的既不簡單地輸入外國的政治體制，也不會向外國輸出中國的政治體制的原因。

對中國政治制度的攻擊是美西方對華政策的核心。中國的政治體系今天面臨前所未有的外部挑戰。美西方把中國的政治制度描述為西方民主自由政治制度的對立面，即專制政體。「中國政治制度威脅論」已經成為西方世界中國威脅論的核心。在美國乃至整個西方世界，不僅反華的精英有這種認識，普通老百姓也同樣有這種認識。

就美國來說，特朗普時期形成了對華「外圍內分」的大戰略，即從外部圍堵中國，從內部分化中國。現在進入了拜登時代，這個大戰略不僅沒有變化，而且變本加厲。拜登上台以來，美國總統、國務院、國土安全部、國會等已經出台了系統的對華政策，而重點就是「圍剿」中國的政治制度。美國也在和其盟友針對中國積極溝通，圍繞着新疆、香港、台灣等問題繼續妖魔化中國政治制度，在政策層面進行抵制 2022 年北京冬奧會的全球性活動，也在聯合歐洲諸國的反華力量抵制中歐投資協定的批准和生效，甚至聯合制裁中國。

一些西方國家、非西方的民主國家，甚至是非民主國家，儘管在經貿和技術方面和美國有不同看法，但它們在維護自由民主的價值觀上存在共識，都聲稱「感覺」到了來自中國政治制度的「威脅」。這些國家的學術和政策研究界往往把中國一些學者對西方自由民主的批判視為中國政府在全球範圍內「推翻」西方民主制度的企圖，從而把自身的反華行為「昇華」為民主保衛戰。

但同時，美西方本身的民主政治制度也面臨着史無前例的治理危機。儘管二十世紀 80 年代以來，美西方取得了可持續的經濟發展，但因為這些國家沒有能夠有效應付全球化、技術變革等因素所帶來的衝擊，收入和財富差異加大，中產階層萎縮，社會愈來愈分化，最終導致了民粹主義的崛起。而「大眾民主」和互聯網時代的社交媒體崛起更分解了以往以「民主」名義統治社會的政治精英集團，多黨政治失去了任何共識，政黨失去了目的，執政黨為了執政而執政，反對黨為了反對而反對，多黨民主演變成了「互為否決」政治。西方治理體系的基礎是政黨政治。精英統治集團的分化使得有效治理變得不可能。這也是西方一些國家近來社會亂象頻發的政治根源。

應當指出的是，今天西方所經歷的治理危機更使得很多西方人對自己的治理制度沒有信心，而這種內部沒有自信的狀況轉而成為他們攻擊中國政治制度的有效動機。在西方對自己的治理制度具有信心的時候，他們對所謂來自中國政治制度的威脅沒有很強烈的感覺，但一旦他們對自己的治理制度沒有信心的時候，他們則傾向於渲染來自中國政治制度的威脅，甚至製造出「中國政治制度威脅論」這一「稻草人」來。而中國一些學者對西方總體自由民主制度的批判又使得西方一些人（有意無意地）把這個「稻草人」視為真人。

問題是：在這樣的情況下，我們怎麼辦？這裏至少有兩種不同的選擇。第一種就是持續目前的「痛打落水狗」方法，即繼續批判甚至攻擊西方自由民主制度。可以預見，從目前西方的動員狀態來說，西方對中國政治制度的攻擊不會停止，甚至會出現不斷升級的情況。而中國知識分子的民族主義情緒也在高漲之中，並且因為中國改革開放以來的成功，年輕一代對中國的崛起具有一種天然自發的驕傲感，因此一旦遇到西方對我們的批評和妖魔化，往往以以牙還牙的方式回擊西方。結果就是互相的「妖魔化」。實際上，在很大程度上説，中國和西方在話語權上已經陷入了一種惡性循環。也就是説，雙方的相互妖魔化，不僅沒有達成在全球範圍內使任何一方軟實力增加的結果，反而正在減少雙方的軟實力。也就是説，中國和西方民眾各自對自己的政治制度的認同感都有增加，但對對方政治制度的認同感都在大大降低。這也是目前中國和西方民眾趨向互相敵視局面形成的原因所在。在這樣的情況下，中國和西方各自政府即使想改變日益惡化的外交現狀也變得極其困難。

除非我們認同「宿命論」，即認為中國和西方的最終衝突不可避免，否則我們還是需要花大力氣改變這種惡性循環，避免「宿命論」。歷史是開放的，有着很多的選擇路徑，任何形式的「宿命論」都不足取。儘管面臨西方施加的壓力，我們需要進行外部鬥爭，但我們必須理性地考量我們的鬥爭方式。我們的目標是讓更多的人理解和認同我們的政治制度，而不是仇視我們的政治制度。這麼多年來，我們為甚麼那麼強調向世界解釋中國，「講好中國故事」，就是為了在國際舞台上增加和提升我們的軟實力。這樣做不是軟弱，更不是投降。從戰略層面來説，這是關係到我國的現代化能否持續的重要問題。近代以來，中國的現代化進程幾次因為外在環境的惡化而被迫中斷。今天，西方反華力量攻擊我們的政治制度的最終目標並沒有多少變化，還是企圖再次中斷我們的現代化進程。

在這方面，我們對己對人都必須持十足的現實主義態度，來不得半點馬虎。我們絕對不能輕視和低估美西方力量對中國政治制度的圍堵。近代以來，西方已經發動了數次伴隨新意識形態產生而起的對非西方政治制度的圍堵。第一次大規模的圍堵是在西方內部圍堵馬克思主義。馬克思主義是對西方民主制度的反叛，馬克思主義作為一種意識形態也是歐洲社會主義運動的有機部分。社會主義運動產生在歐洲資本主義內部，被視為內部敵人。西方各國資本團結起來，一致圍堵由馬克思主義產生的社會主義制度。最終，西方資本通過妥協的方式取得了內部的成功，那就是資本主義從原始資本主義轉型成為福利資本主義。第二次是西方資本從外部圍堵蘇聯。蘇聯模式產生在西方之外，是馬克思主義的直接應用。蘇聯成功之後，西方諸國幾度圍堵蘇聯。通過漫長的半個世紀的冷戰，最終西方資本主義也戰勝了蘇聯，解體了蘇聯。而對那些被西方視為「敵對勢力」的較小國家，西方更是赤裸裸地動輒使用武力來解決問題。

中國已經成功地發展出了自己的政治制度模式，既不屬於西方模式，也不屬於蘇聯那樣的模式。更為重要的是，儘管我們把自己的政治制度界定為「另一種制度選擇」，但我們並沒有任何意圖來挑戰西方政治體制，更不用說是要取代西方政治制度了。西方把中國政治制度視為西方的「對立面」，視為需要西方對抗的戰略目標。如果我們不能破解西方這個戰略目標，那麼我們就避免不了被西方圍堵。

在這方面，我們存在着第二種選擇，即我們的重點不是批判西方政治制度，更非毫無邊界地和西方互相妖魔化。我們的重點應當是正面敍述和解釋自己的政治制度。

正面敍述我們的政治制度也是我們內部的需要。今年是中國共產黨成立 100 周年，在這 100 年裏，中國共產黨本身也發生了很大的變化。儘管我們強調保留革命的「初心」，但中國共產黨早已經從革命黨成功轉型成為執政黨，並且是唯一的執政黨。在這個背景下，強調「初心」就是為了長期執政。即使改革開放以來，執政黨及其政府也發生了巨大的變化。因此我們需要與時俱進，重新考量很多舊的表述。基本上，新的表述需要同時做到三個維度：第一，和自己的歷史接軌（如「初心」）；第二，和自己的未來接軌（如「使命性」）；第三，和世界大趨勢接軌（追求我們認為具有普世性的價值）。

實際上，西方所經歷着的治理危機也是我們敍述中國政治制度的一次有效機會，我們完全可以通過和西方政治制度的比較來論述中國政治制度。一方面，我們需要直面西方所提出的問題，例如西方指責我們的「專制」、「極權」、「權威主義」和「個人獨裁」等，我們就要回答：我們為甚麼不是西方所指責的這些？另一方面，我們要直接回答我們到底是甚麼樣的政治制度。在和西方的比較中，我們需要強調我們政治制度的一整套邏輯，包括：開放的一黨制、內部多元主義、協商民主、參與民主、內部三權（決策、執行和監察）的分工與合作等。如果回歸這些一直存在於我們政治制度運作背後的基本事實，並且根據這些基本事實講清楚中國政治制度的運作邏輯和理性，那麼就能確立我們的政治制度話語。

我們相信，第二種選擇要比第一種簡單地互相叫罵和妖魔化會有效得多。第二種選擇就是從和西方的政治制度話語的對話和鬥爭中確立我們的政治制度話語權。

一、美西方對中國政治制度的圍堵

美西方國家對中國政治制度的敵視由來已久。1949 年中華人民共和國成立之後，以美國為首的西方就長期圍堵以中國共產黨為核心的政治體制。這種情況直到中美建交才改變。中國改革開放之後，美國相信中國的改革開放政策最終會促成中國的政治體制演變成為西方那樣的民主制度。但是，經過數十年的改革開放，中國的政治體制不僅沒有演變成為美國所預期的西方政治體制，反而愈來愈「中國化」，即體現中國文明的特色。在過去的數十年裏，中國政治制度與時俱進，在推動國家實現了可持續的經濟發展和可持續的社會穩定的同時也實現了自身的可持續發展。不僅如此，中國的政治制度逐漸產生了國際影響力，成為很多發展中國家學習和參考的制度選擇。我們自己也提出「另一種制度選擇」的概念。中國政治制度的強勢崛起和西方民主所經歷的困局直接導致了「中國政治制度威脅論」在西方的崛起，而圍堵中國政治制度也自然成為以美國為首的西方對華政策的重中之重。

(一) 美國視中國政治制度為敵

在特朗普時代，美國不僅通過結成「世界隊」從外部圍堵中國，更形成和實施所謂的「四分」政策從內部分化中國。第一，美國把中國共產黨和中國人民分化開來，把矛頭指向中國共產黨。美國情報機構加強調查、監視具有中國共產黨黨員身份的赴美訪問的中國公民，也揚言不給中共黨員簽發美國旅行證件。第二，美國把中國共產黨和其領導集團分化開來，把矛頭直接對準最高層。針對我們的新疆和香港政策，美國已經對相關中國領導人和官員進行「制裁」。近來以美國前高官名義由美國著名智庫大西洋理事會（The Atlantic Council）發表的《更長的電報》（Longer Telegram）就把矛頭對準中共最高領導層，認為所有的錯誤應當由中共最高領導層來承擔，而非整個中國共產黨。不過，美國強硬派堅持把責任歸給中國共產黨體制，認為所有結果都是由這個體制造成的。第三，美國把漢族和少數民族分化開來，利用新疆、西藏和內蒙古等問題，把中國的民族政策妖魔化為「種族滅絕」、「民族文化滅絕」政策。第四，美國還試圖把「中」與「華」分化開來。美國把大陸視為「中」，把中國香港和台灣地區、新加坡和其他各國的海外華僑稱為「華」，或者「英華」，即接受英美教育和西方價值觀的華人。美國（和其他一些西方國家）在香港問題上投入了大量的人財物力，這是香港亂局可以持續那麼長時間的一個主要原因。現在因為我們就香港問題推出了《國安法》，美國正在把陣地轉移到台灣地區和新加坡。此外，美國政府在決策上破天荒地起用在美工作的反共力量，余茂春就是一個典型的例子。

儘管拜登上台之後一直針對特朗普的政策進行「撥亂反正」，但在對華政策上，拜登不僅承繼了特朗普路線，而且變本加厲。再者，與特朗普的「退羣」不同，拜登政府再次強調盟友政策和關係，美國的盟友也開始再次靠攏美國，跟着美國走。例如，歐盟最近也跟隨美國就新疆問題對中國官員進行制裁；日本一改此前比較「獨立」的姿態，在應對中國方面與美國步調高度一致。

拜登今年 2 月 4 日在國務院發表他首場外交政策演說時說，中國是美國最嚴峻的競爭者，給美國的繁榮、安全和民主價值都帶來了直接挑戰。拜登說，「我們將直面中國的經濟惡行，反制其咄咄逼人、脅迫性的行為，回應中國對人權、知識產權和全球治理的攻擊」。不過，拜登也說，「我們做好了準備，在符合美國利益時與北京共事」。很顯然，儘管拜登較特朗普更為理性一些，但在中國問題上，拜登較特朗普更進一步。特朗普更多的是強調中國對美國經濟方面的「威脅」，但拜登所指的中國「威脅」涵蓋了經濟（「繁榮」）、國家安全（「安全」）和政治（「民主價值」）。

2 月 19 日，拜登受邀參加慕尼黑安全會議並發表講話，在強調捍衛西方民主的重要性的同時攻擊中國。拜登指出，「在許多地方，包括歐洲和美國，民主進步正受到攻擊」；「我全身心地相信民主將而且必須獲勝。我們必須證明，在這個不斷變化的世界上，民主政體仍然能夠為我們的人民服務。在我看來，這是我們振奮人心的使命」；「民主不是偶然發生的，我們必須捍衛它，為之奮鬥。我們必須捍衛它、爭取它、加強它、更新它。我們必須證明，我們的模式不是我們歷史的遺跡，而是振興我們未來承諾的唯一最佳途徑。如果我們與我們的民主夥伴共同努力，充滿力量和信心，我們就能迎接每一個挑戰，並超越每一個挑戰者」。

拜登接着針對中國說，「我們必須共同為與中國的長期戰略競爭做好準備。美國、歐洲和亞洲如何共同努力，確保和平，捍衛我們共同的價值觀，推動我們在太平洋地區的繁榮，將是我們所做的最有影響的事情之一。與中國的競爭將是激烈的，但這是我所期待的，也是我所歡迎的，因為我相信歐洲和美國以及我們在印度洋—太平洋地區的盟友們在過去 70 年裏努力建立的全球體系」。拜登指出，「我們必須回擊中國政府破壞國際經濟體系基礎的經濟濫用和脅迫行為。每個人都必須遵守同樣的規則。美國和歐洲的公司必須公開披露公司治理，遵守規則，以阻止腐敗和壟斷行為。中國公司也應該遵循同樣的標準。我們必須塑造網絡空間、人工智能、生物技術的技術進步和行為規範的規則，讓它們用來提升人，而不是用來壓制人。我們必須捍衛民主價值，使我們有可能實現這些目標，反擊那些將壟斷和鎮壓正常化的人」。

3 月 25 日，拜登在上任後首場總統新聞記者會上強調，今天的世界是民主跟專制政體之間的對抗。他表示將重建全球的民主聯盟，以確保美國在同中國的對抗中獲勝。拜登再次強調儘管美國無意與中國發生衝突，但在香港及新疆等問題上永遠不會退縮，而會敢於表態，向中國重申美國重視自由和人權的價值。

美國國務卿布林肯則視中國為「二十一世紀最大的政治挑戰」。在今年 3 月 3 日首場外交政策演說時，布林肯表示，許多國家都對美國構成嚴重挑戰，包括俄羅斯、伊朗及朝鮮，美國也有很多必須處理的嚴重危機，包括也門、埃塞俄比亞與緬甸危機，「但中國帶來的挑戰不同」。他解釋道：「中國是唯一具備足夠經濟、外交、軍事與科技實力，能嚴重挑戰現行穩定開放國際體系的國家，挑戰讓世界照我們所希望的方式運轉、符合美國人民利益且反映他們價值的所有規則、價值與國際關係。」布林肯說，因為中國是「二十一世紀最大地緣政治考驗」，中國是唯一被他列入優先工作的國家。他說，「美中關係會在該競爭時競爭，能合作時合作，必須敵對時敵對。其中共同點是美國都須以強而有力的立場應對中國，而這要靠與夥伴盟友合作，而非貶低、批評他們，因為眾人力量會讓北京更難以忽視」。布林肯也在各種場合猛烈批評中國。在接受英國廣播公司（BBC）訪問時，他批評中國拒絕公開新冠肺炎疫情源頭資訊，並譴責中國不受理 BBC 的境內廣播申請，形容中國為「世界上最不開放的國家之一」。

從拜登本人、白宮發言人普薩基、國務卿布林肯、國家安全顧問沙利文、國防部長奧斯汀、國家情報總監海恩斯以及政府其他高級官員迄今為止的各種政策表述看，有兩點是非常清楚的。第一，拜登政府採納了與中國「競爭」的總體框架。拜登甚至使用了「極端競爭」一詞，並在他首次外交政策演講中將中國稱作「我們最嚴峻的競爭對手」。第二，拜登政府把中國的「不可接受的外交行為」和中國的政治制度聯繫起來。正因為這樣，拜登政府強調，拜登團隊不僅將對中國採取以價值觀為導向的政策，對俄羅斯和其他專制政權也將採取同樣的政策。長期以來，美國民主黨在外交政策上有兩大主要陣營——「價值觀優先」陣營和「實用政治」陣營，而拜登政府則是由前一派陣營主導的，其政府內幾名負責中國事務的高級官員都有強大的在非政府組織從事人權和民主促進工作的背景。實際上，布林肯在 2 月 5 日與楊潔篪的電話交談中，就表示明瞭其以價值觀為中心的關注重點。拜登本人在 2 月 10 日與習近平主席的通話中也特別強調了香港、西藏和新疆問題。

更需要我們重視的是，美國的政策研究機構也在加緊研究如何利用中國政治制度的「固有弱點」本身來擊敗中國，就如美蘇冷戰期間美國利用蘇聯體制的「固有弱點」擊敗了蘇聯一樣。這一點《紐約時報》的一篇文章說得非常清楚。《紐約時報》於今年 3 月 30 日發表了一篇題為《美國如何贏得與中國冷戰？》的文章。作者指出，「在第一次冷戰中，美國和盟國擁有針對蘇聯及其衛星的秘密武器。它既不來自中情局 (CIA)，也不來自國防高級研究計劃局 (DARPA) 或者洛斯阿拉莫斯的武器實驗室。這個秘密武器是共產主義。共產主義之所以幫助了西方，是因為它使蘇聯背負了一個無法運作、不受歡迎的經濟體系，無法跟上自由市場對手的步伐」。蘇聯的制度因素「解釋了為甚麼一個擁有成千上萬個核彈頭的政權會退出歷史舞台」。

文章說，「現在我們正進入第二次冷戰，這次的對手是中國。這個結論來自本月在安克雷奇舉行的中美高層會議，雙方明確表示，他們不僅有利益衝突，而且還有不相容的價值觀。國務卿安東尼・布林肯直斥中國威脅『維護全球穩定的基於規則的秩序』。中國最高外交官楊潔篪回答說，美國必須『停止在世界其他地方推進自己的民主』」。

「幾天後，中國和伊朗簽署了一項為期 25 年、價值 4000 億美元的戰略協議，其中包括有關聯合武器開發和情報共享的條款，挑戰了美國主導的『基於規則的秩序』—— 很難有比這更直接的交鋒了。因此，值得思考的是，這一次我們的秘密武器可能是甚麼，如果有的話。」

作者接着說，美國的秘密武器「並非像貿易制裁或海軍實力這種我們可以施加給中國的外在優勢，而是該政權無法擺脱的內在劣勢，因為它是該政權與生俱來的部分。這樣的候選武器我想到三個，包括：(1) 民族主義；(2) 個人崇拜政治；(3) 中國正在進行的不斷擴大的運動，目的是規範、監督和控制民眾」。作者認為，所有這些正是中國的體制「與生俱來的弱點」。

作者最後說，「當我們想像如何給第二次冷戰帶來和平的結局時，思考中國的政權會如何自取滅亡是有幫助的」。

(二) 對美國社會和其他西方國家的影響

美國大張旗鼓地宣揚「中國政治制度威脅論」，在美國民眾中滋生了激烈的反華情緒。近期蓋洛普 (Gallup) 公司的一項民調表明，在 2021 年，只有 20% 的美國民眾對中國有好感。這意味着，有五分之四的美國民眾對中國缺乏好感。而且，美國民眾不僅對華持負面情感，而且支持政府對華強硬。根據皮尤研究中心 2021 年 3 月的一項民調，53% 的美國受訪者支持「對中國採取強硬政策」；此外值得一提的是，有 55% 的受訪者支持「限制中國留學生在美國的學習」。在歷史上，即使是因意識形態對中國有偏見的美國民眾，一直以來對中國留學生也是很寬容、懷有好感的。促進中國學生赴美留學一直是美國長久以來的國策。但如今限制中國學生留學美國居然成了多數意見，説明美國民眾對中國厭惡的程度，可能比我們想像的更加嚴重。

同樣嚴重的是，在美國的鼓動下，愈來愈多的西方政治人物對中國的政治制度持惡意態度，很多西方國家的民眾也開始認為中國的政治制度對西方的自由民主制度構成了威脅。加拿大最近的一項民意調查顯示，超過一半國民視中國為最大安全威脅；大部分人更認為，一場涉及共產主義國家的全球消耗戰已經展開，這些國家正以不同方式，擾亂和破壞其他國家的主權和政治制度。

加拿大民意調查機構 Maru 最近的一項民意調查結果顯示，52% 受訪者視中國為最大安全威脅，其次是俄羅斯（42%）、朝鮮（39%）和伊朗（33%）。另外 55% 受訪者認為，一場與共產主義國家的「全球消耗戰」已經展開，並且造成數以千萬計的人死亡，這些共產主義國家正利用各種活動，破壞其他國家的主權和政治制度。

和許多對中國經濟具有依賴性的小國一樣，愛爾蘭以往一直在儘量避免在敏感問題上與中國公開唱反調。但現在，一些愛爾蘭人認為，因為中國在試圖「推翻」西方民主秩序，愛爾蘭可能被迫對華採取更強硬的立場。今年 2 月底，愛爾蘭的四名議員加入了「對華政策跨國議會聯盟」(IPAC),這個跨國議會聯盟旨在協調各國對中國採取強硬態度,以維護民主國家政治制度不受中國的「侵蝕」。愛爾蘭共和黨參議員伯恩(Malcolm Byrne)在採訪中說:「愛爾蘭希望與中國進行貿易。但北京在對待維吾爾族、西藏、香港的方法上是錯誤的。我們不能對中共日益嚴重的侵犯人權和法治的行為視而不見。」

今年3月19日,以中立著稱的歐洲國家瑞士公佈了首份「中國戰略」文件,強調在人權問題上與中國有不同價值觀。瑞士政府同日發表聲明表示,中國近年來發展迅速,在經濟和政治上成為一支重要的國際力量。而中國是瑞士的第三大貿易夥伴。然而,兩國間也存在價值觀的明顯差異。因此,確保對華政策清晰一致至關重要。瑞士承認,新的中國戰略是當局「對目前地緣政治發展做出的回應」,「大國之間日趨激烈的競爭以及中國和美國的兩極分化都不符合瑞士的利益」。

瑞士的對華政策基於三個原則:(1)瑞士尋求獨立的對華政策,把中國視為外交重點國家之一,「捍衛瑞士的基本價值觀」。(2)主張將中國納入自由的國際秩序,共同應對全球挑戰。只要能帶來附加值,瑞士將與志同道合的夥伴更密切協調。(3)在和平與安全方面,瑞士向中國明確表示,「尊重個人基本權利必須是兩國關係的核心內容,在所有雙邊和多邊場合都必須始終如一地提及人權問題」。

歐洲評論家普遍認為,瑞士出台首份對華政策表明這個傳統的「中立」國家也有意選邊站隊了。實際上,人權問題在中美、中英、中澳之間引發尖銳矛盾之後,最近也成為中國與歐盟關係緊張的主要原因。3月22日,歐盟30年來第一次就維吾爾族的人權問題宣佈對中國實施制裁。而歐洲議會對中國反對歐盟所採取的應對措施感到不滿，中歐投資協定在歐洲議會的批准可能受到影響。

(三) 惡化台灣問題

台灣問題在特朗普時期已經大大惡化。拜登上台之後，台灣問題還在繼續惡化。但一個值得注意的大趨勢是美國在花大力氣把台灣塑造成一個「強健的民主」，並使台灣以這一身份參與國際事務，至少是「民主陣營」的國際事務。這勢必大大惡化兩岸關係。美國國務卿布林肯 3 月 10 日在眾議院一場聽證會上強調台灣是一個「強健的民主」，並承諾將邀請台灣參加由美國籌辦的民主峰會。布林肯在眾議院外委會針對「拜登政府外交政策優先事項」舉行的聽證會上，答覆加州聯邦眾議員金映玉（Kim Young）關於台灣的提問時做出正面回應。金映玉要求拜登政府就是否支持台灣參與世界衞生組織、邀請台灣參加民主峰會及展開美台自貿協定談判等議題表態。民主峰會是拜登在競選時期提出的倡議，他 2020 年在《外交事務》期刊發文說，將在當選就任後一年內舉行全球民主峰會，以更新自由世界國家的精神及共同目的。他說，這個民主峰會「將把世界民主國家匯聚一堂，強化我們的民主體制，誠實地對抗那些正在倒退的國家並凝聚出一個共同的議程」。美國如果在這方面找到突破口，那麼對中國大陸來說無疑是一個嚴峻的挑戰，因為我們在台灣問題上沒有任何妥協的空間。

拜登政府已經把多位美籍台灣人納入政府，包括管理美國之音（VOA）等媒體的國際媒體署（USAGM）代理執行長趙克露，貿易代表戴琪和白宮國家經濟委員會、總統科技與競爭政策

（competition policy）特別助理吳修銘（Tim Wu）。這些任命既表明拜登政府對台灣的重視，更表明拜登政府想利用這些人的「知華」來應付中國大陸。這些人尤其是吳修銘一直持「台獨」立場。

（四）抵制 2022 年北京冬奧會

距離預定 2022 年 2 月 4 日開幕的北京冬奧會僅剩不到一年時間。在中國政府積極進行各項籌備工作時，一些西方國家的非政府組織、黨派和政治人物也在積聚反華力量抵制冬奧會。而「中國政治制度威脅論」成為這些反華力量抵制冬奧會的一個有效工具或者抓手。儘管反華力量經常利用所謂的「新疆問題」來妖魔化中國，但歸根結底他們指向的是中國共產黨領導下的政治體制。從目前情況看，這些反華力量提倡的方法有如下三種。

第一，直接抵制。今年年初，一個由 180 個國際人權團體（包括世界維吾爾大會、國際西藏連線等反華組織）組成的聯盟針對 2022 年北京冬奧會發表公開信，呼籲世界各國領導人因中國的人權記錄而抵制 2022 年北京冬奧會。同一時間，7 名美國參議員提出一項議案，希望國際奧委會重新選擇 2022 年冬奧會主辦國。牽頭議案的美國佛羅里達州參議員斯科特（Rick Scott）在聲明中說：「中國正在對新疆的維吾爾族人進行種族滅絕，限製香港人的人權，並威脅台灣。我們不應該允許中共在舉辦 2022 年冬季奧運會的同時，又在新疆建集中營，侵犯人權，並系統性地壓迫香港人民。」

第二，改變冬奧會舉辦國。美國佛羅里達州的共和黨聯邦眾議員華爾茲（Michael Waltz）今年 2 月 17 日呼籲國際奧委會應立刻「轉移」在 2022 年舉行的北京冬季奧運會，稱如果不改變舉辦地點的話，拜登政府應抵制比賽，作為對中國政府侵犯人權的回應。華爾茲是眾議院軍事委員會成員，同時也是眾議院中國工作組的成員。他說：「我希望拜登政府，如果他們認真對待人權，認真看待自由，無論是宗教自由、集會自由還是言論自由等我們憲法所保護的權利，他們就應該在自由的問題上有明確的立場，在香港、西藏、中國西部地區的維吾爾族人的自由問題上以及對全球死於新冠病毒的 200 萬人採取明確立場。我們必須與我們的價值觀保持一致。」

第三，經濟抵制。美國共和黨國會參議員羅姆尼（Mitt Romney）在《紐約時報》發表文章指出，美國應讓運動員出征明年北京冬奧會，但可在經濟及外交層面拉攏盟國進行杯葛。他倡議除運動員外，所有美國人包括官員應集體拒絕前往北京觀賽；美國電視台播放北京冬奧會時，亦應限制播放含有「中國沙文主義」的元素。

羅姆尼表示，中國背棄承諾收回香港自治權，暴力鎮壓和平示威者，又在新疆對維吾爾族人進行種族滅絕；即使一般漢族公民，也不享有資訊自由，遭大規模監控，記者被監禁；亦有人因出席宗教活動或發表異見而遭懲罰，「中國值得我們予以譴責」。

羅姆尼認同中國在中共統治下，不應舉辦冬奧會，明白提出美國杯葛冬奧會的理由，但他認為禁止美國選手出賽，並非應對問題的正確答案，「當我協助籌辦 2002 年鹽湖城冬奧會時，我了解到我們的選手及其家人，為奧運會付出極大犧牲。假如要求這幾百名年輕美國運動員，代表我們（對中國）提出抗議，這對他們不公平」。他指出，美國 1980 年曾杯葛莫斯科冬奧會，結果蘇聯沒有改變惡行，反而奪得更多獎牌，令美國運動員奪標夢碎，這說明由運動員杯葛冬奧會，並非向外國政府施壓的有效方法。他認為，冬奧會不單是中國展示國力的平台，也是展示美國和普世價值的平台，美國杯葛冬奧會可能帶來反效果。羅姆尼因此認為，美國健兒應繼續出戰北京冬奧會，但美國可以在經濟及外交上予以杯葛，「除了運動員、教練及其家人，所有美國觀眾應留在家中，拒絕在酒店、餐飲及入場券上，為中國共產黨帶來龐大收入」。他指出，美國企業過去一般會邀請顧客和僱員出席奧運會，明年應停止有關做法，改為全體留在美國觀賽。羅姆尼指出，政府方面，過去美國會派正式外交官員及白宮官員出席冬奧會；面對北京冬奧會，可改為邀請中國異見人士、宗教領袖及少數民族，代表美國出席。

為了阻止中國透過冬奧會作政治宣傳，羅姆尼提出與直播北京冬奧會的美國全國廣播公司（NBC）合作，限制播放開幕式及閉幕式內含有的「中國沙文主義」的元素，同時講解中國「暴行」。他亦認為美國應拉攏盟國，一同在經濟上杯葛北京冬奧會。

美國反華政治力量的壓力也影響到拜登行政當局。儘管拜登政府否認外界有關美國和盟友協商共同抵制北京冬奧會的傳聞，但我們可以相信美國和盟友的共同抵制是美國的選項之一。

更早些時候（2020 年 10 月），英國外交大臣藍韜文也表示不排除抵制 2022 年北京冬奧會的可能。

二、美國內部和美國—西方之間的分化可能

儘管美國聯合其他西方國家攻擊中國政治體制，但也應當意識到，美國本身及美國與西方並非鐵板一塊。我們從正面敍述中

國政治制度的其中一個目標就是分化甚至改變美國內部或者西方世界對中國政治制度的認知。而這種分化和改變是有經濟社會基礎的。

首先，美國內部存在着分化，那就是為了民主還是為了經濟利益。如果為了民主，那麼企業和企業家就會站在美國政府的立場上，和政府合作來反對中國的政治體制；但如果為了經濟利益，那麼企業和美國政府就很難相向而行。

例如，就在美國政府警告防範中國竊取美國人工智能機密的同時，一項最新民調顯示，多數美國科技產業工作人員支持與中國合作，結束美中科技行業的緊張對峙。美國科技媒體 Protocol 在 2021 年 3 月 15 日發佈一份對美國科技行業從業人員的問卷調查結果，調查顯示，56% 的受訪者認為美國對中國科技公司限制過頭，60% 的受訪者支持與中國科技公司進行更緊密的合作，58% 的受訪者認為美中冷戰可能會削弱美國科技產業。不過，在華為問題上，46% 的受訪者認為美國該封禁華為。美國科技界對中國科技業這一相對友好的態度與美國民眾對中國日益警惕的態度形成了對比。

同時，美國在團結其盟友一致對付中國方面也並非容易，而是面臨嚴峻考驗。拜登上台以來，他與國務卿布林肯和其他高官與一些國家的同級別官員進行了數十次通話和會議，這些通話和會議反覆出現的話題是如何處理中國問題。美國《華爾街日報》3 月 5 日引述美國政府官員的透露稱，拜登政府對日本、印度和澳洲等國家表示支持，因為這些國家都與中國存在領土和其他糾紛。另外，美國還試圖籠絡那些目前把中國視為主要貿易夥伴的歐洲國家。這一行動已初見成效，包括延長了駐日美軍協議，以及與韓國接近達成類似的協議。

但在呼籲盟國合作應對中國的同時，拜登政府也不得不顧及盟國對中國以外問題的關切。日本外相茂木敏充（Toshimitsu Motegi）說，對最近的緬甸政變的討論在他與布林肯40分鐘的通話中佔了大部分時間。茂木敏充說，美方保證，日本在緬甸的投資不會因美國對緬甸將軍的制裁而受損。

拜登政府負責對華政策的官員稱，要獲得其他國家的支持，就有必要考慮這些國家的利益。「我們要時刻謹記，我們的一些盟友和夥伴有很多與我們一致的利益，也有一些不太一樣的地方，」這位官員說，近年來，中國在世界舞台上「尋求填補美國缺席造成的真空」，因此，美國的重新參與「能夠幫助對抗中國試圖在整個國際體系注入的一些完全反民主的標準和價值觀」。

拜登在慕安會上呼籲民主國家攜手對抗中俄等威權體制，但《南德意志報》指出，雖然拜登的願景美好，但西方國家對新的世界秩序尚未做好準備。《慕尼黑水星報》則提問道：面對中國，應該有多少合作及對抗才合適？

《南德意志報》在題為《毫無章法的西方國家》（Planlos im Westen）的評論中指出，美國總統拜登爭取全球領導地位，但中國正在超趕，而西方國家尚未對新的世界秩序做好準備。作者寫道，在特朗普任期內以及奧巴馬猶豫不決的執政風格下，西方國家首先退居防守狀態，接着又陷入分歧。如今西方國家缺乏共同目標，以及實現目標的力量和決心。

評論認為，中國在過去幾年奠定了拓展地緣政治的基礎，遲早會與西方體制發生碰撞。「這種敵對競爭是否能得到控制，不是由拜登總統獨自決定的，而是取決於西方國家整體的信譽。」

《慕尼黑水星報》則發表了題為《西方畏懼中國：拜登和默克爾發出警告 —— 是否該捐贈疫苗？》的文章，認為儘管美國和歐洲利用慕尼黑安全會議召開之機，共同強調捍衛民主的重要性，但雙方在中國政策上的拉鋸仍在持續。拜登在視頻演説中呼籲民主國家聯手對抗中俄等制度性競爭對手。他認為，只要各國合作，民主就能運作。會上也討論到如何重新贏回過去忽視或放棄的領域，例如以捐贈疫苗的方式，應對中俄在非洲的「疫苗外交」。

但文章馬上就提出疑問：面對中國，需要多少合作，又該有多少對抗？「自拜登上台後，美國和歐洲便就共同的中國路線進行拉鋸 —— 其中最主要的問題是：應該有多少合作才正確？在美中陷入貿易糾紛之際，歐洲卻與中國展開經濟合作。2020 年，中國超越美國成為歐洲最大貿易夥伴；同年底，布魯塞爾不顧拜登的建議，與北京達成了投資協議。」即使拜登本人，「在慕尼黑安全會議上也表示，有必要與中國合作。進步的好處應該惠及所有人，而不是少數人。拜登在 2021 年 2 月初的演説中曾強調，在符合美國利益的前提下，他做好（與中國）合作的準備」。

三、世界範圍內的治理危機及其根源

今天，在世界範圍內，愈來愈多的國家正深陷治理危機。從歐洲、美國和很多非西方的發展中國家的政治現狀及其發展趨勢來看，在權力頂層上，已經在世界範圍內發生着一種可以稱之為「核心危機」（或者「首腦危機」）的現象，無論為各國國內政治還是國際政治都帶來了巨大的不確定性。而「核心危機」的核心便是政黨危機。近代以來，幾乎在所有可以稱之為「現代的」國家，政黨無一不是政治生活的核心。儘管政黨之外的各種社會力量尤其是非政府組織也在成長，但政黨仍然是各國的政治主體。政黨組織社會，凝聚共識，產生領袖，治理國家。但今天，在所有這些方面政黨都出現了嚴重的問題，政治危機也隨即產生。更嚴重的是，這種危機不僅存在於發達的西方，而且也存在於發展中的非西方。

(一) 西方的治理危機

在西方，今天的治理危機和民主政治密切相關，甚至可以說是西方民主政治的直接產物。當然，核心危機並不是說今天西方各國沒有了核心，而是說西方所產生的核心沒有能力履行人民所期待的職責和發揮作用。今天西方的政治核心或者統治集團至少表現為如下幾類。

第一，庸人政治。民主制度所設想的是要選舉出「出類拔萃之輩」成為一個國家的領袖或者領袖集團，但現在所選舉出來的領袖很難說甚至可以說絕非是最優秀的。退一步言，如果說所選舉出來的政治人物是否「優秀」很難判斷，那麼從經驗上看，這些被選舉出來的領袖沒有多少是有所作為的。再者，即使這些政治人物想作為，實際上也很難有所作為。這或許是因為領袖個人的能力之故，或許是因為領袖所面臨的制約過多之故。不管是甚麼原因，結果都是一樣的。人們看到的是，民粹主義式的、不負責任的領袖愈來愈多。最明顯的行為就是領袖們動不動就進行公投，用公投方式來解決政治人物本身解決不了的問題。近代西方代議制產生的原因在於，在大而複雜的社會，公民行使直接民主不可能，因此公民選舉出他們的代表並讓這些代表來行使權力。

這些代表也就是人們日常所說的政治精英或者統治精英。在近代以來的大多數時間裏，代議制民主運作良好。不過，代議制民主運作良好的一個前提條件就是「精英民主」，也就是說，民主只是少數人的事情。在今天大眾民主（即「一人一票」民主）的時代，當這些「代表」之間達成不了政治和政策共識的時候，政治和政策之爭最終演變成了黨爭，領袖們在面臨這種情況時不負責任地訴諸公投，把本來自己有責任決定的事情簡單地交付給老百姓決定。這樣，間接民主就轉變成為直接民主。就其形式來說，公投的確是直接民主的最直接表現，也就是最「民主」的，但問題在於公民本身對很多問題是沒有判斷能力的。這並不是說民眾很愚昧，而是正如德國社會學家韋伯（Max Weber）所言，政治是一種「職業」，需要專門的人士（政治家）來從事。很顯然，收集、分析政策信息需要時間和專業知識，而這些是一般民眾很難具備的。在今天社交媒體時代，「假新聞」盛行，這更增加了民眾做理性政治判斷的困難。因此，民眾在公投表決之後，對公投的結果又後悔。這在英國的「脱歐公投」中表現得淋漓盡致。西班牙加泰羅尼亞公投更是如此。更為嚴峻的是，公投經常導致一個社會的高度分化，社會處於簡單的「是」與「否」的分裂狀態。結果，公投這一最民主的方式導致了最不民主的結果，往往是 51% 的人口可以決定其餘 49% 人口的命運。

第二，傳統類型的「出類拔萃之輩」正在失去參與政治事務的動機。就民主政治所設想的「政治人」理論來說，參與政治（即參與公共事務）似乎是人類最崇高的精神。從古希臘到近代民主早期，這一設想基本上有充分的經驗證據，因為無論是古希臘還是近代民主早期，從事政治的都是貴族或者有產者（主要是馬克思所說的資產階級或者商人階層)。貴族和有錢階層往往能夠接受良好的教育，並且不用為生計擔心，是有閒階層，他們中的很多人有服務公眾的願望。韋伯稱這個羣體為「職業政治家」。但在大眾民主時代，「政治人」的假設已經不那麼和經驗證據相關了。從理論上說，大眾民主表明人人政治權利平等，不管政治經濟社會背景如何不同，所有人都有同樣的機會參與到政治過程。這樣，很多政治人物不再是專業政治家，政治對他們來說更是一份工作，並且是養家糊口的工作。與過去相比，政治的「崇高性」不再存在。並且在大眾政治時代，政治人物所受到的制約愈來愈多。在這樣的情況下，很多「出類拔萃之輩」不再選擇政治作為自己的職業，而選擇了商業、文化或者其他領域，因為那些領域更能發揮自己的作用。

第三，代之以傳統「出類拔萃之輩」的便是現代社會運動型或者民粹型政治人物的崛起。無論在發達社會還是發展中社會，這已經是非常明顯的現象。自然，這種現象並不新鮮，從前也發生過。在西方，每當民主發生危機的時候便會發生社會運動。無論是自下而上的社會運動還是由政治人物自上而下地發動的社會運動，都會產生民粹主義式的政治人物。在發展中國家，二戰之後反殖民地運動過程中，曾經產生很多民粹式政治人物。為了反對殖民地，政治人物需要動員社會力量，同時社會力量也已經處於一種隨時被動員的狀態。今天，無論是發達的西方還是發展中社會，民粹主義到處蔓延，有左派民粹主義，也有右派民粹主義；有宗教民粹主義，也有世俗民粹主義。民粹主義式的社會運動一方面為新型政治領袖的崛起創造了條件，另一方面也為社會帶來巨大的不確定性。

第四，強人或者強勢政治的回歸。民粹主義政治的崛起正在促使政治方式的轉型，即從傳統制度化的政治轉向到社會運動的政治。從社會運動中崛起的政治領袖往往具有強人政治的特點，即往往不按現存規則辦事。破壞規矩是民粹主義的主要特徵。這不難理解，如果根據現行規則辦事，那麼就出現不了民粹。西方民主政治一般被視為已經高度制度化，甚至是過度制度化了，不過，民粹主義式的領袖往往可以對現存政治制度輕易造成破壞。這一點在美國特朗普的崛起上表現得非常清晰。

(二) 非西方的政治危機

非西方世界的情況也好不了多少，甚至面臨着更大的危機。西方世界無論如何，政治制度化水平相當高，政治力量或者政治人物很難輕易撼動現存制度。但發展中社會的情況就不一樣了。在發展中社會，政治制度化水平往往很低，很多仍然處於初級建設階段，政治力量和政治人物可以輕易破壞現存制度，導致更大的不確定性。對很多轉型中的體制來說，面臨着以下兩個最大的不確定性：(1) 體制的西方（民主）化；(2) 體制轉型失去了方向，舊的體制不可行了，新的體制又建立不起來，從而出現僵持局面。

這裏我們可以舉台灣地區的轉型和俄羅斯的轉型來說明。當然，體制的危機不僅僅發生在台灣地區和俄羅斯，也發生在廣大的發展中國家和地區。這些國家和地區早些時候都實行西方式民主，現在都面臨調整甚至轉型，包括印度和土耳其等。

台灣在兩蔣時代（蔣介石、蔣經國）實行高度集權的體制，取得了輝煌的經濟和社會建設成就，成為「亞洲四小龍」的一員。但自李登輝時代開始民主化以來，台灣社會經濟處於長期停滯狀態。例如，在二十世紀 90 年代初，台灣的人均 GDP 水平和另一個「亞洲四小龍」新加坡差不多，但今天新加坡人均 GDP 已經接近 6 萬美元，但台灣只有 2.6 萬美元。儘管新加坡只是一個城市，而台灣擁有農村，但這麼大的差異的確能夠說明台灣民主化對社會經濟的負面影響。台灣如果不是在蔣經國時代已經提升為發達經濟體，那麼它今天的狀況會更為糟糕。

很多人把台灣的問題歸結於民主化，這並不確切。台灣所面臨的問題並不是民主化本身，而是過度的西方式民主化，確切地說，是美國式的民主化。在任何國家，在社會經濟發展到一定的階段，社會產生政治參與的要求，民主化往往變得不可避免。在這個時候，人們就要找到適合自己文化環境的民主化方式，確立適合自己文化環境的民主政治。不過，這並沒有在台灣發生。民主化以來，台灣政黨之間互相否決，不管誰當選領袖，都做不了事情。經驗地看，如果說台灣的民主化不可避免，但是西方式民主化是可以避免的。問題出在蔣經國時代的政治轉型。

在蔣經國時代晚期，儘管國民黨已經面臨民進黨的挑戰，但其仍然掌控着各方面的資源，包括人財物。人才方面尤其顯著，國民黨幾乎錄用了社會上大多數最聰明能幹的人才。很遺憾的是，蔣經國沒有設計好國民黨的權力頂層及其權力交替，既造成了國民黨的分裂，也造成了國民黨和社會基礎的脱節。也就是說，國民黨的問題並不光是民進黨的挑戰，而是自己斷送了自己。國民黨衰落到今天的地步儘管可惜，但也是預期之中的。

國民黨的關鍵問題就是沒有處理好「核心」與「黨內民主」問題。蔣經國之後，李登輝被指定為「核心」，其之下有包括連戰、宋楚瑜在內的一大批能幹的政治人物。李登輝為了其「私心」(即實現「台獨」的目標），就根本不想搞「黨內民主」；不僅如此，李登輝還刻意分化其之下的政治人物。當然，蔣經國挑選李登輝為繼承人負有很大的責任。如果蔣經國時代開始搞黨內民主，那麼台灣就更有可能演變成今天新加坡那樣的「一黨獨大」體制，不至於造成黨內分裂，很快讓位於反對黨。

一旦西方式民主化開始，台灣就走上了「不歸路」。這些年來，台灣政治人物之間的惡鬥是出了名的，根本就產生不了權力核心，這深刻影響着台灣的治理制度。在很大程度上，台灣已經進入「後權威時代」，即建立不起任何權威。除非發生重大的危機，「亂世出英雄」，否則很少有人認為台灣會出現一個強勢政治人物。這種政治格局不變，台灣的現狀很難維持下去。今天，台灣已經遠遠被亞洲其他三個「小龍」所拋離。

俄羅斯的情況為我們展示了另一類型的轉型，即失去了方向感。蘇聯戈巴卓夫的西方民主式的改革在很短的時間裏就葬送了蘇聯共產黨。之後，葉利欽變本加厲，希望俄羅斯成為一個西方式的「民主國家」。因為國家權力的解體，葉利欽時代的俄羅斯演變成典型的寡頭政治，所謂的民主政治便是寡頭政治。寡頭當道，他們不僅主宰着國家的經濟命脈，而且也是俄羅斯政治的實際操盤手。更為重要的是，寡頭們沒有一點國家利益觀念，勾結外國（西方）力量干涉俄羅斯內政，出賣國家利益。

普京可以說是崛起於國家危難時刻。2000 年，普京一上台就不惜一切手段整治寡頭。普京首先要寡頭們脫離政治。當時寡頭得到的明確指令是他們必須放棄政治野心，才能得到政治的保護，繼續在俄羅斯生存和發展。在強大的政治壓力下，很多不服的寡頭開始流亡國外，有政治野心的則鋃鐺入獄。但是，普京不僅沒有在制度層面解決寡頭問題，反而以新的寡頭替代了老的寡頭，所不同的是新寡頭在政治上是支持普京的。在普京治下，親政府超級富豪成為新的寡頭，並且成為克里姆林宮權力網絡的一部分。

這麼多年來，普京仍然沒有能夠改變俄羅斯最基本的問題，即經濟格局的重塑。俄羅斯仍然是寡頭經濟結構。直到今天，俄羅斯依然是原料經濟，經濟結構單一，中小型企業發展不起來。在歐盟國家，中小型企業佔國內生產總值的百分之四十左右，但在俄羅斯只佔百分之十五左右。俄羅斯中小企業不發達，除了上述寡頭經濟結構之外，更有意識形態和政治原因。俄羅斯的一些較小政黨主張發展中小企業，但這些政黨經常被執政黨懷疑，認為他們有政治野心，因此他們提出的正確的主張受到執政黨打壓，不能轉化成為有效的政策。在寡頭經濟和政治的雙重擠壓下，俄羅斯的中小型企業沒有很大的發展空間，儘管有實際上的需求。正如蘇聯時期，經濟發展缺少動力已經成為俄羅斯的一個最嚴重的短板，如今，就政治來説，這則可能是俄羅斯一個致命性的短板。

普京個人的成功不在內政，而在其外交政策。普京嫻熟地動員和利用了俄羅斯民眾多年壓抑的民族主義情緒。蘇聯解體之後，俄羅斯一路下滑。儘管俄羅斯走向了民主，符合西方的意願，但俄羅斯民眾很快就發現西方的虛偽性，即西方所關切的是一個弱化、不會對西方構成威脅的俄羅斯，而不是健康發展、民主的俄羅斯。同時，以美國為首的北約則大肆侵入俄羅斯的地緣政治利益範圍。普京經歷了整個過程，深刻了解民眾的心理。因此，他具有足夠的勇氣來反擊西方，不僅在烏克蘭的克里米爾問題上打了漂亮一仗，而且在其他方面的外交上（例如中東問題上）也贏得了民眾的支持，甚至一定程度上得到國際社會的認同。

不過，普京外交上的成功對內政發展在很大程度上起到了負面作用。普京面臨的兩難是：西方越反對普京的外交，內部民眾越是支持他。這樣就進入了一個惡性循環，普京越是施展民族主義的外交政策，越能贏得國內民眾的歡迎，尤其是小城鎮和底層社會羣體的支持；但同時，普京越受民眾歡迎，越能掩蓋國內不斷積累起來的矛盾。也就是說，當普京可以從強硬的外交政策方面獲取足夠的合法性資源時，他無需通過內部的發展來獲得民眾的支持。不過，就俄羅斯內部發展而言，強硬外交並不是解決問題的有效方法。現在，在外交上，俄羅斯已經成為美西方的公開「敵人」，很難通過和西方改善關係來發展經濟。美國總統特朗普剛剛當選時意在改善和俄羅斯關係，但特朗普所有和俄羅斯友好的努力都受挫，很能說明這個問題。拜登近來更稱普京為「殺手」。

更為重要的是，普京所做的一切都不是確立和建設新制度，而是相反。為了掌握政權，普京進行了令人難以相信的政治權力操作。從總統變成總理，再從總理變為總統，就是一個最顯著的例子。俄羅斯儘管有了「民主的」政治體制的架構，但極其脆弱。普京不僅沒有鞏固這一制度，或者改進這一制度，反而利用這一制度的弱點來強化個人權力。普京的一些做法，例如切斷反對黨和國外勢力的聯繫，應當說是對的，也受到民眾的支持。一個國家的政治如果受到海外勢力的影響，那麼必然出現社會政治的分裂，因為海外力量是不需要負責的。但普京把反對黨視為「敵人」，意識形態化，不聽反對黨的任何意見，包括建設性意見，這反而使得普京忽視了國家面臨的很多問題。

即使在普京的執政黨黨內，也沒有確立任何制度機制來協調不同利益和意見。黨內從地方到領導層，派系林立，不屬於普京派系的人的主張經常受到懷疑和打壓，而屬於普京派系的則毫無原則地得到重用。

俄羅斯民眾普遍認同不要盲目照搬西方制度。不過，自己的制度又是怎樣的呢？普京並沒有做任何意義上的探索。近年俄羅斯有政治人物甚至提出要恢復傳統君主制度，普京也不表態，這是很能說明一些問題的。

不難發現，無論是體制內外，普京的所作所為都不是以制度建設為中心，而是以個人權力為中心的，結果造成了制度弱化而個人權力強化的局面。無論是在戈巴卓夫時代還是在葉利欽時代，俄羅斯錯失了制度轉型和建設的機遇，今天的普京仍然在錯失機遇。這些年，普京完全可以通過其所掌握的權力進行有效的制度建設，但普京並沒有這樣去做。結果，站在一個強大的普京背後的便是一個微弱的俄羅斯。如果普京能夠支撐這個國家，那麼普京之後誰來支撐呢？

因此，有觀察家認為，在很多方面，普京的俄羅斯仍然沒有走出蘇聯模式。儘管政權的支持率仍然很高，但這個支持率主要來自普京本人，而非體制。在蘇聯時代，政權的投票支持率幾乎可以高達百分之百，也沒有人預測到蘇聯會解體，但它最後的確解體了。有人會認為，這是俄羅斯文化的本質，即一種「危機產生強人、強人製造危機」的循環。不過，這絕對不是一種好的循環，而是惡性循環。歷史地看，無論哪個國家，強大的最主要標誌是制度，即一套新制度的出現。強人的出現對這套制度的出現非常關鍵，因為新制度不會從天而降，新制度是需要強人去造就的。不過，強人的出現不見得一定會導致新制度的出現；如果強人只是為了自己的利益，那麼就很難把自己的權威轉化成為新制度。如果這樣，那麼強大的只是這個強人，而非制度。

四、中國的政治制度敍述

前面討論了美西方對中國政治制度的（錯誤）認知和他們對中國制度的圍堵，也討論了西方和非西方政治治理方面所面臨的危機。這樣我們可以轉入討論如何敍述中國的政治制度。正如我們前面所強調的，我們需要在和西方的比較中來敍述中國政治制度。

無疑，中國政治制度的核心就是中國共產黨。如上所述，美西方對中國政治制度的攻擊和妖魔化也是圍繞着中國共產黨而展開的。因此，要敍述中國政治制度就要回答兩個相關的問題：(1) 中國共產黨是甚麼？(2) 中國共產黨是如何在實現國家的經濟可持續發展和社會的可持續穩定的同時實現了自身可持續的制度支撐與領導？

回答第一個問題的核心就是探討中國共產黨的開放性問題。而這個問題必須置於上述今天世界範圍內各國政黨所面臨的挑戰這一國際背景下加以認識。西方社會總是批評中國共產黨的「保守性」，認為中國共產黨缺乏西方所認同的「現代性」，如民主、自由、公平等。但事實上並非如此，甚至完全相反。中國共產黨所獨有的「開放性」使得其用自己的方式獲取和實現了西方的現代性。

改革開放以來的 40 多年時間裏，中共內部發展和國際背景之間的關係發生了幾次大的變化。二十世紀70年代後期和80年代初期，中共主動開放，不僅抓住國際機遇，贏得了發展的機會，而且實現了自身從革命黨向執政黨的轉型。但在1989年之後，尤其是在九十年代初蘇聯東歐共產主義政權解體之後，中共轉向應對危機。在這段時間裏，儘管也有制度變化，但主要是通過應對危機來鞏固執政黨的領導權。從2012年十八大以來，中共再次轉型，根據國際形勢的變化，不僅鞏固了自己的全面領導權，而且把國家制度建設提到議事日程上來。所有這些都是中共開放性的產物。

(一) 作為一個開放過程的中國共產黨

中國共產黨是甚麼？中國共產黨並非西方那樣的政黨，正因為如此，現存所有西方政党理論都難以解釋中國共產黨。我們認為，簡單地說，可以把中國共產黨界定為一個開放的政治過程。可以用三個相關的概念來描述這個開放過程，即開放、競爭和參與。

開放是核心，是競爭和參與的前提。在中國的政治領域，開放指的是政治過程的開放，即政治過程向不同社會羣體開放，向不同精英羣體開放，向不同的利益開放。在這個前提下，開放又可引發另外兩種情況，即競爭和參與。競爭就是競爭人才，包括管理國家社會經濟事務等方方面面的人才。競爭不是西方意義上的單純的選舉，而是選拔基礎之上的選舉，或者賢人政治（meritocracy）之上的民主（democracy）。參與就是社會的不同羣體參與政治過程。競爭又是參與的前提條件，沒有競爭，就沒有參與。參與既可以是對人才的選拔或者選舉，也可以是對政治人物的政策制定和落實的參與。

開放、競爭與參與不僅是對中國文化環境中傳統政治模式的反思性總結，更是對改革開放以來中國政治實踐的總結。歷史的經驗表明，中國政治的興衰和政治過程的開放度緊密相關。當政治開放的時候，競爭就會出現，社會就有參與的機會，政治就興旺；反之，當政治封閉的時候，競爭就消失，社會就變得和政治毫不相關，政治就會衰落。作為一個開放的政治過程，可以把中國共產黨置於中國的文化傳統中來解釋。

在漫長的中國歷史中，開放是中國文明最主要的特徵。和其他基於宗教之上的文明不同，中國文明的主題是世俗主義。宗教文明的一個最大特點是排他性（exclusive），而世俗文明的最大特徵為包容性（inclusive）。包容性的代名詞就是開放，就是說中國文明向其他文明開放，不排斥其他文明。中國文明在其發展史上已經包容其他很多文明因素，最顯著的當是其成功地吸納了佛教文明。每次外來文明到來，在最初必然構成挑戰和衝擊，但當成功吸納外來文明的時候，中國文明就會有長足的進步和發展。

文明的開放性直接表現在政治制度方面，即皇權模式。皇權體制綿延數千年而不中斷，有其內在的理由，簡單的否定並不能加深我們對中國文明的認識。很顯然，較之西方近代民族國家之前的封建體制，中國皇權體制具有相當的開放性。儘管皇權本身是排他性的，但相權是開放的。用現代語言來說就是，國家的「產權」屬於皇帝，但國家的治權或者管理權屬於社會。皇權只屬於皇帝本人和皇族。即使這樣，如史學家錢穆先生所指出的，只有皇帝一個人的位置是可以繼承的，其他都沒有繼承的合法性。這和歐洲國家的政治家族的繼承制度不同。

同時，中國的相權相當開放，開放給所有社會階層，並且這種開放性是高度制度化的，主要是通過科舉考試制度。儘管從理論上説，皇權無處不在，但在實際的操作上，皇權的空間並不大，是有限度的。不僅皇權本身受制於很多儀式規範，而且皇帝往往「統而不治」。政府（相權）擁有實際的行政權力。正因為如此，傳統中國發展出了日後令歐洲人讚歎不已的發達的文官制度。

而治權的開放性就直接導致社會的開放性，最主要表現在社會流動和政治流動性方面。用現代社會科學概念來説，傳統中國只有階層和階級的概念，而沒有出現流行於其他社會的宗族和種姓概念。階級和階層是開放性的，即通過個人的努力來改變自己所屬的階層和階級地位，但宗族和種姓則是恆定不變的，人們無法通過自己的努力來改變自身的所屬。所以，中國傳統儒家強調的是「有教無類」，人人都可以通過教育來改變自己。

中國世俗文明數千年不中斷和其開放本質有關。但是，傳統文明的開放性也具有局限性。從文化融合來説，有些歷史時期中國文明顯得信心不足，傾向於走向封閉。例如明朝中斷鄭和下西洋進程之後，國家開始封閉。但應當指出的是，這種封閉性並非排他性。封閉性只是防禦性和防衛性的體現和手段。修長城、閉關守國是為了防衛，而非文化排他。因此，在皇朝的信心恢復之後，又會回歸開放。

傳統中國「開放性」的最大的局限甚至敵人是皇權本身。皇權本身表現出來的主要特徵為排他性、壟斷性和繼承性。也就是説，皇權本身與開放性格格不入。皇權是整個政治制度的核心，這個核心本身不能開放。因此，皇權的更替只能通過革命來解決。皇權的這些特點直接導致其衰落。當其他國家的皇權被邊緣化，僅僅成為政治象徵的時候，中國的皇權被現代黨權所取代。

在生存了數千年之後，到了近代中國，傳統皇朝國家在西方近代國家面前不堪一擊。在清朝衰落之後，中國經歷了半個世紀的轉型，即從傳統皇權轉型為現代黨權。這個轉型是近現代中國歷史最有文化意義的領域。數千年的傳統會否因為半個世紀的革命就消失了？我們認為，傳統文化並沒有因激進主義和革命而消失，而是在革命過程中轉型了。

這就是說，人們必須對中國的政黨制度作一種文化解釋，而非簡單地把中國的政党理解成為西方的政黨，儘管雙方都在使用「政黨」的概念。中國的執政黨是甚麼？這個問題看似簡單，實際上是一個很不容易回答的問題。人們經常用理解世界上其他國家政黨的方法來理解中國的執政黨。不過，很顯然，儘管形式類似，尤其是和列寧主義政黨，但中國的政黨和西方政黨所包含和傳達的文化含義非常不同。

無論是在西方民主國家還是發展中國家，只要是多黨制，任何政黨代表的都是一部分的利益，所謂「黨派」也。「黨」的原意指的是人口的一部分，而非全部。在多黨制體系下，政黨的生存和發展靠的是政黨的開放性。如果政黨的目標是掌握政權，那麼就要得到大多數人的認同。再者，如果同一政黨之內的政治力量意見不合，就可以另行組成政黨。我們可以把此稱為「外部的多元化」。同時，人民有權利在不同政黨之間進行選擇。如果不喜歡政黨 A，就可以轉而選擇政黨 B 或者 C，等等。這個政治過程就為政黨提供了制度機制，迫使其開放，以最大限度地吸納不同的利益。

在中國，儘管有不同的民主黨派和其他政治團體存在，但執政黨只有一個，因為其他黨派和政治團體，必須通過執政黨所確定的政治過程而參與政治。在中國，中國共產黨的主體性不言自明。中共的這種主體性在很長的歷史時間裏並沒有改變，也不會改變。這不僅是因為中共本身的生存發展因素，更是因為這種主體性具有深厚的歷史文化根源。中國數千年的歷史上並沒有產生近代政黨概念。和近代政黨比較相近的概念就是「朋黨」，但「朋黨」在中國政治文化中並沒有任何合法性，歷朝歷代都出現過打擊「朋黨」的事件。另一個概念「鄉黨」也並無近代政黨的意涵。

中國近代政黨概念來自西方。但是到了中國，這個概念就逐漸發生了質的變化。中國並沒有多黨政治的傳統，多黨競爭在中國缺乏足夠的文化土壤。接受西方教育的孫中山先生曾經嘗試西方式的多黨制，但失敗了。失敗的原因是甚麼？表面上看是軍閥或者黨派之爭，但實際上是深層次的文化原因。當社會還不能接受多黨制的情況下，這一制度必然失敗，不管其以何種方式出現。中國政治歷來有統一的權威，這個統一的權威，傳統上是皇帝。在中國人看來，皇帝不僅僅是某個人，而是一整套制度，即帝制。現在這一統一的權威是組織，就是黨，或者黨權。人民從前希望出現一個好皇帝，現在則希望出現一個好的黨的領導集體。中國老百姓對政黨及其領袖的認同是很顯然的。

中國深厚傳統文化表明，中國的政黨很難變化成為一個西方式政黨。但政黨這種組織形式使得其和過去的皇朝制度區別開來。前面説過，皇朝制度是一個封閉的制度，是「家天下」。但政黨則可以成為一個開放的政治過程，向各個社會羣體和利益開放。也就是説，儘管從結構上，傳統皇權和現代黨權具有相似之處，但現代黨權具備傳統皇權所沒有的特點，那就是，現代黨權具備開放性。傳統皇權究其本質來説是不可開放的，因為它的載體是個人和家庭，而現代黨權的載體則是組織。個人和家庭不可開放，而組織則可以開放。

實際上，自改革開放以來，中共所經歷的變化愈來愈體現為文明性，就是説中共開始呈現一個開放性政黨的特點。這也就是中共和蘇聯、東歐國家區別開來的地方。中共作為唯一的執政黨，在社會經濟利益多元化的條件下，選擇的是向各個社會羣體和利益開放政治過程。這種選擇也是文明特徵的使然。簡單地説，中共已經開始形成一黨主導下的開放型政黨制度。

開放最重要。任何一個政治制度，如果不開放，那麼就必然表現為排他性和封閉性。只有開放，政治才具有包容性。如上所述，政治上的開放性，在西方是通過外部多元主義，即多黨政治來實現的。每一種利益都能夠找到代表其利益的政黨。在中國，因為沒有多黨政治，開放是依靠內部多元主義來實現的。社會上產生了不同的利益，執政黨就向他們開放，把他們吸納到政權裏面，通過利益的協調來實現利益代表。在革命期間，政黨要強調依靠一些特定的階級和階層，但作為執政黨，其必須依靠所有的階級和階層，這樣才能擁有最廣泛的社會基礎。

中共的轉型不可説不快。就社會羣體來説，進入中共的政治過程，也是最有效的利益表達方式。在很大程度上，中共的「三個代表」，已典型地表明中共必須要代表不同社會利益這樣一種現實的認知。改革開放以來，中國包括私營企業主在內的中產階級的人數並不多，但業已表現出很強烈的參政要求。這也就是為甚麼執政黨與時俱進，不僅為包括私營企業在內的非國有部門提供憲法保護，而且也容許和鼓勵私營企業家入黨參政。中共黨員成分變化也能說明這一點。在毛澤東時代，工人、農民、幹部和解放軍佔中共黨員的絕大多數，但改革開放以來，知識分子、專業人士和新興社會階層的黨員人數愈來愈多。

如果說西方採用的是「外部多元化」，那麼中國政黨制度所體現的則是「內部多元化」。各種利益先「內部化」，即容納進現存體系，在體系之內爭取利益和協調利益。在成功地解決了民營企業家加入執政黨、進入政治過程的問題之後，中共最近又開始強調「社會管理」，致力於通過吸納更多的社會力量來擴展執政的基礎。

這種內部多元主義的開放性，其有效性並不比其他任何制度低。2010 年末，因為中東世界發生茉莉花革命，一些人開始把中國視為和阿拉伯世界類似的政體。但從內部多元主義來看，中國和阿拉伯世界有很大的不同。阿拉伯世界基本上既無外部多元主義也無內部多元主義，多數政權表現為封閉性，由一個家族（君主政權）或者少數幾個家族長期壟斷政權，統治國家。即使在民主國家，例如英國、美國和日本，國家政權也經常被幾個政治大家族所壟斷。從統計學角度來看，從社會底層進入政治領域的人數，中國遠遠超過民主國家。共產黨統治不是家族統治，這使得共產黨更具有羣眾性。

如果從開放的文明特質來說，開放式建黨、建設開放性政黨制度必然成為中國政治改革的大趨勢。

（二）中國共產黨的「自我革命」與現代性探索

開放性也規定了中共的現代性。自改革開放以來，海內外都在討論中國方方面面的現代化過程和所獲得的現代性。因此，即使論及中國共產黨，人們也總是圍繞着中共做了甚麼，是如何推動社會經濟發展的進行論述。在很大程度上，人們一直忽視了中共本身的現代化和所獲得的現代性。實際上，如果不能理解中共的現代化和現代性就很難理解其他方方面面的現代化和現代性。一個最重要的事實就是：中共是中國的政治主體，是唯一的執政黨。就是說，中共決定了中國的一切。中共黨員有 9000 多萬，大多精英都在黨內。傳統上，中共把自己定義為「先鋒隊」。「先鋒隊」就是要起領導作用的。所以，討論中國的現代化就首先必須討論中共的現代化。這 9000 多萬人現代化了，就可以帶動整個國家的現代化。如果中共沒有現代化，那麼就不會有國家的現代化；如果中共自身實現不了現代化，那麼就會拖國家現代化的後腿；如果中共自身首先實現了現代化，那麼就有能力引領國家的現代化。簡單地說，中國所有其他方面，包括經濟、社會和文化等方面的現代化都取決於政治的現代化，也就是作為政治主體的中共的現代化。因此，我們可以把中共作為執政黨引入的改革稱為中共的「自我革命」，通過不斷的「自我革命」，中共重新規定了自己的現代性。在這個基礎之上，才可以討論國家的現代化和中國對國際社會的貢獻。

從這個角度來看，要認識中共十八大以來的「自我革命」，就必須理解當今世界所普遍面臨的政治權力危機，尤其是政黨治理危機。不理解世界性的政治權力危機就很難理解中共所進行的「自我革命」的世界性意義。

如何解釋中共的現代性？回答這個問題就需要把中共置於中國近代以來的政治啟蒙運動的歷史及其演進中。作為一個近代政治組織，類似於中共這樣的組織在中國的歷史上從來沒有產生過，它是中國近代政治啟蒙的產物，是在啟蒙運動中萌芽、產生和發展起來的。

中外學界有這樣一個共識，即中國傳統政治體制和現代政治體制的最大不同在於，傳統政治體制的目的在於守舊和維持現狀，而現代政治體制的目的在於轉型和進步。傳統體制也不是沒有變化，但變化的目標在於維持現狀，也就是防止具有「革命性」的變化。漢朝時，「罷黜百家、獨尊儒術」，從思想上遏制了任何可以催生重大政治變化的因子。儒家成為唯一的統治哲學，而儒家的核心就是維持統治。德國近代哲學家黑格爾就認為中國沒有歷史。的確，從秦始皇到晚清數千年，中國只有朝代的更替，但沒有基本制度的更替。馬克思的「亞細亞生產方式」的概念也和黑格爾的觀念一致。中國學者金觀濤等人的「超穩定結構」也是這個意思。人們既可以說這是傳統政治體制的生命力，但也可以說中國數千年缺少結構性的變化。

現在的政治體制則與之前有很大不同，主要是因為在啟蒙運動過程中牢固確立了「進步」的觀念，社會是可以有進步的，進步可以是無止境的。從孫中山革命到蔣介石的國民黨再到共產黨革命，數代中國人都在追求變化，都有同樣的目標，即要改變中國，要有進步。在近代啟蒙運動中，人們對從前維持舊體制的儒家個人倫理做了最激進的批評和攻擊。不過，儘管從前的倫理不再可行了，但各派政治力量對未來應是怎樣的則沒有共識。中國需要甚麼樣的變化？如何追求變化？變化的目的是甚麼？各種政治力量都持不同觀點。中國共產黨選擇追求最激進也是最深刻的變化，這也就是中共成立以來所追求的社會主義革命，用革命來推翻舊政權，徹底改造社會，確立一個全新的制度。自然，這裏面也延伸出今天中國所面臨的種種「矛盾」，最主要表現為傳統儒家哲學和馬克思列寧主義之間的矛盾，前者的功能在於維持現狀，或者為了生存而調適自己，而後者則是追求變化，而且是無窮盡的變化。

二十世紀 90 年代中期以後，隨着老一代革命出身的政治人物的離去，中共開始了一次巨大的轉型，即從原來的「革命黨」向「執政黨」轉型。這個轉型方向極其明確，但是對「何謂執政黨？」這個問題，人們的認識並不是很清楚，也不深刻。可以說，自從轉型開始以來，無論在理論層面還是實踐層面，人們對這個問題一直處於探索過程之中。不過，有一點是很明確的，如果一個政黨僅僅是為了執政而執政，那麼必然導致執政黨的衰落。這既明顯表現在蘇聯和東歐共產黨執政的歷史中，也表現在今天西方那些根據選票計算其執政合法性的政黨歷史和現實經驗中。

那麼，現代性表明甚麼？現代性不會從天上掉下來，也不會「隨波逐流」而來。自近代以來，現代性是通過「革命」或者「鬥爭」而來的。今天，現代性仍然意味着中共應在向現代執政黨轉型過程中仍然不失其「革命性」。在成為執政黨之後，在其傳統意義上，繼續地啟蒙和革命顯然已經不合時宜。革命畢竟是要推翻現存制度，而執政則是要維持現行的體制。1949 年之後，受激進啟蒙思想影響的毛澤東仍然要通過社會運動而「繼續革命」，即推翻自己建立起來的官僚體制，至少要避免官僚體制返回舊制度，這和執政黨的本質構成了對立，既造成了黨內政治上的災難性後果，也造成了社會的「普遍貧窮化」(即「貧窮社會主義」)。而「普遍貧窮化」則是毛澤東領導的革命本身所要消滅的對象。

毛澤東之後，鄧小平所領導的中共重新界定了中共的現代性，即要解決「普遍貧窮化」這個革命原來的目標。不過，鄧小平時代在重新界定中共現代性的同時，也努力保留着執政黨的「革命性質」。鄧小平所力主推動的「幹部四化」就是很好的例子，即革命化、年輕化、知識化、專業化。「革命化」居首，還是頭等重要的，即只有「革命化」才能促成執政黨在達成其所設定的新的使命的同時實現現代性。

但是，因為鄧小平時代的現代性主要是由國家的經濟現代性所規定的，執政黨的現代性不可避免地要受這種經濟現代性的影響。在經濟領域，中國很快形成了 GDP 主義。就經濟發展而言，GDP 主義實際上功不可沒，中國在短短的數十年時間裏徹底改變了「貧窮社會主義」局面。2012 年十八大之前，中國已經躍升為世界第二大經濟體、最大的貿易大國；即使就人均 GDP 而言，也從八十年代初的不足 300 美元躍升到 8000 美元。更重要的是，中國促成了近 7 億人口脱離絕對貧困狀態。這些成就被國際社會視為世界經濟史上的中國經濟奇跡。

不過，GDP 主義也深刻地影響着執政黨作為組織本身，影響着其黨員幹部的行為方式。簡單地説，執政黨本身被嚴重商業化了。在十九大報告和黨章修正案的説明中，中共已經充分意識到商業化對黨作為組織及其黨員個人的負面影響。

簡單地説，因為商業化，中共失去了其傳統上的「革命性」。早在十八屆六中全會上，習近平總書記在其所講的一段話中就很直觀地描述了執政黨所面臨的嚴峻局面。習總書記説，「在一些黨員、幹部包括高級幹部中，理想信念不堅定、對黨不忠誠、紀律鬆弛、脱離羣眾、獨斷專行、弄虛作假、無賴無為，個人主義、分散主義、自由主義、好人主義、宗派主義、山頭主義、拜金主義不同程度存在，形式主義、官僚主義、享樂主義和奢靡之風問題突出，任人唯親、跑官要官、買官賣官、拉票賄選現象屢禁不止，濫用權力、貪污受賄、腐化墮落、違法亂紀等現象滋生蔓延。特別是高級幹部中極少數人政治野心膨脹、權欲薰心，搞陽奉陰違、結黨營私、團團夥夥、拉幫結派、謀取權位等政治陰謀活動」。這裏所説的既有執政黨黨員的個體行為方式，也有他們的集體行為方式；既有地方層面的，也有中央層面的。這裏涉及派系、寡頭政治、集體墮落等，而所有這些已經並非「腐敗」這一概念所能涵蓋的了。

再者，商業化更表現在執政黨的外圍組織，尤其是共青團的變化上。習近平主席對共青團也有過嚴厲的批評。在《習近平關於青少年和共青團工作論述摘編》中，習主席批評共青團：「空喊口號」，「形同虛設」，「四肢麻痹」，「説科技説不上，説文藝説不通，説工作説不來，説生活説不對路，説來説去就是那幾句官話、老話、套話，同廣大青年沒有共同語言、沒有共同愛好，那當然就會話不投機半句多。」「如果青年在前進，而團組織沒有與時俱進，不能成為青年的領頭羊，反而成了青年的尾巴，那何談團結廣大青年啊？那何談擴大有效覆蓋面？跟都跟不上！」人們把共青團的現象概括成為「四化」，即「機關化、行政化、貴族化、娛樂化」。可以説，類似的現象也普遍存在於其他組織中。

無論是黨內出現的現象還是共青團出現的現象，或許是現代商業社會的共同現象，或者説這些現象也具有「現代性」，不管人們喜歡與否，但不管如何，這是中共作為執政黨必須避免的負面的「現代性」。如果執政黨遷就這些「現代性」，隨波逐流，向這些「現代性」投降，那麼其衰落將變得不可避免。

因此，中共需要通過重新確定自己的使命，復興其革命性，再次界定自己的現代性。如上所述，毛澤東的設想是通過「繼續革命」來保持執政黨的現代性，但其實驗沒有成功。鄧小平所界定的國家經濟現代性成功了，但執政黨本身出現了重大問題。十八大以來，執政黨通過大規模的反腐敗運動，「去除」政黨的商業性，通過確立新的使命和建設新的制度機制規範黨組織和黨員幹部的行為來重新界定黨的現代性。

在十九大會議期間，王岐山在參加湖南省代表團討論時對十八大以來習近平總書記的作為有一個評價。王岐山說：「習近平從根本上扭轉了中共的領導弱化、黨建缺失、從嚴治黨不力的狀況，校正了中國共產黨和中國的前進的航向」。這個評價應當說是非常恰當的。十八大以來中共正是在矯正「領導弱化、黨建缺失、從嚴治黨不力」的情況下重新界定和獲取現代性的。十八大以來提出了「四個全面」，即全面實現小康社會、全面深化改革、全面建設法治社會、全面從嚴治黨。在這「四個全面」中，最後一個「全面」即「全面從嚴治黨」是最重要的。如前面所述，中國共產黨是中國的政治主體。這一簡單的事實表明，沒有這最後一個「全面」，其他三個「全面」就會無從談起，因為前面三個「全面」都需要中共這個行動主體去實現。如果我們把前面三個「全面」理解成為中國的現代化過程，那麼也很容易理解，如果沒有中共本身的「現代化」，其他方面的「現代化」也就無從談起。

如前所述，在中國，「政黨」的概念是近代從西方引入的，但引入之後其含義發生了重大的變化。在西方，政黨是競選「選票」的工具，在此之外並無其他功能。在中國，政黨是政治行動的主體，其行動不僅僅是求生存和發展，而是引領國家各方面的發展。就是說，政黨的現代性不是被變化着的環境所被動規定和界定；恰恰相反，執政黨要通過行動來主動規定自身的現代性，追求和獲取自身的現代性。通過不斷更新和規定其現代性，執政黨才能在不斷更新自身的同時保持其引領社會發展的使命感。

(三) 現代性與政黨的新使命

確立新時期的新使命是中國共產黨追求現代性的關鍵。在大眾民主時代，西方政黨主要通過選票計算來獲取其合法性。也就是說，社會決定了執政黨的現代性，而非相反。在精英民主時代，西方也是通過精英之間的共識來執政的，普通老百姓沒有選舉權，決策都是精英的事情。但在進入「一人一票」的大眾民主時代之後，政治精英就失去了決策的自主性。這裏的邏輯其實也很簡單，因為選票是社會成員給的，社會性決定了執政黨的性質。這也就是前面所討論的今天西方政黨危機的根源，「隨波逐流」，政黨本身失去了自己的發展方向；政黨不僅失去了自身的凝聚力，失去了整合社會的能力，更演變成為分化社會的政治力量。在中國，情況是相反的。中共的合法性是通過確立其使命、實現其使命來獲取和實現的。換句話說，中共的合法性來自其能夠兑現向社會做出的許諾。這裏的邏輯也明顯，即執政黨不僅要有使命，更要有能力實現使命。

所以，在每一個重大時期，執政黨領導層需要對社會經濟發展現狀作出一個「基本判斷」，再在這個判斷之上確立自己的新使命。中共歷次全國代表大會召開，最重要的議題就是要回答「從哪裏來？」「現在到了哪裏了？」「未來往哪裏去？」的問題。中共十八大、十九大也是如此。回答這三個問題需要一個基本判斷，而這個基本判斷對執政黨確立新使命是最重要的。只有有了這個基本判斷，中共才能確定新的使命和未來的發展方向。有了這些之後，才會有具體的行動方案，主要表現為政策。

1949 年毛澤東領導的中國共產黨完成了建立新中國這一近代以來最艱巨的任務。在新中國成立之後的 30 年裏，一套國家基本政治制度得以建立起來。儘管改革開放之後，中國政治制度的方方面面發生了變化，但基本制度架構是毛澤東時代建立起來的。當然，這套基本政治制度在新時代仍然需要完善和改進。進入改革開放新時期後，1987 年中共十三大提出了黨在社會主義初級階段的基本路線，這也是一個基本判斷。1992 年鄧小平「南方談話」後提出了「社會主義市場經濟」的概念，這也是鄧小平理論的重要內容。在中共十四大上，中共再次強調這一黨的基本路線要管一百年。

新時代，新判斷，新使命。今天，中國又發展到了另一個新時代。新時代不僅僅是一個名詞，它是中國共產黨基於中國社會經濟發展水平達到一定階段，但發展還不平衡不充分的現實，所做出的新的基本判斷。十九大報告中指出：「中國特色社會主義進入新時代，我國社會主要矛盾已經轉化為人民日益增長的美好生活需要和不平衡不充分的發展之間的矛盾。」與此同時，中國社會主要矛盾的變化，沒有改變中國共產黨對中國社會主義所處歷史階段的判斷，中國仍處於並將長期處於社會主義初級階段的基本國情沒有變，中國是世界最大發展中國家的國際地位沒有變。

儘管中國改革開放以來取得了巨大的成就，但是執政黨也看到自己所處的時代和內外部的環境。社會主義不是「敲鑼打鼓」就能幹出來的。中共領導層具有十分清醒的頭腦，在充分肯定自身所取得的成績基礎之上，直面挑戰並展望未來，對所面臨的問題有着非常嚴峻和冷靜的思考和判斷。這也是十八大以來，執政黨關切「兩個百年」的重要背景。

改革開放一開始，鄧小平就規劃中國現代化發展的三步走戰略。第一步，從 1981 年到 1990 年，國民生產總值翻一番，解決人民的溫飽問題。這在二十世紀 80 年代末已基本實現。第二步，從 1991 年到二十世紀末，國民生產總值較 1980 年翻兩番，人民生活達到小康水平。第三步，到二十一世紀中葉，人均國民生產總值達到中等發達國家水平，人民生活比較富裕，基本實現現代化。鄧小平也在上世紀中葉強調，中國要在下個世紀中葉（也就是本世紀中葉）建成「民主富強」的國家。此後，因為中國的加速度發展，到江澤民時期，執政黨對八十年代的規劃作出了修訂，提出「2021 年中共建黨 100 周年 GDP 較 2000 年再翻兩番，基本實現現代化；到 2049 年中華人民共和國成立 100 周年時，建成現代化國家」的兩個一百年計劃。

這次，十九大報告更描繪了走向未來的藍圖：從 2017 年十九大到 2022 年二十大，是「兩個一百年」奮鬥目標的歷史交匯期。十九大報告中，對從 2020 年到 2050 年之間 30 年的現代化目標再作出兩階段具體規劃：第一個階段從 2020 年開始，在全面建成小康社會的基礎上，再奮鬥 15 年，基本實現社會主義現代化；而第二個階段，從 2035 年到本世紀中葉，在基本實現現代化的基礎上，再奮鬥 15 年，把中國建成「富強、民主、文明、和諧、美麗」的社會主義現代化強國。這個將持續 30 年的新兩步走規劃，就是新時代中國特色社會主義發展的戰略安排。

應當說，這幅藍圖的描繪就是基於上述這個基本判斷。從經濟上說，中國已經到了全面建成小康社會的決勝階段。從這些年的政策討論來看，中國的焦點已經從如何避免中等收入陷阱轉移到如何把國家提升成為一個高收入經濟體，即富裕社會。中國目前人均 GDP 接近 1.1 萬美元，按照「十三五」規劃，到 2020 年人均 GDP 要達到 1.2 萬美元。鑑於現在的發展勢頭和中共的強大動員能力，一般認為，這個經濟目標並不難實現。

不過，如果要從中等收入經濟體提升到高收入經濟體，困難是顯見的。在東亞，到現在為止，能夠逃避中等收入陷阱、進入高收入的經濟體只有五個，即日本和「亞洲四小龍」(韓國、新加坡、中國香港和台灣地區)。這五個經濟體能夠成為高收入經濟體有其特殊的歷史條件。首先，在這些經濟體成長時期，世界（主要是西方）經濟處於快速上升時期，並且它們都屬於西方經濟體，西方對它們「照顧有加」，至少沒有設置多大市場進入障礙。其次，這些經濟體的體量也比較小。再次，這些經濟體的政府能夠形成有效的經濟政策或者產業政策，成為學界所說的「發展型政府」。但中國今天的情況很不相同。其一，中國的經濟體量巨大。日本是世界上第三大經濟體，但今天中國的經濟體量是日本的兩倍多。其二，世界經濟形勢不樂觀。西方到現在為止還沒有徹底走出自 2008 年世界金融危機以來的陰影。從西方經濟現狀看，要恢復正常發展仍然需要很長一段時間。因為中國和世界經濟高度融合，中國內部的發展必然受制於世界總體經濟形勢。其三，中國和美西方經濟體之間經常因為各種因素（例如西方所謂的國家安全、意識形態和政治制度）而產生矛盾，西方不樂意對中國全面開放市場。因此，中美關係如何發展？第一大經濟體和第二大經濟體之間會不會發生戰爭？兩國會不會最終進入冷戰狀態？

這些都是人們非常關切的問題。

但是，較之這 5 個經濟體，中國也有自身的優勢。中國是個大陸型經濟體，內部發展潛力巨大。以前日本經濟學家提出了東亞經濟發展的「雁型模式」，說的是東亞如何從日本開始經濟起飛然後擴展到其他經濟體。日本是亞洲第一個實現現代化和經濟起飛的經濟體，之後隨着日本內部勞動力成本的提高等因素，一些附加值低的產業開始轉移到其他經濟體，而日本本身轉向附加值高的產業。「亞洲四小龍」(即韓國、新加坡、中國香港和台灣地區) 繼日本之後實現了經濟起飛。之後，經濟現代化擴散到馬來西亞、菲律賓、泰國等。中國是後來者，不過，中國內部本身就構成了一個「雁型模式」。直到今天，只有東部沿海地區經濟基本實現了現代化，中部正在起飛，西部仍然有待開發。就技術而言，儘管外部環境並不明朗，但經過四十來年的發展，技術也已經積累到了一個可以實現起飛的程度。總體而言，中國仍然是一個中等收入國家，還有很多窮人。這些都指向中國今後發展的巨大空間。同時，就外部而言，中國也在通過包括「一帶一路」在內的倡議大力發展國際經濟，開拓國際市場。也就是說，中國在今後一個階段裏有潛力逃避中等收入陷阱，把自己提升為高收入經濟體。這也是我們最近提出「雙循環」策略的理性所在。

更為重要的是，中國社會在滿足了溫飽、總體上實現小康的情況下，其他方面的需求，例如對美好環境、社會公平正義、政治參與等的需求，也在與日俱增，進而顯現出中國經濟和社會、經濟和環境或者物質文明和精神文明之間的發展不平衡。這種不平衡性既是問題，但也可以變成進步的動力。所以，十九大報告中提出要「更好推動人的全面發展、社會全面進步」。

不過，這裏有一個前提條件，那就是存在一個有效政府。沒有一個有效政府，就很難把這些潛能都發揮出來。而中國共產黨的使命性就能夠保證有效政府的存在。

(四) 開放政治過程的制度理性化

開放性政黨也表現在國家制度的理性化。十九大宣佈中國會正式成立國家監察委員會。學界和政策界迄今為止大多從法律意義上來研究這一變化，而沒有對這一變化的政治意義有足夠的認識。不過，這的確是一個極其重大的政治變化，是中國政治體制的一個重大變化。簡單地説，中國正在形成一個在「以黨領政」架構內的內部「三權」(決策、執行和監察) 分工合作的政治體制。這一變化可以説是近代以來中國對適合自己文化的政治體制的探索的一個里程碑。在理論層面，內部三權體制的形成是中共這一開放性政治過程的「制度理性化」。

三權分工合作的核心就是確立「以黨領政」，從而解決中國近代以來的一個核心政治問題，即黨政關係。黨政關係可以説是近代以來中國政治最為核心的問題。孫中山先生在早期試圖把西方的議會制度引入中國。但在西方式民主政治在中國的實踐慘遭失敗之後，孫中山先生就提出了「以黨立國」和「以黨治國」的概念。這一概念之後就轉變成政治實踐，國民黨和共產黨儘管在意識形態上不同，但兩黨都是這一概念的實踐者。

在很大程度上説，正是因為共產黨對這一概念的應用較之國民黨更為全面和徹底，共產黨贏得了政權。但在 1949 年中華人民共和國建立之後，中共沒有及時從革命黨轉變成為執政黨，而進行「繼續革命」，黨政關係因此不僅沒有得到及時的調適，反而走向了一個極端。在改革開放之前，經常出現「黨政不分」、「以黨代政」的情況，在「文化大革命」的一段時期裏更是乾脆「廢除」了政府。這種極端的情況不僅給頂層權力機構造成了混亂，也導致了國家治理危機。

「文革」結束之後，中共高層對頂層體制進行了全方位的反思，其中最主要的就是黨政關係。這顯著表現在鄧小平在 1980 年 8 月 18 日在中共中央政治局擴大會議上的一個題為《黨和國家領導制度的改革》的講話。在這篇講話中，鄧小平提出了「黨政不分、以黨代政」的問題。之後，到了八十年代中後期，在政治改革討論最為熱烈的那段時期，執政黨提出了「黨政分開」的改革理念。儘管作為一種理念，這個概念在當時廣為人們所接受，但作為制度實踐的情況則不一樣了。包括鄧小平在內的所有領導人從來就沒有否定過共產黨對政府的領導；恰恰相反，共產黨的領導是他們一直堅持的。從學術研究來看，人們可以說，當時的中共領導人的確意識到毛澤東時代「黨政不分、以黨代政」的危害性，決意要改變這種制度，但對黨領導下的「黨政關係」到底是一種甚麼樣的關係並不很明確。在實踐層面，「黨政分開」更出現了很多困難，輕則黨政合作協調不好，重則黨政處於對立面，甚至發生衝突，造成巨大的內耗。八十年代末之後，執政黨就不再提這個概念。

但這個概念的影響力是持續的。在九十年代以來的學術界和政策界各種正式和非正式的討論中，例如「軍隊的國家化」、「司法獨立」、「憲政」這些被視為「右」的或者「自由化」的提法或多或少與「黨政分開」有關聯，因為所有類似提法背後的邏輯都是一樣的，即把軍隊和黨、司法和黨、法律和黨等分開來，甚至把兩者對立起來。另一邊，左派的反彈也很強烈，從他們的討論來看，似乎中國應當回到改革開放之前的黨政不分、以黨代政體制。

不過，學術和政策界「左」、「右」兩派的表述都沒有反映中國政治體制的實際運作情況，更沒有影響到執政黨本身對黨政關係體制的探索。基本上，這些年的探索是沿着鄧小平所確定的大方向走的，執政黨已經放棄了「黨政分開」的概念，而形成了「黨政分工」的共識。這很容易理解，因為中國是共產黨領導的體制，在這個體制下，「黨政分開」沒有任何現實的可能性。不過，即使是「黨政分工」，如何把這個概念轉化成制度實踐也一直是一個「摸着石頭過河」的過程。現在，經過這麼多年的實踐，大制度架構已經明瞭，即「以黨領政」。十九大報告和黨章修正案説明更是明確了中共的領導權，即「黨政軍民學，東南西北中，黨是領導一切的」。

那麼，如何體現「以黨領政」體制呢？從制度設計和實踐趨向來看，就是要處理好內部三權（即決策權、執行權、監察權）之間的分工、協調和合作關係。內部三權分工和合作體制是中國傳統和現代政治體制的混合版。

傳統上，「內部三權」自漢朝開始一直是中國傳統體制的最主要特徵。在中國數千年歷史中，不同朝代有所變化，但基本結構沒有發生變化。在近代，孫中山先生在中國傳統中提取了「兩權」，即考試權和監察權，並把西方的三權和中國傳統的這兩權結合在一起，塑造了一個「五權體制」，即立法、行政、司法、考試和監察。孫中山先生儘管強調「以黨治國」，但其所設計的這個體制過多地受西方影響，並沒有充分考量到執政黨在這「五權」中的位置，並且對如何把考試和監察兩權有機地和前面的西方三權整合起來也欠缺考量。當然，這也是因為孫中山先生沒有很多機會來實踐其設計的「五權體制」，他所說的「五權體制」更多的是一種理論設計。從今天台灣的情況來說，「五權體制」在實踐中很難運作。民主化一來，監察權和考試權很快就被邊緣化，形同擺設。更為嚴重的是，因為執政黨的地位缺失，台灣實際上形成了「雙首長制」，即總統和行政院，加上立法院的黨爭，民主化使得政府長期處於不作為甚至癱瘓狀態。

而今天中國的「三權體制」可以說是基於傳統和現實的制度創新或者再造。在十八大之前，如前面所討論的，執政黨所要解決的是「黨政不分、以黨代政」的問題。鄧小平在前引講話中就指出，「着手解決黨政不分、以黨代政的問題。中央一部分主要領導幹部不兼任政府職務，可以集中精力管黨，管路線、方針、政策。這樣做，有利於加強和改善中央的統一領導，有利於建立各級政府自上而下的強有力的工作系統，管好政治職權範圍的工作」。這裏鄧小平強調的是「黨政分工」，並沒有「黨政分開」的意思。黨要管政治，管決策，即黨的自身建設、路線、方針和政策等最重大的問題，而政府則是管執行，即行政。儘管黨政分工和合作關係仍有很大的空間加以改進，但在這方面已經積累了不少經驗。

十八大以來，儘管沒有公開明確討論黨政關係，但在實踐方面則取得了相當的進展。可以從如下幾個大方面來看。

首先，最重要的是「以黨領政」即黨的領導位置的「法理化」，厘清了黨和政、黨和軍、黨和法等的關係。在「基層」方面則表現在黨在企業（包括國企和民企）、社團組織、農村基層組織等組織中的正式法理位置。一個簡單明瞭的事實是，既然黨從來沒有離開過任何組織，到今天為止無所不在，那麼就不能忽視黨的存在。一個理性的做法就是給黨一個法理的領導位置。從這個角度來說，黨便是「廣義政府」的一部分。十九大報告和黨章修正案說明對黨與其他組織和實體的關係説得非常明確，可以説涵蓋了「以黨領政」（黨政關係）、「以黨領經」（黨和經濟的關係）、「以黨領社」（黨和社團的關係）等方面。

其次，監察權的建設。十八大之前，黨的紀律檢查委員會和政府之間的關係沒有理順和處理好。黨的紀律檢查委員會屬於黨的機構，其有足夠的政治權力，但在執行過程中沒有足夠的法理依據（例如對黨政幹部的「雙規」）。同時，設置在政府（國務院）的監察部既不夠權力又缺少獨立性，很難對政府實施有效的監督，往往是「左手」監管「右手」。十八大之後在北京、浙江和山西等地試點實行的各級監察委員會則是通過整合黨政這兩方面的組織，重建監察權。國家監察委員會從屬於最高權力機關即全國人大，但獨立於執行機關即國務院，在內部是獨立一極權力。這就類似孫中山先生所設計的「五權」中的一權。

再次，更為重要的是「大法治概念」的確立。十八屆四中全會確立的「法治」改革中的「法治」並非學術界所討論的狹義法治概念，即立法和司法領域，而是廣義法治概念，因為其適用範圍更為廣泛，包括執政黨本身在內的所有組織機構和個人。「大法治」極其重要，因為法要調節內部三權（決策權、執行權和監察權）之間的關係。

「以黨領政」體制下的三權分工、協調和合作制度架構基本確定。可以預見，今後相當長的一段時期裏，如果不發生激進民主化或者革命，中國政治制度的改革、調整和調適都會在這個架構內進行。或者說，這三權的分工和合作構成了中國未來改革的宏觀制度背景。

也很顯然，這三者之間的關係，除了「以黨領政」原則得到確立和體現之外，還有很多地方需要改進。例如，現在的執行權往往被「三明治」化，受決策和監察兩權的制衡過多。一方面是決策權向行政權滲透，另一方面是監察權對行政權的監管。這種「三明治」化的情形往往導致了執行（官僚）權的「不作為」。又如，監察權得到確立和擴張，但監察權本身如何得到制約呢？如何防止監察權的濫用呢？再如，監察權和決策權之間的關係又是如何呢？諸如此類的問題既是理論問題，也是實踐問題。不過，這些問題的存在也表明，中國政治體制仍然存在着巨大的創新和發展空間。十九大後成立的「中央全面依法治國委員會」是推進大法治的主體領導組織，需要回答這些問題。

五、結論

一個國家崛起的核心就是制度崛起，而外部崛起只是內部崛起的延伸而已。制度是人類文明的積累。對任何國家尤其是對發展中國家來說，制度建設是一切，所有其他方面的進步都必須以制度的進步來加以衡量。儘管制度是人確立的，但制度比人更可靠；歷史地看，制度更是人們衡量政治人物政治遺產的最重要標準。

自從中國近代以來傳統皇朝國家制度被西方一而再、再而三打敗之後，中國的數代精英一直在尋找合適中國現實的制度建設。從晚清到孫中山再到國民黨，其間經歷了諸多失敗。直到

1949 年中華人民共和國成立之後，中國才開始了沒有外力干預下的內部制度建設。毛澤東一代的政治功勞不僅在於他們統一了國家，更在於他們確立了中國政治制度的基本架構。鄧小平時代的制度進步尤其顯著。毛澤東時代，各種社會政治運動對毛澤東自己確立起來的制度造成了巨大的衝擊和破壞。鄧小平一代經歷了這個痛苦的時代，因此把制度建設置於頭等重要的位置。今天我們所看到的很多制度都是在鄧小平時代確立起來的。這也是鄧小平時代持久影響力的制度保障。直到現在為止，人們可以討論如何改革或者改進這些制度，但沒有人可以輕易否定和取消這些制度。這些制度一旦被黨政官員和大眾所接受，便具有了自我生存能力。

鄧小平之後，二十世紀 90 年代，中國在制度建設上又有很大的進步。為了加入諸如世界貿易組織等，中國實行了「接軌」政策，即改革自身的制度和國際標準接軌。進步尤其表現在經濟方面，整個社會主義市場經濟的制度架構就是這個時期確立的。同時，在政治上，1997 年中共十五大把「法治」寫入黨和政府的文件，並把「法治」確立為政治制度建設的目標。

儘管十八大以來外界關切的焦點在於中國轟轟烈烈的反腐敗運動和經濟的新常態，但如果站在未來的立場來看，十八大以來最主要的進步也在制度層面。甚至可以說，無論是大規模的反腐敗運動還是經濟新常態，都為其他方面的制度建設提供了一個環境和條件。當 GDP 主義盛行的時候，制度建設很難提上議事日程；同樣，當腐敗盛行的時候，政治體制和執政黨本身的體制建設很難提到議事日程上來。

十八大以來的制度進步並不表明中國的制度建設已經完成

了。在任何國家，制度建設永遠不會終結。如果有了「歷史終結」的觀點，那麼就是制度衰敗的開始。西方是這樣，中國也是這樣。正因為如此，十九大在「校正」了此前一些制度發展偏差的基礎上，明確了未來制度發展的方向、目標和路徑。十九大後成立中央全面依法治國委員會。「依法治國」是中共十八屆四中全會的主題，是中國最大的政治改革方案。毋庸置疑，建立中央全面依法治國委員會的目的就是為了推進中國全面制度建設。可以預見，到中華人民共和國成立一百周年，一個以法治為中心的新型中國政治制度或者中國模式必將屹立在世界的東方。

鄭永年　楊麗君　　2021 年 4 月 17 日

下篇

周邊外交

第十四章

日本新保守政治勢力的崛起和我國的對日政策選擇

摘要

日本民主黨政府「國有化」具有主權爭議的釣魚台引發了我國大規模的反日示威遊行潮。同時，日本國內的傳統以右派為基礎的民族主義和新保守勢力也有走向聯合的趨勢，各種力量也發動了規模不等的反華示威遊行。中日勃發的民族主義已經使得亞洲各國甚至全世界對亞洲地區的和平與安全問題深感憂慮。中日關係往何處去？是和平？還是戰爭？在亞洲眾多的國家間的關係中，中日關係可以説是決定這個地區和平與安全的重要因素。

首先，中日兩國分別為世界第二、第三大經濟體，不僅兩國的經濟體互相依賴，而且這兩個經濟體各自和其他經濟體也有高度的相互依賴性。因此，一旦中日兩國民族主義發生衝突，必然影響整個亞太地區的經濟，甚至是整個世界經濟。最近中國央行行長與財長缺席在東京召開的國際貨幣基金組織會議，很多國家的領導人和國際組織已經對每況愈下的中日關係表示了高度的關切。很顯然，在世界經濟一篇不景氣的情況下，中日關係的惡化無疑會對世界經濟產生負面的影響。

第二，美日聯盟的存在表明中日民族主義的衝突必然影響到中美關係，而中美關係則是當今世界的決定性因素，可對整個世界事務構成實質性的影響。美國一直把美日聯盟視為維持其在亞太霸權地位的主柱。一旦中日民族主義發生衝突，無論從哪個角度來說，美國很難置身事外。捲入？還是不捲入？對美國來說都是一個艱難的選擇。不捲入，就等於廢棄了美日聯盟，美國在日本的信譽必然盪然無存，其在整個亞洲的信譽也必將消失。那麼，捲入呢？這就意味着兩個核大國之間可能發生衝突。中美兩國之間高度的經濟互相依賴已經形成了一些美國學者所說的「中美國」，各自可以對對方構成金融「恐怖主義」。一旦中美發生衝突，結果不會像冷戰期間美國和當時的蘇聯那樣，而更像古希臘時代的雅典和斯巴達之間的衝突那樣。美蘇對抗最終導致了蘇聯的解體，但中美一旦對抗更可能導致兩敗俱傷，就像雅典和斯巴達那樣。

這一點美國也很清楚。因此，儘管從地緣政治的角度美國樂意看到中日之間存在一定的緊張關係，但如果美國感覺到中日之間有發生公開衝突的現實可能性，就會緊張起來。美國的這種矛盾態度最近表現得尤其顯然。一方面，美國對日本表示，美日聯盟可以適用到釣魚台；另一方面，美國也在呼籲中國和日本不要訴諸於武力來解決問題。一邊是經濟上的「中美國」，另一邊是軍事戰略上的「美日聯盟」，美國要在這兩者之間做到平衡，這是一件艱難的工作。但一旦失衡，不僅會導向中日之間的衝突，也會導向中美之間的衝突。不過，美國近年來的行為使得人們愈來愈懷疑其是否有真正能力來做到這個平衡。也就是說，中日之間的關係美國所能起的作用有多大是需要認真評估的。對中國來說，美國能夠持一個比較中立的立場就已經是非常理想了。要改善中日兩國之間的關係還是需要雙方自身的努力。

第三，較之中國和其他亞洲國家間的民族主義，中日之間的民族主義具有特殊性。中國、越南、菲律賓等國之間的民族主義可以視為是常態民族主義，民族主義的核心就是領土和海洋的具體糾紛，就是說，這些民族主義包含着的更多的是物質意義上的「國家利益」。這種形態的「國家利益」之間的糾紛和衝突往往是可以加以管理的。但中國針對日本的民族主義具有特殊性。近代以來，中國的民族主義本來從日本輸入，也是因為日本因素在中國生根、發展和強化。從甲午戰爭到第二次世界大戰，日本給中國帶來戰爭和巨大災難，如此長的一段歷史徹底改觀了中國人的民族主義觀念，中國人的民族和國家的恥辱是和日本有直接關聯的。就是說，中國對日本的民族主義在具體的國家利益的基礎上增加了強烈的情感因素。這種強烈的情感因素使得這一民族主義難以控制和管理。從「五四運動」到這次反日示威運動中所展現出來的情緒性甚至暴力性，人們可以清楚地看到這一點。

日本對中國的民族主義也同樣具有巨大的非理性色彩。在近代，日本民族主義曾經給亞洲國家帶來戰爭和創傷。但日本不僅沒有對此進行深刻的反省，而是把日本的戰爭行為理解成為是「正義」的，是為了帶領亞洲國家反擊歐美殖民地主義和帝國主義對亞洲的入侵。這一點直到現在還有很多日本人是這麼認為的。二戰之後，日本很快成為經濟大國，但日本從來就沒有成為一個真正獨立的主權國家。因為美日聯盟的存在，日本在國際舞台上充其量也只是一個「半主權」國家，尤其在戰略層面。日本對此狀況一直是不滿的。從上世紀 80 年代石原慎太郎著述對美國人說「不」到前些年當時的民主黨首相鳩山提出意在追求和美國平等關係的「東亞共同體」，一直貫穿着這種不滿的情緒。但日本民眾最大的非理性情緒是對中國。因為多年的經濟不振，中央政府不斷弱化，日本民眾普遍對中國的崛起感到十分的恐懼。石原慎太郎不斷告誡民眾日本如果不努力，就會變成「中國的一個省份」。這儘管是誇張的說法，但的確反映了日本很多人對華的恐懼感和自卑。

種種因素表明，中日兩國如何理性地應付各自的民族主義決定了亞太區域的安全或者不安全。從理性主義的觀點看，任何問題的產生總有其原因。只要有原因，人們便可找到控制、管理甚至最終解決問題的方法。中日民族主義也一樣，要控制和管理民族主義，首先就必須理解它們各自產生和發展路徑。歷史地看，任何民族主義並不是一產生就具有進攻性和侵略性的。民族主義最終成為國家間衝突和戰爭的根源是後來人為造成的，即政治力量把民族主義作為一種力量來動員並使用到國際關係上。在這個意義上，中日兩國的民族主義，如果任其發展，都具有導致兩國最後衝突的潛在的危險性。

對我國來說，如何應付日本民族主義不僅關係到內部的穩定發展而且也關係到我國的外部崛起。日本民族主義的崛起已經嚴重威脅到中日關係。儘管這次我國本身也發生了大規模的反日民族主義浪潮，但這是反應性的，是對日本民族主義的反應。但很顯然，不管是甚麼原因，一旦民族主義失控，必然對國內的和平發展產生負面的影響。同時，因為中日民族主義互相感染、互相升級，如果失控，也必然影響中國外部的和平環境。中國改革開放以來各方面已經取得了巨大的成就，但離一個大國的距離還是很遠。中國的可持續發展還必須依賴於內外的和平環境。日本民族主義不應當成為或者被成為中國繼續崛起的一個負面因素。

再者，作為世界第二大經濟體，中國現在負有很大的區域和國際責任。在成為大國的路途上，中國現在面臨關鍵的選擇。到目前為止，中國的崛起大多表現在經濟面，而非政治和戰略面。如何處理和日本的關係不僅是國際社會對中國國際戰略的考驗，而且也是對中國區域和國際責任的考驗。

中國對日關係要作怎樣的政策選擇？我們首先必須對日本民族主義作深刻的認識。長期以來，我們對日本民族主義的認識極為膚淺，往往把日本民族主義和「教科書」和「極右派」等聯繫起來。我們沒有看到日本這些年來民族主義的變化，尤其是新保守勢力民族主義的崛起和其與傳統右派民族主義的關係。實際上，新保守主義的崛起不僅正在改變着日本國內的政治生態，也在不斷改變着日本的對華政策甚至國際關係。我們只有對日本新保守主義的民族主義有了深刻的理解之後，才能認識其對中日關係所構成的威脅，也才能制定有效的對日政策。

一、釣魚台爭端與日本的新保守政治勢力

2012 年春夏之際，釣魚台爭端繼 2010 年的撞船事件之後再次浮出水面，成為影響中日兩國各自的內政與外交，並直接影響到整個東亞局勢的重要事件。由東京都知事石原慎太郎推動的東京都捐款購買釣魚台運動，最終導致野田政府實現了釣魚台國有化計劃。很多學者和觀察家都簡單地認為，2012 年釣魚台爭端的開始和演變主要與日本內政有關。比如說，野田政府積極推進增加消費税法案，導致民主黨內部分裂，民間反對聲浪增加，因此，野田在釣魚台事件上採取的強硬措施有助於轉移視線挽回其

不斷下滑的支持率。也有人認為，石原慎太郎以及日本政府在這一特定時期將釣魚台國有化，是要趁中國內部權力交接班時趁火打劫。也有人將釣魚台爭端歸結為民主黨外交能力的欠缺。毋庸置疑，這些看法都有些道理。不過，事情並非這樣簡單。對中國來說，這裏有兩點需要特別注意：第一，日本在釣魚台問題上所採取的一系列動作，並非突發奇想，而是有一個長時間的醞釀和推動過程。這個過程至少可以上溯到 2010 年的釣魚台撞船事件，甚至更久遠之前。第二，釣魚台爭端以及近年日本對華民族主義的背後，起主導作用的是不斷崛起並且在日本對華政策中愈來愈具有發言權的日本新保守政治勢力。剛剛當選為自民黨總裁並且有望再次當選為日本首相的安倍晉三，以及被譽為中日關係「毒藥」的石原慎太郎都是新保守政治勢力的核心政治人物。在安倍當選總裁之前，曾多次參加新保守政治勢力的集會，並以召集人身份與石原慎太郎、上原清司（埼玉縣知事）、櫻井良子（著名反華言論媒體人）、原口一博（前總務大臣、眾議院議員、民主黨成員）以及平沼赳夫（眾議院議員、たちあがれ日本黨魁）等號召國民參加於 2012 年 12 月 13 日在東京舉辦的「探尋『南京事件』真相國民集會」，公開支持名古屋市長河村隆之在今年 2 月發表的否定南京大屠殺事件的言論。在當選為自民黨總裁之後，安倍也曾表示要在任期內實現修改憲法，使日本國家正常化。他還公開許諾如果當選首相將會增加自衛隊海防費用。儘管選舉前的承諾未必一定會兑現，在野黨變為執政黨時言行也未必一致，但是，從最近中日關係摩擦以及民間反華遊行的背後，我們依然可以明確地看到日本新保守政治勢力的崛起以及在日本政壇話語權的增大。當然，新保守政治勢力之所以能夠從中央到地方呈廣泛範圍的崛起之態，與日本民族主義的再次抬頭，特別是對華民族主義的抬頭有着密切的相關性。

當提到日本對華民族主義時，我們很容易聯想到近年來在日本頻發的反華示威遊行。很多人以及多數中國媒體甚至外交分析者都把它簡單劃歸為日本右翼組織的反華活動。實際上近年來日本的反華示威遊行與之前有着很大的不同。主要表現在以下幾個方面：

第一，近年來的日本反華遊行背後的支持力量為新保守政治勢力。以 2010 年 2 月成立的「日本加油！全國行動委員會」(がんばれ日本！全國行動委員會) 為代表的新保守政治勢力是近年來反華遊行的主要組織者。而之前的反華活動主要來自於日本傳統右翼團體。

第二，新保守政治勢力領導的反華遊行以和平抗議為主，區別於傳統右翼團體的恐嚇、暴力抗議形式，因此，更能夠吸引日本民眾。

第三，新保守政治勢力領導的反華遊行中，參加者多為年輕人和普通的市民，與傳統右翼團體中暴力團成員為主體的現象有着明顯的區別。

第四，與中國對突發事件的憤怒而聚集的反應性反日遊行相比，日本的反華遊行更具有高度的組織性，同時具有明確的目標，對日本政治社會的影響也將是持續和長久的。

第五，更值得我們注意的是，由於反華活動的領袖多來自主流社會，更有一些為著名的政治領袖人物，新保守政治勢力的崛起對中日關係和日本對華政策的影響也是巨大的。

以上特徵在 2010 年由釣魚台撞船事件引發的反華遊行中就

已經非常明顯。但是這些長期以來被我國的媒體和觀察家所忽視。也正是因為這種忽視，使得我國對 2010 年以來的日本反華運動以及其背後新保守政治勢力的活動沒有引起足夠重視，導致今天在釣魚台事件中的被動反應。

很顯然，對我國來說，要制定科學有效的對日政策，就要深刻理解日本新保守勢力的崛起和日本民族主義的關聯以及這些政治力量對中日關係的負面影響甚至威脅。在這份報告中，我們集中討論如下相關的問題：從 2010 年撞船事件以來到民主黨政府「國有化」釣魚台，日本到底走過了一個甚麼樣的過程？在這個過程中，日本有過哪些反華遊行活動？這些活動的規模和參加情況如何？對日本社會的影響有多大？誰是反華遊行的組織者？組織者背後存在着怎樣的政治勢力？2010 年以來的反華運動與之前的反華運動有甚麼不同？如何看待新保守政治勢力在日本的崛起？新保守主義會對日本的內政產生怎樣的影響？它又如何威脅着中日關係？

報告的後一部分會分析我國可能的對日政策選擇，重點放在中國如何有效回擊日本新保守主義和追求國家利益的基礎上，避免刺激日本民族主義，從而遏止其對中國的挑戰，為中國可持續的經濟發展創造和平的內外環境，從而實現國家的真正崛起。

二、2010 年以來的反華遊行

日本新保守政治勢力的崛起與 2010 年的釣魚台撞船事件有很大的相關性。2010 年的釣魚台撞船事件發生之後，日本各地反華示威遊行頻繁。這對於一向不太喜歡利用示威遊行表達意見的日本人來説是頗為引人注目的事情。其中最引人注目的有以下幾宗抗議示威行為。

1. 2010 年 10 月 2 日，日本新保守政治勢力「日本加油！全國行動委員會」協同其他組織包括「草莽全國地方議員聯盟」、「日本李登輝之友」(日本李登輝友の會)、「日本維族聯盟」(日本ウイグル會) 組織了「聲討中國入侵釣魚台！全民統一大遊行」(中國の尖閣諸島侵略糾弾！全國國民統一行動デモ)，在東京澀谷附近舉行了大約有 2700 人參加的遊行活動，並在代代木公園進行了演講活動。這也是釣魚台撞船事件以後組織的第一起抗議遊行。這次遊行以「堅決反對中國對日本的侵略行為」、「釣魚台為日本的固有領土」、「打倒媚中的菅政權」、「屈服於外壓的政府應該辭職」為主要口號，遊行隊伍中也出現了「與中國絕交」等極端口號。遊行參與者中年輕人為主體，女性佔據了相當的比例。同一天，名古屋也發生了大約 400 人參加的反華遊行活動。次日，沖繩發生了大約 1500 人參加的反華遊行活動。

2. 2010 年 10 月 16 日在東京中國大使館附近的六本木，「日本加油！全國行動委員會」和「草莽全國地方議員聯盟」等組織了 3000 人以上參加的反華遊行，也有媒體報道稱當日參加者達 6000 人。這次遊行吸引了國外多家媒體的關注，被外媒稱為「在日本罕見的大規模遊行」。

3. 2010 年 11 月 6 日，釣魚台中國漁船衝撞錄像曝光之後，「日本加油！全國行動委員會」、「草莽全國地方議員聯盟」、「日本李登輝之友」、「台灣研究論壇」(台灣研究フォーラム) 等在東京日比谷戶外音樂廳舉辦了「自由與人權亞洲聯盟集會」，會上，以批判中國而聞名於日本的田母神俊雄 (前日本自衛隊航空幕僚長，因對華不當言論辭職，後全力投身於反華著作和演講活動）、小池百合子等人士進行了演講，其主旨為批判中國的擴張主義和人權壓制，同時也對民主黨的外交政策進行了批判。演講之後在日比谷、銀座、有樂町進行了約 4500 人參加的遊行。在這次集會中，組織者呼籲在日藏族、新疆、內蒙古等要求獨立的中國少數民族、台灣地區、東突解放組織、以及東南亞國家在日反華組織的共同參加，同時也呼籲來自中國大陸的在日人權以及民運組織參加，來聯合反對中國在外交事務中的霸權主義以及對國內的人權壓制。參加者中有人手舉藏獨的雪山獅子旗，也出現了大量要求釋放劉曉波和反對中國政府壓制人權的標語牌。原籍台灣以主張台獨批判中國政府聞名的文化人黃文雄做了具有象徵色彩的演講。

4. 2010 年 11 月 13 日在橫濱 APEC 首腦會談召開之際，橫濱發生了「抗議中國侵略亞洲、抵制人權壓制」(中國のアジア侵略・人権弾圧を阻止する抗議デモ）的遊行活動，大約有 3500 人蔘加。次日，橫濱車站前再次發生了約有 1600 人蔘加的抗議活動，該活動的主旨在於支持將釣魚台中國漁船衝撞錄像公佈的海上保安官。

5. 2010 年 11 月 20 日，大阪發生了由 3300 人參加的「聲討中國侵略釣魚台！全民同一行動的大阪抗議遊行」活動，田母神俊雄等作了演講。

6. 2012 年 10 月 8 日，由「日本加油！全國行動委員會」與「草莽全國地方議員聯盟」在東京朝日新聞社前，組織「抗議反日媒體《朝日新聞》」的第一次集會，批判《朝日新聞》對華報道中的親中傾向，抗議其對安倍晉三的不利報道（比如說《朝日新聞》

認為安倍在幾年前在任期間辭去首相違反了日本人盡責的精神)。約有 700 人參加。這兩個組織也在 2012 年 10 月 13 日在東京都心組織「反日媒體連續抗議行動第二次機會 —— 堅決反對媒體打倒安倍」，抗議對象為日本電視 TBS。

7. 2012 年 10 月 5 日由「日本加油！全國行動委員會」與「草莽全國地方議員聯盟」在東京《朝日新聞》社前，再次組織抗議《朝日新聞》對安倍的不利報道。認為對安倍的質疑是受中共的指使。

在上述多次抗議運動中，參加者從 20 歲到 70 歲，涵蓋各個年齡層，但是以青年和中年人居多。喚起年輕人的愛國熱誠也是每次抗議演講中多次被強調的主題。由於抗議運動多選在星期六或星期天舉行，所以遊行隊伍中常會看到夫婦、戀人、或父母帶着小孩來參加。參加者中也有不少是普通家庭婦女。在運動設定的議題方面，正如運動隊伍中的宣傳招牌所顯示的，是要通過動員民間力量來重振日本(「救國」、「草莽崛起」)、抗議中國，保衛尖閣諸島(釣魚台的日本名稱)，批判民主黨的對華外交政策，批判中國的霸權主義，倡導東亞、東南亞各國團結起來對抗中國的地區霸權等主要目標。在運動進展過程中，組織者也積極尋求與其他反華力量的聯合。同時，他們也尋找釣魚台爭端之外的其他議題。比如說，劉曉波獲諾貝爾文學獎的事情，被運動組織者用作批判中國政府；在人權和言論自由問題上，尋找與對中國政府持異議的其他中國境內外組織組成聯盟的機會。與釣魚台問題毫不相干的 APEC 會議也被組織者看作是一個建立反華同盟的好機會。其原因在於：第一，各國媒體雲集橫濱，是一個將反華運動國際化的好機會，對拓展組織的知名度也有益處，同時曝光度的增加也利於發展成員。第二，在 APEC 會議期間抗議運動也將矛頭指向了反對中國主導國際會議，更有極端口號要求將中國從 APEC 中除名。從這些動作中，我們不難看出日本對本國在國際事務中的地位衰落所產生的危機感，以及對本國政府特別是民主黨在國際事務中的無為的不滿。從各種抗議中國的演講中也可看出運動組織者嘗試利用這樣的會議來倡導東亞以及東南亞其他國家與日本聯合起來制衡中國。

概括地說，通過各類反華遊行，遊行組織者正在做以下三方面的努力：第一，嘗試聯合中國境內外的其他反華勢力協同行動；第二、嘗試喚起其他國家特別是東亞、東南亞各國對中國的不滿，形成新的對華包圍圈；第三，組織者也在嘗試利用中日間爭端之外的其他重要事務來使運動長期化並拓展運動的國際和國內空間。也就是說，這些使得日本的反華民族主義運動具有了制度性，從而形成可持續性。

因此，對於中國來說，2010 年釣魚台事件沉靜下來之後就意味着問題業已解決，但對日本新保守政治勢力來說，卻是一連串動作的開始，最終導向了東京都知事石原慎太郎的購島計劃。

2011 年儘管日本經歷了福島地震、海嘯和之後的原子能發電站核滲漏三大危機，以及政壇首相更換等大事件，但日本保守政治勢力的「保島」活動並沒有停止下來。實際上，在應付三大危機過程中，日本中央政府的無能更使得很多日本人擔心國家的未來。很多地方政治人物紛紛出來希望通過訴諸於民族主義來振奮日本人民的精神。不難理解，釣魚台就成為他們的目標。

2011 年 11 月，釣魚台附近的沖繩縣石垣市地方議會向政府提交了申請，提出為了確保税收和自然資源保護，申請到釣魚台以及其他相關島嶼登島調查。該申請被否決，但卻受到「草莽崛起 —— 全國會議地方議員連盟」的支持。這個聯盟的地方議員網站起草公開信徵集議員們的簽名聲援石垣市長的登島調查申請。根據「日本加油！全國行動委員會」控制的媒體 —— 日本文化頻道櫻花（SakuraSo-TV）《直言極言》節目記錄，2011 年 2 月 11 日「日本加油！全國行動委員會」幹事長、劇作家水島総（Mizushima Satiru）以及沖繩縣石垣市市長和地方議會議長等人到釣魚台附近勘查，並對當地漁民做動員工作。水島提出了發動民間力量保衛釣魚台的計劃，具體做法是倡導附近漁民經常性到該領域出海釣魚，並將此行為在國內外媒體以及互聯網上用各種語言高調報道，讓世界知道釣魚台一直以來都是日本人生活的場所。他們也答應為「保釣」漁民提供燃油費。從中可見，儘管活動是一個號稱為民間機構的「日本加油！全國行動委員會」在運作，實際上政治勢力在背後的協同起了很大的作用。在 2011 年 3 月 24 日，由地方議員結成的「草莽崛起 —— 全國會議地方議員連盟」更是直接出面召集民主黨、自民黨、たちあがれ日本、國民新黨、みんなの黨代表共同召開了「保衛尖閣諸島全民集會」，集會邀請了政府、自衛隊前成員、海上防衛廳等參加並發言。

在 2011 年 6 月 23 日的日本文化頻道櫻花《直言極言》節目中，水島展示了該組織在當地製造的巨大的「保釣」船。2011 年 7 月 1 日和 22 日的節目中再次重申之前的觀點，倡導附近漁民頻繁到該海域活動，以行動來向世界表明日本對該島的所有權。2011 年 7 月 22 日水島以及另外的 30 人到釣魚台進行「尖閣諸島釣魚活動」以試探中國政府的反映。據節目報道，中國方面「要求日本政府要登島者離島」，水島在節目中稱中方使用「要求」一詞，意味着中國承認該島主權屬於日本，認為這是這次行動取得的重大勝利。在當天的節目中，水島還透露了登島調查的計劃由於島主拒絕而擱淺，並且稱關於這次行動的收穫以及相關問題已經到日本政府向負責釣魚台問題的相關政治人物進行了報告。

2012 年 1 月 24 日，水島與眾議院議員新藤義孝和向山好一一起到釣魚台附近的海域勘查，水島稱這次勘查主要目的是為了給周圍的無名島命名。水島在節目中談到，這次活動的主要意義在於國會現任議員進入這個海域是 1997 年以來的首次，並稱這是一次具有重大歷史意義的突破。

在這個背景下，2012 年 4 月 20 日石原慎太郎正式發表購島計劃，把釣魚台議程再提高了一個政治層次。同時，石原也是意圖再次試探中國政府的反映。《直言極言》節目稱中國政府的反映出乎意外的冷靜。在當天的節目中，水島一如既往地倡導國民盡國民之義務，協助石原的購島計劃，保衛日本領土。2012 年 4 月 27 日的節目中，水島稱如果政府不作為，那麼地方議員以及國民必須站出來保衛國土，並且在節目中公告將在 6 月 9 日到 12 日之間舉行「尖閣諸島集體漁業活動」，倡導大家踴躍參加。

2012 年夏季之後至今「日本加油！全國行動委員會」和「草莽崛起 —— 全國會議地方議員連盟」等活動更加頻繁。9 月中下旬，受中國反日遊行活動的刺激，日本反華抗議遊行再現。但需要注意的是，這次反華遊行中既有日本新保守政治勢力組織的和平示威遊行，也有由右翼團體組織的具有暴力特徵的示威遊行。儘管從參加人數來看 9 月 29 日日本右翼團體組織的遊行規模最大（當然可以想見其中有很多參加者並不能夠區分兩團體的區別），但是從互聯網上的留言反應來看，對於和平示威遊行的評價更具正面性，並且也引起了很多網民的共鳴。比如，「日本加油！全國行動委員會」和「草莽全國地方議員聯盟」於9月22日，在東京六本木一帶組織了約1400人參加的遊行集會，號召「解決抵抗中國對尖閣諸島的侵略」、「國民共同保衛尖閣諸島」。為了區別於「在特會」等右翼團體組織的活動，該活動對口號、標語等方面都有嚴格規定。比如說，所有標語和旗幟都由組辦方提供，嚴禁使用自帶標語和旗幟，特別禁止攜帶旭日旗，因其令人聯想到二戰時期日本軍旗，也杜絕極端口號。在整個遊行過程中，隊伍的齊整以及和平微笑的姿態方面都成為了注意事項。遊行照片和錄像中，身着漂亮和服的年輕女性格外令人矚目。這也與新保守政治勢力提倡回歸傳統，着和服唱國歌，從傳統中尋找民族自信的理念相符。突顯和平抗議方式，既是為了區別於右翼團體的暴力抗議方式，又是為了回擊中國反日者的非理性行為。

相比之下，日本右翼團體組織的活動則呈現明顯的不同。2012年9月18日，「在特會」東京支部（全稱為：反對在日特權市民會，日文名：在日特権を許さない市民の会東京支部）在池袋組織反華大遊行。示威者手舉旭日旗和日本國旗，喊出「中國人滾出去」，「Kill China」等口號。這次遊行也反對韓國。2012年9月29日，「在特會」在池袋再次組織了據稱有25000人的反華大遊行，抗議中國反日遊行中對日本人以及日本企業的「暴行」，喊出「殺死支那人」，「打倒中共」等極端口號，高揚的旭日旗也為這次活動增加了恐怖色彩。

三、新保守政治勢力的組織網絡

從前面的討論中，我們可以看出，自 2010 年釣魚台撞船事件以來的反華活動大多與「日本加油！全國行動委員會」和「草莽全國地方議員聯盟」兩個組織有關。而運動之前的動員、對運動的報道、以及與運動相關的討論等都主要由以上兩個組織的官網、其成員的博客、以及一個名為「日本文化頻道櫻花」的網絡電視來傳播。可以説，一系列的反華抗議遊行之所以能夠發生與「加油日本！全國行動委員會」和「草莽全國地方議員聯盟」這兩個組織的組織和動員，以及日本文化頻道櫻花的宣傳有着直接的關係。而在這些組織發起的各種活動中，安倍晉三等「日本救國聯盟」(日本を救うネットワーク)的主要成員與會並進行了演講造勢。

那麼，這四個究竟是怎樣的組織？它們之間存在怎樣的關係？

草莽全國地方議員聯盟(草莽全国地方議員の会)

「草莽全國地方議員聯盟」成立於 2004 年，是由現任以及原地方議員組成的新保守政治勢力團體。「草莽」意為「草根」，來源於日本幕末武士吉田松陰的「草莽崛起論」。19 世紀中葉，面對西方勢力的衝擊，吉田松陰認為興國僅靠保守的藩以及藩士來實現改革是不可能的，實現真正的改革必須依靠民眾的力量，需要草莽崛起。「草莽全國地方議員聯盟」的成立旨在通過地方議員來組織民眾的力量重振日本。弘揚傳統文化，通過傳播日本傳統文化來培養日本國民，特別是年輕人對自己國家的驕傲感，為國獻身的精神，為該組織的宗旨。在這點上與安倍晉三曾經提出的「美麗國家」構想有很大的相似之處。實際上，安倍晉三儘管不是該組織的成員，但是與該組織有着非常緊密的聯繫，在「草莽全國地方議會聯盟」主辦的重要會議上，安倍晉三以及平沼赳夫（政黨「立ち上がれ日本」的創立者以及現任黨魁）等都出席並發表了演講。

「草莽全國地方議員聯盟」現任會長為東京杉並區議會議員松浦芳子（Matsuura Yoshiko），該組織現有 108 名核心會員，均為日本地方議員。該組織最活躍時期為 2010 年。「草莽全國地方議員聯盟」主要致力於推動「反對賦予擁有永駐資格的外國人參政權」、「反對夫妻別姓」、「呼籲儘快解決北朝鮮綁架日本人的問題」等活動。該會還組織了「宣傳南京事件真相全國地方議員聯盟」（南京戦の真実を伝える全國地方議員の會）、「探求慰安婦問題的歷史真相日本地方議員聯盟」（慰安婦問題の歷史的真実を求める日本地方議員の會）兩個組織，目的在於對南京事件和慰安婦問題作有利於日本的解釋。從「草莽全國地方議會聯盟」網頁的推薦書籍所宣傳的思想中，也可以看出該組織有主張二戰中日本行為正當性的思想傾向。比如，推崇武士道精神，主張參拜靖國神社；認為二戰中的日本陣亡將士為民族之魂，同時宣揚日本人對亞洲諸國的侵略是為了將各國從歐美的殖民狀態中解救出來。該組織在釣魚台撞船事件之前也曾組織「反奧運，反對中共政府對西藏藏民的鎮壓」、「反對胡錦濤訪日」、「反對習近平訪日」等遊行活動。在 2010 年 10 月之前組織的與中國相關的遊行活動中，參加人數最多時約 300 人。2011 年之後該組織的活動被更大的相同理念政治勢力「草莽崛起 —— 日本會議地方聯盟」所吸納。該組織玩有成員 1500 名。

日本文化頻道櫻花——SakuraSo-TV（「日本文化チャンネル桜」）

日本文化頻道櫻花為2004年成立的網絡放送電視頻道。該頻道以「草莽崛起」為座右銘，以弘揚日本傳統文化和宣傳新興保守政治勢力的思想為宗旨。該頻道批判「女性天皇論」和「賦予永駐資格的在日外國人參政權」以及「男女別姓論」等言論，認為這些將會使日本趨於解體。日本文化櫻花頻道倡導在年輕人中培養愛國主義精神。在日本文化頻道櫻花節目中，對中國的批判為一個重要內容。很多在日反華文化人包括台獨、藏獨、疆獨者等都曾被多次邀請參加該頻道的政論節目。該頻道也有對抗日本主流媒體的特徵。2011年後該媒體開始反民主黨，認為民主黨在與中國、韓國以及俄羅斯的領土糾紛問題上太過軟弱，號召草莽崛起，通過國民運動來重振日本。

「日本文化頻道櫻花」是在「草莽全國地方議會聯盟」的直接介入下成立的，建立之後一直被「草莽全國地方議員聯盟」用來做輿論宣傳。在言論上與行動上，日本文化頻道櫻花與「草莽全國地方議會聯盟」保持一致。該頻道可以看作是「草莽全國地方議員聯盟」和「日本加油！全國行動委員會」的輿論宣傳工具。這個頻道的總負責人水島総為劇作家，電影導演，同時也是「日本加油！全國行動委員會」的幹事長，在「日本文化頻道櫻花」開設政論節目《直言極言》，曾拍攝電影《南京真相》來質疑南京事件的真實性，認為二戰後日本人對戰爭的懺悔行為是自虐，主張戰爭正當論。日本文化頻道櫻花的節目通常需要付費才可收看，但是對於具有宣傳功能的節目會上載到YouTube，供免費觀看。比如說與釣魚台事件相關的討論節目、反華遊行動員視頻、遊行紀錄等。在「直言極言」中，水島倡導通過和平抗議羣眾運動的方式來救國。

日本加油！全國行動委員會（がんばれ日本！全国行動委員会）

「日本加油！全國行動委員會」成立於 2010 年 2 月。與「日本文化頻道櫻花」一樣，該組織也將「草莽崛起」作為座右銘，其設立宗旨為發動羣眾運動來重整日本。正如其成立綱領中所提到的，「日本正在面臨國家解體和亡國的命運」，「為了將危機化為重整日本的契機」，需要動員民眾的力量（「草莽崛起」）。會長為田母神俊雄，幹事長為「日本文化櫻花頻道」的總負責人水島總，事務局長為「草莽全國地方議員聯盟」的會長松浦芳子。松浦芳子也是日本文化櫻花頻道的發起人之一，同時兼任田母神俊雄前航空幕僚長後援會會長。從這三個主要負責人的關係可以看出，「草莽全國地方議員聯盟」、日本文化櫻花頻道、「日本加油！全國行動委員會」既在組織上有緊密的相關性，同時這三個組織也具有非常好的分工合作關係。「日本文化頻道櫻花」和「日本加油！全國行動委員會」的成立都與「草莽全國地方議會聯盟」有着密切的關係。「草莽全國地方議會聯盟」會長為「日本文化頻道櫻花」的發起人，其建立之後一直被「草莽全國地方議員聯盟」用來做輿論宣傳，在「日本加油！全國行動委員會」的成立大會上，「草莽全國地方議員聯盟」的多數會員出席，在「日本加油！全國行動委員會」成立後的歷次活動中，「草莽全國地方議員聯盟」都有成員參加。而在職能方面，「日本加油！全國行動委員會」作為民間政治團體可以在很多政治議題上動員社會力量，「草莽全國地方議員聯盟」為「日本加油！全國行動委員會」提供政治資源，很多時候與「日本加油！全國行動委員會」一起領導羣眾運動，日本文化櫻花頻道則承擔動員和宣傳職能。由於「草莽全國地方議員聯盟」的政治背景，「日本加油！全國行動委員會」常常能夠非常容易地邀請到重要的政治人物來支持他們的活動。比如說，在2010年2月2日的聯盟大會上，包括安倍晉三、平沼赳夫、下村博文在內的多位現任或前國會議員都列席。在主張和議題方面，「日本加油！全國行動委員會」與「草莽全國地方議員聯盟」和「日本文化頻道櫻花」完全一致。具體來講，在對華批判以外，「日本加油！全國行動委員會」也反對具有永駐資格的外國人參政，要求北朝鮮歸還被綁架的日本人，同時也批判民主黨政府的對外政策是賣國政策。

「日本加油！全國行動委員會」成立之後到2012年10月發動反華遊行之前主要組織過以下幾大遊行示威活動：

1) 2010年7月31日，在東京代代木公園和澀谷發動了「防止日本解體！奪回被北朝鮮綁架的人質！保衛日本！國民大行動在澀谷」(日本解體阻止！拉致被害者奪還！守るぞ日本！國民大行動 in 渋谷)。該活動參加者人數寥寥。

2) 2010年8月15日終戰紀念日組織感謝英靈敬拜靖國神社遊行(英霊に感謝し靖國神社を敬う國民行進)，在靖國神社前，組織者水島總發表了演講，並帶領全體齊唱日本國歌。參加者約300人。

3) 2010年9月21日，在東京組織了「抨擊民主黨政權」國民大會。會上對民主黨政權的外交政策等進行了批判，安倍晉三(眾議員議員、原內閣總理大臣、「創生『日本』」會長)、山田宏(日本創新黨，即 The Spirit of Japan Party 黨首)、小池百合子(眾議院議員、原防衛大臣、自由民主黨總務會長)、西田昌司(參議院議員)、西村眞悟(前參議院議員)、西川京子(前眾議院議員)、赤池誠章(前眾議院議員)等保守勢力的重要政治人物、學者和文化人士出席了會議。當天會議參加者超過了 500 人，是在反華遊行之前的集會中參加人數最多的一次。

日本救國聯盟（日本を救うネットワーク）

「日本救國聯盟」是日本政壇以「推翻民主黨政權」為目標的政治聯盟組織，成立於 2010 年 6 月 10 日。由安倍晉三為會長的「創生日本」、原經濟產業大臣平沼赳夫設立的新黨「崛起日本」（たちあがれ日本）（英文名為「The Sunrise of Japan Party」，2010 年 4 月結成，平沼赳夫也是「創生日本」的最高顧問）、原杉並區長山田宏設立的「日本創新黨」（2010 年 4 月 18 日結成，2012 年 9 月 29 日解散之後與大阪市長橋下徹為首的「日本維新會」合併）三黨聯合結成。在成立大會上，聯盟發起人櫻井良子（Sakurai Yoshiko，日本國家基本問題研究所理事長）稱組建日本救國聯盟，是為了整合具有共同志向的政治力量共同阻止日本的衰退。身為「崛起日本」後援會團長的石原慎太郎也是「救國聯盟」的重要支持者。

「創生日本」是「救國聯盟」中最主要的組織，從其所揭示的四項理念中我們可以看出，「創生日本」與以上所提到的三個新保守政治勢力組織有着相同的理念：1）儘早從民主黨手中奪回政權；2）反對永駐資格的外國人參政、反對夫妻別姓等問題法案的提案以及相關動向；3）聯合具有相同理念的議員以及候補議員，告別戰後政治體系；4）聯合各界有識之士和專家為振興日本獻計獻策；5）呼籲有識國民、團體和地方議員共同努力，在全國各地掀起以真正保守主義為基礎的國民運動政治浪潮。

至此，我們可以較為清晰地理清在釣魚台事件上，最為活躍的幾個新興保守政治組織之間的關係和結構。在國家權力層面有以眾議院參議院議員為主體構成的「日本救國聯盟」，「草莽全國地方聯盟」則可以看成是新保守政治勢力在地方政權層面的機構，「日本加油！全國行動委員會」是代表這兩個政治機構發動羣眾運動的民間組織，日本文化頻道櫻花是社會動員和發動羣眾的輿論宣傳工具。當然，四個組織之間並不存在正式的指導和被指導關係。

四、新保守政治勢力和反華遊行

從前面的討論中，我們可以看出兩點：第一，2010 年之後，新保守政治勢力進行重組和整合，並且互動頻繁。至少從它們組織的活動來看，各種不同的新保守政治勢力不僅達到了較好的整合，而且初步建立了一個貫通上下和官民的動員機制。正如在最近的反華抗議遊行事例中所看到的，這個機制一旦與能夠激發民間民族主義情緒的重要議題相結合，就會產生很大的影響力。第二，釣魚台事件促成了日本民間民族主義與日本新保守政治勢力的結合。在釣魚台撞船事件發生之前，新保守政治勢力與民間民族主義情緒的結合非常有限。「草莽全國地方議員聯盟」和「日本文化頻道櫻花」在成立之後，一直在努力利用各種政治議題動員民眾，但它們所舉辦運動的參加人數一直有限，多數時候為數十人，即便在最容易動員國民的中日關係問題上，運動參加人數多時不超過 300 人，這已經是令舉辦方覺得非常驚奇和滿足的成績。「日本加油！全國行動委員會行」成立後的動員狀況也差不多，該組織儘管網絡了具有保守政治傾向的各界名人，每次集會都有重要政治人物演講造勢，但是在釣魚台撞船事件發生之前，參加人數非常有限。在其所主辦活動中，參加人數最多的兩次遊行都與中國有關：一次為終戰紀念日組織參拜靖國神社，一次為反對民主黨的外交政策，分別約為 300 人和 500 人。但是釣魚台撞船事件發生之後狀況有了很大改變。

那麼，日本新保守政治勢力崛起的內外因在哪裏？為甚麼釣魚台撞船事件會促成新保守政治勢力和民間民族主義情緒走向結合？日本新保守政治勢力的興起和民間民族主義高漲對中日關係造成了怎樣的影響？

日本新保守政治勢力的崛起有着多方面的原因：

第一，與日本的國內政治不穩，執政黨支持率下降有關。近年來日本政壇多變，首相更替頻繁。民主黨在選舉中獲勝實現了政權在政黨間的轉換，但是打着變革旗幟的民主黨並沒有能夠如承諾的那樣，帶着日本國民走出政治經濟的困境。再者，民主黨嘗試變革的一連串政策調整並沒有能夠引起國民的廣泛支持，同時也觸發了體制內外新保守政治勢力的抬頭。比如說鳩山首相建構東亞共同體的構想引發了國內對民主黨外交的批判，普天間美軍飛機場移設問題更使得當時的鳩山政權眾叛親離。日本大地震之後，民主黨對核反應堆的處理不當迫使首相更換，野田政府的調整消費稅的法案受到黨內外的批判。在國內諸多爭議性問題上，民主黨的變革意向也超出了民間多數的接受程度，比如說小澤關於日本出現女天皇也未嘗不可的發言等。政府執政能力和社會統合力的降低，為新保守政治勢力和民間民族主義的崛起提供了機會。民間民族主義激盪往往與內憂外患政權衰退相關聯。對於「日本救國聯盟」來說，重整旗鼓，擴充力量，爭取民間力量，在下次選舉時擊敗民主黨，是其和其他新保守政治勢力結盟的最直接的動機。當然，其背後既有爭取黨派利益的目的，也有重整日本的雄心。

第二，與日本的經濟發展相對停滯有關。從上個世紀 90 年代起，日本經濟增長放緩。儘管日本政府不斷進行改革試圖重振日本經濟，但效果不佳。經濟發展放緩使得很多社會問題突顯，社會不滿上升。比如說，中年人失業率增加、年輕人中臨時僱用比例上升、高速發展期的全民中產階級現象不復存在，收入差距增加，生存壓力加大等。一系列的社會問題所帶來的對政權的失望和不滿情緒，為民間民族主義和新保守政治勢力的興起提供了充足的可動員資源。一旦觸動民族主義情緒的事件發生，這些不滿情緒就非常容易在政治動員下轉化為民族主義。而對於體制內的新保守政治勢力來說，國內經濟問題和國際地位的下降所帶來的危機意識，以及來自高速成長狀態的中國所帶來的「威脅」，這些都成為它們整合的外在壓力。

第三，與日本的危機意識以及本國現狀的認知有關。日本是一個地震和颱風等自然災害多發的島國，地緣特性決定了日本人較之於中國等大陸國家，具有更強的危機意識和集體意識。這兩種國民性對理解日本新保守政治勢力和民間民族主義的崛起非常重要。從「救國」、「草莽崛起」、「日本解體論」、「中國侵略論」(內容不單指兩國間的領土紛爭，同時也涵蓋對中國經濟崛起、在國際上話語權增加、軍事力量增大等帶給日本、以及東亞秩序的威脅）等這些新保守政治勢力在歷次遊行動員都會使用的詞語中，我們可以看到日本普遍蔓延的危機意識，以及日本對危機認識的嚴重性。正如十九世紀末二十世紀初，亡國的危機意識以及「救國圖存」目標激發了中國民族主義一樣，今天的日本人對國家命運的理解非常類似於百年前的中國。石原慎太郎在「日本救國聯盟」的成立會上曾說，日本就像已經開始沉沒的鐵達尼號（Titanic），船上的人想要躲到安全的地方，但是最終卻無路可逃隨船沉落海底。如果這種狀態不能改變，他會死不瞑目。他試圖用形象的比喻來激發一向對政治不感興趣的民眾關注國家命運，但是從中也可看到他對日本現狀的認識。另外，在新保守政治勢力的網站和活動中，明治維新之前幕府末期的很多重要人物成為他們用來明志的精神偶像，比如說提倡「草莽崛起論」的吉田松陰、倒幕運動的阪本龍馬，甚至清末提倡「驅逐韃虜、恢復中華」的孫中山也成為他們效仿的對象。我們可以從中看出，正如日本人認為十九世紀中葉美國「黑船」到來是日本近代史上最深刻的一場危機，而日本的仁人志士卻最終將危機轉化為近代化的動力一樣，今天新保守政治勢力陣營內的一些政治人物也一樣認為，日本正面對深刻的危機，而明治維新成為他們重整日本的精神力量。

第四，與中央弱和地方勢力崛起的現狀有關。民主黨是缺少經驗的新黨，在很多方面儘管不想繼續自民黨從前的道路，但是政治創新並不是一件容易的事。和西方其他國家的民主政治一樣，今天的大眾民主已經很難產生一個強大而有效的中央政府。在弱中央的情況下，日本地方勢力正在迅速崛起，比如說倡導分權的大阪市長橋下徹，老謀深算的東京都知事石原慎太郎，就連名古屋知事也不懼怕中央政權而在南京事件上公開妄言，否定南京大屠殺。愈來愈多的日本地方力量不滿意於日本的政治制度，他們想通過改革來重新改造日本政治。大阪市市長所發起的新「維新」運動正在得到愈來愈多的人民的支持。他們希望再來一次類似於「明治維新」那樣的政治運動來重振日本力量。很容易理解，這些地方政治人物往往因為訴諸於日本民族主義而崛起，他們一方面是民族主義崛起的強大推動力量，另一方面，一旦民族主義力量變得強大，他們便可獲得巨大的政治利益。

那麼，為甚麼釣魚台撞船事件會促成新保守政治勢力和民間民族主義情緒的結合？在釣魚台撞船事件之前，日本的對華民間民族主義本來就一直處於上升的趨勢。其背後的原因與前面談到的新保守政治勢力的崛起有着異曲同工之處。中國出口日本的毒餃子事件、中國的環境污染殃及日本、中國赴日觀光團的不當行為舉止、中國被稱為「山寨」的盜版文化暢行對日本知識產權的侵犯、中國網上民族主義等等，所有這些都令日本人對中國的親近感每況愈下，日本網上的對華民族主義一直非常活躍，特別是互聯網上名為「2 頻道」(2 チャンネル) 的網站中的「厭中論」吸引了一大批日本「憤青」。但是，在釣魚台撞船事件之前這些民間民族主義情緒很少與政治團體或者具有政治傾向的團體結合，民間民族主義情緒也很少轉化為街頭運動。釣魚台撞船事件之後改變了這種情況。在事件發生之後的反華遊行中，很多普通的民眾加入到了街頭運動中。數千人的遊行隊伍儘管在日本只是很小的一個羣體，但是對於一向政治參與意識不高的日本社會來說，卻是一個值得重視的現象。最近發生於中國的非理性反日暴力行為更是使愈來愈多的日本人開始厭中。儘管中國在這次反日運動中，互聯網上倡導理性愛國的聲音也非常強勁，但是日本媒體所顯示的全部都是暴力畫面。這些影像令日本觀眾非常錯愕。

那麼，為甚麼釣魚台撞船事件之後日本新保守政治勢力便與民間民族主義迅速走向結合？這裏，主要有以下兩方面的原因：

第一，它與政府對糾紛的處理方式以及民間的非理性民族主義有關。在釣魚台撞船事件發生之後，對釣魚台撞船事件上的處理方式在日本引起強烈反彈，多數日本媒體片面認為中國的處理方式態度過於強硬，不是本着協商的方式解決，而是以勢壓人、以大欺小。儘管在釣魚台撞船事件處理方面的問題與日本民主黨的外交經驗欠缺、中日政府間由於溝通不當產生誤解等也有很大關係，但是由於日本媒體的片面宣傳，日本民眾對中國處理問題方式的不滿，再加上他們對民主黨政權的不滿，很容易激發起他們的民族主義情緒。在釣魚台撞船事件之後，中國民間爆發的反日抗議遊行，特別是遊行中所表現的非理性反日方式，比如説「日本鬼子滾出中國」的標語、砸日資商店和日本車、焚燒日貨等極端表現方式，以及網上極端民族主義者非理性的表達方式等，都激發了日本民眾對中國的反感情緒。

第二、與新保守政治勢力的動員方式有關。在中文和英文媒體有關反華遊行的報道中，人們常常把遊行者以及抗議運動組織者簡單地歸結為右翼。實際上，新保守政治勢力與傳統意義上的日本反華右翼團體有很大的不同。也正是這些不同之處，使一些民眾願意跟從新保守政治勢力，而與傳統右翼團體組織的反華運動區分開來。在主張參拜靖國神社、美化中日戰爭、否定或部分否定南京事件以及慰安婦問題等方面，傳統右翼團體與新保守政治勢力之間儘管只有程度區分而無本質區別，但傳統右翼團體的反華運動背離羣眾，而新保守政治勢力能夠吸引很多羣眾追隨。這與兩者的構成、運動方式有很大的關係。傳統右翼團體與日本主流社會的關聯性很小，而與日本暴力團體的聯繫非常緊密。他們對中國的抗議方式常常以在宣傳車上設置高分貝麥克風、使用語言也非常暴力化。在傳統右翼團體的抗議中常常會伴隨有暴力行為。同時傳統右翼團體也喜歡用寄恐嚇信等方式來表達抗議。無論是其組織特性還是抗議方式都很難被具有同樣不滿的政治團體和普通人所接受，因而，傳統右翼團體的反華活動儘管在日本存在歷史很長，但是處於孤立狀態。相比之下，新保守政治勢力卻在組織構成以及抗議方式上與前者有着本質的不同。新保守政治勢力中很多都是具有政治影響力的人物。安倍晉三等「日本救國聯盟」中的很多人具有全國性的政治影響力，「草莽全國地方議員聯盟」儘管外界看來名不見經傳，但是在地方，他們的言論可以左右大批民眾。更為重要的是，與同暴力犯罪結緣的傳統右翼團體不同，日本人認為新保守政治勢力代表的是正面和積極的力量。在抗議方式方面，新保守政治勢力強調和平抗議，強調抗議運動的組織性和文明性，反對抗議中的非理性行為。他們認為通過有組織化的列隊行進，微笑着表達不滿是日本文明的象徵，這點與燒日本國旗的中國遊行者不同。這種「救國」的目標和文明的優越感對日本國民具有吸引力。在日本文化頻道櫻花所拍攝的 DVD 中我們可以看到遊行隊伍所到之處受到了民眾的列隊歡迎，很多旁觀民眾給予了遊行者熱烈掌聲。在網絡留言中，也有很多人表達自己被感動的情緒，其中不少留言更表達了他們對日本國旗的感受：「第一次覺得日本國旗這麼美」、「感謝中國，讓我開始愛日本」。

五、我國的對日政策選擇

日本新保守政治勢力的興起和民間民族主義的高漲已經對中日關係產生了非常負面的影響。對日本新保守政治勢力和民族主義的聯合，應當引起我國方面足夠的重視。對中國來說，必須思考三個方面的大問題，也就是日本新保守力量和民族主義對如下三個方面的影響：即對日本政治的影響，對中國國內民族主義的影響和對中日關係未來的影響。

在對日本內部政治方面，我們必須對日本民族主義性質的變化有足夠的認識。因為日本是個民主國家，長期以來，人們對日本民族主義的潛在的威脅沒有深刻的認識。不僅美國和西方還是亞洲其他國家都對日本民族主義抱「理解」的態度，總是認為日本是「和平」國家。理由有很多。例如日本的和平憲法是日本政治的基本架構，各種政治力量必須在憲法的架構內活動。又如日本社會的深刻變化，包括民主、消費社會、少子化、老年化等等，所有這些因素促成日本和平的大趨勢。即使在中國國內，持這種看法的人也不少，尤其在自由派當中。

但實際上的情況又是怎樣的呢？民族主義的性質可以是隨着環境的變化而變化的。在第二次世界大戰前，德國和日本的民族主義在最初的階段也是反應性的和防禦性的，但為甚麼最終演變成為具有高度進攻性的民族主義？這是當時的國際條件下德國、日本各自和其他國家互動的產物。一個特定國家的民族主義的性質不是先天決定的，而是這個國家與其他相關國家互動的結果。

今天，日本的民族主義非常類似於二戰之前的民族主義。應當指出的是，直到今天為止日本的反華遊行參加者在日本社會所佔比例仍然很小。不過，我們不應當忽視，日本民族主義情緒廣泛地存在於日本社會中。如前面所討論的，各種原因在促使日本民族主義的崛起。儘管在很多方面今天日本民間民族主義情緒有很大部分來自於對自身狀況和本國內政的不滿，但這種因為對內不滿的民族主義非常容易轉向對外。在任何國家，通過國際事務來泄憤會使自身的行為具有神聖感和崇高感，能夠有效地掩飾和彌補現實社會中的挫敗感。

更為重要的是，也如前面所討論過的，日本民族主義也來自於政治精英的大力推動。日本政治執政黨正面臨如果解決不好國內問題就會導致統治合法性下降的問題，因而在中日關係以及其他國際事務方面，日本政府也有為了維持政權合法性而迎合民間民族主義的傾向。這點在這次釣魚台撞船事件中有很明顯的表現。和其他很多發達國家一樣，日本的大眾民主愈來愈難以產生一種強有力的政府。為了政治的需要，政治人物往往以民主為藉口，用民粹主義政治方式動員着民間存在着的民族主義資源。結果，犧牲的往往是日本和其他國家的關係，尤其是和鄰國中國、韓國的關係。這種現象在小泉純一郎的自民黨政府期間就已經表現得非常清楚。日本政治現在的一般趨勢是，無論是執政黨還是反對黨，無論是中央政治人物還是地方政治人物，無論是政府還是民間，都有很大的動力去訴諸於民族主義。小泉純一郎、石原慎太郎（東京市長）和橋下徹（大阪市長）等之所以成為日本的政治明星，其中一個很重要的因素就是因為他們善於動員民族主義力量。政治人物和民族主義雙方互相利用，互相感染，互為推進。從歷史上看，民族主義的發展邏輯就是：政治人物為了自己的利益或者自己所屬的政治力量（或者政黨）的利益去推動民族主義；但一旦民族主義發展到一定階段，政治人物或者其政治勢力必然會被民族主義所挾持，進而挾持整個國家政權，而受民族主義支配的國家政權又進而會挾持整個國民，從而使得民族主義走上與其他國家衝突甚至戰爭的不歸路。二戰之前日本本身的經驗是這樣，二戰之前的德國經驗也是這樣。

同樣重要的是，日本民族主義和中國民族主義之間也是互相感染和促進。正如前面多分析的，日本民族主義的崛起當中存在着中國因素，不管中國因素是客觀的（例如中國的反日民族主義等）還是日本各方面主觀想像的。而日本民族主義的勃興又必然轉而刺激中國的民族主義。儘管到目前為止，中國民族主義的主要特徵表現為反應性和防禦性。即使這次具有局部暴力行為的中國民族主義示威運動也是對日本政府「國有化」釣魚台的反應。但這並不是説，中國民族主義的性質不會發生變化。如果外在條件一再惡化，中國也有可能發生演變。也就是説，今天中國反應性和防禦性的民族主義，在和日本等國的民族主義互動過程中，也有可能在未來演變成一個具有進攻性的民族主義，而一個具有進攻性的民族主義則傾向於導致衝突甚至戰爭。這意味着中國在亞太區域是扮演和平的使者還是衝突的媒介，並不僅僅取決於中國本身，而是取決於中國和這個區域其他國家的互動。

同時，中國民族主義也會對中國的內政產生巨大的影響。應當看到，中國今天的民族主義愈來愈表現出其自發性。民族主義在中國已經變成一種客觀的存在。在這樣的情況下，政府的確可以利用民族主義來論證其一些內外政策的合理合法性。不過，到現在為止，政府非常節制。從中央到地方，沒有一位政治人物可以大肆動員民族主義，訴諸於民族主義來達到特定的政治目標。相反，政府對民族主義更多的是管理和控制。不過，政府在管理和控制民族主義方面面臨愈來愈艱巨的挑戰。政府經常遭到國內外中國民族主義者的批評，甚至攻擊。一些政府官員尤其是外交系統的官員，被民眾視為是「漢奸」和「賣國賊」。實際上，自近代民族主義自西方（日本）進入中國以來，反政府（和其外交政策）從來就是中國民族主義的重要組成部分。今天中國民族主義愈來愈表現出激烈的情緒面，使得其可以產生巨大的破壞性的同時大大增加着對政府的壓力。這也要求政府必須理性和小心翼翼地處理民族主義。

在全球化狀態下，各國政府趨向弱化，一些政府比另一些政府弱化得更快一些。我們今天所處的這個時代，儘管理論上說還是一個主權國家時代，但主權國家的政府已經很難象在傳統上那樣控制自己管轄下的人口。同時，民間社會的力量則在迅速增長，社會角色具備各種能力在國際政治舞台上扮演一個愈來愈重要的角色。傳統上，外交領域屬於各國政治精英，外交意味着談判和妥協，外交目標的實現的前提就是各國精英掌握這個權限。但是，今天的外交領域不再僅僅是政治精英的事情，而正在成為眾人的事情，外交領域的民主化似乎已經變得不可避免。在這樣的情況下，傳統外交所體現的談判和妥協也在逐漸消失。一個真正的大眾外交時代正在來臨。不過，也應當看到，民間民族主義或者大眾外交能夠導致國家間的糾紛和衝突，但民間是沒有能力來解決他們所製造的國際糾紛和衝突的，最終還是要求助於主權國家政府。

很顯然，正如我們所已經感受到的，在中日關係中，民族主義力量愈來愈顯現出其巨大的能量。在這樣的大趨勢下，中日關係向何處去？中日關係會有怎樣的未來？更為重要的是，我國政府在民族主義問題上應當作怎樣的政策選擇來影響民族主義的進程從而理順中日關係呢？

概括地說，我們面臨如下幾種政策選擇：

第一，中日兩國政府對民族主義放任自由，並且在不同程度上繼續利用民族主義力量。這樣，中日兩國民族主義互相感染，中日關係隨着民族主義的繼續強大而不斷惡化。前面已經討論過，歷史地看，民族主義的邏輯是，當其力量崛起並強大到一定的程度，必然有政治力量通過訴諸於民族主義來掌握國家政權。如果這樣，就意味着中日兩國都有可能被極端民族主義勢力所挾持，最後使得衝突和戰爭變得不可避免。不過，應當清楚地認識到，戰爭也解決不了主權歸屬問題。中日雙方如果為釣魚台發生軍事衝突甚至戰爭，但武力不僅解決不了問題，反而會產生更大的問題。首先，武力所能解決的最多只是誰實際上佔領釣魚台的問題。但即使這樣，被戰敗的一方也不會承認。今天日本實際控制釣魚台，中國不承認。即使中國通過武力實際上控制了釣魚台，日本也不會承認。就是說，衝突和戰爭只是把仇恨遺留給下一代而已。其次，誰都很難控制武力衝突和戰爭是局部而非全面性的。前面討論過，釣魚台問題涉及到美國和美日聯盟。衝突和戰爭，無論是局部的還是全面的，都會對中國的改革開放政策產生負面的影響，更會影響本區域甚至全球範圍內各國對中國的看法。因此，我國應當盡力避免這種情況的出現。

第二，中日兩國各自回歸理性，並且各自有能力有效管理本國民族主義。在這個情形中，儘管兩國民間民族主義也可能不時地會爆發出來，兩國經常吵吵鬧鬧，但不至於發生公開衝突和戰爭。在這方面，中國政府的能力不容置疑。從歷次控制和管理民族主義來看，中國政府仍然具有強大的能力。但這裏有一個條件，那就是日本政府也能控制本國的民族主義運動。如果日本民族主義高漲起來，必然刺激中國民族主義，也有可能促成中國的民族主義強大到超出中國政府的控制能力。但從目前來看，日本政府面臨着巨大的困難。如前所説，在大眾民主結構內，日本很難產生一個強有力和有效的政府。不僅如此，日本的政治精英們往往為了權力不僅不去遏制民族主義，反而訴諸於民族主義。在這方面，我國政府所能做的就是管理和控制好本國的民族主義，尤其是帶有強烈情緒性的和暴力行為的民族主義抗議運動，不讓其去刺激日本民族主義。如果中國民族主義能夠得到有效控制和管理，日本保守政治勢力和傳統民族主義就會很難動員更多的民眾「民族主義化」。

第三，管理和控制本國的民族主義絕對不是説中國要犧牲掉國家利益，尤其是主權國家利益，主要是釣魚台。中國需要促成的是既不能犧牲釣魚台利益，但也不能犧牲改革開放的大局和可持續的發展利益。在釣魚台問題上，最理想的狀態就是要促成雙方政府能夠比較具有「自主」權（也就是政府不受民間民族主義的過度影響），達成「擱置爭議、共同發展」（開發）的共識，並能夠把此共識轉化成為具體的政策，從而實現把東海變成「友情」之海。這方面並非不可能。這次釣魚台事件儘管由日本引發，但客觀的結果是中國反而佔了優勢。主要可以從如下幾點來看：首先，中國藉此發表了釣魚台周邊的領海的海基線，並把此呈交給了聯合國。如果沒有釣魚台事件，一貫奉行「韜光養晦」外交政策的中國是很難走出這一步的。可以説，是日本的非理性行為促成了中國的理性外交行為。第二，釣魚台事件發生之後，中國開始派出漁船和海監船在釣魚台附近活動，並開始呈常態化趨向。既然已經走出這一步，中國必須堅持先來，把常態化制度化。當然，如果日本願意和中國達成妥協，中國也可以改變這一做法。可以說，如果沒有釣魚台事件，中國也不可能走出這一步。第三，釣魚台事件在中國引出的巨大而激烈的反應也使美國意識到必須小心處理其在釣魚台問題上的立場。美國在宣佈「重返亞洲」以來，很不負責任，在釣魚台問題上，明顯傾向於日本。在很大程度上說，如果沒有美國給與日本政治人物的錯誤意識，即美日聯盟適用於釣魚台，日本政府和在野政治人物不會做出非理性的決策。現在美國人意識到如果沒有能力或有更為積極的作為的話，要維持中美合作的大格局，必須在釣魚台問題上保持「中立」。

釣魚台事件發生以來，我國在經濟方面的各種舉措已經打擊了日本經濟並產生了重要影響。因此，日本政府正在積極尋求和中國在釣魚台問題上進行討論。現在看來，釣魚台的「國有化」已經成為現實，要日本完全收回沒有可能。如果中國強迫日本收回，必然產生反效果，激發日本更強大的民族主義。儘管在日本國內並不是每人都認可「國有化」方案，但很多人都認為這是日本政府「沒有辦法」的辦法，即是為了應付石原慎太郎的東京市的「購島計劃」。日本政府，無論是民主黨還是自民黨，都沒有條件來取消「國有化」。中國的目標必須具有現實感，那就是擴大經濟和適度的軍事優勢，必須讓日本承認釣魚台是有主權爭議的。如果日本政府不想這麼做，那就通過中國海監船執行公務的常態化，做好持久的準備。在這一步的基礎上，中國可以在未來走第二步，那就是「共同開發」。實際上，日本政府的「國有化」使得「共同開發」變得更為可能，既然釣魚台的「所有權」屬於政府，那麼政府就可以決定釣魚台的開發。當然，中國也應當努力防止日本政府在這方面「挾持」中國。因為日本政府經常變換，這種可能性是存在的。

第四，從長遠來看，如果上述第二、第三種政策選擇沒有效果，或者難以實施，那麼也有可能中日兩國回歸傳統相對「孤立」的狀態。中日兩國相處數千年，但從戰略上說兩國大部分時間都處於相對「孤立」狀態。這種相對孤立狀態並沒有妨礙兩國民間的商業、文化等多方面的交流，並且是和平的交流。但一旦兩國意圖在戰略層面進行交往，或者說兩國戰略關係過緊，雙方就沒有「幸福」的生活了。儘管中日兩國都認同「一山不容二虎」的概念，但兩國則可以處於兩個「山頭」，都有足夠的能力來保衛自己。為了避免大規模的衝突和戰爭，回到傳統那種相對「孤立」狀態也是一個理性的選擇。如同過去，在相對「孤立」狀態下，也可以發展具有實質性的民間交流尤其在文化和商業等方面。不過，也很顯然，這種可能是中日兩國「沒有辦法」的「選擇」。在區域化和全球化情況下，中日兩國的關係尤其是經貿關係的互相依賴程度已經非常高，因此，儘管關係時好時壞，時冷時熱，但並沒有導致兩國關係的破裂。如果回到了傳統那種相對孤立的狀態，那可能是兩國政府不能作為，控制和管理不了民族主義的結果，而非主動選擇的結果。

六、結論

不管從哪個角度來看，民族主義的崛起是今天中日兩國政府面臨的共同問題。面臨共同的挑戰，中日兩國政府之間需要更多的合作，需要用更多的理性來處理各自的民族主義。無論是中國政府還是日本政府，在再造民族主義方面可以做更多的事情。很顯然，這種再造不是去動員民族主義資源去達到私人的或者政黨的政治目標，而是要改造民族主義，使其變得更加理性，以避免二戰前的狀況再現。當然，這並不是說，兩國不要追求各自的國家利益了，而是要用理性的方法來追求國家利益。

哈佛大學經濟學家熊彼特曾經把民族主義比喻成為前現代精神的「殘留物」，就是説它是一種追求國家利益最無效的一種方式。這個比喻當然過於簡單，因為正如我們上面所討論到的，民族主義可以是物質利益導向的，也可以是情感導向的。但這個比喻也的確説明了，我們可以通過其他種種非民族主義的方法更有效地來追求國家利益。

民族主義更是關乎於戰爭與和平問題。無論就歷史經驗和現實挑戰來説，如何應付客觀存在的民族主義，對各國政府都是個艱難的任務。一旦民族主義超出控制和管理的水平，就會走上導致國家間衝突甚至戰爭的不歸路。這是二戰前德國和日本的教訓。無論是中國還是日本，當以史為鑑。亞洲各國民族主義的崛起，已經給亞洲國家造就了很大的不安全感。而作為亞洲最大的兩個經濟體，不管是日本還是中國，一旦其民族主義失控，亞太區域最大的不安全就會成為現實。

很顯然，對我國來説，無論是內部的可持續發展，還是繼續崛起成為一個負責任的大國，都要求我們用理性的態度處理民族主義。民族主義並不可怕，可怕的是非理性的民族主義。釣魚台等領土（海）主權問題不可避免要觸發民眾的民族主義情感，但一旦民族主義開始影響國家的政治生活，那麼我國和平崛起的進程就會被中斷。因為我國面臨雙重任務，那就是，管理民眾的民族主義情感，繼續走和平發展的道路。

楊麗君　鄭永年　　2012 年 10 月 16 日

第十五章

中國如何應對目前的朝核危機

一、當前朝核危機局勢

當前，面對朝鮮新核、導試驗的不確定性，就推動半島無核化的目標而言，客觀上中美雙方已經形成相當程度的共識。這些共識可以簡化為三點：(1) 考慮到戰爭的災難性後果，都希望和平解決朝核危機；(2) 和平解決朝核危機的機會正在迅速減小，除非朝鮮在棄核上做出切實行動；(3) 為了逼迫朝鮮放棄新的核、導試驗，做出切實棄核努力，對朝鮮的制裁施壓不僅很有必要，而且還非常緊迫。在中美元首會晤結束後不久，中國正在加大執行聯合國對朝制裁決議施壓的力度，而美國在半島擺出備戰姿態的同時，也表態美方目的是逼迫朝鮮去核而非推翻朝鮮現政權。美國國務卿蒂勒森甚至一改今年 3 月份不與朝鮮對話的聲明，提出只要朝鮮願意棄核就可以與美對話。

但同時，隨着朝鮮局勢的發展，中美雙方的分歧變動仍然很大。僅就當前的狀況而言，首先，中美仍未就動武的可行性、時機和具體方式達成任何一致意見；其次，中國對美國在半島的部分軍事活動持反對態度，尤其在有關部署薩德反導系統的問題上。儘管如此，在處理朝核危機上，相比六方會談時期，中美對彼此的角色認知已發生了重大的轉變。

總的來說，當前在反朝擁核的陣營裏，美國佔據着完全主動的位置，俄羅斯的立場比較自由多變，而中國、韓國和日本則相對被動。形象地説，美國手中掌握着調節半島危機緊張程度的「控制器」，比如其航母戰鬥羣在半島附近的活動一方面可以威懾朝鮮，另一方面也可以測試中俄的底線，同時也在就加大制裁朝鮮的力度方面向中國施壓；再如，特朗普及其國務卿的活動和言論也在影響着半島的局勢。在美國當地時間 2017 年 4 月 26 日，幾乎所有參議員都被召集到白宮聽取有關朝鮮威脅的簡報，特朗普將朝鮮界定為「當前緊迫的國際安全威脅和外交政策頭號任務」。然而不少參議員在結束簡報後就直言，相比報紙上説的，白宮關於朝鮮對美威脅的報告並沒有新鮮內容。第二天，特朗普對路透社説，「我們確信美國可能將會與朝鮮發生一場重大的軍事衝突，不過我們仍願意通過外交手段和平解決朝核問題，雖然這非常難」。

總之，在最擔心戰爭爆發的中、日、韓面前，特朗普的這些言論在製造緊張氣氛的同時，客觀上已經為美國贏得了更多的主動性，在戰爭的陰影下，甚至連部署薩德對中國輿論的刺激，都相對小了很多；再者，韓國和日本也會更加緊密地團結在美國周圍。這些環境都有利於特朗普在外交上創造政績。此外，除了通過中國向朝鮮施壓，美國在外交和軍事上其實都還有很多可用的選項，包括 4 月 26 日美軍試射的民兵 3 洲際導彈在內，都可以對朝鮮構成不小的恫嚇。

至於朝鮮方面，目前就擁核與發展攻擊美國本土的導彈能力而言，平壤的決心並沒有任何減弱的跡象。每次美國和安理會對朝鮮施壓，朝鮮都會擇機以試射導彈或者激烈言辭等方式反制。例如，在安理會朝核問題部長級會議剛結束，平壤就試射了一枚彈道導彈。目前，最能讓局勢陷入更重大危機的要屬朝鮮可能進行的第六次核試驗。雖然美國並未明確將朝鮮第六次核試作為對朝動武的紅線，但它無疑將沉重打擊外界對和平解決危機的期望，並將極大地增加戰爭爆發的風險。

值得注意的是，朝鮮在建軍節未進行新核試驗並不等於平壤在釋放善意；相反，有跡象表明，豐溪裏核試驗場正在醞釀一場更大當量的爆炸試驗，朝鮮試射彈道導彈的頻率也在增加。我們認為，對缺乏反制美國威懾選項的朝鮮來說，第六次核爆至少要保證能達到兩個效果才可以進行：(1) 在美韓方面的威懾壓力大到嚴重破壞朝鮮社會凝聚力的時候，平壤當局極需一場核爆對內展示朝鮮的實力和不屈意志，刺激民眾的愛國和反美情緒；(2) 朝鮮需要用核試驗反制美國方面對朝鮮的高壓軍事嚇阻，尤其是為了挫敗外界對朝鮮的孤立制裁，並以此為朝鮮在未來可能的談判中贏得更大的籌碼和「尊重」。

二、中朝關係的惡化

當前，各方在為和平解決朝核危機進行最後的外交努力。中國的外交部門也提出了最新的「雙加強」方案，同時加大防擴散力度和勸和促談力度。然而，在朝鮮危機總體上仍呈加速升級趨勢的今天，我們需要承認並認清的是，中方對朝善意的效果不應該再被高估，朝鮮對華敵意的程度不應該再被低估。

一方面，自六方會談以來，為了幫助朝鮮渡過棄核的經濟難關、緩解安全壓力，中國承擔着損害中美、中日甚至中韓關係的風險；在外交斡旋中，中國雖努力將外界對朝孤立制裁的惡性影響降到最低，卻始終沒能換來朝鮮在切實棄核上哪怕一步的誠意，中朝關係在金正恩上台後甚至出現明顯的倒退。這說明，至少在勸誡朝鮮棄核問題上，中方在很大程度上單方面高估了自身對朝善意的效果。儘管在 2016 年朝鮮第五次核試驗以來，中國對聯合國制裁決議的執行已經對朝發出了賞罰分明的信號，但中國行為的變化沒有對朝鮮產生任何的影響。

另一方面，由於朝鮮保守僵化的意識形態、先軍政治路線和冷戰思維，金氏和朝鮮勞動黨對中國的改革開放存在很大的偏見。多年來，朝鮮在一些政策文件和報端中，抨擊中國修正主義路線的聲音並不少見。這說明，在中國一部分人中間，對朝鮮懷有的意識形態親近感已經愈加接近一廂情願。更加值得注意的是，由於中韓、中美外交關係的發展，平壤方面始終有着被中國「出賣」的錯覺；在他們的視野裏，只要中國繞開朝鮮與美、韓進行涉朝議題的商討，就會很容易被當作大國主宰小國命運的密謀，特別當中國在制裁朝鮮一事上逐步加力時，哪怕再三明確制裁只在聯合國決議的框架內進行，朝鮮當局針對中國的仇恨和屈辱感仍將急劇增加。

總之，我們絕不能把朝鮮半島對中國的戰略意義等同於朝鮮對中國的戰略意義。伴隨着中國在東亞經濟一體化中的地位提升，整個朝鮮半島當然對中國的戰略縱深愈來愈重要，但朝鮮所堅持的模式，已經成為中國進一步改革開放、推動地區和平發展的負資產。

首先，在冷戰時代，朝鮮尚可以作為兩大陣營對抗的前哨，無論是中國還是蘇聯都不允許這一地區被美國完全控制。然而，歷史地看，從唐朝到今天，整個朝鮮半島對中國的意義遠超過金氏政權對中國的意義，特別在中國成為東亞經濟發展引擎的今天，朝鮮破壞整個朝鮮半島和平穩定、打亂東北亞經濟合作步伐的做法，已經直接威脅到中國的國家利益。其次，朝鮮官方意識形態文件中不僅批判中共的改革開放精神，而且還覬覦中朝邊境中國東北一側部分領土的主權。最危險的是，朝鮮一旦成功擁核，它作為中國在半島負資產的性質就會有固化和強化的風險，而南北對抗的局面將更難解決，因為朝鮮會在追求武力統一半島的問題上更加獨立大膽。這對中國在半島問題上的國家利益無疑是長久的傷害。

其實，早在毛澤東時期，中國就不支持朝鮮發展核武器，原因是朝鮮擁核會導致韓、日本擁核，這將大大惡化中國的周邊安全環境。類似地，中國當初之所以沒有明確反對巴基斯坦擁核，也正是出於平衡印度在南亞率先擁核的權宜考慮。相比之下，東北亞對中國陸權和海權建設的重要性遠遠超過南亞，中國決不能讓朝鮮開啟東北亞核擴散的潘多拉魔盒。如果局勢發展到非要在半島和平和半島無核選擇一個的時候，中國應該選擇放棄半島和平。

三、俄、美在朝鮮半島的戰略動機

自朝鮮第五次核試驗以來，在中國被迫加強與美方合作提高對朝制裁力度的同時，俄羅斯的步調並不能算得上與中國完全一致；俄羅斯甚至在朝核問題上與中國存在着微妙或者潛在的不同看法，這一論斷可根據一個案例和兩個客觀約束條件推出。

2016 年朝鮮第四次核試驗後，聯合國安理會決定出台第 2270 號決議並表決制裁方案，中國歷史性地與美、英、法一致投出讚成票，但俄羅斯卻選擇拖延投票並提出修改制裁方案，這被認為是俄羅斯在故意留出其對朝鮮貿易援助活動的漏洞；而到了朝鮮在 2016 年 9 月份第五次核試之後，對中美所讚成的安理會新一輪制裁方案，俄羅斯同樣抱有略微異議並拖延投票。這些都清楚説明俄羅斯對朝核危機有不同於中國的立場和行動。

另外，有兩個客觀約束條件決定着中俄在朝核議題上必然存在分歧。第一，朝核對俄羅斯的安全威脅遠小於對中國的安全威脅。俄羅斯腹地離朝鮮較遠、擁有巨大核武庫並奉行確保核摧毀政策，而中國離朝鮮很近卻奉行較低限度的核報復政策。對於朝鮮核威脅和核武器在東北亞的進一步擴散，俄羅斯遠不如中國那樣擔心。第二，在目前地緣政治格局中，尤其在敍利亞和東歐問題上，俄羅斯急需對美戰略博弈的籌碼。在目前中美擴大共識的情況下，俄羅斯正在朝鮮和反朝核陣營中間獲得兩邊討好的機會，因為客觀上目前中國正在丟失同平壤的戰略互信關係，這為俄羅斯在朝鮮擇機取代中國的位置創造了條件。當然，鑑於俄羅斯當前的經濟狀況和它在西線上的戰略處境，俄羅斯想獲得當初中國甚至蘇聯在朝鮮的影響力非常困難。

而美國方面，自艾森豪威爾卸任總統後至今，美國的朝鮮半島政策大體上還是基於無核的基礎上維持現狀，儘管從長遠來説，南北和解，最終實現半島統一也可能成為美國的政策目標。有資料顯示，1953 年簽訂停戰協定以後，朝美雖互相為敵，但美國短期內卻並不急於推翻當時的金氏政權。其實，直到今天，仍有不少美國政治精英認為，如果過急地推動半島統一，那會在一定程度上傷害美國在東北亞的經濟、政治和戰略利益，譬如統一的半島很可能將在經濟上更依賴中國，政治上則可能會滋生出更強的反日民族主義情緒，而戰略上又不利於維持美國在東亞的軍事存在，進而削弱美國維持東亞大國平衡的能力。實際上，中美關係正常化以來，在無核的基礎上維持半島現狀也符合中國利益；甚至可以說，美國在東北亞的軍事存在雖然對中國安全構成壓力，但它並不總是絕對地與中國的國家利益相衝突，例如，在推動半島無核化、制止任何一方進行武力統一、實現半島和解乃至最終統一等問題上，中美彼此都有所依賴對方。

總之，單單就解決朝核危機而言，美國不完全是中國的敵人，俄羅斯也不完全與中國利益一致。具體對中國而言，朝鮮核導項目有三種直接威脅，即核污染、導彈威脅和核擴散風險。若要解決這三大威脅，中國離不開目前佔據絕對主動權的美國；而對美國而言，在朝鮮獲得攻擊美國本土的可靠導彈與核武小型化技術之前，美國至少並不會主動在半島扮演危機製造者的角色。所以，隨着朝鮮進一步發展核導技術，客觀上中國有與美國擴大合作的需求和必要。但儘管如此，為了增強逼迫朝鮮棄核的政策效果，中國始終不能忽視與俄羅斯進行相關協調工作的重要性。

四、中國如何應對半島危機的升級

概括地說，正如我們在其他文章中提出的，解決朝核危機有三大模式。第一，中國掌握主導半島局勢的主動權，在制裁施壓和促和勸談上都扮演主導角色。對中國國家利益而言，這是最理想的危機處理方式。不過，客觀上，該方式離中國當下的政策現實較遠，最難實現。第二，美國掌握施壓促談的主動權——這也是六方會談以來的模式。值得一提的是，在這種模式下美國若最終動武，對中國來說，在突發情況下要想保證其在半島的國家利益，中國不僅需要準備好撤僑、防禦核污染和安置難民的工作，而且應擇機以人道主義目的向朝鮮出兵，維繫當地治安和民生，同時為戰後朝鮮的政治經濟重建爭取發言權。第三，中美 G2 通力合作，雙方建立協調機制逼迫朝鮮棄核；在必要情況下，中國會默許甚至配合美國動武以摧毀朝鮮的核導能力。

就目前的局勢來看，中美解決朝核危機上的合作似乎雛形初現，即美國施加經濟和軍事壓力，中國配合加大執行經濟制裁和外交勸誡的力度。不過，上述第二種模式出現的可能性仍然最大，因為美國仍然掌握着調節局勢緊張程度的控制器。客觀地說，若對朝鮮施壓促談最終徹底失敗，就算美國動武，中美仍有合作的空間與機會。

基本可以確定的是，中美雖然對半島動武方式和過程的立場差異巨大，但無論如何，雙方至少在半島無核化的目標上是一致的。就戰爭帶來的結果而言，基於戰爭將完全摧毀朝鮮核能力的前提下，朝鮮半島大致會迎來三種結局。

第一，經過較低烈度的戰爭後，朝鮮半島保持分治，即半島仍處於無核朝鮮與韓國之間的對抗局面，在安理會和周邊大國的監督下，將半島作為和平中立區，中、美、俄、日都不在半島駐軍和部署任何戰略武器。

第二，朝鮮半島走向共治。這種戰後安排需要滿足兩個基本條件才能保證半島不再重演核導悲劇：一是美國仍將在韓國駐軍，為韓國提供保護；二是中國為戰後朝鮮提供保護，核保護也是其中選項之一。值得一提的是，在這種情況下，中國有向美韓提出撤除薩德部署的正當性。

第三，美韓軍事行動大獲成功，朝鮮半島實現了武力統一。

對中國來說，相比當前朝核危機的惡性循環，這種情形並不算更壞，但前提是中國必須要求美軍最終撤出半島，同時在半島政治重建上不會做出嚴重危害中國利益的安排。實際上，武力統一後的朝鮮半島首先將面臨經濟重建的難題，這為中國加快東北亞經濟合作提供了歷史契機，也有利於中國東北經濟振興。

五、中國的責任

宏觀地看，朝核危機之所以沒能在2006年朝鮮第一次核試前後化解，主要有三個原因：第一，當時美國外交受新保守主義思想主導，中美彼此間的戰略互疑遠比今天嚴重，雙方在朝鮮問題上的合作難以真正做到有效有力。

第二，中國當時的國力和世界影響力並不如今天，在經濟和政治上無法承受半島發生戰爭的風險；更重要的是，當時中國的最高領導層在對朝戰略上無法形成有力共識。不僅如此，一些人客觀上更是為朝鮮辯護的。有人甚至認為，朝鮮作為主權國家，有權利發展核武器。

第三，鑑於當時朝鮮較小的核試驗當量和導彈技術，外界嚴重低估了朝鮮發展核導技術的決心和潛力。

顯然，十年後的今天，這三種因素都已發生很大變化了。對於今天的中國領導層來說，阻止並且根除半島有核化既是一項重大的現實挑戰，也是一項極為重大的歷史責任。如果朝鮮變成核武國家，那麼中華民族的後代將會承受可怕的長期安全威脅。再者，如果朝鮮在我們這一代變成了核武國家，歷史會怎樣記載我們呢？

鄭永年　劉伯健　　2017年5月3日

第十六章

南海仲裁後亞洲版「北約」浮出水面——中國應該如何應對

一、南海仲裁案對中國構成的壓力

菲律賓提交的南海仲裁案結果出來了。判決完全否定了中國的歷史權利，是不可接受的。但在國際輿論層面，從地緣政治的視角來看，美國和日本是最大的贏家。正如英國《金融時報》(2016 年 7 月 21 日) 所言，「對於美國而言，該裁決讓它得以藉機證明該航道為一條國際水道，任何海軍都可以合法航行，它也提高了中國通過進一步填海造島、擴大其軍事存在足跡的潛在成本」。對美國來説，南海不存在任何東西，而只是一片海而已，這就為其航行自由提供了法律依據。

仲裁本身結束了，可是圍繞南海主權的國際政治鬥爭才剛剛開始。西方、日本和其他申索國實現了最初的目標，即詆毀中國在國際社會的聲譽，把中國視為一個不守規矩的國家。美國參議院外交委員會民主黨議員卡丁 (Ben Cardin) 就表示，「中國必須做出選擇，是要堅持法治，表現得像個負責任的全球領導者，還是要走自己的路線」。目前西方輿論的重點就是把中國描述成為「不負責任的大國」。

其實，中國更大的壓力仍然在後面。當前的歐洲和美國都自顧不暇。英國脱離了歐洲，歐洲正在忙於和英國打交道。歐洲更是為日漸增多的內部恐怖主義所困。美國正處於大選期間，進入內部政治較量，沒有一個有效的領導集團，這給了我國一個有效應對的時機。但等到新總統到位，南海又必然重新提到議事日程上來，並且很可能是行動導向的。早在仲裁庭宣佈裁決結果前，美國駐華大使博卡斯 (Max Baucus) 在一次採訪中就表示，「我們已經進入一個全新的篇章……舊篇章是為了談話而談話，同意各自保留不同意見。我們已經翻過了這一篇，新篇章的內容是行動」。仲裁判決出來之後，美國各方面都認為這是美國的勝利，這是針對中國十九世紀規劃的勢力範圍，做出的一份二十一世紀的基於規則的裁決。

在今後相當長的一段時間內，以美國為首的西方必然要圍繞着南海問題向中國發難。中國如何有效回應來捍衛自己的主權和國家利益？一定不能單獨地看南海問題，而是要在審視美國的全球戰略的前提下，把南海問題和美國的總體亞太戰略結合起來研究。

我們認為，儘管在南海問題上，美國的對華政策會趨於強硬，但美國的對華政策會是全方位的，而不會僅僅局限於南海問題。總體上看，美國所要確立的就是亞太地區「基於規則的安全體系」。這是一個龐大的安全體系，美國所可能採用的各方面的行動佈局也開始明朗。不過，在美國所正在規劃的所有佈局中，最重要的就是要形成一個美國主導的包括日本、韓國、台灣地區和澳洲在內的亞洲同盟或者準同盟，也就是亞洲版「北約」，而這個北約對中國的國家安全所構成的威脅也是最大的，美國主旨在於迫使中國在美國主導的安全體系與俄羅斯戰略夥伴關係之間作出選擇。

二、美國的行動計劃

隨着美國亞洲戰略的明朗化，美國試圖建立亞洲版「北約」來制衡甚至圍堵中國。一方面是因為美國把中國定義為戰略挑戰者甚至敵人，另一方面是因為在冷戰期間歐洲「北約」成功地遏止和圍堵了蘇聯，最終導致蘇聯的解體。儘管今天中美關係大不同於冷戰期間的美蘇關係，但美國的戰略傳統決定了美國不會放棄通過聯盟方式來圍堵和遏止敵人的做法。

小布殊時期的新保守主義政策可以說是第一波。近年來，奧巴馬的「重返亞洲」可以說是第二波。現在強調的是「基於規則之上的安全」，即防止一個已經崛起的中國對美國及其美國亞太盟友的「威脅」。未來不管誰當總統，這個已經高度「制度化」了的美國思維方式和行動方式也不會改變。

那麼，美國要如何去實現其所設想的「基於規則之上的安全」呢？美國國防部長卡特在今年的新加坡香格里拉對話會的講話中透露出很多有關美國的行動計劃信息。美國可能採取如下幾個層面的行動方案：

第一，鞏固現有的雙邊同盟。美國現有的雙邊同盟主要包括美日同盟、美韓同盟、美菲同盟、美澳同盟等。此外，美國和本區域內的一些國家也已經結成「準同盟」，以滿足這些國家的安全需要，例如和新加坡。

第二，美國也致力於發展新的同盟關係，尤其是與印度和越南。印度總理最近訪問美國，在包括核能和核武器等方面，美國對印度照顧有加。對越南也一樣，美國放棄了對越南的武器出售管制，謀求和越南發展全方位戰略關係。

第三，從雙邊同盟轉型成為三邊同盟。最顯然的是美、日、韓同盟。美日、美韓本來是兩個同盟。美國利用近年來不斷發生和惡化的朝鮮半島危機，加快了把這三國整合起來的步伐，進行共同的導彈防護體系演習，表面上是對付朝鮮，實際上是針對中國。如果「薩德」系統部署完畢，那麼這個三邊同盟就會完成雛形，下一步會把台灣也包括進去（有關台灣會於下文論述）。美、日、澳同盟在這些年的進展也很快，有年度演習和各種具體的舉措。美、日、印同盟也是美國一直想構建的事情。美國也想在和泰國的雙邊同盟基礎上，把老撾也包括進來，三國已經有軍事演習計劃。

第四，美國也鼓勵其同盟去發展以自己為中心的多邊安全關係和軍事同盟關係，這裏包括鼓勵日本去發展和越南的雙邊關係，和菲律賓的雙邊關係，和澳洲與印度三國之間的關係，以及和印度尼西亞、馬來西亞與菲律賓之間的關係。美國這樣做在一定程度上滿足了一些國家在區域稱霸的願望，例如日本可以利用美日同盟的保護傘來擴張自己在東南亞的地緣政治勢力範圍。

很顯然，以上這些舉措針對的是整個亞洲。就南海問題而言，最明顯的莫過於美國鼓勵日本和韓國進行聯合南海災難應付演習。從地理位置來說，日本和韓國和南海並不相關，美國希望這兩國的影響力向南海延伸顯然是有其戰略目的的。

第五，美國也可能會下大力氣來挖中國的「牆角」，離間那些今天和中國仍然保持友好關係的國家。在東盟諸國中，和中國比較友好的老撾、柬埔寨是美國關切的對象。美國國防部長卡特在香格里拉對話會上特別提到美國和老撾的關係，兩國準備在今年9月共同主持美國—同盟非正式國防部長會議，以貫徹早些時候在美國加州舉行的美國東盟十國峰會的精神。柬埔寨首相洪森最近也透漏，日本在有關南海問題上向柬埔寨施加了莫大的壓力。在這方面，緬甸也是美國非常關切的重要國家。

第六，更為重要的是，美國也會加緊努力直接把中國拉入其所設想中的安全體系。可以說，這一點是美國戰略的核心。前面所做的一切都是為了給中國製造一個具有巨大壓力的國際環境。美國所要做的最重要的目標就是把中國拉入其所設定的安全體系，以制衡中國，繼續維持其霸權地位。

在這方面，美國具有諸多方法。其一，美國設想中的美國—中國—印度多邊海上演習，這是卡特在香格里拉對話會上提到的；其二，東盟整體安全網絡，即以東盟為中心的亞洲安全網絡。應當注意的是，在上述雙邊和多邊同盟的基礎上，以同盟為中心只是理論上的，在實際操作過程中，就是以美國為中心的。其三，繼續邀請中國和印度等參加美國主導的 RIMPAC（環太平洋）軍事演習。

以上所敍述的美國亞洲政策，一些已經在實施，一些仍在構想當中。儘管接下去美國也會根據形式有所調整，但通過建設同盟來制約中國和（或）拉攏中國的大方向不會有很大的改變。

不過，對中國來說，目前面臨的最大威脅來自美國主導的美、日、韓、澳和台同盟或者準同盟的形成，就是說美國在美、日、韓、澳同盟的基礎上也把台灣地區納入這個體系。如果形成，那麼美國所佈置的亞洲「北約」就基本完成，因為在這個基礎之上，去整合菲律賓等國並不困難。

三、美、日、韓、澳和台同盟與亞洲「北約」的可能性

我們提出美、日、韓、澳和台同盟與亞洲「北約」形成的可能性是基於對本區域局勢的觀察之上。最近所發生的一系列事情需要我們作認真的戰略思考。

第一件事情是台灣雄風導彈的「誤射」。台灣政府所解釋的導彈「誤射」仍然令人深思。其一，有一點是確信的，即「導彈」是空包彈，因為沒有爆炸，否則漁船會被炸得粉碎。其二，其發射方向是針對海峽中線的，儘管沒有達到中線。其三，「誤射」的時間選擇在蔡英文出國訪問期間。這可以被解讀成為蔡英文推卸責任。其四，選擇了七月一日中國共產黨建黨節。其五，台灣方面所做出的解釋，即新兵操作失誤，沒有任何信服力。當然，「誤射」到底真實情況如何，人們不得而知。但一個更好的假設是：台灣方面在測試我們的反應能力。

第二件事情是臨近南海仲裁案出台之時，美國和韓國高調宣佈在韓國部署「薩德」系統的決定。之前，中、美、韓在制裁朝鮮方面達成了共識，中國積極配合制裁朝鮮。美國為了求得中國的配合，在是否部署「薩德」方面持模糊的態度。但在仲裁案宣佈之前，美韓突然決定部署。「薩德」系統一旦被部署在韓國，大半個中國就完全暴露在美國面前，其直接威脅不亞於南海問題。

儘管這些事件看起來並不相關，但在美國的戰略考量中，它們具有相當高度的一致性，即是要形成一個美國主導的美、日、韓、澳、台同盟或者美、日、韓、澳、台準同盟。基於如下理由，我們認為，形成這種同盟的可能性是存在的。

第一，存在着形成同盟的法理基礎。美國和日本、韓國分別

有聯盟條約關係，美國與台灣地區有《美國台灣關係法》。

第二，美、日、韓同盟的整合有實質突破。韓國和日本之間的慰安婦問題在美國的大力協調下得到了解決，兩國同時也面臨着朝鮮的「威脅」，因此有了更多的共同利益，在美國的協調下有可能擱置爭議。

第三，台灣地區的執政黨——民進黨的親美日政策已定。國民黨在這次大選中慘敗。如果沒有大的改革，其衰敗不可避免。即使改革之後的國民黨也不會像老國民黨那樣和大陸親近，也有可能走向類民進黨的方向。民進黨很可能至少可以執政八年。民進黨天然傾向於美國和日本。尤其對日本，民進黨政治人物和台獨派有天然的親近感。民進黨上台執政之後，因為不承認「九二共識」，兩岸官方聯繫已經中斷。如果不能在短時期內恢復，更會促成民進黨傾向於美國和日本。實際上，台灣地區派駐美、日的「大使」都是蔡英文最得力的重量級人士。

第四，更為重要的是，美國可以利用其先進的信息情報系統，對日本、韓國和台灣地區的主要政治人物構成巨大的壓力，迫使他們親美。很長時間以來，美國的這種做法一直很有效。日本民主黨的鳩山執政之後，為了追求和美國相對平等的外交政策，提出了構建「東亞共同體」。這一構想被日本的親美勢力和美國本身視為過於親中國，結果鳩山在內外各種壓力下被迫下台。同樣，美國對韓國的主要政治人物的情況也了如指掌，能夠在關鍵時刻對他們構成壓力。朴槿惠上台之後向中國靠攏，被視為是過分「親中」，韓國的親美勢力和美國對其施加壓力。這次「薩德」系統的部署可以說美國成功地向朴槿惠政府施加了壓力。

可以預見，在接下去的一段時間內，美國和日本一直會聯合其他國家炒作南海問題。這樣做有幾個目標。第一，繼續惡化中國的國際環境，醜化中國的國際形象，從而對中國構成巨大壓力。第二，鼓動相關國家（如菲律賓和越南）和中國對立，把南海搞亂；南海越亂，美、日越能捲入南海。第三，更重要的是美、日可以達到「聲東擊西」的目標，順利完成部署「薩德」系統。如前面所說，「薩德」系統一旦完成，美、日、韓、澳、台之間就形成了事實上的亞洲類「北約」，追加了完全由美國支配的軍事基礎。

四、中國可能的回應對策

面臨如此劇烈的國際環境變遷，中國必須準備好戰略和策略兩個層面的對策。

在戰略上，最重要的是明確自己的戰略定位。戰略上至少有三種可能的選擇：

1. 融入美國所倡導的安全體系，甚至美國早前所倡導的G2，這是美國所希望的。

2. 與俄羅斯繼續深入發展進一步的戰略夥伴關係，在與類北約的對抗和競爭中，形成戰略犄角關係，兩大軍事戰略集團對抗的格局可能由此形成。

3. 獨立自主聯俄制美的戰略。隨着美國挑動周邊國家與中國的利益衝突加劇，中國可能被迫在上述兩種戰略中做出選擇的壓力愈來愈大。美國這種戰略雖然可能使我國愈來愈疲於應付，但也可能在其緩慢的相對衰退中，美國承擔不起抑制中國及維持其世界霸主地位的成本，從而給予我國逐步崛起的時間和空間。

重要的是要意識到，美國的戰略重點仍然在東亞，而非南海。中國不可以被美國牽着鼻子走，把大部分精力放到南海，而忽視了東亞。

在策略層面，我們認為，如下幾點可以考量。

第一，南海問題在短時期內很難得到解決。南海問題已經大國政治化（美日的捲入）和國際化（國際仲裁判決）。菲律賓和越南等國不會輕易放棄判決對它們的有利之處。即使願意和中國進行雙邊談判，它們也會根據仲裁判決漫天要價。再者，即使菲律賓等國願意回到雙邊談判，美、日等國也不會罷休。

中國必須軟硬兩方面一起來抓。從硬的方面來說，中國要繼續完成島礁建設，不能半途而廢。對中國已經造好的島，美國的戰略是企圖進入 12 海里範圍，以顯示其航行自由的決心。美國不會愚蠢到攻擊島嶼，因為這樣無疑是向中國宣戰。美國現在的關切點是黃岩島，即中國是否會在黃岩島造島。美國早些時候也已經向中國提出不要開始在黃岩島造新的島。如果中國決定建造黃岩島，那麼勢必造成局勢的升級。美軍前太平洋司令部總司令布萊爾（Dennis Blair）海軍上將就說，如果中國試圖建一個新的人工島，「我認為我們應該準備好在斯卡伯勒（黃岩島）淺灘採取軍事行動，要在那裏劃定界限」。我們認為，中國當然要保留造島的權力，但就眼前來說也許可以換一種思維。那就是用黃岩島牽制美國。中國對黃岩島保持一個模糊戰略，美國在黃岩島的成本就會很高。對美國所謂的航行自由，中國可以形成「你來我抗議」但避免公開衝突的模式。必須清楚地意識到，美國在南海動員那麼大的軍事力量，其成本是巨大的；相對來說，中國的成本就很低。幾年對峙下來，必然讓美國付出巨大的代價。這種方式是否比冒和美國發生直接衝突來得更有價值？

從軟的方面來説，中國可以在已經造好的島礁上為其他國家提供航海方面的公共服務秩序基礎，包括航行安全燈塔建設、避風港、緊急救助、海上搜救等等。此外，中國也可以再次提出鄧小平所強調過的「共同開發」方案，和其他國家進行漁業協定、海底生態環境保護、海洋資源保護和共同開發等項目。軟的另一方面，中國也可以在中東有所作為，牽制美國。

第二，對東盟，中國在繼續推進經貿關係的同時調整商貿重點，把重點傾向於那些對中國友好的國家，適當控制與那些和中國不友好國家的商貿。這裏也包括調整「一帶一路」的戰略重點。這方面，中國可以學美國經常搞的「戰略性貿易集團」，即把經濟和戰略一起考量。

中國要使東盟意識到，對東盟來説，再也沒有比獨立的外交政策、保持中立性更為重要的事情了。東盟一旦選邊，無論是選擇美國還是中國，那麼東盟的分裂就會變得不可避免。儘管中國理解東盟和美國緊密的戰略關係，但中國不可能容許一個整合而針對中國的東盟，也就是説，中國不會坐視東盟簡單選擇和美國、日本站在一起來對付中國的。無論是美國還是中國，都有足夠的能力來促成東盟的「分化」。美國所認為的中國是「自我孤立」只是美國和一些東盟國家的臆想。中國如果像美國那樣依靠其經濟實力來尋找朋友，即通過建立類似美國的「戰略性貿易集團」，那麼中國所能尋得的朋友並不會比美國少。再者，中國並沒有要求東盟傾向中國，但東盟的中立則是中國所希望的。東盟如果依靠美國來「強化」自身，那麼從長遠看並不符合東盟的利益。一個依靠外來力量的秩序永遠不會牢靠。東盟的可持續性依賴於其自主性。

第三，要在東亞地區對日本構成巨大的壓力。在整個仲裁過程中，日本扮演了重要的角色。南海出現亂局，日本獲得的利益最大。中國必須遏止住日本來干預南海問題。這方面，中國可以適當和俄羅斯協調，削弱日本南下南海的能力。儘管中國和俄羅斯不會結成美日聯盟那樣的聯盟，但戰略夥伴關係可以更緊密一些。如果在東海和東北亞，中國能夠對日本構成巨大的壓力，甚至要讓日本感覺到真正的「威脅」，那麼其南下南海的勢頭就可以被遏制住。

第四，要對韓國構成高強度的但也是靜悄悄的壓力，在最大程度上促成其取消「薩德」系統的部署。中國可以減少去韓國的旅遊人數，減少和韓國的商業經濟活動。韓國經濟在很大程度上依靠中國，這使得中國可以對韓國施加影響。不過，中國要做得精細，讓韓國政治人物、企業和部署「薩德」的地區感受到巨大壓力，而不是觸發韓國民眾的反華情緒。中國的目的應當是去促成韓國內部反部署「薩德」和反美力量被動員起來。

第五，要防止台灣方面容許美、日接近太平島。如果台灣政府在南海領土上的立場出現明顯的變化，或者和美日妥協，那麼解放軍應當隨時做好接管太平島的準備。這方面不能含糊，解放軍可以公開劃出底線，讓台灣方面知道。

第六，中國也需要就國家整體營造一個更加開放的形象和局面。加緊現存的自由貿易區建設；用 G20 平台釋放中國推進全球化的意志和一些具體政策；建設更大規模的開放新平台（例如環珠江口大灣區的「共同市場」等）來吸引外資。（G20 和環珠江口大灣區，筆者之前都已經專門論述過。）在今天所進行的大國政治鬥爭中，我們既不能走投降主義路線，也不能走蘇聯的自我封閉道路，而是應當在更加開放的狀態下和美國競爭，鬥而不破。

鄭永年　莫道明　　2016 年 7 月 26 日

第十七章

「一帶一路」倡議需要新的戰略思考

一、執行「一帶一路」需要戰略思考

首先需要說明一點以免人們對「戰略」一詞產生誤解，這裏所說的是中國的「一帶一路」倡議需要戰略思考。中國政府把「一帶一路」界定為「倡議」，而非「戰略」，是具有其本身的考慮的。後來海內外很多人所討論的「一帶一路」已經遠遠超出中國政府的界定，多數人把「一帶一路」視為中國的「戰略」。這裏想表達的是，中國要實施這樣一個「倡議」是需要戰略思考的。換句話說，儘管「一帶一路」本身不是被人們誇大了的「戰略」，但執行「一帶一路」是需要戰略的。

任何一個大項目的實施都需要戰略，何況像「一帶一路」這樣的跨區域和洲際的項目。儘管中國謙虛地把此界定為「倡議」，就是說這是一個開放的項目，中國的作用是「倡議」，各國都可以參與到其中來；不過，在實施方面，中國作為「倡議國」必須做更多的事情，發揮更大的作用。在實際執行層面也是這樣，以至於很多人認為中國是這個項目的唯一主導者，是為了實現中國自身的國際意圖。國際社會尤其是西方對「一帶一路」就是如此認知的。

因此，無論從哪個角度來看，中國都必須思考其執行「一帶一路」的戰略。執行出現了問題，那麼不管是對項目本身的可持

續性還是對國際社會都會產生不是期望之中的結果。

自從「一帶一路」推出來之後，到今天已經有六年時間了。至少在話語方面，「一帶一路」的效應是巨大的。這個概念不僅已經廣為傳播，而且已經成為今天國際社會外交的一個主題詞或者核心概念。但隨着概念的廣泛傳播，人們對此的認識不是更清楚了，反而是更不清楚了。早期，人們比較機械地理解這個概念，即就字面來理解這個概念，以此認知中國所規劃的「一帶」和「一路」要經過哪些國家和區域。但到現在，這樣的理解不那麼管用了。一方面，似乎中國所做的所有事情都被界定為「一帶一路」或者和「一帶一路」掛起鈎來。另一方面，因為「一帶一路」是開放性的，愈來愈多的國家和區域都被劃入「一帶一路」的範疇。不過，如果範疇太大了，「一帶一路」就失去了原有的含義。

二、國際層面對「一帶一路」關切的問題

在國際層面，人們對「一帶一路」所關切的問題有很多，但歸納起來，主要有兩類不同的關切。對現在主導國際秩序的美國和一些西方大國來說，它們所關心的問題是中國「一帶一路」倡議的動力機制和意圖是甚麼。是像西方國家從前實踐過的「帝國主義」「擴張主義」「殖民主義」，還是一個新版本的「主義」？中國要通過「一帶一路」來統治全世界嗎？是不是中國不滿意於國際秩序現狀，要通過「一帶一路」重塑世界和區域秩序，或者修正這個秩序（即西方所說的「修正主義」）？還是僅僅如中國自身所說的，中國這樣做不是挑戰西方所確立的秩序，而是為了提供國際公共品，至多在西方秩序的基礎之上做些補充？

而對廣大的發展中國家來說，它們所關切的是「一帶一路」對自己國家發展所能產生的影響，而不那麼關切國際體系層面的問題。考慮到至少到現在為止「一帶一路」沿岸沿邊大多數國家都是發展中國家，很多仍然是落後國家，它們都需要發展，並且它們在國際社會也無話語權，這些國家對自己發展的關切不難理解。實際上，就很多國家來說，「一帶一路」給予了它們一個重新選擇或者調整發展模式的機會。二戰以來，大多數國家都遵循西方模式，但並沒有成功，那麼多年過去了，它們仍然處於貧窮之中。鑑於中國改革開放之後的成功經驗，它們對中國的發展模式產生興趣。它們對中國「一帶一路」所重視的基礎設施投資尤其感興趣，因為落後的基礎設施一直是這些國家經濟發展的大障礙。不過，這並不是說這些國家對「一帶一路」毫無疑慮。無論從概念上還是實踐層面，一些國家是有疑慮的。例如它們也關切，中國會不會變成另一個類似西方的「帝國主義者」或者「殖民地主義者」？中國給予了它們無條件的投資，但它們是否能夠承擔得起對中國的債務？如果不能如期償還，中國會對它們採取甚麼樣的行動？中國通過「一帶一路」參與它們的發展，但中國的方式是可以持續的嗎？更為重要的是，中國通過參與它們的發展會不會試圖影響它們的內政？實際上，諸如此類的問題在這些發展中國家中往往因為各種因素（反對黨、社會團體、西方勢力等等）而經常被放大和誇大，而對中國在當地的項目產生極其負面的影響。緬甸、斯里蘭卡和馬來西亞是典型，巴基斯坦（印巴經濟走廊）在很大程度上也面臨類似的問題。

不管怎麼樣，所有國家，不僅「一帶一路」沿岸沿邊國家，而且其他不那麼相關的國家，都在積極計算和評估「一帶一路」能夠為自己帶來的利益和風險。那麼作為創始國的中國又如何呢？如果早期對「一帶一路」的利益和風險的評估只是概念層面的，那麼這麼多年下來，現在的評估已經具有了豐富的經驗材料。「一帶一路」可以給中國帶來甚麼樣的利益？有多少？中國又在不同層面（國內、區域和國際）面臨怎樣的風險？如何避免和控制風險？當一種方式因為形勢的變化變得不再可行的時候，需要甚麼樣的替代方式？簡單地說，到了今天，中國要如何定義「一帶一路」？要做甚麼？怎麼做？實際上，對這些問題，很多人並不清楚。這就是說，中國需要對「一帶一路」做新的戰略思考。

三、如何評估中國在「一帶一路」的利益和風險

如何評估中國自身在「一帶一路」的利益和風險？其實，就內部來說，是實現可持續的發展；就外部來說，是實現國家安全。如果從這兩個視角來看，人們至少需要考量如下幾個問題。

其一，國內國際兩方面發展的平衡。「一帶一路」的首要目標就是要實現國內的可持續發展，而非西方所說的對外擴張。資本、產能和技術的「走出去」都是為了內部的發展。因此，「一帶一路」以不影響內部可持續發展為原則。再者，一旦內部發展受到負面影響，那麼外部的發展就沒有了基礎，變得更加不可持續了。這也是中國內部一些人所擔心的。歷史上，中國有這樣的傳統。朝貢體系是一個例子。其他國家向中國的皇帝叩一個頭，中國就向這些國家開放貿易，而中國本身從來不要求他國向中國開放。這種不對稱的開放使得朝貢體系經常成為中國的負擔。毛澤東時代的援外儘管是為當時的「生存外交」服務，但也是以犧牲

內部利益為代價的。國家主導的「走出去」項目尤其要注意其經濟能力的可持續性。有人開始擔憂「一帶一路」會變成另一個「鄭和」項目，這並非沒有一點道理。鄭和七下西洋，充分體現了當時明朝的國家實力，但之後因為內部因素戛然而止。

其二，「一帶」有可能給中國西部邊境帶來戰略、文明等地緣政治環境方面的衝擊。「一帶」涉及中國和俄羅斯、中亞國家、中東地區之間的關係。數千年裏，這些地區都是地緣政治環境最為複雜的地方。正因為如此，才會出現「長城」。到了今天，人們可能必須重新思考長城文化的價值。不同的宗教、不同的文明、不同的生活方式、伊斯蘭極端主義、大小國錯綜複雜的關係，所有能夠導致國際國內衝突的因素都在「一帶」區域體現出來。而這些又會馬上反映到中國內部，演變成中國本身的問題。這些年來，儘管西方指責中國遏制伊斯蘭文化，但在全球化背景下，中國西部的伊斯蘭文化實際上得到大發展。此外，漢族人口的急劇減少、對少數民族的不合理的優惠政策、地方政府因為恐懼民族和宗教問題而不敢處理等等，使得這些地方變得愈來愈不可治理。同時，一旦中國想有所作為，以自己的方式來解決問題，就會立刻招致很大的國際壓力。可以預見，「一帶一路」不可能不影響到所有這些因素。如果「一帶一路」能夠對這些因素有所遏制，那麼可能有助於治理；但如果「一帶一路」「解放」了這些因素，那麼廣闊的西部就會變得不可治理。

其三，中國既是陸地國家，也是海洋國家，就要考慮如何維持陸地利益和海洋利益之間的平衡問題。傳統上，中國自明清以來，陸地文化戰勝了海洋文化，使得中國放棄了成為海洋大國的機會。今天，當人們的焦點轉移到海洋國家的時候，如何處理陸地和海洋之間的關係需要很多的考量。經驗地看，當人們在海洋遇到困難的時候，就很容易轉向陸地，這是文化使然。從經濟利益的角度來看，海洋顯然遠遠比陸地重要。中國今天是世界上最大的貿易國，而百分之八十以上的貿易都需要經過南海。或者說，中國至少從經濟上說，已經是海洋國家。但如何處理與海洋有關的問題呢？這方面需要做認真的戰略考量。這些年來，中國在黃海、東海、南海、印度洋等都面臨着重要的挑戰。如果沒有發展出海洋精神，很難解決這些問題。今天，因為「一帶一路」，這些問題變得具有現實性，因為畢竟「一路」是「二十一世紀海上絲綢之路」。

其四，既然走向了海洋，就要重新評估海洋的地緣政治價值。任何國家，除非是想建立帝國，否則無論是陸地地緣還是海洋地緣，其重要性都已經是大不如前了。今天，除了傳統的技術製造業，金融和互聯網已經成為經濟主體。如果借用傳統地緣政治的概念，人們可以說，誰控制了這兩個相關的領域，誰就能控制世界。美國正在以各種方式減少對傳統地緣的投入，而轉向金融和互聯網。所以，如果要排列一個優先次序的話，那麼金融、互聯網居先，海洋居次，陸地再次。對陸地地緣，西方和美國一直會對中國實施批評、反對甚至阻撓的政策，但其本身不會投入太大，因為它們對陸地經濟已經沒有很大的經濟動機。對海洋，美國會有相當大的投入來維持其海上霸權，這方面既有很大的經濟動機，也有以美國為中心的安全考量。而對金融和互聯網，美國的投入會最大。如果美國在陸地地緣上的利益已經不大，在海洋上美國仍然是不可挑戰的霸權，那麼在金融和互聯網上儘管美國保持領先，但也感受到了來自中國的壓力。這次，中美貿易戰中，美國竭力打壓中國的知識經濟和技術的做法並不難理解。

如果在構建、調整和實施「一帶一路」過程中能夠把諸如此類的因素考慮進去，人們就既能夠清醒地認識到「一帶一路」所可能帶來的利益和風險，也能夠對「一帶一路」在中國內外發展中的角色有一個客觀的認識。

鄭永年　　2019 年 3 月 11 日

第十八章

東盟危機與中國對策

今天的東盟面臨前所未有的內外部危機。表面上看，東盟遊走於中美日等大國之間為東盟爭取利益。但這些表像掩蓋不了東盟所面臨的深刻危機。危機之深以至於新加坡有關智庫要開始研究 5 年之後東盟是否還存在的問題。當然，這樣做並非危言聳聽，而是具有深刻的理由的。

東盟的危機是從美國宣佈「回歸亞洲」開始的。美國這樣做是為了「平衡中國」，希望東盟國家站在美國這一邊，來抵消中國在東盟愈來愈大的影響力。美國因此從各個方面向東盟（無論是東盟作為一個集體還是個別東盟國家）施加巨大的壓力。在南海問題上，美國不僅是始作俑者，推動和操縱仲裁案的發展，而且聯合其盟國（尤其是日本）向中國施加莫大的壓力。很自然，在有關國家主權和核心利益上，中國不僅沒有讓步，也不會讓步；相反，中國圍繞南海問題發動了強大的外交攻勢。中美的強勢介入立即迫使東盟陷入困境，處於不得不「選邊站」的邊緣。無論對東盟整體還是個別國家，「選邊站」是東盟面臨的巨大危機，因為這意味着東盟的分裂。

東盟向何處去？這必然會影響到中國。對中國來說，我們當然不能接受一個統一的但跟着美國或者日本而針對中國的東盟。在這個意義上，我們必須對東盟施加壓力，至少拉住東盟的一些國家以有利於中國。不過，另一方面，如果東盟解體，就會有很大一部分東盟國家選擇美國和日本，這樣就會構成對中國的威脅，尤其在南海問題上。

東盟解體的因素既可能來自內部，但主要來自外部。在這個問題上，中國必須有一個正確的判斷，因為中國是少數幾個可以直接或者間接地影響東盟內政外交的國家。中國既要防備東盟作為整體選邊靠向美國和日本，也要避免東盟解體。東盟是中國的「後院」，這個「後院」如何發展會影響中國的區域國際環境。

改革開放以來，中國的東盟政策有效地影響着東盟國家的發展，也影響着東盟作為一個區域組織的發展。近來結束的第 49 屆東盟外長會議能夠發表聯合公報表明，中國和東盟之間經過鬥爭和合作，創造一個雙贏的局面是可能的。這個局面既符合中國的國家利益和區域利益，也避免了東盟的進一步分化，挽救了東盟。今後，中國可以沿着這個方向努力。

一、強盛時期的東盟

東盟是冷戰時期的產物，成立之初是為了保衞自己的安全並和西方保持有機的聯繫。冷戰期間，東盟的運作比較有效，為東盟強盛時期。有幾個因素促成了東盟的強盛。

第一，東盟的鬆散性。嚴格地説，東盟是協會，而不是聯盟。東盟的英文全稱是 Association of Southeast Asian Nations ，這裏的「association」和聯盟（alliance）完全不同。在當今世界，在所有的聯盟內部，實際上存在着領導和被領導的關係，並不存在平等的關係，例如美日同盟之內，美國是領導者，而日本是被領導者。在冷戰期間，蘇聯集團內部，蘇聯是領導者，而其他東歐國家是被領導者。東盟並不存在這種情況，它是由平等主權國家結成的聯合體，並不存在領導和被領導的關係。蘇哈託統治的印尼儘管是東盟的老大，但並不能扮演美國那樣的領導角色。這種平等的關係反映在東盟的所有條約和規則之中。東盟的鬆散性既保障了各國主權，又推動了各國之間的合作。

第二，強有力的領導。自東盟成立到冷戰結束這個階段，東盟有二戰後第一代強有力的領導人，包括新加坡的李光耀、印尼的蘇哈託和馬來西亞的馬哈蒂爾等，這一代是政治強人，無論對自己的國家還是對東盟的發展方向都有正確的判斷能力，並能夠制訂有效的政策促成東盟成員國之間的合作。

第三，冷戰格局。冷戰格局意味着東盟存在着巨大的外在壓力，這裏主要是指蘇聯和中國。在冷戰期間，中國曾經試圖向東盟國家推行共產主義革命。蘇聯更是支持越南侵略柬埔寨。這些外在威脅的存在客觀上促成了東盟成員國之間的內部團結，並傾向於以美國為首的西方集團。這種情況在中美建交後開始改變，而在鄧小平 1978 年訪問東南亞之後徹底得到改變。

二、冷戰後轉型的困境

冷戰之後，東盟開始轉型。東盟所經歷的轉型既推動了東盟的發展，也為東盟今天所面臨的困境埋下了種子。這裏有幾個重要的原因。

（一）東盟大大擴大了成員國。東盟從原來的六個成員國（印尼、馬來西亞、新加坡、泰國、菲律賓、文萊）擴大到十個國家，即加上了越南、柬埔寨、老撾和緬甸。這種方式和歐盟的擴張有雷同之處。表面上看，東盟的擴張大大強化了東盟的力量，但其實不然。負面效果也隨之出現。擴張之後的東盟其內部的差異性大大增加，複雜性提升。東盟內部成員國不僅社會經濟發展水平參差不齊，而且政治體制和意識形態也大不一樣。多年來，東盟內部協調性每況愈下。儘管從整體上看，東盟似乎愈來愈整合，但很多文件和政策只停留在紙面上，並沒有轉化成為現實。再者，內部協調性差就為外力干預提供了先決條件。

（二）中國的影響。直到最近，中國的影響一直是正面的和積極的。中國 1999 年開始倡導中國東盟自由貿易區談判，2010 年自由貿易區正式啟動。這不僅大大推動了東盟各國內部的經濟發展，也促成了東盟的整合。以中國東盟 10+1 機制為先導，東盟和東北亞中、日、韓三國分別建成了三個 10+1 機制，而最終形成 10+3 機制。中國在加入《東盟友好合作條約》之後，中國一直強調東盟的領導權地位，即中國宣佈不和東盟爭搶領導權，而是主張東盟事務由東盟自己來主導，並給予大力支持。

（三）在中國推動中國東盟自由貿易區的同時，中國和東盟之間的主導性話語和政策重心就是經貿合作。無論是中國東盟自由貿易區的建設還是中國加入世界貿易組織，都在東盟內部產生了一些問題，即內部各方面所得到的利益不均，東盟一些國家也曾經有過「中國經濟威脅論」的論調，但始終沒有佔據主導的地位。

（四）美國搶佔領導權。美國、中國、日本和印度等大國在東盟的競爭是不言而喻的。面對這個現實，東盟決定把東盟轉化成為各大國可以互動的一個平台。但是和中國不同，美國一旦加入《東盟友好條約》，就開始和東盟搶佔領導權，美國試圖主導東盟的一些事務，例如東盟的發展方向、東盟和中國的關係，等等。這尤其表現在南海問題上，美國和日本千方百計地促使東盟和美國（和日本）站在一起來對付中國。在美國和日本的壓力下，東盟開始失去其往日的中立性。中立性是東盟生存和發展的基礎；一旦失去中立性，東盟就很容易走向分裂。和冷戰時期比較，東盟已經進入一個後政治強人時代。政治強人包括李光耀和馬哈蒂爾等既可以向中國說「不」，也可以向美國說「不」。但在後強人時代，年輕一代的東盟領導人很難頂住美國的壓力，而傾向於和美國站在一起。他們中的很多人大都接受美國（和西方）的教育，對中國的看法往往和西方相似，而和中國的看法有很大的距離，甚至相反。

（五）主流話語從經貿轉向安全。就東盟內部來說，這些年儘管東盟有很大的雄心實現更大的整合，但實際上是缺乏內部動力。東盟成員國的內部經濟發展面臨巨大的挑戰，往往尋求外部的動力。這尤其表現在 TPP 上。部分地是因為來自美國的壓力，部分地是因為東盟內部一些國家認為中國在東盟佔據了優勢，東盟過於依賴中國了，他們開始尋求和美國的關係。奧巴馬總統把 TPP 作為其「重返亞洲」政策的一個重要組成部分。但荒唐的是，在美國的推動下，在東盟中國之間，主流話語從以往的以經貿為核心演變成了以安全為核心。香格里拉對話會就是明顯的一個例子。這個論壇主要是美國推動，以安全為核心，並且主要矛頭是針對中國的。多年來，對話會無一不是以南海問題為主題，並且很多年主辦者邀請的都是對中國不友好的政治人物（例如越南外長、日本首相等），對中國不友好甚至敵視的言論廣為世界媒體所傳播，而其他有關合作和發展的話題根本提不起媒體的興趣。這樣，越談安全，人們越感到不安全。這些年來對話會給人的印象是：中國對東盟構成了安全威脅。更應該值得注意的是，在東南亞國家注重安全的同時，有關經貿的對話會或者論壇則轉移到了中國。中國東盟南寧博覽會、博鰲論壇等主要經貿論壇儘管核心是中國和東盟的關係，但都在中國舉行。在東盟本身，這類論壇和對話會愈來愈少。

三、東盟危機的現狀

東盟的現狀如何？如果借用一位資深外交官的一句話，那就是，已經找不到昔日團結的東盟了。從前，東盟國家會議上，大家都對東盟未來充滿信心，外交官們互相交流，討論着如何把東盟推向前去。不過，現在當外交官們一起開會的時候，互相之間已經找不到共同的話語了。今天，東盟一些國家的政治人物和外交官深刻憂慮着東盟的未來。這種擔憂是有深刻的理由的。我們可以具體看看東盟各成員國的情況。

菲律賓是老成員國了，但菲律賓作為東盟成員從來就有很大問題。從文化上說，菲律賓並不屬於亞洲，而屬於西方。近代以來，菲律賓一直是西班牙的殖民地，西班牙之後又成為美國的殖民地，二戰期間被日本所佔領。菲律賓精英層的思維永遠是西方式的，而不是亞洲式的。菲律賓也屬於海洋國家，和東盟的一些陸地國家對外交有着非常不同的看法。今天，菲律賓更是有其自己的議程，不能和其他東盟國家合作。菲律賓只有在需要東盟的時候，尋求東盟的幫助；如果東盟不能提供幫助，那麼菲律賓就另找他國，尤其是美國和日本。這種情形也使得外力（美國和日本）很容易影響菲律賓的內政外交。南海仲裁案就是最好的例子。這些因素使得菲律賓一直和其他東盟國家存在着緊張關係，東盟其他成員國往往因為菲律賓是成員國不便公開反對菲律賓，但實際上並不認同菲律賓的很多政策和作為。

老撾和柬埔寨兩國與中國的關係比較特殊。這不僅僅是因為中國給它們提供經濟援助，幫助兩國發展社會經濟等因素，更在於越南對這兩個國家（尤其是柬埔寨）所構成的實實在在的威脅。從地緣政治上說，這兩個國家一直會需要中國來制衡越南。（在一定程度上，泰國也有這種需求。）就它們的能力來說，這兩個國家在東盟內部不能扮演重要角色。不過，因為東盟內部的「民主」機制，在東盟和中國的關係上，這兩國可以起到很大的作用，至少可以制約東盟作為一個整體向美國和日本傾斜。近年來的發展已經證明了這一點。

泰國自近代以來一直奉行比較獨立的外交政策，使其避免了淪落為殖民地。但泰國和周邊國家（越南、柬埔寨等）也一直是有矛盾的。作為東盟成員國，泰國和非東盟成員國（主要是美國和日本）的交往多於和東盟成員國。美國和泰國是正式同盟。對泰國來說，這個同盟可以平衡越南的力量；對美國來說，可以通過這個同盟來影響中南半島。近年來，泰國和中國的關係發展得很不錯，被東盟視為是「親華」的，但實際上並非如此。泰國對華的友好主要表現在外交語言上，在外交實踐中，泰國從事的是「平衡外交」，通過發展和日本的關係來平衡中國。這很明顯表現在泰國的高鐵外交上。泰國也從來沒有在東盟內部扮演過關鍵角色。

越南是新成員國，無論從歷史還是現實看，越南總是有自己獨立的外交議程。歷史上，越南一直具有擴張野心。加入東盟之後，越南也想主導東盟國家，主要是想通過和東盟的最大國印尼的合作來達到目的。今天越南借用南海問題經常對中國發難。越南對東盟很感興趣，主要是出於自己的野心。不過，東盟一些成員國對越南具有很強的懷疑和防備心理。越南很難在東盟內部扮演一個建設性的領導角色，但可以利用東盟撈到一些好處。

今天的緬甸因為民主化而內部形勢嚴峻，使其不得不有自己的內部議程。即使緬甸對東盟事務感興趣，但也沒有能力扮演一個積極的角色。一種可能性是：緬甸成為東盟的一個負面因素。東盟對緬甸的內部發展實際上起不到很大的作用，緬甸只好求助於外在的力量，尤其是西方的力量，如美國、日本和歐洲等。西方對緬甸的民主化深感興趣，對緬甸的援助是有政治條件的。不過，這些條件並不符合東盟「不干預內政」的原則。對中國來說，這也是一大挑戰，即西方可以影響緬甸的內政外交而對中國不利。

文萊太小，不足以在東盟內部起作用。

這樣只剩下印度尼西亞、馬來西亞和新加坡三國了。這三國也是東盟最早的倡導國。不過，今天這三個國家的情況也不容樂觀。

馬來西亞近年來內部經歷着巨大的政治變遷，領導層忙於國內政治鬥爭。儘管首相納吉布基本上掌控了權力，但很難在國際舞台上有所作為。馬來西亞一直以來對中國比較友好，小心做事情。儘管馬來西亞也是南海的聲索國，但從來沒有像菲律賓和越南那樣主動挑釁中國。

印尼是東盟的最大國，冷戰期間也一直充當東盟的老大。在蘇哈託倒台之後，印尼國內動盪，在東盟內部的影響力大大下降。近年來，隨着國內局勢穩定下來，印尼可以重新扮演老大的角色。不過，今天的印尼要在國際舞台上扮演大國角色也不容易。所以，印尼的政策呈現兩個方向，領導層主要的精力放在內部事務，即經濟發展和建設上；在國際舞台上，領導層關切的是類似 G20 那樣的有助於印尼發聲的國際平台；而對東盟事務的關切已經不能和蘇哈託時代相比了。

這樣，只留下新加坡一個國家對東盟事務深感興趣。新加坡歷來被視為東盟的智庫，新加坡實際上也扮演了這樣一個角色。這也給很多人一個印象，即新加坡在試圖領導東盟，要不搞中美之間的平衡，要不動員東盟靠向美國。儘管社會經濟發達，但新加坡仍然是東盟的小國。新加坡的確為東盟的發展提供了有力有效的智力支持，但鑑於新加坡在東盟所處的環境，新加坡也很難推動東盟的發展。並且，自從冷戰以來，新加坡的發展一直是依賴美國等西方國家的，直到中國的崛起，新加坡和中國發展出了深厚的經濟關係。在進入後李光耀時代之後，年輕一代領導層的外交意向也在發生變化。外交系統的決策不再像在李光耀時代那樣集權；很多決策人物接受美國的教育，在認同上比較靠向美國；隨着其「重返亞洲」政策推行，美國對新加坡的壓力也在增大，年輕一代很難抵抗得住美國的壓力。客觀上說，新加坡所處的地緣政治環境表明，在安全方面，新加坡必須繼續依靠美國的力量。

四、中國的對策

東盟的未來發展對中國無疑具有重大的戰略意義。儘管東盟是否變得更進一步整合或者走向解體取決於東盟內部的發展，但外部力量（尤其是中國和美國）對東盟的政策至關重要，甚至是關鍵因素。總體上來說，中國的最大利益是要爭取東盟整體上傾向中國，和中國友好；次優利益是一個中立的東盟，不選邊站；再次優利益是一個分裂的東盟，一些國家傾向中國，另一些傾向美日；而最壞的結果就是東盟作為整體站到美國一邊。現實地看，要東盟作為整體站在中國這一邊的可能性並不大。不過，一個整合的和中立的東盟也是有利於中國的，而一個分裂的東盟則對美國有利。如前面所說，東盟一旦分裂，大部分國家就會選擇美國和日本，而非中國。一個團結的、針對中國的東盟不利於中國；同樣，一個分裂的東盟也不利於中國。

那麼，中國應當如何努力來爭取東盟在進一步整合的同時至少保持中立，避免最壞的情況出現呢？我們至少可以考量如下幾個方面的問題。

第一，中國要通過各種途徑向東盟說清楚利弊。在後強人政治時代，東盟很多國家對美國看不清楚，比較容易屈服於美國的壓力。中國一方面要繼續強調東盟的中心地位，輔助東盟的整合，另一方面要揭露美國和日本在東盟的企圖。中國可以高調強調東盟進一步整合和統一的意義，樹立一個負責任的國家形象。

第二，中國要努力改變東盟今天的主導話語權，即以安全為核心的話語。以安全為核心的話語的塑造已經對中國東盟關係產生了很負面的影響，即上面所說的，把中國視為安全威脅。要減少安全話語，中國必須增加經貿話語。作為東盟最大的貿易夥伴，中國有能力推動雙邊之間的經貿話語。中國可以通過東盟友好國家多舉辦一些國際性經貿論壇。

第三，在安全和經濟等問題上，如果菲律賓和越南繼續強硬，中國可以對它們施加更大的壓力，而不會對其他東盟國家產生巨大的負面影響。在這方面，中國要顯示出其決心來，而不能太過於軟弱。過於軟弱，其他東盟國家就不會把中國當回事。當年中國對越自衛反擊戰，「懲罰」越南，在東盟國家贏得了信譽。中國既要有鬥爭，也要有妥協，使得東盟國家明白中國要做甚麼。作為大國，中國應當顯示出其大國的氣度，在亞洲扮演一個負責任的角色，但這並不意味着小國可以隨意聯合其他大國來冒犯中國。

第四，在經貿關係上，中國的利益可以向一些對中國友好的國家傾斜，例如柬埔寨和老撾。今天，西方對柬埔寨非常不滿，因為柬埔寨公開支持中國。西方的一些部門在公開首相洪森「腐敗」的證據，對柬埔寨尤其是洪森本人施加壓力；不過，中國也要預防柬埔寨的反對黨傾向美國、日本和西方國家；對反對黨要實行「接觸」政策，了解其情況。

第五，對緬甸要加緊經貿關係。近年來，中國和緬甸在經貿投資方面遇到困難，主要是美國、日本和西方國家的干預，迫使緬甸疏離中國。現在民主選舉政府執政，但緬甸的政治轉型不會順利，很多人也相信轉型不太會成功。如同對東歐國家的民主化，西方對緬甸早期的民主非常關注，但美國、日本對緬甸的地緣政治利益的關切遠遠多於對其民主化的關切。再者，因為美國等西方國家本身的經濟困難，對緬甸的投資也很難加大。這樣，緬甸最終必須轉而求助於中國。緬甸是中國的後院，中國不能放棄。中國可以加大對緬甸的經濟貿易，而對大規模的基礎設施投資則可以放緩一些。

第六，對「一帶一路」戰略進行調整，通過經貿投資等方法，培養一些關鍵的「支點國家」，即中國對東盟國家政策轉型時可以依靠的「支點」。對「支點國家」要進行深入研究，但可以包括柬埔寨、老撾和馬來西亞等。印尼和越南是大國，但不是「支點國家」，因為它們要追求自己的區域霸權地位。菲律賓永遠是西方的一部分，不是「支點國家」。泰國永遠是搞平衡的，很難成為「支點」。新加坡也很難成為「支點國家」，因為其地緣政治決定了其必須搞平衡。

第七，實行有鬥爭、有妥協的有效、有力外交。這裏的例子是第 49 屆東盟外長會議發表的聯合公報。聯合公報的發表既是中國外交的勝利，也是東盟的勝利，形成了中國東盟雙贏的一個局面，而美國和日本則是最大的輸家。這與 2012 年那次外長會議的結果形成了鮮明的對比。2012 年 7 月在柬埔寨召開的東盟外長會議上，因為柬埔寨在南海問題上力挺中國，導致聯合公報破產，這也是東盟歷史上外長會議公報流產的第一次。之後，美國、日本和西方一直利用這個事情，在他們掌控的國際媒體上宣揚中國「分化同盟」的形象。2016 年 6 月在雲南玉溪召開的中國東盟特別外長會議的結果更使東盟變得更加焦慮。由於中國東盟雙方之間的矛盾，原本中國東盟的聯合記者招待會流產，作為協調國的新加坡外長在沉默中離開，中國自己召開了記者會。這次東盟外長會議，國際的焦點也並不在會議所討論的合作，而是是否會通過公報。菲律賓和越南都希望在聯合公報中提及南海仲裁案和遵守國際法的必要性，印尼、新加坡、緬甸也主張在聯合公報中寫入和平解決問題，有必要「全面尊重法律和外交程序」，但遭到柬埔寨的反對，要求不要提及「大規模填海造島和建設軍事設施」等措辭。不過，會議最後做了妥協，公報雖然提及南海局勢的段落有 8 個，但文件對南海仲裁案的結果隻字未提，各國外長重申提升互信和展現克制的重要性，避免可能使情況變得更加複雜的行為，依據國際法尋求和平的方式解決爭端。這個結果表明，只要經過努力，可以創造中國和東盟共贏的局面。

聲明有力打擊了美國和日本，尤其是日本。結果，美日澳匆匆忙忙發表一個聯合聲明，並涉及南海和東海問題。人們普遍認為，這個聲明是由日本領導和起草的，是日本挾持了美國和澳洲。但美日澳的這個聲明並沒有在東盟造成任何影響，因為東盟外長聯合公報的發表表明東盟成員國之間達成了基本的共識。

第八，乘機扭轉和提升中國東盟外交局面。南海仲裁案已經出爐，中國在這一輪鬥爭中暫時佔據優勢。歐洲和美國各自忙着內部事務，沒有很大的精力來炒作南海問題。中國要利用這個勢頭，利用今年 9 月上旬在老撾召開的東盟領導人會議和東亞系列峰會，團結東盟國家，揭露美日（尤其是日本）搞亂東盟的意圖，從而扭轉近年來因為南海問題而僵持的中國東盟關係，把雙方的關係推向一個新的階段。

鄭永年　楊麗君　　2016 年 8 月 5 日

第十九章

馬來西亞新政府對華政策思路

2018 年 5 月 10 日，馬哈蒂爾領導的希望聯盟在大選中擊敗由納吉領導的國民陣線，成功獲得執政所需的簡單多數議席。希望聯盟首次終結巫統的執政地位，正式宣告馬來西亞政治進入「兩線制」。希望聯盟執政後不久便暫停東海岸鐵路，並宣佈重新審查許多大型中資項目。雖然再度擔任總理的馬哈蒂爾高調宣佈支持中國的「一帶一路」，但是從其將日本作為首次外訪國以及對中資企業採取的一系列措施來看，其對華政策透露出其既希望藉助中國力量解決嚴峻的國內問題，又試圖平衡中國在東南亞力量擴張的意圖。

一、希望聯盟勝出的國內社會經濟背景

希望聯盟由人民聯盟發展而來。自 2016 年日益激進化的伊斯蘭黨宣佈脱離人民聯盟後，相對溫和的部分黨員成立國家誠信黨，與安華所領導的人民公正黨和林吉祥父子領導的民主行動黨重新組建「希望聯盟」。因愛子穆克力仕途受阻而重新出山的馬哈蒂爾和時任馬來西亞副總理慕尤丁，共同宣佈退出巫統，並組建土著團結黨，隨後宣佈加入希望聯盟。

2008 年大選後，馬來西亞人民公正黨、民主行動黨及泛馬回教黨（今稱「伊斯蘭黨」）宣佈組成聯合陣線，定名為「人民聯盟」。當時人民聯盟共取得 5 個州屬執政權及 82 個下議院議席，打破

了巫統及巫統領導的「國民陣線」過去在議會長期擁有超過三分之二議席的壟斷局面。到了 2013 年大選，人民聯盟更是獲得了超過 50% 的得票率。然而，由於選區劃分有利於國民陣線，人民聯盟僅僅獲得 89 個下議院議席，以及 3 個州的執政權。雖然自 2008 年發生「華人海嘯」以來，馬來西亞民眾對國民陣線的執政能力和貪污腐敗日益不滿，但這種不滿情緒主要局限於城市中產階級以及華人羣體。而納吉所領導的國民陣線在保住了執政地位後，並沒有解決國內貪污腐敗、產業空心化、通貨膨脹等一系列嚴峻的社會經濟問題，反而試圖通過增加政府槓桿和信貸擴張掩蓋問題，最終導致了其 2018 年大選的慘敗。

國民陣線的倒台有其必然性。我們只有了解馬來西亞國內長期積蓄着的社會經濟問題才有可能深刻洞悉其對外政策的邏輯起點。當前馬國政府的內政聚焦於兩項重大議題。

經濟增速下滑與產業空心化

在巫統兩位領導人阿都拉和納吉所領導的政府的治理下，馬來西亞經濟增速面臨着日益沉重的下滑壓力，GDP 平均增速僅為 5.1%。與馬哈蒂爾執政的 22 年內平均 6.3% 的經濟增速相比，阿都拉和納吉的政績顯然無法令馬來西亞民眾滿意。尤其在納吉任期內，政府通過積極的財政政策和貨幣政策刺激經濟，雖然在短期內獲得了更高的經濟增速，但是實體經濟面臨的困境並沒有得到有效解決，反而日益惡化。除此之外，納吉政府還積極推動本國的能源資源及製成品的出口，引入中資企業推動大型基建和房地產項目上馬以提振經濟。馬來西亞積極參與「一帶一路」倡議以及中馬兩國友好關係的全面提升正是在這一背景下產生的。

但是，納吉政府的一系列措施不僅沒有解決本國深層次的經濟問題，反而使得經濟基本面不斷惡化。對馬國新政府而言，解決本國經濟問題的關鍵在於如何遏制「產業空心化」的趨勢。

「產業空心化」現象在馬哈蒂爾執政的後期已經出現苗頭，不過在其任期內，馬來西亞製造業增加值佔 GDP 的比重實現了對韓國的反超，工業化道路前景光明。然而在其卸任後，巫統為了討好大部分居住於農村的馬來選民，任由「產業空心化」現象不斷蔓延，而且大力發展農業和服務業，終於造成馬來西亞陷入「中等收入陷阱」。在納吉任期內，馬來西亞的「產業空心化」問題絲毫沒有緩解，其製造業增加值佔 GDP 的比重不斷下滑，甚至原本在東南亞乃至全球市場處於優勢地位的電子製造業也出現衰落的現象，高新技術出口佔出口總額的比重降至 2016 年 42.9% 的歷史新低。這意味着馬來西亞工業實力已經嚴重下滑。

對於曾經締造經濟輝煌的馬哈蒂爾來説，他所領導的馬國政府必須遏制國家產業空心化，增強工業實力。從他上台以後，繼續恢復和加大對國內幼稚產業如汽車行業的保護，以及將日本選為首次出訪國家來看，馬國政府似乎有意重拾以日本為典型代表的「發展型國家」所採取的進口替代和出口導向型結合的趕超戰略。但這一戰略明顯受到包括希望聯盟內部在內的各方勢力的猛烈批評和阻撓，馬哈蒂爾家族與被保護的國有汽車企業寶騰集團之間的利益輸送曾使得馬哈蒂爾本人飽受質疑。但無論如何，在馬哈蒂爾看來，無論從提高本國工業競爭力還是保障家族利益出發，保護國內幼稚產業可以説是勢在必行。

沉重的債務負擔與嚴重的貪污腐敗

根據馬來西亞財政部公佈的數據顯示，六月份中央政府債務佔 GDP 的比重超過 80%。為了誇大納吉政府的惡政，同時也為本屆政府政策的制定和實施贏得時間，馬國新政府將政府或有負債和 PPP 項目納入債務核算。政府也以沉重的債務負擔作為藉口暫停包括東海岸鐵路、隆新高鐵在內的大型基建項目。雖然近年來馬來西亞財政收入乏力，甚至一度出現負增長，且短期外債佔外匯儲備的比例超過 90%，但馬來西亞債務風險基本可控。只是如何在降槓桿的同時保增長，成為對馬國政府的重大考驗。

與隆新高鐵不同，東海岸鐵路項目暫停的真正原因在於馬國政府懷疑中資企業與納吉政府存在利益輸送。2018 年 7 月 4 日納吉被正式以洗錢、貪污等罪名起訴，意味着馬國政府履行競選承諾懲治嚴重的腐敗現象。雖然在馬哈蒂爾執政時期政府同樣腐敗橫行，馬哈蒂爾家族藉助公權力控制着國家許多利潤豐厚的行業，納吉故意將與馬哈蒂爾家族關係密切的寶騰集團出售給比亞迪讓馬哈蒂爾惱火不已，但是總體而言腐敗行為尚屬低調。而納吉時期政府的腐敗行為公開化，大大損傷了政府和巫統的公信力。因此，無論馬國政府是否真的有意反腐，希望聯盟必須在選民中樹立銳意改革、整頓吏治的清新形象。對於一個初掌政權的政黨（聯盟）來說，如何在政府體制內鞏固自身執政地位更為迫切。此外，馬國政府一旦掌握東海岸鐵路等項目涉及的中資企業的行賄證據，那麼必然增添了與中國政府和企業談判的籌碼。

二、馬國政府對華政策的思路

本次大選系希望聯盟首次獲勝。雖然土著團結黨、人民公正黨和民主行動黨的黨魁悉為成熟的政治家，但從馬國政府在勝選後相當長一段時間才公佈內閣成員就可以發現，各成員政黨和合作政黨擁有執政能力和執政經驗的人員相當匱乏。這其中儘管也有希望聯盟內部博弈的原因，但從任命官員的履歷可以看出希望聯盟的人才困境。

(一) 馬來西亞對華政策框架尚未成形

目前馬來西亞擁有龐大的事務官團隊可以維持國家機器的正常運轉，但是社會、經濟、外交、法律等專業領域的政策制定則依賴於富有經驗的政務官。在對外政策方面，馬國政府並沒有一個清晰的框架。無論是對華還是其他重要的國家如新加坡、美國，馬國政府都表現得前後矛盾或持模糊不定的態度。外交部長在希望聯盟內部處於相對弱勢地位，主要的外交工作仍由馬哈蒂爾本人主導。

從他對日本、新加坡的態度可以看出，馬國政府的外交思路顯然延續着馬哈蒂爾在上個世紀末執政時期的某些傳統。他認為亞洲地緣政治格局在這十五年來並沒有發生本質變化。當然，馬哈蒂爾本人雖然意識到全然照搬之前的外交政策思路絕不可行，他曾坦率地表示美國的對外政策就讓他困惑不已，但在制定出對外政策的框架以前，沿襲傳統的做法，並根據現實利益訴求進行調整最為保險。而對我國來說，這是一段推動兩國關係健康發展的關鍵時期。

（二）馬來西亞國內經濟極需與中國合作

雖然馬來西亞目前並沒有清晰的對華政策框架，但是我們可以從其處理內政問題的方法推測出其外交政策大致方向。馬來西亞經濟所面臨的問題在短期內是增速和債務問題，但從長期來看是產業空心化和轉型升級的難題。作為一個新李斯特主義者，馬哈蒂爾堅持認為工業實力才是國家實力的根本。因此，他所領導的馬國政府將致力於推動國家的工業化發展。在特朗普倡導的製造業回流的背景下，馬哈蒂爾認為寄希望於吸引美國資本和技術推動馬來西亞工業發展在短期內困難重重。因此，馬國政府認為，中國和日本可以幫助馬來西亞推動國家工業化發展。這也是馬哈蒂爾上台後不久便表示支持「一帶一路」倡議，並依次出訪日本和中國的原因。

為了應對短期的經濟問題，馬國政府也希望中國加大對馬來西亞農產品和工業製品的進口。馬國政府深知在當前的中美貿易戰的背景下，我國政府願意給予東盟國家更具有吸引力的貿易條件。作為東盟的大國，馬國必然尋求在東盟與中國的貿易談判中掌握主導地位，爭取與中國達成最有利於馬來西亞的貿易協定。

（三）馬國政府對華存在疑懼心理

馬哈蒂爾訪日時與日本首相安倍晉三都表達了對中國在南海的軍事化行動的擔憂，並達成了共同推進「印太地區的和平、自由和法治」這一目標，清晰地表明瞭馬國新政府對華政策存在一定的疑懼。雖然馬哈蒂爾曾經倡導「亞洲價值觀」，但是馬國政府最現實的首要選擇是藉助以東盟為主的政府間組織在安全框架方面的作用，維持亞太的勢力平衡。經濟上馬來西亞極需中國，但同時馬國政府非常擔心本國陷入西方媒體所渲染的「中國債務陷阱」之中。馬來西亞對中國崛起懷有恐懼心理，兩國在南海問題上的衝突使馬國政府認為中國的對外政策變得更加強硬。馬來西亞害怕中國會走上帝國擴張的道路，因此馬國政府除了加強東盟安全合作，也會偏向藉助區域內強國如日本和印度，並有限地邀請區域外大國美國、俄羅斯、澳洲的力量介入，維持亞太「均勢」。

三、我方應對策略

正是由於馬來西亞對華政策框架尚未成形，我國保持與馬來西亞良好的溝通和合作尤為必要。善於利用馬來西亞內部矛盾，在馬來西亞國內培育一批親華政商和民間力量，是我國當前處理對馬關係的重要任務。

第一，善於利用希望聯盟內部矛盾，加強政黨交流。自希望聯盟上台以來，內部各黨派間及部分黨派內部鬥爭十分激烈。馬哈蒂爾與人民公正黨安華關係早已破裂，前者也安插大量親信監視和制約民主行動黨和人民公正黨內閣成員。此外，人民公正黨和民主行動黨內部的派系糾紛不斷打擊兩黨的內部團結，馬哈蒂爾也有意利用兩黨內部派系鬥爭培植親信，打壓異己。當前擔任經濟事務部部長的阿茲敏在人民公正黨內明顯佔據上風，並與馬哈蒂爾建立較好關係。雖然阿茲敏與安華有師徒之誼，但安華偏向於指定拉菲茲為接班人。按照希望聯盟內部約定，馬哈蒂爾應在 2020 年將總理位置讓予安華，但前者究竟會如約照辦，抑或讓位於人民公正黨內親信如阿茲敏，值得注意。因此，我國與希望聯盟進行政黨交流的時候，應仔細判斷其派系背景及力量變化，交流層面和對象切莫單一化。同時，當前種族問題依然為敏感問題，自大選後民主行動黨的華人特徵在馬來西亞飽受非議。我國在與民主行動黨這一以華人作為主要族羣的政黨交流時，應避免強調其華人特性。

第二，加強與商界和民間的交流，培育對華友好力量。東南亞國家的政商關係帶有明顯的裙帶特徵，權貴與財閥之間關係十分親密。因此，我方應注意梳理馬來西亞財閥及企業背後的各方政治勢力，在中資企業與各政治勢力所支持的重要財閥和企業建立合作關係時給予指導。此外，鼓勵兩國高校、智庫、慈善機構、協會、商會等民間機構之間的交流，以民間交流促進兩國友好往來，加強兩國民眾的信任基礎。值得注意的是，馬來西亞的普通民眾主要使用馬來語進行交流，英語在精英階層、華人羣體和部分中產階級當中較為普遍，因此我國在兩國交流、宣傳時應加強使用馬來語或英語。

第三，理性看待馬來西亞的疑懼心理。馬來西亞作為東南亞地區的中等強國，既有擔任地區領導的雄心和自信，同時又對亞太強國普遍帶有憂懼心理。馬來西亞對中國的疑懼並非來源於意識形態或歷史糾紛，而在於中國過快的崛起打破了地區勢力平衡。藉助政府間組織維護地區安全框架，以及利用區域內外強國維持地區的均勢是所有中小國家的本能選擇。因此，我方在與馬來西亞進行政府間和民間交流時，應尊重馬來西亞官僚和民眾的自尊心，減少國內民族主義的不理性聲音。面對馬來西亞加強與其他強國的關係，應展現出大國的心胸，避免橫加指責或動輒警告。

第四，鼓勵國內製造業企業對馬投資。希望聯盟大選後對華的各種批評聲音和消極行為並非出於真正的敵意，而是試圖在力量不對稱的兩國關係中獲取更多的談判籌碼。在對華債務上，希望聯盟內部達成了一致的共識，因此我國應充分考慮馬國的債務問題，減少基建項目，加強直接投資。在當前中美貿易戰的背景下，大量出口企業極需以轉口貿易形式規避貿易壁壘。但對於馬國政府而言，出口商品的生產環節遷移至本國對提升本國工業生產體系及促進就業更有價值。因此，可以鼓勵更多某一個產業鏈上下游的中端製造業企業加強對馬投資，將價值鏈中最高的研發設計和市場營銷，以及供應鏈中關鍵零件生產留在中國本土進行，最終形成對馬來西亞價值鏈和供應鏈控制。

第五，加強與東盟國家在非傳統安全領域的合作。我國與東盟國家在非傳統安全領域的合作在近年來雖然取得了一定的進展，但是仍未能達到理想的狀態。我國與東盟國家之間共同面臨着傳染疾病、跨國犯罪、恐怖主義、環境污染等非傳統安全威脅。然而，與政治、經濟方面的合作相比，雙邊在該領域的合作深度仍相差甚遠。加強雙方在非傳統安全領域的合作，有利於增強我國與東南亞國家之間的政治互信和地區安全，也同樣有利於緩解包括馬來西亞在內的東盟國家對我國的疑懼心理。

鄭永年　李江　　2018 年 8 月 13 日

第二十章

中日簽署第五份政治文件的必要性研究

隨着中日邦交正常化 50 周年的到來，日本首相岸田文雄及其內閣的對華政策也成為我們必須關注的重點。岸田在施政演説上，提出了與中國建立「建設性的穩定關係」。我們認為，岸田的提法暗示了中日在 2022 年簽署第五份政治文件的可能性。儘管岸田在中日關係上很難突破安倍晉三設定的戰略框架和路線，但他還是盡力地展示出了尋求穩定的姿態。岸田為了施展自己的政治抱負和解決國內民生問題，非常重視中日關係，認為有需要與中國保持長期穩定的合作，特別是在經貿方面的合作。作為回應，我們可以以 2022 年中日邦交正常化 50 周年為契機，與日方展開接觸，試探雙方是否有可能在最關鍵的台灣問題上達成最低共識，並在取得共識的基礎上就第五份政治文件的具體內容展開進一步磋商。

一、中日關係新提法的重要意義

從歷史經驗來看，中日領導人對中日關係提出新的概念或説法，一般意味着中日兩國間的政治關係陷入僵局，無法與經濟關係相適應。或者説，每隔一段時間，中日雙方就需要採納新的政治表述以推進雙方經貿合作。事實上，每一次國際形勢發生動盪的重大歷史時期，中國與日本都會共同簽署迸發表政治文件，公開表達對關鍵、敏感政治問題的看法。具體而言，自 1972 年邦交正常化後，中國與日本陸續簽訂了四份政治文件，它們分別是：《中日聯合聲明》(1972 年)、《中日和平友好條約》(1978 年)、《中日關於建立致力於和平與發展的友好合作夥伴關係的聯合宣言》(1998 年) 和《中日關於全面推進戰略互惠關係的聯合聲明》(2008 年)。這四份政治文件的內容涉及了中日兩國當時在一系列敏感、重大戰略問題上官方的看法，對穩定雙方的經貿往來與文化交流都起到了提綱挈領的作用。它們構成了中日關係的政治基礎，相當於中日高級別政治領域的「行為準則」。也正因如此，中國國家主席習近平與國務院總理李克強曾反覆強調，推進中日關係必須以四個政治文件為基礎。

台灣問題，即有關台灣主權歸屬的表述問題，始終是中日之間最突出、最敏感的政治問題。目前，日本有關台灣問題的表述以《中日聯合聲明》第三條為參照：「中華人民共和國政府重申：台灣是中華人民共和國領土不可分割的一部分。日本國政府充分理解和尊重中國政府的這一立場，並堅持遵循波茨坦公告第八條的立場」。這一表述是當時雙方都能接受的極限表達，但也留下三個隱患。首先，日本政府並未在《聯合聲明》中直接、明確地承認中國對台灣地區享有主權；其次，這一表述為所謂「台灣主權未定論」留下了解釋空間；再次，在不言明台灣主權歸屬的情況下，日本保留了在緊急狀態下以行使集體自衛權 (而非國家的交戰權) 為名義介入台海局勢的法理可能性。

這些弊端在這幾年的中日關係中逐步暴露。目前，日本國內有關「台灣主權未定論」的說法甚囂塵上，包括安倍在內的日本保守鷹派在積極地推進建設所謂「日台友好關係」和「日台安全共同體」，企圖提高日本與台灣當局實際上的外交級別。事實上，自親日的李登輝在 1988 年上台後，日本一直在提高日台雙方的非正式外交關係。日本已經成為台灣民眾最有親近感的亞洲國家。2008 年馬英九上台後，台灣當局更是與日本簽訂了事實上的自由貿易協定。在安倍執政末期（即 2020 年），日本通過多邊會談（如舉辦所謂「日美台三邊戰略對話」）等方式，進一步地助長了以台灣民進黨當局為代表的「台獨」勢力。中日雙方原本是希望在安倍任內簽署第五份政府文件的，但安倍政府在台灣問題和釣魚台問題上的做法，導致了這一目標遲遲未能達成。

二、岸田政權需要穩定中日經貿關係

岸田在上台後，在 2021 年 12 月 6 日的施政演講上提出了要與中國建立「有建設性的穩定關係」。這説明，岸田意識到了中日政治關係與經貿關係之間的矛盾，並希望中日關係有所緩和。

岸田提出中日關係的新定義，是希望給他實施新的國家治理方案提供一個穩定的國際環境。與信奉新自由主義經濟理念的安倍不同，岸田提出了一個不同的國家治理方略，即「新型資本主義」。這也是岸田任內最重要的施政承諾。雖然有關這一政策的具體方針還不十分明朗，但可以確定的是，岸田更強調分配正義，希望改善「安倍經濟學」在過去近十年來對日本民生造成的負面影響。安倍政府在 2012 年起推行「安倍經濟學」，其三大支柱性政策分別是寬鬆貨幣政策、緊縮財政政策和結構性改革（即量化寬鬆、增加政府支出和加強民間投資）。這三個政策看似新穎，但很大程度上是通過日元貶值提高製造業出口的新自由主義「老路」。雖然安倍經濟學造就了日本長達近十年的景氣，但它始終未能幫助日本經濟擺脱長期通縮的困境。而且，這波景氣的大部分收益被大公司高層和財團納入囊中，社會中下層獲益不多。日本的失業率長期維持在 3% 以下的低水平，但新增就業中包含了大量臨時工和低收入工作。收入分配不均的社會問題近年來在日本逐漸惡化，導致日本人引以為傲的「全民中產社會」面臨衰退。正因如此，岸田在上台後特意強調要協調發展與分配。在 12 月 8 日的一個電視節目中，岸田甚至指出：「新自由主義思想在推動世界經濟增長的同時，也產生了許多負面影響。市場導向、股東導向的資本主義所造成的扭曲，已經成為一種狹隘的民族主義，甚至在威權國家也成為一種軍事擴張的形式。」

為了實現「新型資本主義」，岸田需要減少國際貿易摩擦對國內經濟造成的負面影響。日本作為一個以出口產業為主的海洋國家，其發展不可能離開一個穩定的國際市場，特別是鄰近的中國市場。中國是日本第一大貿易國，也是日本有最多海外企業據點的國家。在中美大國競爭愈演愈烈的背景下，與中國建立穩定的經貿關係對日本尤為重要。中日之間在經濟的互通、互補性之強，不是日本的反華論調所能左右的。事實上，中日經貿關係對日本經濟的總體表現有直接影響：日本貿易振興機構的數據顯示，中國在 2020 年佔日本出口比例的 22%，按佔比算是歷年最高的。隨着新冠疫情逐步得到控制，中日經貿和人員來往只會增加，不會減退。基於中國市場對日本經濟的重要性，岸田政府需要與中國在外交上緩和關係，減少未來國民經濟和社會治理上的風險；而為了穩定中日經貿關係，岸田政府必須與中國政府在地緣政治上達成一定的妥協。

三、中日簽署第五份政治文件的可能性

岸田曾任日本外相，對台灣問題的敏感性有深刻認識。其二把手林芳正是「知華派」，也非常清楚中方維護主權的主張。因此，我們認為，當岸田提出「有建設性、穩定的中日關係」時，他是暗示了2022年與中國簽訂第五份政治文件的可能性。岸田希望在可能的情況下通過與中方在台灣問題上達成一個雙方都能認可的表述，形成一份政治文件。這將有助於鞏固中日經貿關係，為落實「新資本主義」政策創造一個穩定的國際環境。

中日雙方在政治文件上需要就兩個重點達成共識：第一，建立穩定的中日經貿關係；第二，在台灣主權歸屬的問題上，尋求一個中日雙方都能同意的表述。其中，穩定中日經貿關係是日本的核心利益訴求；而與中國尋求有關台灣問題的共同表述，是實現前者的政治基礎。岸田政府為了解決國內民生問題，需要保持與中國在國際貿易上長期、穩定的合作。但如果中日雙方沒有就台灣問題達成最低限度的共識，中日在地緣政治上的對峙將勢必影響到兩國經濟活動，阻礙岸田政府落實改善經濟與民生的施政承諾。

岸田與中國有意緩和關係的表現之一，是起用「知華派」議員林芳正為外交大臣。其實對岸田而言，這一舉措有一定的政治風險。林芳正是岸田政權的二把手，在就任外相之前，曾擔任日中友好議員聯盟會長近5年，在自民黨黨內被普遍認為是「親華派」。正因如此，岸田這一決策引發了很多自民黨黨內人士的不滿。林芳正在履職後，旋即辭去了日中友好議員聯盟會長的職務，理由是「避免不必要的誤會」。岸田之所以會冒着被自民黨鷹派批評的風險啟用林芳正作為外交大臣，説明他希望對中方傳遞出一個信號，

即他非常重視中日關係。結合他對中日關係的提法，我們有理由相信，他希望在任內保持中日關係的緩和與穩定，有意以中日邦交正常化 50 周年為契機與中方簽署中日第五份政治文件。

四、不宜對岸田政權期待過高

儘管岸田暗示了簽署第五份政治文件的可能性，但我們不能對岸田政權期待過高。事實上，岸田推進中日關係的能力是非常有限的。第一，岸田目前是一位弱勢首相。雖然岸田被稱為保守鴿派，但他在上台前的政治主張並不清晰，在日本政界的名望並不高。而且，岸田為了當選總理，早在 2021 年 10 月就與安倍勢力達成了交易：安倍的政治盟友麻生太郎將帶領其志公會成員加入岸田領導的宏池會（自民黨第二大派別），組成一個有 104 個議員的「大宏池會」，幫助岸田獲得足夠多的黨內選票。岸田為了回饋安倍，已經任命麻生太郎為自民黨副總裁、甘利明為黨幹事長、高市早苗為黨政調會長；安倍的胞弟岸信夫也被任命為防務大臣。安倍將可以通過以上幾個重要的政治人物和以麻生為首的原志公會成員，對岸田施加影響力。目前，日本國內已經出現了一種論調，認為岸田政府將成為安倍的「傀儡政府」。

第二，安倍的政治遺產確保了日本外交戰略的延續性。首先，安倍在執政七年中給日本留下了許多制度安排，其中主要包括國家安全委員會、強化版的日美同盟、印太戰略和四方安全對話。這些制度安排基本上鎖定了日本外交政策的戰略方針，即通過進一步加強日美軍事同盟和與印太區域國家的海上安全保障合作來制衡中國。目前，日本已經是印太戰略和四方安全對話的支柱國家。日本對這些機構和戰略安排的投入只可能增加，不可能減少。無論岸田有多大改善中日關係的意願，他都不可能讓日本退出這些機構。

第三，在外交事務上，安倍的影響力依然非常突出。在處理中日關係的關鍵性外交事務上，安倍甚至通過公眾輿論對岸田施壓。當被問及如何處理中日關係時，岸田採取了比較謹慎的表態，表示「該堅持的就要堅持」。但岸田這番言論很快遭到了安倍的反駁。在 2021 年 12 月 2 日的一場台灣智庫論壇上，安倍就大膽地發表了「台灣有事就是日本有事」的涉台言論。安倍這麼做，一方面是向中國施壓，另一方面是向岸田施壓：他希望岸田在對華外交上展現出更強硬的姿態。今後在台灣問題等關鍵議題上，岸田恐怕會遭遇更多來自安倍的外部介入。

而且，在日本的安全保障戰略上，岸田不會脫離安倍制定的強硬對華戰略。這一跡象表現在以下幾個方面：(1) 日本進一步加強整合與美國的軍事聯盟體系，自 2022 年起的未來五個財政年度對駐日美軍提供超過 1 萬億日元的經費；(2) 計劃與英國簽署《互惠准入條約》(Reciprocal Access Agreement)，進一步擴大日本的海上安全保障聯盟體系（日本已經與美國、澳洲簽署了該條約）；(3) 突破國防費用不得超過國民生產總值 1% 的門檻；(4) 擴充海上保安廳的武器裝備及其與自衛隊的協作，加強在東海對中國海警的攻擊能力；(5) 建設先發制人打擊能力，將正在研製的新型巡航導彈射程從 100—200 公里擴大至 1000 公里以上；(6) 進一步圍繞台灣問題組織外交政策，渲染「台灣有事就是日本有事」，並將在外務省設置「台灣事務企劃官」一職；(7) 在南海更頻繁地與美國、越南及澳洲海軍展開聯合訓練，加強在南海對中國海軍的威懾和應對能力。

以上一系列舉措皆旨在提高中國在東海、南海和台海維護主權的行為成本。可以說，中日兩國之間的安全困境出現了愈來愈惡化的趨勢。「政冷經熱」已經是且將繼續是中日關係的常態。中日官方關係的友好程度不可能恢復到 1980 年代的樣子。用甘利明的話說，中日關係「最多只能從負數提升到零」。實現第五份政治文件的簽署對於穩定中日關係來說非常重要，但我們不得不對這項事業採取務實的態度。

五、政策建議

根據上述分析，我們提出如下政策建議。

第一，對岸田「與中國建立有建設性、穩定的關係」的提法做出謹慎務實的外交回應，重新把握和定位中日關係。岸田政府上台後提出有關中日關係的新概念，是希望中日雙方就影響雙邊關係的敏感、重大問題做出磋商和表態，為中日經貿關係的穩定提供制度性保障。我們可以對此做出一定的回應，對中日關係也提出相應的提法。

值得注意的是，確保日本政府對 1972 年《中日聯合聲明》的認可，是我們探討有關中日第五份政治文件的政治底線。或者說，中日之間簽署政治文件的前提，是日本必須保證不作出任何有損於中國主權的表述和行為。只有在確認了日方對台灣問題的態度與表述的基礎上，中國才可以就海上安全、擴大經貿合作、歷史問題等其他非主權議題展開進一步磋商。或者說，如果日方不願意對台灣問題展現出合作態度，那麼簽署第五份政治文件就毫無意義了。正如前文所述，岸田推動中日關係改善的空間非常小。我們在接觸日方時，態度必須謹慎務實。

第二，提高中國的改革開放力度，保持對日本高度開放。經濟始終是中日關係的壓艙石。只要中日之間保持經濟高度相互依存，日本對中國的敵意就必須保持在一定限度以內。日本和中國的經濟無論從地理要素還是從產業要素的角度來看，都有天然的互補性。國際供應鏈的發展和成型有自身的地緣經濟邏輯，很難在短時間內得到改變。日本政府很難通過補貼政策來引導日本企業回流日本或轉移到東南亞。任何轉移到東南亞的日本企業，都會面臨國際競爭力降低的窘境，而日本政府不可能對它們無條件地補貼。只要中國保證自身營商環境國際化程度的穩步提高，日本企業會進一步嵌入中國經濟，並對中日政治關係發揮更強大的穩定作用。

第三，把日本發起的地緣政治鬥爭引導為地緣經濟競爭。日本前首相安倍主要是以地緣政治鬥爭的思維去發起「印太戰略」的。他希望與澳洲、印度和美國等國家編織一個有利於日本的海上安全保障合作網絡，在軍事上制衡中國，同時通過建立和加入新的國際經貿規則（如 TPP 和 RCEP），以規避和應對國際系統劇變產生的戰略風險。中國完全可以對日本的印太戰略採取戰略性忽視，並對日本開展的一系列國際經貿規則制定表示歡迎。中國此前宣佈申請加入 CPTPP 就是很好的範例。中國可以進一步對日本設置的國際戰略議程，特別是國際經貿議程提出合作意願。這些意願是否實現不是目的，但可以保持中國對日本和世界其他國家的開放性，有利於把地緣政治鬥爭轉化為地緣經濟競爭。前者是零和遊戲，後者則會導向良性競爭與合作。

鄭永年　郭海　　2021 年 8 月 2 日